切り裂きジャックに殺されたのは誰か

ハリー・ルーベンホールド

篠儀直子 訳

The FIVE

5人の女性たちの語られざる人生

The Untold Lives
of the Women
Killed by Jack the Ripper

Hallie Rubenhold

青土社

切り裂きジャックに殺されたのは誰か　目次

切り裂きジャックに殺されたのは誰か　5人の女性たちの語られざる人生

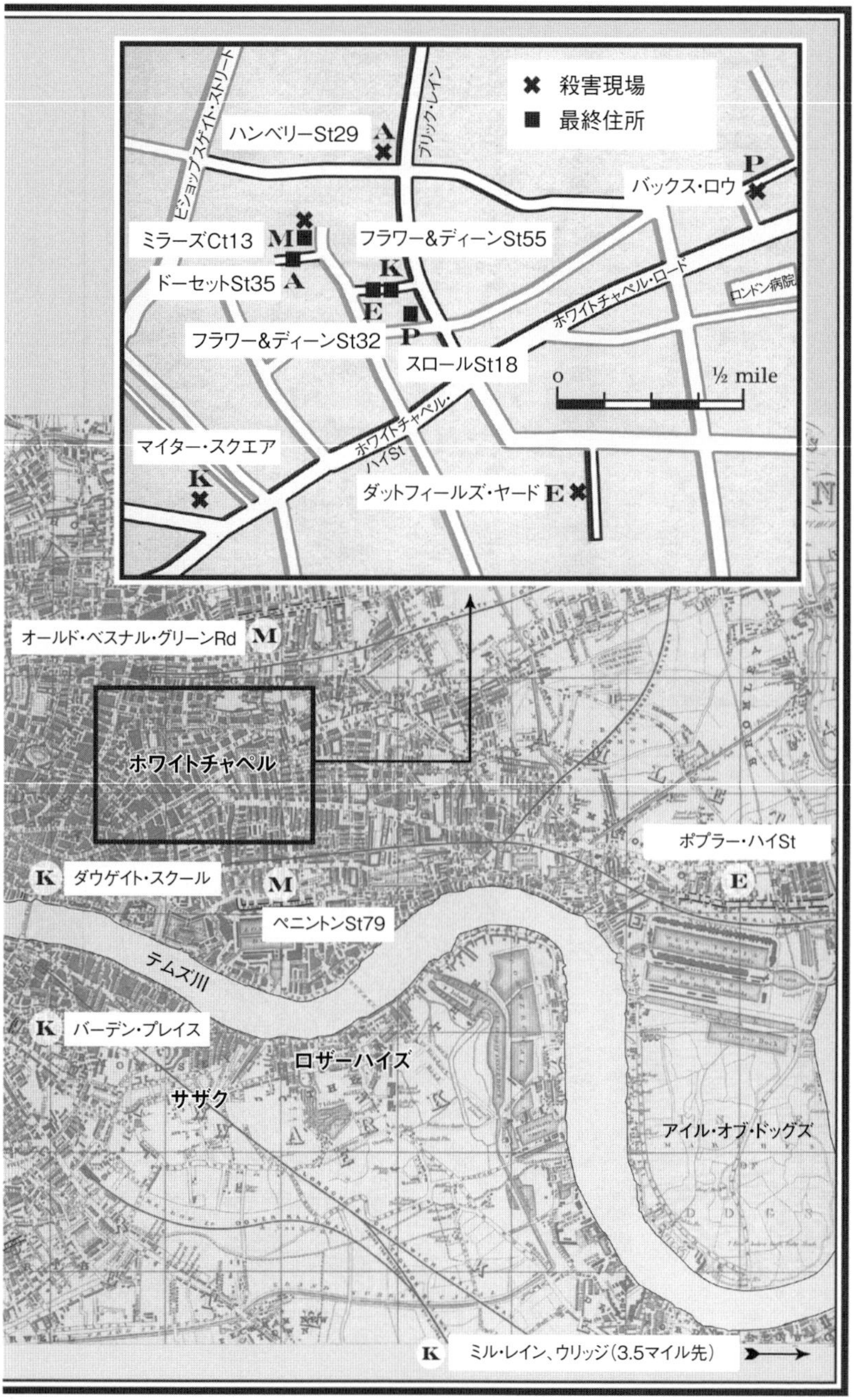

殺害現場
最終住所
ハンベリーSt29
ブリック・レイン
ビショップスゲイト・ストリート
バックス・ロウ
ミラーズCt13
フラワー&ディーンSt55
ドーセットSt35
ロンドン病院
ホワイトチャペル・ロード
フラワー&ディーンSt32
スロールSt18
½ mile
マイター・スクエア
ホワイトチャペル・ハイSt
ダットフィールズ・ヤード
オールド・ベスナル・グリーンRd
ホワイトチャペル
ポプラー・ハイSt
ダウゲイト・スクール
ペニントンSt79
テムズ川
バーデン・プレイス
ロザーハイズ
サザク
アイル・オブ・ドッグズ
ミル・レイン、ウリッジ（3.5マイル先）

THE FIVE'S LONDON
P ポリー・ニコルズ
A アニー・チャップマン
E エリザベス・ストライド
K キャサリン・"ケイト"・エドウズ
M メアリー・ジェイン・ケリー
N
W
E
S
0
5 miles
リージェンツ・パーク
ガワーSt69
ブリッジウォーターGds
カービーSt
セント・ジャイルズ教会
シュー・レイン
Stジェイムジーズ・レストラン
アルハンブラ劇場
サウス・ブルトン・ミューズ
トラファルガー広場
ハイド・パーク
ウェルズSt
ハイド・パーク
カフェ・ド・リューロップ
スタンフォードSt ピーボディ・ビルディング
ラファエルSt
モンピリア・プレイス
ウェストミンスター
ブロンプトン・スクエア
ランベス
ナイツブリッジ
オンスロー・ミューズ
ベルSt
ロウアー・ジョージSt
トラファルガーSt
テムズ川
ローズヒル・ロード、ワンズワース（3.5マイル先）

メアリー・アン・“ポリー”・ニコルズ、
アニー・チャップマン、
エリザベス・ストライド、
キャサリン・エドウズ、
メアリー・ジェイン・ケリーに

語らない女たち、声を持たない女たちのためにわたしは書いている。彼女たちが語らないのは、あまりに恐怖しているから、自分自身ではなく恐怖を尊重するよう教えられてきたからだ。わたしたちは、沈黙していれば救われると教えられたのだが、断じてそんなことはない。

オードリー・ロード
〔米国の作家、詩人、活動家（1934-92）〕

イントロダクション——二都物語

一八八七年はふたつある。一方はよく知られているが、他方はそうではない。

第一の一八八七年は、ほとんどの歴史書に書かれている。その時代に生きていた人々が好んで思い出したがり、物欲しげな笑みを浮かべて孫たちに語るバージョン。ヴィクトリア女王と、その在位五〇周年式典のあった夏の物語である。重たい王冠を頭に載せられたとき、女王はまだ一〇代の少女だった。半世紀後彼女は帝国を体現する存在となり、これにふさわしい壮麗な祝賀行事が次々と催される。六月二〇日、五〇年前に初めて王冠を戴いた日付にあたるまさにその日、ヨーロッパ各王室の長が、インドの王子たちが、高官や代表使節が帝国のすみずみから——ハワイの女王、リリウオカラニまでもが——ロンドンに集結した。ウェスト・エンドの商店主は赤、白、青で店のウィンドウを飾った。いつもは地味な石造りの建物に、ロイヤル・スタンダード〔女王旗〕とユニオン・ジャックがひるがえり、花綱飾りやカラフルな花輪が吊り下げられた。夜になると、セント・ジェイムズ地区〔行政・王室関連施設が立ち並ぶバッキンガム宮殿近辺の地区〕とピカデリーじゅうの大使館やクラブ、ホテルなどの施設が、いっせいに電灯とガス灯をともし、巨大な王冠と、ヴィクトリア王権を表わすVとRの文字とを壁面に描いた。郊外や安アパートから、忠実な臣民たちが都心へと押し寄せた。ケントやサリーで乗車券にはさみを入れてもらった彼らは、王室の馬車やダイアモンドを身にまとった王女をひと目でも見ようと、ごった返す通りをかき分けていく。夏の長い黄昏がすっかり暗くなってしまうと、彼らは家の窓辺にロウソクをともし、君主の健康を祈って、ビールやシャンパン、クラレットで乾杯した。

ウェストミンスター寺院では感謝の礼拝が、ウィンザーでは国家主催の祝宴と閲兵式が、ハイド・パークでは二五〇〇名もの男児・女児を集めた子ども祭りまでもが開かれた。子どもたちは二〇体のパンチ・アンド・ジュディ人形、八つのマリオネット劇場、八六のピープ・ショウ、犬や猿やポニーの曲芸団九つ、バンドやおもちゃや「ガスでふくらませた風船」を楽しみ、それからレモネード、ケーキ、ミートパイ、菓子パンとオレンジの昼食を堪能した。女王の在位を祝い、コンサートや講演、パフォーマンス、レガッタ、ピクニック、ディナー、さらにはヨットレースが夏じゅうとおして開かれた。ロンドン恒例の「シーズン」〔社交界の人々が郊外の屋敷を離れてロンドンに集まる時期〕に入ると、ガーデンパーティーや舞踏会も催された。淑女たちはこの夏の流行で着飾った。レースで縁取られ、スカートの後ろ部分がふんわりとふくらんだ、黒と白のシルクのドレス。アプリコット・イエローやヘリオトロープ〔薄紫〕、ゴブラン・ブルーといった流行色。ギルドホールで開かれた盛大な舞踏会では皇太子夫妻が、王室につらなる親族だけでなく、ペルシアの王子、教皇からの使節、シャムの王子、インドール藩王ホールカルをもてなしていた。バナーが飾られ、香りのついた花が天井から滝のように降りそそぐなか、上流社会のあらゆる人々が踊っていた。ティアラやタイピンが鏡のなかできらめき、社交界にデビューした娘たちは釣り合う身分の青年たちに紹介された。夢のようなワルツの旋律に合わせ、ヴィクトリア時代の華やかな世界がくるくると旋回しつづけていた。

そこでもうひとつの一八八七年である。

こちらの物語については、ほとんどの人たちが忘れることにしている。今日、これを語っている歴史書はごくわずかであり、これが起こったと知る人すら驚くほど少ないのだけれど、この年この物語は、ロイヤル・パレードと祝宴、お祭りの記事を全部合わせたよりも、もっと多くの紙面に躍ったのだった。

式典のあった夏は異常に暑く、雨も少なかった。のどかなピクニックや野外パーティーの頭上に広がっていた快晴の空は、果実をしなびさせ、畑を干上がらせた。水が不足し、農業の季節労働がなくなったことで、すでにひどくなっていた雇用危機は悪化の一途をたどった。富裕者が日傘の下や郊外の別荘の木陰で好天を楽しんでいた一方で、浮浪者や貧民は、トラファルガー広場の炎天下で野宿するしかなかった。いつもならロンドン市民に農作物を提供している者たちも、商品の運搬の仕事を求めてコヴェント・ガーデンの市場へおおぜいやって来たが、干ばつのせいで、上げ下ろしするプラムや梨の箱すらない。宿泊代もないので近くの広場に転がって寝ると、そこにはすでに、悲惨で屈辱的な救貧院の住環境よりは、路上のほうがましだという失業者や宿無し労働者があふれていたから、広場の人口はますます増加した。この野宿者たちは、記念柱のてっぺんからネルソン提督の見下ろす噴水のなかで、朝の身づくろいをしたり、「害虫のわいている」衣服をごしごし洗ったりしているらしく、観察者たちは震え上がった。秋が忍び寄りはじめると、社会主義者や救世軍や、さまざまな慈善団体が、聖書や安宿《ロッジングハウス》のチケット、コーヒー、紅茶、パン、スープを手にやって来た。防水布が雨露をしのぐために掲げられ、ブロンズの巨大ライオン像の足先のところで毎日情熱的な演説がなされた。ロンドンの浮浪者たちは、興奮、共同体感覚、無料の食事に満たされた。おかげで警察がやって来て、そのおかげで記者もやって来た。記者たちはどろどろに汚れた住民たちのあいだをうろうろし、名もなき不法占有者でしかなかった彼らの名前や人生を書き取った。

「アッシュヴィル氏」は「塗装工兼ガラス工」だと自称する。失業して一年。そのうち三三夜はエンバンクメント〔テムズ北岸の道路〕で眠ったが、寒くなってきたので、ここなら暖かいのではと期待してトラファルガー広場へ移った。意気消沈し、目に見えて憔悴しているけれど、いつか仕事が見つかるはずだと、前向きでいることを心がけている。

トラファルガー広場を回りながらマッチを売っているのは兵士の未亡人。幼い息子を育てるためだが、これまでずっとこんな生活をしていたわけではない。分割払いで買ったミシンの最終支払いができなかったため、生計を立てる手段を失い、家と呼んでいた一室すらも失ってしまった。救貧院に入れば子どもと引き離されるとわかっているから、ショールの下で丸まっているその子と一緒に、不便でも広場で暮らすほうがいいと考えている。(1)

これまで一度も不運に出会わなかったという「年配の夫婦」は、いまや広場の石のベンチの上で一緒に眠っている。(2) 夫は劇場の音楽監督として雇われていたが、事故に遭って働けなくなってしまった。貯金もなかったふたりはじきに家賃が払えなくなり、星空の下で眠る羽目となったのである。救貧院の情けにすがるのは、考えるだけでも恥ずかしく恐ろしいと言う。

何百という人々がトラファルガー広場へやって来て、舗道の敷石を枕にした。その誰もが似たような人生を語っていた。この虐げられた者たちの群れは失うものを何も持たず、たやすく怒りの軍勢へと組織されうると、政治的扇動者が気づくのにさほど時間はかからなかった。ロンドンの住民にはすでにわかっていたことだが、トラファルガー広場があるのは市の東西の分割線上。それは貧者と富者を分かつ線であり、すなわち、権利を奪われた声なき者たちを押しとどめている目に見えない拘束と同様、たやすく破られうる人工的境界だった。一八八七年、社会革命の可能性は、ある者たちにとっては恐ろしく身近であり、別の者たちにとってはまだ遠いところにあった。トラファルガー広場では毎日、ウィリアム・モリスやアニー・ベサント、エリナー・マルクス、ジョージ・バーナード・ショーといった社会主義者や改革運動家が演説していた。これに鼓舞された人々は、横断幕を掲げ、シュプレヒコールをしながら行進を始める。路上にあふれたこの何千もの人々は、必然的に暴動へと至った。ロンドン警視庁と、ボウ・ストリートの治安判事裁判所は、デモを鎮圧し、極貧者や扇動者と思われる者たちを広場から追い出すことに昼夜分かたず取り組んだが、潮の干満がとどめられないのと同様、追い出されてもすぐさま彼らは戻ってくるのだった。

致命的な過ちが起こったのは一一月八日、警視総監のサー・チャールズ・ウォーレンが、トラファルガー広場での集会を全面的に禁じたときだった。このロンドンの心臓部を庶民の集会の場、政治活動の広場と見なしていた人々は、これを意図的な宣戦布告と受け取った。同月一三日に、デモの予定が組まれた。デモの口実は、アイルランドの選挙区出身で収監中の国会議員、ウィリアム・オブライエンの解放要求であったが、デモ参加者たちの不満の対象は、世間の耳目を集めていたこの事件をはるかに超えて広がっていた。それを世に知らしめるべく、四万以上の男女が集結する。彼らを出迎えたのは二千人の警官、および近衛兵と近衛歩兵連隊。たちまち衝突が起き、警官は警棒で襲いかかる。デモ参加者のほうも、平和的なデモをとの呼びかけがされていたにもかかわらず、多くは鉛管やナイフ、ハンマー、レンガで武装していた。暴動のなかで四〇名が逮捕され、二百名以上が負傷し、少なくとも二名が死亡した。のちに血の日曜日事件として知られるようになるこの出来事は、不幸なことに、抗争の終わりを告げるものではなかった。ガラスが打ち砕かれる音や民衆の怒号は、翌年になっても続いたのである。

これらふたつの場面を、その生と死がやがて一九世紀を規定することとなる、ふたりの女性がとおり過ぎていった。ひとりはヴィクトリア、その名が一八三七年から一九〇一年までの期間を指すこととなる人物。もうひとりは、トラファルガー広場の野宿者のなかにいたメアリー・アン、または〝ポリー〟・ニコルズと呼ばれていた浮浪者。君主と違い、彼女の出自や人となりはほとんど忘れられてしまったが、彼女を殺害した者の名を世界はうっとりと記憶し、やがて繰り返し思い出して楽しみさえするようになる。殺人者の名は切り裂きジャック《ジャック・ザ・リッパー》という。

女王の在位五〇周年式典があった夏から、ポリー・ニコルズが殺害された一八八八年八月三一日までには、およそ一二か月が経過している。ポリーは切り裂きジャックの五人の「公式認定《カノニカル》」被害者の最初の者、すなわち、イースト・エンドのホワイトチャペル地区において、同一人物に殺害されたと警察が断定した者のひとり目となった。彼女に続き、九月八日、ハンベリー・ストリート脇の空き地でアニー・チャップマンの遺体が見つかる。その同じ月の三〇日未明、切り裂きジャックは二度も犯行を行なった。「ダブル・イベント」と呼ばれることとなるこのふたつの事件で、彼はエリザベス・ストライドとキャサリン・エドウズの命を奪う。前者の遺体はバーナー・ストリート脇のダットフィールズ・ヤードで見つかり、後者はマイター・スクエアで殺害された。しばしの中断ののち、最後の凶行があったのは一一月九日。ミラーズ・コート一三号室の自分のベッドの上で、メアリー・ジェイン・ケリーの身体はずたずたに切り刻まれていた。

ホワイトチャペル殺人事件の残虐さは、ロンドンのみならず、すべての地の新聞読者に衝撃を与えた。切り裂きジャックの被害者は、全員喉をかき切られていた。五人中四人は内臓を取り出されていた。最後の殺人以外はすべて屋外で、夜の闇にまぎれて遂行された。どの事件でも犯人は、身元特定につながるような痕跡を何ひとつ残さず逃亡した。犯行があったのは非常に人口過密な地区であったから、民衆も、マスコミも、さらには警察までも、これは驚くべきことだと考えた。常に当局の一歩先を行く切り裂きジャックは、まるで幽霊か悪霊のようであり、そのせいでこの連続殺人には、さらに恐ろしく、ほとんど超自然的なイメージがついて回ることとなったのである。

ロンドン警視庁で、ホワイトチャペルを担当したH分署は、持てる力と手段を尽くしてできるかぎりのことをしたが、これほどの規模と重大さを持つ殺人事件は初めてであり、あっという間にたいへんな事態になった。彼らは地区内を一軒一軒回って聞きこみをし、あらゆる証拠品を集めて科学分析した。目撃者だという者、協力を申し出る者、ただ単に作り話をしたいだけの者たちから声明文や手紙が殺到した。全部で二千人以上が尋問され、三百人以上が容疑者の可能性ありとして取り調べを受けた。スコットランドヤード〔ロンドン警視庁本部〕とロンドン市警察からの応援もあったが、いずれの努力も実らなかった。次々処理せねばならない書類の嵐のなかで、真の手がかりは見失われてしまったのだろう。警官がメモを書きつけたり、夜の路地で犯人とおぼしき者を追跡したりしているかたわらで、切り裂きジャックは犯行を続けていたのだった。

「恐怖の秋」がゆっくりと過ぎていくあいだ、ホワイトチャペルは、このセンセーショナルな金脈を逃すまいと、鉛筆を手にうろつく記者たちでいっぱいになった。彼らの聞きこみは必然的に警察の捜査と並行し、警戒状態が極限に達しているイースト・エンドの住民たちは、もはや爆発寸前になった。警察からは何ら断定的な情報が出てこないので、新聞各紙は犯人像と犯行方法について独自の説を書きたてた。新聞は飛ぶように売れ、もっと多くの記事を、より面白い視点をとの欲求は天井知らずになっていく。当然のこととして誇張やでっち上げ、「フェイクニュース」も紙面に躍った。けれども、噂話やら、警察の無能ぶりをこき下ろす意見記事やらを載せたところで、ホワイトチャペル住民の不安が和らぐわけがない。九月の半ばごろ、住民は「パニック状態」になり、ほとんどの人が恐ろしさから夜外出できなくなった。レマン・ストリートの警察署の前には群衆が集まり、「やじったり怒鳴ったり」して犯人逮捕を要求した。自分たちで解決しようと、地元の商店主たちはホワイトチャペル自警団を結成した。そのあいだも新聞は、犯人像の推測に躍起になっていた。犯人はホワイトチャペルの住民だ。ウェスト・エンドの裕福な「名士」だ。船員だ、ユダヤ人だ、肉屋だ、外科医だ、外国人だ、狂人だ、ゆすり屋の一味だ。住民たちは、これらの記述に当てはまる人間をかたっぱしから攻撃しはじめた。医療用カバンを持った医師が襲撃され、包みを抱えた男は警察に通報された。胸が悪くなるような思いをしているにもかかわらず、多くの者たちは同時に、グロテスクにもこの事件に惹きつけられていた。レマン・ストリートの警察署前に劣らず、事件現場にも群衆が集まった。手がかりを見つけようと蛮行の現場をじっと見つめる者もいれば、恐ろしいスペクタクルにただ魅入られている者もいた。

五件の殺人のいずれについても、警察は容疑者を捕まえて起訴することができなかったので、裁判というかたちで正義が執行されるのを見たいという渇望はまったく癒されなかった。わずかながらの答えと、ある程度の決着の感覚を与えてくれたのは、一連の検死審問だけだった。これらは、各殺人のたびごとにホワイトチャペルとシティ・オブ・ロンドンにおいて公開で開かれ、新聞で大々的に報じられた。検死審問のやり方は、刑事事件の裁判とよく似ている。当該の人物の死亡がいかにしてもたらされたかについて、公式の明確な全体像をまとめ上げることを目的に、証人が陪審の前に呼び出され、事件に関する証言を行なうのである。五人の被害者について現在知られている情報のほとんどは、この審問での証言から引かれているのだが、ここには問題が含まれている。検証方法は徹底性を欠き、陪審が再質問を行なうこともなく、証言の矛盾や飛躍もまるで疑問に付されていないのだ。その結果、審問のあいだに明らかになった情報はといえば、本来これよりはるかに深く濁ったものであったろうありうべき答えの井戸の、ほんの表面だけをすくったものに過ぎなかった。

ホワイトチャペル殺人事件が何かを明るみに出したとすれば、それは、この地区の貧困者が暮らす筆舌に尽くしがたいほど悲惨な状況であった。トラファルガー広場の野宿者も暴動も、イースト・エンドをはじめとするロンドンの貧困地区が長く患っていた慢性疾患が、ようやく目に見えるかたちであらわれたものに過ぎなかった。それは支配層の面前でなされた咳ばらいであった。切り裂きジャックの登場は、その咳がいっそう騒々しく、いっそう激しくなったものだった。

ヴィクトリア女王の治世のほとんどにおいて、ジャーナリストも社会改革運動家も宣教師も、イースト・エンドで見聞きした惨状を非難していたが、「大不況」〔Long Depression 一八七三年から九六年にかけての世界的不況〕の影響が経済にのしかかってきた一八七〇、八〇年代、状況はますます深刻になりはじめていた。ロンドンに暮らす膨大な数の非熟練労働者――衣類を縫ったり洗ったり、レンガを運んだり、品物を組み立てたり、路上で行商をしたり、船から荷下ろしをしたりしている人々――のための職は、みな賃金が安く不安定だった。船着場での日雇い労働は、週一五シリングにしかならない。広告を掲げて路上を歩く「サンドイッチマン」の日収は、一シリング八ペンスほどだった。さらに悪いことに、家賃は着実に上がっていく。鉄道敷設や、シャフツベリー・アヴェニューなどの大通りの造成のため、首都のあちこちにあった低収入者向け住宅は大規模に取り壊されてしまい、ロンドンの貧民たちはいくつかの地区へ集まって、ひどい過密状態で暮らさざるをえなくなってしまった。

ホワイトチャペルはそうしたなかでも最も悪名高い地区のひとつだったが、貧民の吹きだまりはここだけではない。改革運動家チャールズ・ブースが一八九〇年代、ロンドンの貧困地区を調査した大著によると、窮乏者や犯罪が集中するポケットはこの大都市のあらゆる地域にあって、住みやすいとされる地区さえも例外ではなかった。とはいえ、不潔な地区という評判にかけて、ホワイトチャペルはバーモンジー、ランベス、サザク、セント・パンクラスよりもまさっていた。一九世紀の終わりには七万八千もの人々が、この地区の倉庫やロッジングハウス、工場、低賃金工場《スウェット・ショップ》、食肉処理場、「家具つきの部屋」、パブ、安手の演芸場、市場に押しこめられていた。ひしめき合って暮らすその人々は、宗教も文化もばらばらであり、言語もさまざまだった。少なくとも二世紀のあいだ、ホワイトチャペルはヨーロッパじゅうから移民の集まる場だったのである。一九世紀後半、その人口のかなりの部分は、母国の貧しい農村から必死で逃れてきたアイルランド人だった。一八八〇年代には、東欧のポグロム〔ユダヤ人に対する殺害を含む大規模な迫害行為〕を逃れたユダヤ人が加わった。他の国や他の人種、他の宗教の人々が非常に怪しまれた時代であったから、たとえスラムであっても融和は簡単には起こらない。にもかかわらず、ブースの調査員たちは各住民の先祖などいっさい気にせず、社会階級の点においてこれらの住民はかなり均質的だと見なした。いくらかの中流階級住民を例外として、ホワイトチャペルの住民の大半は、「貧困」であるか「非常に貧困」、または「準犯罪者」とされたのである。

この地区の中心で脈打つ暗黒の心臓がスピタルフィールズだった。青果市場や、クライスト・チャーチのそびえ立つ尖塔にほど近いここには、ロンドンでいちばんとは言わないまでも、この地区でいちばんたちの悪い通りや施設が並んでいた。ドーセット・ストリート、スロール・ストリート、フラワー・アンド・ディーン・ストリートや隣接する通りは、警察にすら恐れられていた。悪徳まみれの安いロッジングハウス(もしくは「木賃宿《ドス・ハウス》」)や、湿って崩れそうな内部を「家具つきの部屋」に仕切って貸し出している老朽化した建物の並ぶこれらの通り、およびその貧窮した住民たちは、イングランドのあらゆる腐敗を体現する存在になった。

ヴィクトリア時代の安全な中流階級の世界からこの迷路へと迷いこんだ人々は、出くわしたものに絶句した。ひび割れた舗道、薄暗いガス灯、てらてらした下水、悪臭と病をまき散らす水たまり、生ごみだらけの道路は、建物のなかにどんな物理的恐怖があるかを予見させた。窓は割れ、シラミだらけの縦八フィート〔約二メートル四四センチ〕の部屋に、一家全員が住んでいる。子ども五人がひとつの寝台に寝ていて、そこに埋葬前の死んだ子どもが含まれているのを、衛生監視員が発見したこともある。人々は床にぼろ布やわらを敷いて寝ている。服を全部質に入れてしまい、かろうじて布切れを身にまとっているだけの者もいる。地獄の最下層というべきこの場には、アルコール依存と栄養不良、病が蔓延し、ドメスティック・ヴァイオレンスも蔓延していた――もっと言えば、あらゆる種類の暴力が。女の子は思春期になるかならないかの年齢で、金を稼ぐため売春を始める。男の子もあっという間に窃盗やスリを始める。この残酷かつ凄絶な貧困を前にしては、人間関係を通常制御するはずの善や正義の本能も、すべて削り取られてしまうのだろうと、イングランドの道徳的な中流階級には思われた。

この状況が最も顕著に表われていたのが、「家具つきの部屋」の家賃も払えない貧困者に宿を提供していた、コモンロッジングハウス〔複数の利用者が居室や寝室を共有する形態の、極めて安価な宿泊施設〕である。ロッジングハウスは浮浪者の一時的住居だった。浮浪者は毎夜、ロッジングハウスの悪臭を放つベッド、救貧院の高圧的な一時収容棟〔casual ward〕、および路上とのあいだを転々としていたのだ。ロッジングハウスは物乞いと犯罪者、売春婦、アルコール依存者、失業者、年寄りの病人、日雇い労働者、軍人恩給受給者のたまり場だった。ほとんどの住人はこのうちの複数を兼ねていた。ホワイトチャペルだけで二三三軒のコモンロッジングハウスがあり、全部でおよそ八五三〇名の家なき人々を収容していた。(3) 当然ながら、ドーセット・ストリートやスロール・ストリート、フラワー・アンド・ディーン・ストリートにあるものの評判は最悪だった。ひと晩につき四ペンス払えば、息苦しくて悪臭のする共同寝室の、ノミの跳ねまわる硬いひとり用ベッドで寝ることができる。八ペンス払えば、同じくらい不潔ではあるものの、木製の囲いがついたダブルベッドで寝ることができる。男女ともに宿泊できるところも、どちらかしか宿泊できないところもあったが、男女ともを受け入れるロッジングハウスは、道徳的に非常に堕落している場だと見なされていた。宿泊者は全員、朝から夜遅くまで共同キッチンを使うことができた。彼らはここを集会場として、粗末な食事を作ったり、立ち寄った者を招き入れて、お茶やビールを飲みかわしたりした。こうしたキッチンのテーブルに着いた福祉監視員や改革運動家は、宿泊者のグロテスクなマナーに呆然とし、子どもたちまでもが口にする恐ろしい言葉に絶句した。けれども彼らがほんとうに非難したのは、暴力的なふるまいや、下水のあふれる不潔なトイレ、さらには住人が堂々と裸でいること、奔放な性交、過度な飲酒、養育放棄だった。「木賃宿」では、スラムにまつわる不快な事柄すべてが、ひとつ屋根の下に集まっていたのである。

警察と改革運動家がとりわけ懸念したのが、コモンロッジングハウスと売春とのつながりだった。四ペンスなり八ペンスなりが払えているかぎり、宿泊者はほとんど詮索されなかったから、ここは不道徳行為の温床になりがちだったのである。売春を主な収入源とする女性の多くは、ロッジングハウスを住居、または仕事場としていた。多くの売春宿を強制閉鎖した一八八五年の刑法改正法のあとはますますそうなった。この改正法の結果、大量の売春婦が、住まいとは別の場所で客待ちをせざるをえなくなったのである。ロッジングハウスの八ペンスのダブルベッドは、道でひっかけた男を連れこむのに最適だった。もっと安い四ペンスのベッドを選んでいる売春婦は、路上の暗がりで客の相手をした。必ずしも完全な性交をともなわない、短時間のサービスを行なったのである。

ロッジングハウスには多様な女性が居住しており、直面している不幸もさまざまだった。そのなかには仕方なく「臨時売春」に走る者もいたが、全員がそうしていたと考えるのは絶対に間違いだ。宿泊者たちは工夫して宿代をかき集めていた。ほとんどの者は低賃金の日雇い仕事で清掃や洗濯、物売りをしていた。足りなければ借金や物乞い、質入れをし、必要なぶんだけ盗むこともあった。男性パートナーと組むことも、費用を負担してもらうよい方法だった。こうした関係の多くは必要に迫られてのことで、短期間で終了することが多かったけれど、教会で認めてもらわないまま何か月も何年も続くケースもあった。貧しい男女がこうした関係をいともたやすく開始したり解消したりするさまに、中流階級の観察者たちはいつも衝撃を受けた。子どもが生まれるか否かもほとんど関係ないようだった。当然ながら、この道徳規範は一般に受け入れられているものからは相当かけ離れており、ロッジングハウスなる怪しげな場に住む女性たちは、宿を確保するために何をしているのかといぶかしむ者たちを、さらに考えこませることとなったのである。

切り裂きジャックの恐怖が支配した時代、スラムの生々しい描写で国じゅうを煽り立てようとした新聞各紙は、ホワイトチャペルのロッジングハウスは「名前以外実質的に売春宿」であり、そこに住む女性は、ごく少数を除いて全員売春婦だと繰り返し断言した。事件に対するあまりの恐怖から、民衆はこの考えに飛びついた。誇張が事実として刻まれた——警察自身が、事態をまったく違うかたちで把握していたにもかかわらず。連続殺人の恐怖が頂点にあったころに書かれた警視総監の手紙は、まるで違うストーリーを語っている。サー・チャールズ・ウォーレンは、ざっと計算してみた結果、ホワイトチャペルのコモンロッジングハウス二三三軒に、およそ一二〇〇名の売春婦が宿泊していると見積もった。けれども、もっと重要なことに、彼は同時にこのように認めているのだ。「どの女性が売春婦でどの女性がそうでないかを、突き止める方法はない」[4]。売春婦とそうでない女性とを見分けるのは不可能だと警察すら考えているのに、新聞が断言できる立場にあるはずがない。

ウォーレンの数値から引き出される興味深い可能性はほかにもある。ロッジングハウス居住者が八五三〇名いて、うち三分の一、すなわち二八四四名が女性だとする。そのなかの一二〇〇名が売春婦だという説を受け入れるとすれば、過半数である一六四四名は、売春に類する職業には従事していなかったことになる[5]。ホワイトチャペルのコモンロッジングハウスの住民たち同様、切り裂きジャックの犠牲者とその人生も、仮定や噂、根拠のない推測の網にからめ取られてきた。その網が編まれはじめたのは一三〇年以上も前のこと。以来驚くべきことにこの網は、揺さぶられることも問いなおされることも、実質的になされないままなのだ。ポリーとアニー、エリザベス、ケイト、メアリー・ジェインの物語につきまとい、これを規定しつづけているものはといえば、ヴィクトリア時代の価値観である。男性の、権威の、中流階級の価値観。それが形成されたのは、女性は声を上げることができず権利もほとんどなく、貧困者は怠惰で堕落した存在だと思われていた時代だった。このふたつの組み合わせは最悪だ。手渡されたほこりまみれの包みを、われわれは一三〇年以上にわたり後生大事に抱えてきたのだ。なかを覗こうともしなかったし、分厚い包装紙を剝がすこともしなかった。そのためこの女性たちを、およびその真実の人生を、知ることができなかったのである。

切り裂きジャックは売春婦を殺した、またはそのように信じられてきたが、五人の犠牲者のうち三人に関しては、売春婦だったと示唆する確固たる証拠はない。暗い空き地や路地で遺体が見つかるやいなや、警察は、彼女たちは売春婦であり、性交目的でここへ誘いこんだ変質者に殺害されたのだと推測した。これについても、当時も現在もまったく証拠はない。それどころか、検死審問の過程で、切り裂きジャックは被害者と一度も性交していないことが確認されているのだ。さらに、どの事件も争った形跡はなく、殺害は完全な静寂のなかで行なわれたらしい。付近にいた誰も悲鳴を聞いていないのだ。検死解剖の結果によると、女性たちはみな横たわった姿勢で殺害された。少なくとも三件においては、被害者は路上生活者として知られており、殺害された晩も、ロッジングハウスに宿泊する金は持っていなかった。最後の事件の犠牲者は、自分のベッドの上で殺されている。けれども警察は、犯人は売春婦を選んで殺害しているという自説にこだわりすぎたため、自明なはずの結論にたどり着けなかった。その結論とは次のとおり――切り裂きジャックは、就寝中の女性をターゲットにしていたのである。

これらの事件の真相を探ろうとするたび、信頼性の低い情報源が障害となる。警察の記録もいくらか残っているが、実際の犯行および被害者について現在知られていることのほとんどは、検死審問が基になっている。だが残念なことに、五件中三件については、審問の公式記録が残っていない。事件の全容を描く手がかりとして残されているのは、編集され、誇張され、聞き違いや誤解の混じった新聞記事だけである。この種の資料をわたしは注意深く扱い、記載されている事柄は、いかなるものであれ絶対的に正しいものとは受け取らないようにした。同様に、検死審問中の証言についても、事件前の被害者を個人的に知らない証人による、裏付けのされていない証言は、採用することを控えている。

本書は、犯人を追い詰め特定することを目的として書かれたものではない。五人の女性の足取りをたどりなおし、時代の文脈のなかで彼女たちの経験を考察し、暗がりのなかでも光のなかでも、彼女たちの人生を追っていこうとするものである。これまでわれわれは彼女たちのことを、人間の形をした空っぽの鞘《さや》のように思ってきたが、実際はそんなものではない。彼女たちは母を求めて泣き叫ぶ子どもだった。彼女たちは恋する娘だった。彼女たちは出産に耐え、両親の死を経験した。彼女たちは笑顔でクリスマスを祝った。きょうだいと喧嘩し、すすり泣き、夢を見、傷つき、ちょっとした勝利も得た。彼女たちの人生は、ヴィクトリア時代の他の多くの女性たちの人生と変わらなかったけれど、ただその終わり方だけがあまりに特異であった。わたしは本書を彼女たちのために書いている。それによって彼女たちの物語がよりはっきりと聞こえるようになれば、そして、命が奪われると同時にもうひとつ残酷に奪われてしまったものを、彼女たちに返すことができればと望んでいる——つまり、彼女たちの尊厳を。

第I部

ポリー

1845年8月26日－1888年8月31日

1　鍛治屋の娘

シリンダーが回転し、ベルトが動き出す。歯車がカチカチ音を立てて回るにつれ、インクのついた活字が紙に押しつけられる。床はガタガタと揺れ、灯りは一日中あかあかとともっている。文字で埋まった細長い紙が、天井から吊り下げられ乾燥されている部屋。小さな金属製活字でいっぱいの木箱がいくつもの山になって積み重ねられている部屋。革を折り曲げて成形し、表紙に金色の葉を型押しし、糸綴じして製本している部屋。銅版画が刻まれ、刻印が鋳造される小屋。本や新聞、雑誌が高く積み上げられ、新しい紙とくっきりとしたインクの匂いがうっとりと香っている店。フリート・ストリートとその周囲の小道には、蜂の巣のごとくぎっしりと印刷出版業者がひしめいていた。みな厚地の布に身を包んでせわしなく働いている。汚いスモックと汚れたエプロンはお決まりのスタイルだ。すすけているほど、真っ黒であるほど、働き者のしるしだ。使い走りの少年たちも、頭のてっぺんからつま先までインクの染みに飾られている。セント・ブライズ出版教区〔フリート・ストリートにはセント・ブライズ教会がある〕の男にとって、汚れのない指は自慢にはならなかったろうし、自慢したくもなかったろう。そこは作家や印刷業者、新聞記者、本屋、その他文字にまつわるあらゆる業者の本拠地だった。

フリート・ストリートとその人口過密な支流には、人間の流れがあふれていた。ある書き手が述べたように、セント・ポール大聖堂近くのラドゲイト・ヒルからここを見下ろすと、「めいめい勝手な方向へ大急ぎで動く、人や馬や乗り物の真っ黒な塊」しか見えず、「舗道は一ヤードたりとも見えない――家々の並び沿いにも路上にも頭の海ばかり」ということもあった。(1) この大通りと、並走するハイ・ホウバン〔Holborn〕通りとのあいだは、朽ちかけた木造建築と湿っぽいレンガ造りの建物が立ち並ぶ、ぎゅっと凝縮された小道の網目になっていて、そこは一七世紀以来、印刷工房や思想家、貧乏作家のホームであった。彼らの密住ぶりといったら、隣人のくしゃみや泣き声、果てはため息までもが必ず聞こえるほどだった。夏ともなれば窓は開け放たれ、印刷機――蒸気の力、または人力で動いていた――のドシドシバタバタという音が、どの道を歩いても聞こえたことだろう。

この騒々しい不協和音を背景に、ある狭苦しく古い一室で、キャロライン・ウォーカーは第二子メアリー・アンを出産した。それは一八四五年八月二六日、当時の新聞によれば「晴れて乾燥した」日のこと。彼女が生まれた家はドーズ・コートと呼ばれる築二百年の老朽アパートで、住所はシュー・レイン、ガンパウダー・アリー。チャールズ・ディケンズの小説のヒロインにふさわしい住所だ。実際、この『オリヴァー・ツイスト』の著者は、靴墨工場で働いていた少年時代、こうした薄汚れたアパートや悪臭のする路地を、実体験として知っていたのであり、のちにこの記憶を書き記したのである。キャロライン・ウォーカーの、やがてポリーと呼ばれるようになった娘は、人生最初の数年間を、小説のなかのフェイギンやスリの少年たちと同じような住まいで過ごすこととなる。

ウォーカー家が裕福だったことは一度もなかった。父親の職業からして、そうなりようもなかった。エドワード・ウォーカーはランベスで鍛冶屋をしていたが、ある日テムズ対岸の「インク通り」が彼を手招きした。自分の技術を生かして最初は錠前を作り、その後地域の特性からおそらく活字の鋳造、もしくは活字の字体づくりへと向かった。[2] 鍛冶屋は尊敬される熟練職ではあったものの、稼ぎはぎりぎり生活できる程度である。駆け出しの鍛冶職人の日給は三シリングから五シリング。一人前になったとしてもせいぜい六シリング六ペンスにしかならず、家族が増えたところで追加ぶんはごくわずかだったろう。[3]

エドワードとキャロライン、およびその合計三人の子どもたち――ポリーより二歳上のエドワードと、四歳下のフレデリック――は、この稼ぎでつつましくも安定した生活を送ることになる。病や突然の失業が家賃滞納につながり、たちまち救貧院行きになりかねなかったヴィクトリア時代初期、これは決してたやすいことではなかった。ウォーカー家のような中くらいのサイズの家族の場合、週の平均支出は一ポンド八シリング一ペンス。ロンドン中心部で大きな部屋をひとつ、または小さな部屋をふたつ借りるなら週あたり四シリングから四シリング六ペンスかかる。さらに食糧に二〇シリング、石炭や薪、ロウソクや石鹸に最低でも一シリング九ペンスを見積もらねばならない。[4] エドワード・ウォーカーのような熟練労働者であれば、そのほかに少なくとも数ペンスは貯金し、子どもたちの教育費におよそ一シリング三ペンスは回していただろう。

学校教育が義務化するのは一八七六年のことだが、比較的裕福な労働者階級は、息子を――ときには娘を――地元の慈善学校、あるいは有料の学校へかよわせることも多かった。読み書き能力を、重視するのみならず必要不可欠なものとさえ考えていた出版印刷業の家庭には、このことはとりわけ当てはまった。一部の雇用主、たとえばこの時代最大手の出版社のひとつだったスポティスウッド商会などは、一五歳未満の少年たちに社内での学校教育を提供したほか、従業員の家庭の読み書き能力を高めるため、図書の貸し出しも行なっていた。ポリーや兄のエドワードは、こうしたリソースにアクセスはできなかったかもしれないが、ナショナル・スクールやブリティッシュ・スクールにかよっていた可能性はある。ナショナル・スクールというのは、近所のシュー・レインにあったシティ・オブ・ロンドン・ナショナル・スクールのように、英国国教会によって運営され、家計を助けるために労働する必要のある子どもたちに、パートタイムで教育を行なう学校のことだ。コミュニティの最貧層よりは上流だと自認している労働者階級は、ブリティッシュ・スクールのほうを好んだ。ナショナル・スクールよりもややきっちりとした学習機会を提供するとされたこれらの学校では、男女教師の助けを借りながら、年長の子どもが年少の子どもを教える形式をとっていた。エドワード・ウォーカーは教育を固く擁護していたらしく、ポリーは、そのジェンダーと階級からすれば極めて異例のことだが、一五歳まで通学を許された。読むことは教えるが書くことは教えないのが通常だった当時にあって、ポリーは在学中に両方のスキルをマスターした。ウォーカー家は贅沢というものをほとんどさせてやれなかったろうけれど、書かれたものを読む能力は、「インク通り」の近くで育ったことからポリーが得ることのできた、唯一の武器となったろう。

少女時代の彼女の慰めとなるような楽しみは、この地区にはほかにほとんどなかった。ウォーカー家はシュー・レインやハイ・ホウバンから遠く離れることはなかった。ドーズ・コートを出たあとは、ディーン・ストリートやロビンフッド・コート、ハープ・アリーを移り住んだ。セント・ブライズ教区やセント・アンドルーズ教区の、中世から残る細い小道にひしめく住まいでは、スペースだのプライバシーだのは未知の概念だ。ロンドンの人口過密地区の住宅状況に関する一八四四年の調査によると、ウォーカー家が住んでいたような路地や袋小路にある建物は、「換気が悪く不衛生で（……）近隣でも（……）最悪の状況」にあった。ほとんどの家族はひと部屋に住んでいて、部屋の平均サイズは「奥行き八フィート〔約二メートル四四センチ〕から一〇フィート〔約三メートル五センチ〕、幅八フィート、天井の高さは六フィート〔約一メートル八三センチ〕から八フィート」だった。[5] このコンパクトな部屋に家族全員が押しこめられていたのだ。ドーズ・コートは、かつては木組みで漆喰塗りの大きな一軒家だったのが、三軒の家に分けられたのち、部屋が個別に貸し出され、四五人もの人々が住むようになっていた。小さい子どものためには間に合わせの脚輪つき寝台を下に入れておけば、一家族にベッドはひとつで充分だったろう。テーブルひとつと椅子数脚で、居間にも食堂にもクローゼットにもなる。ほうき、鍋、バケツ、玉ねぎや石炭の袋など、部屋の角は必ず何かの置き場になっている。本来働き者である職人階級の道徳観や礼節に、こうした生活状況が悪影響を及ぼすのではないかと危ぶむ運動家もいた。親も子もきょうだいもその他の家族も、互いの面前で着替え、からだを洗い、性交し、「手洗いが隣接」していない場合は排便さえしていた。家族のひとりが食事の準備をしていると、病気で高熱の子どもが室内用便器に嘔吐し、その横では親やきょうだいが半裸になって着替えている。夫と妻が未来の子どもを作っている脇で、現在の子どもが寝ている。人間の最も基本的な状況さえ隠すことができない。

週四シリングであっても、こうした建物の造りは勧められるものではなかった。湿って崩れかけた壁、漆喰がはがれかけ煤で黒くなった天井、腐った床板、割れているかきちんとはまっていないかで風雨が隙間から入ってくる窓を、入居者は覚悟の上だったろう。煙突の詰まりで煙が室内へ逆流し、呼吸器疾患を患う者も大量に出た。共有の廊下や吹き抜けもたいしてよくない。積極的に危険なことさえあった。ある建物についての記述には「手すりが壊れてしまって」いるとあり、階段自体も劣らずひどい。「すでに段のひとつは重いブーツに綺麗に踏み抜かれてしまっていて、あとほんのわずかで（……）全部の段がガラガラと崩れ落ちかねない」。[6]

けれども、いまにも崩れそうな建物にひしめき合って暮らすこと以上に住民を悩ませたのは、清潔な水と充分な排水、新鮮な空気の不足だった。それらの点でロンドンの路地は最悪であり、調査によると、複数の世帯がたったひとつの水源を使っていることが常だった。水が蓄えられている樽は、ほぼ間違いなく「水面の不潔な堆積物」に汚染されていた。水溜めから汲んだ、夏場には臭うような「くず水《みず》」で、炊事や洗濯をせざるをえない住民もいた。こうした建物の多くには汚水槽がなかったため、室内便器の中身は「路地や通りへ放出され、雨が側溝へと押し流してしまうまでそこにとどまっていた」(7)。コレラやチフスの流行による多くの死者や、医療監督官がおおまかに「発熱」と記述するものの発生は、当然ながら頻繁に起きた。とりわけ暖かい季節はそうだった。

ロンドンの労働者階級が嫌というほど知っていたとおり、人口過剰で不潔な住まいに快適に暮らしているものといえば、病をおいてほかになかった。煙の充満する部屋も、ロンドンの黄色い有害な「霧」も、働きすぎで栄養不足の者たちの健康によいはずがない。ポリーは七歳にもならないうちにこれを知ることになる。一八五二年の春、母親の体調が悪化しはじめたのだ。症状を見ると最初はインフルエンザだったようだが、咳はどんどんとひどくなっていった。肺に結核菌が棲みついて消耗し、苦痛は耐えがたいものとなる。発熱してやせていくキャロラインの衰弱が終わったのは、一一月二五日のことだった。

彼女の死後残された夫と三人の子どものうち、最も年少のフレデリックも、三歳の誕生日を迎えることができなかった。小さい子どもを労働者階級の男がひとりで育てることのない時代であったのに、エドワード・ウォーカーはそうしつづけたのだから、彼がいかに家族を愛していたかがうかがえる。親戚に引き取ってもらったりせず、ましてや救貧院に預けたりもせず、ウォーカーはこの先も子どもたちの家族でいつづけた。彼は再婚しなかったから、キャロラインの姉のメアリー・ウェッブが、子どもたちの面倒を見て家を守っていたものと思われる(8)。

亡くなったときキャロラインは、フレデリックに病をうつしてしまったことはおろか、自分が近くにいると子どもたちが危ないことにさえも気づいていなかったはずだ。一九世紀の終わりになるまで、結核の病理についてはほとんど知られていなかった。空気中の粒子に一定期間継続的にさらされることによって感染するため、この病はヴィクトリア時代を通じてずっと、とりわけ家庭内においては最悪の死亡原因だった。女性は親族や隣人の看護にあたるため、しばしばこの病を意図せず家庭内に持ちこんだ。母親の死から一年半も経たないうちに、フレデリックも病気になった。この子はもう長くないだろうと悟ったエドワードとメアリーは、一八五四年三月一四日、彼に洗礼を施した。一か月後フレデリックは、ホウバンのセント・アンドルーズ教会で母と並んで眠ることになる。

伯母をはじめとする女性親族たちが助けてくれていたとはいえ、母を失ったことでポリーは、早く大人にならねばならなくなった。家庭を預かる女という役割を本人が望んでいたかどうかとは関係なしに、この役割に課される責任が、非常に幼いうちから彼女の肩にのしかかったのである。当時の識者たちの言葉によれば、妻に先立たれた男の娘は「父を慰め」、「家を守り、家族の世話をする」ことになってい た。母がいなくなったいま、教育以上に家族が彼女の最大の義務となった。この前提のため、彼女はフルタイムの職を探すこともできなくなる。家事奉公人など、よその家に住むことを余儀なくされる仕事は特に無理だ(9)。間違いなくポリーは、家を切りまわし父と兄の食事を作るスキルを、九歳になるまでには身に着けていただろう。同世代および同じ階級の娘たちは、通常家事奉公職に就くものだったが、世間のしきたりに逆らい、ポリーは一〇代のあいだずっと父親と同じ屋根の下に暮らしていたようだ。家族の人数が減り、エドワード・ウォーカーの賃金は生活費に充分足りていたため、ポリーは家のなかの仕事と、人よりも長期にわたる教育という贅沢とに、自分の一〇代の日々を費やすことができたのである。

家族の不幸の結果、ポリーは父親とのあいだに、自分の生涯のほとんどにわたって続くこととなる、独自の強力な絆を築いたと思われる。母が家庭で担っていた肉体的負担を引き受けることをポリーは当然視されていたが、それだけでなくヴィクトリア時代の社会はまた、寡夫が失った心理的サポートをも娘は提供せねばならないとしていた。妻に先立たれた男の娘を、この時代の文学は、決まって無欲な献身の権化として描いている――完璧に行儀よく、子どもじみた関心事は持たず、才気に富み、優しく、無垢。ポリー誕生の翌年に書かれた、チャールズ・ディケンズの『ドンビー父子』に登場するフローレンス・ドンビーは、そうした無謬のキャラクターのひとりだ。母を失ったフローレンスは、寡夫となった父親の愛情を、道徳心の強さと自己犠牲によって勝ち取り、確かなものとする。エドワード・ウォーカーとポリーの場合、献身と道徳心の強さを、ふたりともが等しく分け持っていたようである。

生涯のほとんどを通じて、ポリーは父親から遠く離れることがなかった。配偶者を選ぶときでさえそうだった。一八六一年、一九歳のウィリアム・ニコルズはボヴァリー・ストリート三〇―三一番地の男性用ロッジングハウスに暮らし、倉庫番として働いていた。おそらくは印刷業者の倉庫だったろう。ニコルズの父親は紋章画家だった。元々は馬車や看板に紋章を描くことを専門としていたこの業種の人々は、一九世紀のあいだに、便箋や蔵書票の印刷業へと徐々に転身していったのである。一八六一年春より前のいつかの時点で、ウィリアムはオックスフォードの生まれ故郷を離れて印刷工としてのキャリアを開始した。ボヴァリー・ストリートはまさにその業界の中心だった。一〇番地から二五番地のあいだに雑誌や新聞が七つもオフィスを構えていて、そのなかにはかつてディケンズも編集長を務めた『デイリー・ニューズ』や、社会調査者のヘンリー・メイヒュー〔一八一二―一八八七〕が共同創刊した『パンチ』誌もあった。これらふたりの書き手が記録したロンドンが、ウィリアム・ニコルズとウォーカー一家のロンドンだった。ディケンズ同様メイヒューも、負債と貧困についてはよく知っていた。この地区の印刷出版業者のほとんどにつきまとう生活の不安定さを、彼は経験していたのである。一七世紀以来「グラブ・ストリート〔Grub Street〕」と呼ばれていたこの界隈は、さまざまな背景から集まって文章を書き、読み、印刷し、売り、ともに酒を飲み、互いに金を借り、互いの家族と結婚する男たちから成る閉じたコミュニティであった。

母を亡くし、父と兄のため健気に家の切り盛りをする鍛冶屋の娘は、このディケンズ風の物語のなかで、幅広の顔に快活な表情を浮かべた明るい色の髪の若者、ウィリアム・ニコルズに紹介されたのだった。ニコルズは、「機械工《エンジニア》」として働いていたポリーの兄エドワードと同年配だったから、彼がニコルズを家族に紹介したのかもしれない。濃い色の髪と茶色の瞳の小柄な女性を守るふたりの男の好意を得て、ウィリアムがこの閉じた環境に入りこんだのは間違いないだろう。一八六三年のクリスマスの少し前に結婚の申しこみがあり、承諾された。結婚の公告がなされたのち、一八六四年一月一六日に、新郎と一九歳のポリーは印刷業者たちの教会、セント・ブライズで挙式した。結婚届にウィリアムは、誇らしげに印刷業と記している。

ポリーとウィリアムの結婚は、家族の全員に変化をもたらした。彼女に頼りきっていた父と兄は、いまや別の男を家族として迎え入れ、じきに子どもたちもここに加わるのだと覚悟せざるをえなくなったのである。人数の増えたウォーカー＝ニコルズ家は、ハイ・ホウバンのすぐ北、サフロン・ヒルという名のみすぼらしい地区にある、カービー・ストリート一七番地の下宿屋へと転居した。二世帯が一か所に住むのだから、新婚夫婦がいくらかでもプライバシーを保てるよう、三つとは言わないまでも二つの部屋がある物件をウォーカー＝ニコルズ家は探しただろう。けれども、カービー・ストリートで一家が入居した建物――三階建てで、各階に一家族ずつが住んでいた――は、前よりそれほどましになったとは言えないものだった。

予想されていたとおり、婚礼の三か月後にポリーは第一子を身ごもった。一八六四年一二月一七日、カービー・ストリート一七番地の部屋に、ウィリアム・エドワード・ウォーカー・ニコルズの産声が響きわたった。[10] 一八六五年の秋にニコルズ夫人は再び妊娠し、もっと大きな住まいの必要性が、彼女のおなかと同じくらいあからさまにふくらみはじめた。

一八六〇年代ごろ、労働者階級の世帯予算で暮らすには、フリート・ストリート近辺のホウバンやクラーケンウェルよりも、サザクやバーモンジー、ランベス、ウォールワース、キャンバーウェルといったテムズ川南部に住むほうがリーズナブルだった。週四、五シリングもあれば、三部屋か四部屋ある家、運がよければ裏庭までついた家が借りられる。とはいえこれは、住居の質がテムズ川北部よりも優れていることを必ずしも意味するものではなかったし、同じくらい支払いのいい仕事が近くで見つかるのでないかぎり、わりのいい選択とも言えない。一八六六年の夏までに、ウォーカー＝ニコルズ家はウォールワースへ、すなわちエドワード・ウォーカーが若き日を過ごしたあたりへと戻った。いまや六人家族となった一家は、トラファルガー・ストリート一三一番地に住まいを借りる。説明によればそこは「レンガ造りの二階建て連続住宅」だ。道路も住居も比較的新しく、一八〇五年を少し過ぎたころに造られたものだったけれど、その後の六〇年は順風満帆と言えるものではなかった。ジョージ三世時代〔一七六〇－一八二〇〕に中流階級向けに建てられたこの住まいは、いまや飽くなき住宅需要により、分割され複数の世帯が居住するようになっていた。大工や機械工、店員、倉庫番といったウィリアムとポリーの隣人たちは、ホウバンで彼らが住んでいたよりもわずかに広いだけの場所に、大家族でひしめき合っていた。幸運にも稼ぎ手の男が三人もいたウォーカー＝ニコルズ家は、家の四部屋をすべて自分たちだけで使うことができた。けれども、この状況は長くは続かなかった。

ヴィクトリア時代の労働者階級世帯では、生活の安定のレベルは誕生や死のたびごとに上下する。ニコルズ夫妻の子どもの数が増えるにつれ、必要な収入の額も上がっていったろう。赤ん坊が産まれたり去ったりが繰り返された。最初の子どもは一歳九か月足らずで亡くなったが、じきに新しい家族が加わった。一八六六年七月四日、トラファルガー・ストリートでの初めての子、エドワード・ジョンが生まれた。二年後の七月一八日にはジョージ・パーシーが、一八七〇年一二月にはアリス・エスターが続いた。ポリーは幸運にも生涯のほとんどの年月、居候に居座られることもなく、少なくともふたりの男の稼ぎ手とともに屋根の下で暮らしてきたが、ウォーカー＝ニコルズ家が拡張されるにつれ、このバランスは崩れはじめる。長女が生まれてまもなく、兄が自分の家庭を持つため家を離れたのだ。兄エドワードからの金銭的援助を失うと同時に、食べさせねばならない子どもがひとり増えたことで、家の財布のひもは固くなり、ニコルズ夫妻は将来の見とおしに思い悩みはじめる。

2 ピーボディにふさわしき者

一八六二年一月、アメリカ人の居場所として、ロンドン以上に最悪な場所はなかった。南北戦争開始とともに合衆国が連邦主義者と南部連合支持者に二分されると、北部人も南部人もいる在英米人の小さなコミュニティは、メイフェア〔ロンドンの地区名〕の客間でも同じように分断されたのだった。それに先立つ一八六一年一一月、英国船トレント号が、ロンドンへ向かう南部連合の使者を確保するため、北軍によって拘束されたことがあった。議会も新聞も、じきに新聞を読んでいた大衆も、この目にあまる米国人の行為に激しく抗議した。グローヴナー・スクエアに拠点を置くヴァージニア出身の実業家がニューヨークの投資家たちと絶交し、ロンドン市民がエイブラハム・リンカーンの名をいまいましげに吐き捨てるなか、米国人企業家のジョージ・ピーボディは、ブロード・ストリートのオフィスで落胆しきっていた。トレント号事件の直前、ピーボディはロンドンの「貧しく困窮している人々」に対して養父のように寛大な救済を行ない、「人々の安らぎと幸福を高め」ようとしていたのだ。[1] さまざまな可能性が議論されていた。慈善学校への寄付、市の水飲み場設置計画への投資。だがピーボディは、労働者階級にとって最も差し迫った問題だと彼が考えるものに、直接取り組むことを望んでいた——住宅問題である。

ピーボディ自身は貧しい生まれで、マサチューセッツの小売店の見習いから始まり、そこから働きつづけて国際輸出入会社の社長にまで昇りつめた。一八三八年、本拠地をロンドンに移すと銀行業へと手を広げた。一八六四年に引退すると、投資銀行会社ピーボディ商会の経営権は、彼のビジネスパートナーだった銀行家一族モルガン家の、J・S・モルガンに引き継がれた。ピーボディは一度も結婚しておらず、莫大な財産を受け継ぐ嫡出子もいなかった。だから、この財産で善きことをしたいと考えた彼は、ロンドンの労働者階級の家庭に低価格の住居を大量に提供しようと思いついたのだった。一五万ポンドの寄付を新聞に発表する準備が整ったところでトレント号事件が勃発し、米英関係がひどく悪化してしまったため、寄付が拒絶されるのではないかとピーボディは危ぶみはじめたのである。

この新たな住宅事業モデルで恩恵を受けるのは誰か、設立書のなかでジョージ・ピーボディはわずかな規定しか書いていない。「生まれまたは居住地」がロンドンである以外に、彼が要求したのは「貧困状態にあり、道徳的で、社会のよき構成員であること」だった。さらに彼は言う。「信仰や政治的立場を理由に除外されることがあってはならない」。ピーボディ・ビルディングはすべての人々に住宅を提供するのだ。

数か月間ためらったのち、とうとう一八六二年三月二六日、ピーボディは自分の意志を新聞に明かし、スピタルフィールズのコマーシャル・ストリートに建つことになる、ピーボディ・ビルディング最初の棟の建設作業が始まった。最終的にジョージ・ピーボディの寄付額は、一五万ポンドから五〇万ポンドへとふくれ上がった。今日のおよそ四五五〇万ポンドに値する額である。この気前よさは英国国民を恥じ入らせ、英米関係の改善に貢献し、ヴィクトリア女王から個人的な感謝の手紙も届いた。これはまた、三万人以上のロンドン住民のスラム脱出を助けたのである。

コマーシャル・ストリートの共同住宅が一八六四年にオープンするにあたり、ピーボディ・トラストには、五七戸に対し百件以上の申しこみが寄せられた。ジョージ・ピーボディの想像どおり、需要は逼迫していたのである。イズリントン、シャドウェル、ウェストミンスター、チェルシーに新たに土地が確保され、さらなる共同住宅の建設が始まった。一八七四年には、ランベスのスタンフォード・ストリートをちょっと入った場所で工事が始まったが、ここはウィリアム・クロウズ・アンド・サンズが所有する大きな印刷工場に隣接していた。

労働者階級の健康と幸福、道徳的健全さを促進することが目的だったから、ピーボディは、労働者が住まいとする他のどんな場所よりも優れた住居を提供しようとした。職人たちのほとんどが、天井が崩れかけ、虫のわいている部屋に住んでいたのに対し、ピーボディの提供する建物はレンガ造りで床は板張り、壁は真っ白なセメントだった。スタンフォード・ストリートに建つ四階建ての棟は全戸にガスが引かれていて、一室または二室、三室、四室から成る各住戸が中庭を囲むように配置され、近代的利便性を謳っていた。「戸棚がいくつかある。キッチンにある戸棚の上部は、扉が穴開きのトタン板で、肉を保管できるようになっている。室外の通路には、よくできたすっきりとした造りの石炭入れがあって、石炭が〇・五トン入る」と書いているのは、スタンフォード・ストリートに近いサザク・ストリートの共同住宅についての『デイリー・ニューズ』の記事だ。複数の部屋から成る住戸では、その一部屋が「キッチンとしてあつらえられていて（……）レンジ、オーブン、湯沸かしなどがある」。[2] スタンフォード・ストリートの物件は、「壁に釘を打ちこむ必要のないよう」ピクチャーレールまで備えていた。中央の部屋を調理と食事、団らんの用途に当て、個別に分かれた寝室で、家族一人ひとりにある程度のプライバシーを保証することもできた。一部屋を客間として使うことさえあったろう。[3] 中流階級に属するジャーナリストたちはしばしば部屋の狭さを伝え、「幅一一から一二フィート〔約三メートル三五センチから三メートル六六センチ〕〕、奥行き一四から一五フィート〔約四メートル二七センチから四メートル五七センチ〕」などと書いていたが、この寸法は、スラム時代に満足せざるをえなかった居住空間からすれば、相当な改善であった。

衛生状態を維持する要素がピーボディの共同住宅の設計には大きく取り入れられていて、とりわけスタンフォード・ストリートの住居棟の場合、「流し」だけでなく「クローゼット」（屋内トイレ）も廊下に設置され、二戸が共同で使うようになっていた。各棟の一階には「広々とした浴室」もあり、トラストの「管財人の負担によって」ガスで沸かされたお湯が出る。入居者は「無料で、いつでも利用したいときに」この施設を利用でき、「鍵を求めて管理人のオフィスに立ち寄る以外、何の準備も」必要なかった。住民は「自分自身や衣服が清潔でない場合、言い訳ができないだろう」とある記者は書いている。各共同住宅の少なくとも一棟には、屋階〔屋根裏にあたる階〕に広い洗濯室が設置されているのだからなおさらだ。スタンフォード・ストリートの物件では、この空間には「蛇口つきの複数の洗濯おけと（……）湯を沸かす三つの大きな釜」だけでなく、「大きな明るい窓が八つある、衣服を干すための」タイル貼りの部屋まであった。[4] 綺麗に磨かれた身体と、いい匂いのする衣服のおかげで、ピーボディの住宅の住民たちは、健康な環境を保ちたいと思うようになるだろうと考えられた。部屋を壁紙と漆喰で装飾するだけでなく、整頓し、汚れないようにするだろうと。この目的を果たすため、ランベスの共同住宅を設計したクビット社は、各棟の中央を縦に貫くシャフトに住民が投げ入れたごみを、シャフト下部のホッパー〔じょうご状の装置〕がキャッチするという廃棄物処理システムの特許を取得した。「同じ建物に膨大な数の人たちが暮らすことを考えた場合」、このような設備は健康の水準を保つのに必要であると『ザ・サークル』は書いている。

この社会実験の結果をあたうかぎり最良のものとすべく、ピーボディ・トラストは、「貧困労働者のなかで最もふさわしい者」、すなわち、週あたりの家賃の支払い手段だけでなく、適切な道徳的性格をも提示できた者たちだけに対し入居を認めることにした。ふるい分けのプロセスは厳格だった。世帯主たる応募者は全員、みずからの人柄を保証する手紙を雇用主に書いてもらい、職が比較的安定していることのみならず、「[彼らの] 行ないには (……) 基金の恩恵にあずかる資格を取り消すような事柄は何もない」ことを証明するよう求められた。[5] 手紙を提出したあとは、応募者の家をトラストの管財人が訪ねてくる。「飲酒常習者」であったり、違法行為に関わっているとわかれば、入居資格はなくなる。同様に、収入が過分であったり、入居するには家族の人数が多すぎる場合も却下される。最後に、入居前には家族全員、天然痘の予防接種を受けている証拠を提出せねばならない。

一八七六年、ニコルズ一家はスタンフォード・ストリートのピーボディ・ビルディングにぴったりの入居者だとの査定が下った。トラファルガー・ストリートの住まいを訪れた管財人たちは、身体を清潔にして日曜日の晴れ着を身に着けたウィリアムとポリーと三人の子どもたちに会い、掃除され片づいている部屋を見たことだろう。不道徳や飲酒を匂わせるものは何もなく、ウィリアムの雇用主、つまりスタンフォード・ストリートの物件の真向かいにあるウィリアム・クロウズ・アンド・サンズの印刷工場は、ウィリアムが勤勉で家庭的な男だと保証していた。管財人の目的のひとつは勤務地に近い住居を労働者に提供することだったから、おそらくウィリアム・クロウズ・アンド・サンズは、ピーボディの計画を従業員に紹介する任も負っていただろう。ウィリアム・ニコルズが週三〇シリングの給料をもらいはじめたころには、ウィリアム・クロウズ・アンド・サンズはとてつもなく大きな企業になっていた。デューク・ストリートの印刷工場には活字を組む植字室が六つと、蒸気で動く印刷機が二五台もあって、ニコルズはこの機械の操作助手を務めていた。一九世紀半ば、この会社は六百名以上を雇用し、この時代の最も重大な書籍をいくつか印刷しており、そのなかにはディケンズの作品も多数含まれていた。ディケンズは一八七〇年に亡くなるまでずっと、デューク・ストリートを訪れて校正をしていた。社員同様会社自体も、信頼と敬意を集めていることを誇りにしていた。植字工でさえ一九世紀末に至るまで、トップ・ハットをかぶり、糊のきいたカラーをつけて働くことにこだわりつづけたのである。

生涯のほとんどをぼろぼろの住まいで過ごしてきたポリーと家族は、スタンフォード・ストリートの清潔でモダンな部屋で暮らせそうだとわかって、さぞ沸き立ったに違いない。きちんとしたかまどがあり、ちゃんと役目を果たすトイレが屋内にあり、すすも煙の匂いもつかない場所に洗濯物を干せるのは贅沢にも思えたろう。子どもたちにも寝室があてがわれ、夫婦のプライバシーが保たれるかもしれない。ピーボディの管財人たちが思い描いていたとおり、ウィリアムは仕事場から数分の場所に家を持ち、家族とともに夕食を囲むことが可能となる。労働とコミュニティと家庭が、健康と産業と道徳的健全さが、この時代の社会改革運動家たちの意図したとおりに、すべてぴったりと一体化することとなるだろう。

一八七六年七月三一日、ニコルズ一家はDブロック三階の三号室に居を構えた。人生で初めてポリーは父親と離れて暮らすことになった。エドワード・ウォーカーは近くのギルドフォード・ストリートで、息子一家と同居することになったのである。四部屋ある広々とした新しいアパートは、すべてポリーの家族だけのものだった。

六シリング八ペンスを毎週家賃として払うことで、ニコルズ一家は見たこともない生活環境を経験することになる。個々の世帯で営まれていたスラムの生活とは違い、清潔さと秩序に関する規則がここにはあって、スタンフォード・ストリートの管理人と保守係がこれを守らせていた。入居者は共用スペースを綺麗に保たねばならなかった。廊下や階段、「クローゼット」は毎日一〇時前に清掃され、毎週土曜日には洗浄された。子どもたちは中庭で遊ぶことはできたが、階段や通路で騒いだり、洗濯室でふざけたりすることは禁じられていた。部屋をまた貸ししたり、店にしたりしてはならなかった。屋階の洗濯おけや洗面器で小銭を得ようと、女性が「洗濯で稼ぐ」ことも禁止された。入居者が規則を破った場合、「追い出される」ときつく言われていた。[6] けれども一部の規則は、多くの場合、非常にゆるく適用されていたようである。スタンフォード・ストリートの建物を訪れた『テレグラフ』の記者は、子どもたちが「通路でかくれんぼをしていた」と書いている。元気のよい子どもたちは「服装は貧しい」けれど、「こざっぱりと清潔で、髪もきれいに整えられていた」と彼は書く。管理人が記者に述べたところによると、ほとんどの家族は入居当初、スラム生活のせいで悪習を身に着けている。けれどもじきに、窓が汚れていたり子どもが裸足だったりすると、他の住民の不興を買うのだとわかってくる。「貧しい人たちも、隣人と同じようによい人間になろうとするのです」と管理人は言う。また別の訪問者は、「窓辺の花と、その窓から覗く明るく幸福な顔」に目を留める。「争い喧嘩する子どもたちも（……）酔っぱらった女性も、絶望した表情の男性も」いない。[7] これは建物が酒場から離れているせいだ、そのおかげで女性たちが家庭をたいせつにするからだとスタンフォード・ストリートの管理人は言う。ビール数杯を引っかけて「噂話をして回る」のではなく、「子どもたちのことを考え、家を綺麗にしている」妻を、「たいていの夫」は喜ぶものだと。[8]

だが噂話はあったし、しばしば規則も破られた。彼らの生活は、門の向かいの建物に住む人々のそれと変わらず複雑だった。ニコルズ一家の住むDブロックの隣人たちは、さまざまな職業や環境の出身である。建物をともにする人々には、鉄道のポーターもいれば梱包業者も、警官も、未亡人も、労働者も、倉庫番も、雑役婦も、大工もいて、それからウィリアム・クロウズ・アンド・サンズの同僚もおおぜいいた。隣の二号室に住むコーニーラス・リングの三人の子どもたちは、ニコルズ家の子どもたちと一緒に走ったり転んだりしていただろう。コーニーラスは妻を出産で亡くしていて、三か月の乳児もいる家族の面倒は彼の妹が見ていた。九号室のウィリアム・ハッチズの家族は拡大中。子どもが六人というのはピーボディ・ビルディングが許す限界のぎりぎりだったから、隣の八号室に住む独身の弟、アーサーが、あふれたぶんを引き受けていたと思われる。ポリーたち女性は、未亡人に関心の目を向けていたかもしれない。七号室のアン・フリーマン、ポリーのお隣の四号室にふたりの子どもと暮らすエモナ・ブロウアー、年間六五ポンドの年金を(たぶん隣人たちは知らなかっただろうが)もらっている一号室のイライザ・メリットである。(9)

壁とトイレを共有し、洗濯室の手回し式脱水機を回しながら小声でささやき合うこともあったろうこの閉じられたコミュニティは、少なからぬ数のドラマを引き起こした。ピーボディ・ビルディングの記録は、希望と喪失の物語、愛と破滅の物語を語り、ニコルズ一家のかたわらで生活していた人々の姿を伝えている。ウォルター・ダシーはスコットランド人の鉄道ポーターだが、その妻のジェインはインドのアンバラ出身だった。一〇号室のゲイトン一家はよりよい暮らしを熱望していた。ヘンリー・ゲイトンは絵画の梱包業者として働く一方、副業として美術商も営みお金を貯めて、その後一家でオーストラリアへと移住する。一八七七年、ポリーと隣人たちは気の毒なジョン・シャープについて語り合ったろう。彼は妻だけでなく子どもふたりまでをも病気で亡くし、六号室から単身者用の八号室へと移動させられた。不幸に打ちのめされた彼は暮らしぶりも荒れていき、九月に管理人は、悲嘆にくれる寡夫を、「不潔さ」を理由に退去させざるをえなくなった。ちょっとしたお祝いごとやラブストーリーもあった。四人の子どもを抱えて洗濯女として働いていた未亡人のジェイン・ローワンは、住民のパトリック・マッデンに求婚され、サザクの物件へと引っ越すことになったのである。[10] それから秘密もあった。閉じた扉の向こうで、あるいはほんのわずかな瞬間に起こった出来事は、管理人の記録に残されることはなかった。

サラ・ヴィドラーは、スタンフォード・ストリートに家族とともに落ち着くことのできた、ピーボディの多くの未亡人のひとりだった。一八七五年四月一九日、彼女と、五人の子どもたちのうちの四人——一一歳のサラ・ルイーズ、一四歳のジェイン、一六歳のウィリアム、および既婚者である二一歳の娘、ロゼッタ・ウォールズ——は、Dブロックの五号室に入居した。ロゼッタの状況は幸福なものではなかった。前年の一月四日、彼女は船のコックであるトマス・ウールズ（またはウォールズ）と結婚した。結婚の日、夫がスクリュー蒸気船ロシア号に乗って二月二日にグラスゴーから発つことは、すでに決まっていたかもしれない。[11] おそらくウールズは、離れ離れになるのは少しのあいだだけだと花嫁に言い聞かせていたろうし、彼が港にいた数週か数か月かの短い期間、夫婦は同居していたかもしれない。けれども夫の不在期間はだんだんと延びていき、夫婦は疎遠になってしまう。

夫と離れていることで、ロゼッタは難しい立場におちいった。法的にはまだウールズと結びついているため、再婚が不可能なのだ。彼女は母親の世帯に頼り、母親と同じく雑役婦、すなわち日雇いの使用人として働いた。サービス業のなかでも最も賃金が安く、最悪と見なされていた仕事である。ロゼッタは自分に可能な仕事は全部引き受けていた。一八七八年一二月、隣のポリー・ニコルズが出産に際してお手伝いを求めてきたとき、彼女は断わることのできる状況にはなかった。

その年の夏、ニコルズ家はそれまでの四室ある部屋から三室の部屋へと移ったほうが経済的だと考え、サラ・ヴィドラーの一家が暮らす部屋のちょうど隣、六号室へと移っていた。当時ポリーは、五番目の子となるヘンリー・アルフレッドを身ごもって四か月だった。[12] 一八七六年末、彼女はイライザ・サラを産んでいたから、家庭の支出を切り詰める必要があったのだろう。[13]

三室に子どもが四人、さらにもうひとり生まれてくるとなれば、家は格段に居心地が悪くなる。けれどもヴィドラー家の娘たちは、ニコルズ家の年少の子どもたちの面倒を見られるぐらいの年齢になっていて、求められればいつでも手を貸してくれた。両家はとても上手く行っているように見えた。サラの息子のウィリアムはウィリアム・クロウズ・アンド・サンズでポーターの職を得て、ふたりの娘たちは、おそらくはウィリアム・ニコルズの推薦で、本の折りたたみ〔製本前の段階で、印刷済みの紙を折りたたむ作業〕の仕事に就いていた。五号室と六号室のドアは隣り合い、トイレも共用だったから、両家は強い親密感で結ばれるようになっていく。お互いの家をしじゅう出入りし、ほとんど隙間なく一体化しているかのごとき生活だった。

ポリーとウィリアムの不仲がいつ始まったのか、行き違いのほんとうの理由が最初何だったのかを知るすべはない。家の狭さや家族の人数、経済的不安の増大がいくらか影響したのかもしれない。とはいえ、家庭内の争いというものは、常に両面から考察されるべきものだ。ウィリアムはのちに、妻が突然酒を飲みはじめたのが不和の原因だったと主張した。しかし、ポリーが何かに依存気味になったとしても、夫が言うほど度しがたいもの、抑えられないものではなかったろう。そうだとしたら管理人の目に留まり、記録に残されていたはずだ。飲酒問題を抱えた他の入居者同様、ニコルズ家を退去させる処置がとられたはずだ。娘の検死審問で、エドワード・ウォーカーは別の説を唱えている。義理の息子とロゼッタ・ウォールズとのあいだに不倫関係が始まったのだと。

ウォーカーは娘からそのことを聞いていたのだろう。ポリーは不快な家庭状況から逃れるため、ウォーカーが息子一家と暮らすギルドフォード・ストリートの家へ、しょっちゅう顔を出すようになっていたらしい。一八七八年一二月四日に息子が誕生したころから、夫婦の不仲はひどくなりはじめた。お互いに不満をぶちまけ合う声は、あいだに一室も挟まれていないヴィドラー家にも、壁を伝って聞こえていた。

ヘンリーの誕生後にポリーを苦しめていたのは、単なる嫉妬だったかもしれない。隣に住む、巻き毛で青い目の、自分よりも若い女性と夫とのあいだに、温かな感情がはぐくまれつつあると感じたのかもしれない。ロゼッタは夫から離れ、明らかにフラストレーションをいだいていた。四人の子どもに新生児まで抱え、ポリーは疲弊していただろう。出産うつが状況をさらに悪化させたかもしれない。彼女が酒に親しみはじめたというのがウィリアムのでっち上げではなく、夫が離れてしまったことから来る寂しさと疑念とをまぎらわす手段だった可能性もある。

夫とロゼッタの何をポリーが目撃したのか、そもそもほんとうに何かを見たのかどうかは知る由もない。ただの疑いでしかなかったのかもしれない。だが、一八七八年一二月の出産から一八八〇年初めの数か月までのあいだに、ポリーは「たぶん五、六回」家を飛び出して、父親のもとへと向かったとウィリアム・ニコルズは主張する。エドワード・ウォーカーによると、そのころにはウィリアムの態度は「険悪になっていた」。

こんな混乱状態がそのまま続くはずがない。五人の子どもたちに対する義務があるのだと、父や兄はポリーを諭しただろう。そのうえ子どもたちのうちひとりはまだ小さな赤ん坊なのだ。ギルドフォード・ストリートの家にポリーの居場所はなかった。子どもたちのもとへと戻り、ウィリアムとともに問題を解決せねばならない。しかし解決はできなかった。ポリーはどうにかスタンフォード・ストリートへ戻ったものの、またしてもいさかいが始まっただけだった。

ある日彼女は、極めて単純な事実に思い当たったに違いない。その事実とは、ロゼッタ・ウォールズを自分たちの生活から引き離すことは不可能だというものだ。隣に暮らしているかぎり、ピーボディ・ビルディングに住んでいるかぎり、ロゼッタはそこにいる。ポリーには、これがウィリアムの選択の結果のように思えただろう。今度はポリーが選択する番だ。

一八八〇年三月二九日、イースターの翌日、ポリーはとうとう争いに疲れてしまった。この日に出ていこうとあらかじめ計画していたのか、それとも怒りのあまり衝動的にそうしたのかはわからないが、ポリー・ニコルズは家族の暮らす家に決然と背を向ける。ピーボディ・ビルディングの門をくぐり、二度と戻ることはなかった。子どもたちはその父親に託された。彼だけが養育可能な人間だったからだ。そうしてポリーは、積み上げてきた生活すべてを捨てたのである。

3　普通ではない生活

一八八三年七月三一日、ニート・ストリート一六四番地に住む男女は、五人の子どもとともに晴れ着に身を包んでいた。「ミセス・ニコルズ」（彼女は近所の人たちからそう呼ばれていた）は小さい子たちの服のややこしいボタンを留め、リボンを綺麗に結びなおした。じっと座っていられるのがどの子で、お行儀よくさせるために機嫌を取らねばならないのがどの子か、この数年のあいだに彼女はわかっていただろう。泣き出しやすいのはどの子か、そうなったらどうなだめたらいいかもわかっていただろう。子どもたちの食事を作り、衣服をつくろっていたのは彼女だった。母親役を引き受けていたのは彼女であり、コバーグ・ストリートの教会まで子どもたちを連れていく権利のようなものを、彼女は間違いなく感じていただろう。このとき彼女は、洗礼式用のガウンを身にまとった、生まれてまだ三週間にもならないリトル・アーサーを、誇らしげに腕に抱いていた。この日のちょうど一年前に移り住んだ家で、ウィリアム・ニコルズとロゼッタ・ニコルズのあいだに生まれた初めての子どもである。近所の人もお店の人も、洗礼式を執り行なっている聖職者さえも、彼らの関係のほんとうのところは知らなかっただろう。過去を知られぬままふたりは新生児を抱えて聖水盤の前に立ち、その子が英国国教会に入信するのを見守ったのである。この日はまたポリーの最年少の息子、四歳のヘンリー・アルフレッドも洗礼を受け、「クリスチャンである両親」ウィリアムとロゼッタと並び、その名が教区名簿に記された。[1]
このカップルが享受していた快適な家庭環境は、ピーボディ・ビルディングにとどまっていたら得られなかっただろうものだ。ともに暮らす将来をどうするか、そのために何を犠牲にできるか、ふたりには決断が必要だった。隣り合わせで暮らすのは便利ではあったけれど、愛し合い、住まいとベッドとをともにしたいと望みながらも他の人間と婚姻関係にある男女にとって、それは理想的な状況ではなかった。ふたりのあいだに愛が生まれているとニコルズ家とヴィドラー家の両家ともが気づいたら、じきに隣人たちにも気づかれて、管理人の耳に入ってしまう。配偶者ではない男女が同居したり関係を持ったりする「不品行な結びつき」は、ピーボディの規則で厳重に禁じられていた。スタンフォード・ストリートの記録には、男女関係が発覚して追放された入居者の例が多数残っている。一八七七年、ニコルズ家のご近所だったふたり、ジョージ・ヘンリー・ホープとファニー・ハドソンは、それぞれの配偶者と別れたあと退去するよう求められた。Kブロックのアーサー・スクリヴェンは「妻と離れて他の女性と住んでいた」ために住まいを失い、メアリー・アン・ソーンは「未亡人であるのに子どもを産んだ」せいで追い出された。ウィリアムとロゼッタが関係を進めるにつれ、それぞれの家族がこの先も安心して暮らせるかどうかは危うくなっていた。一方、ポリーの不在はピーボディの管理当局の知るところになっていたはずだが、ウィリアムがその理由をどう説明していたかは不明である。
ポリー自身の証言によると、一八八〇年三月にDブロック六号室を出た彼女は、レンフルー・ロードにあるランベス連合教区救貧院へと直接向かった。[2] けれども、父と兄が住む家へまず向かったと考えるほうがはるかに自然だろう。救貧院の門をくぐったことのない人間が救貧院へ向かうのは、他の可能性がすべて尽き果て、ぎりぎりまで悩んだ末のことである。

いかめしいレンガ造りの救貧院の不吉な影が、常につきまとっていたことを抜きにしては、ヴィクトリア時代の労働者階級の生活を正確に描いたことにはならない。各教区の提供する慈善救済システムが濫用されていると考えた政府は、これを終わらせるべく、一八三四年に救貧法を改正した。貧困者は、まっとうな仕事を拒否して「施しに頼って」暮らしながら、婚外子を含めて大量に子どもを作る、怠惰で不道徳な者たちだとされていた。そこで政府は、いわゆる「院外救済」、すなわち、自宅に住む者への慈善行為を削減することで、低所得者に道徳的で勤勉な生活を送らせようと考えた。教区からの金を全部酒に使ったり、婚外子の出産につながる不義の性行為にふけったりしないよう、救貧院のなかだけで運用される高度に規律化された新システム、「院内救済」を適用することにしたのである。救貧院制度の目的は、貧民に自力でつましく生計を立てさせて、その生活を規律化することだけではない。彼らに恐怖を与え、院の外での勤勉な生活へと逃げ出させることをも意図していた。

救貧院の主たる目的のひとつは、これに頼らざるをえなくなった者に屈辱を与えることだった。個々人の状況とは関係なく、老人も、虚弱な者も、病人も、身寄りのない者も、身体に障害のある者もみな平等に軽蔑をもって扱われた。世帯主が収入を失ったら、その世帯の者も全員彼と一緒に救貧院に入らねばならない。入院するや家族は性別で分けられ、別々の翼《よく》に住まわされる。ごく小さい子どもは母親とともにいることが許されるが、七歳を超えた子どもは救貧院の学校に送られ、両親と離れ離れにされた。新しく入った者は、衣服をはじめとする私物をすべて没収される。それから共同風呂に入り、すでにほかの新入所者たちがからだを洗ったあとの湯で、自分のからだを磨くよう命じられる。そのあと彼らは囚人のごとく、機能的な制服を着せられるが、この制服は決して一人ひとりに私物としてあてがわれるわけではない。食事は基本的にスキリー〔skilly〕と呼ばれる薄いかゆ、それと美味しいとは言えないパンの小片、チーズとじゃがいもで、たまに肉が出されることもあった。世紀後半には救貧院の食事も少し改善されるものの、一八九〇年の時点で、スキリーにネズミの糞が入っているという苦情はまだよくあることだった(3)。

救貧院では、からだに不自由のない人間は何もただではもらえなかった。男も女もジェンダーに適した仕事を割り振られた。男性は通常、石割り（砕かれた石は売られて道路舗装に使われる）、水汲み、製粉、製材、オーカムほぐしといった仕事が課せられた。最後に挙げた「オーカムほぐし」とは、女性もしばしば行なった仕事だが、古い船で使われていたロープを、釘や素手でほぐす作業のことだ。ほぐされてできた繊維はタールと混ぜられ、木造船の隙間をふさぐのに用いられる。女性入所者向きと見なされた他の仕事は、清掃や洗濯、食事の準備などだった。入所者は絶えず飢えと病気に悩まされた。粗末なベッドではろくに睡眠もとれなかった。職員や他の入所者から暴力をふるわれたり、恫喝されたりするのもよくあることだった。衛生状態は劣悪で、手洗いなどで水を使用することもなかなかできず、害虫はわき、食物も汚染されている。だから当然入所者はいつも下痢に悩まされ、感染症はすぐさま蔓延した。

救貧院内部の状況は、外にいる者にもよく知られていた。救貧院の運営者である救貧委員会もそれを望んでいた。内部の状況が知られていれば、院内救済を必要としない労働者階級家族はみずからの能力と自立性を誇り、そうできない者たちを見下すことになる。労働者の世界において、救貧院で過ごした経験はあまりに大きな恥辱であったから、教区連合にみずからをゆだねるよりも、物乞いや野宿、売春を選んだ者も多かったろう。不幸が降りかかった過去を隣人たちはいつまでも忘れず、多くの家族は救貧院を出たあとも、つきまとう屈辱にずっと苦しめられることとなった。

ポリーはそれまでの生涯のあいだ、救貧院を恐れ、ののしっていただろう。ウォーカー家もニコルズ家も勤勉な家族であり、自分たちはきちんとした生活を送っているとの認識のもと、胸を張って生きていたであろうから。ピーボディ・ビルディングで暮らすうち、彼らは自分たちの状況を誇らしく思い、怠惰や悪徳のせいでレンフルーやプリンシズ・ロードで暮らすに至った人々を軽蔑するようにさえなっただろう。一方、離婚という選択肢を選べるのが法外な訴訟費用を払える者だけであった時代、夫と「公式に」離れたいと望む労働者階級の妻たちは、まずみずからの絶望と困窮を証明せねばならなかった。そのための唯一の手段が救貧院への入所だった。多くの妻たちにとってこれは「人生で最も屈辱的な経験」であり、「永遠の恥辱」がともなうものであった[4]。

一八八〇年、夫に背を向けて婚家をあとにしたとき、その結果何が起きるかをポリーはわかっていただろう。それはとてつもなく大胆な一歩だった。労働者階級が別居するのは珍しいことではなかったが、それは労働者コミュニティの「道徳的精神の持ち主」たちのあいだで、尊敬される立場を妻が失うことを意味していた。非難されるようなことをしていたかどうかは問題ではない。夫のもとを去った時点でおしまいなのだ。よき妻は「長く永遠に善良であり、常に本能的に賢明」な人物であり、「自己の成長」ではなく「自制」を目的とせねばならない。「決して夫のそばを離れないこと」が妻の義務である[5]。母としての義務は、子どもを決して見捨てたり置き去りにしないことである。家族の住む家を離れることは、女として不適格で、不道徳で、破綻していることを意味していた。夫と別れた女は、貧困とさらなる堕落に身をゆだねたことになる。家事奉公、洗濯、裁縫、出来高払いの内職など、女性が就くことのできる仕事の稼ぎは食べていくのがやっとであり、別の男性と暮らしでもしないかぎり、自分自身を養うこともできなかっただろう。

ささやかにではあるが、別居中の労働者階級女性が置かれる状況を法は認識していた。とはいえ解決策は提示していないに等しい。妻は家族と同居せねばならず、政府も教区役人も法も、女性が容易に婚姻関係を離脱できるようにはしたがらなかった。離婚にかかるコストを仮にポリーが捻出できたとしても、一八八〇年代、妻が不貞行為だけを理由に婚姻関係を終わらせることはできなかった。男性のほうは、婚姻関係外での妻の性行為を理由に離婚できたけれど、女性のほうは、不貞行為に加えて近親相姦やレイプ、虐待などの犯罪をも夫が犯していることを証明せねばならなかったのである。ヴィクトリア時代のダブルスタンダードは法に明記されており、男性は使用人をレイプしたり姉妹とセックスしたり、妻をひどく殴ったりしないかぎり、望むだけ多くの婚外性交を楽しむことができたのだ。ウィリアムを告訴する手段がポリーにあったとしても、彼とロゼッタの不倫の証拠をたとえ集めることができたとしても、それでもなおポリーが離婚できる根拠にはならなかったろう。一方、仮にウィリアムがポリーを虐待していて、その罪を治安判事の前で告発できたなら、一八七八年に婚姻原因法に制定された条項のおかげで、法廷はポリーの権利を支持し、別居を法的に認めていたはずだ。だが幸か不幸か、そういうことにはならなかった。

現実には、婚姻関係を終わらせたいと望む労働者階級女性のほとんどは、配偶者に遺棄されたと訴えて救貧院の力を借り、ある種の非公式な別居状態を獲得するほかなかった。男性が妻と子どもを救貧院に預け、彼らの生活費を納税者に肩代わりさせることは、救貧法上不可能である。家族とともにいる義務が女性にあったのと同様、妻の扶養は夫の責任だと法は見なしていた。両者が同じ場所に住んでいるか否かは関係ない。身体に障害があるわけでもない男が妻の生活費を払わない場合、救貧委員がその費用を取り立てる。委員は支払いを請求し、滞納したまま支払い義務を果たさない夫は、不名誉にも治安判事の前へと引き立てられることになる。この規定だけが労働者階級女性の味方だった。けれども、家庭崩壊につながる道具にされることを救貧院は警戒し、救貧委員は、「遺棄」と主張して院の門前に立つ女性たちを、疑いの目で見るよう教えられた。一八七六年刊行の『救貧委員の手引き』〔*Handy Book for Guardians of the Poor*〕にはこうある。「遺棄の事例にはたいてい絶え間ない口論がともなっており、その口論の原因は、ほぼ間違いなく両者の飲酒である」。同情すべき対象と見なす前に、まずその女性の状況を徹底的に調査することが救貧委員には求められた。

非公式な別居をするために何が必要であるかをポリーが知ったのは、ウィリアムのもとを去ってからのことだろう。そこで彼女はおそらく、できるだけ短期の滞在で済ませるつもりで救貧院を訪れたのだった。

収容手続きの一環で、ポリーは救済官〔Relieving Officer〕から口頭「審問」を受けた。救済官とは、志願者が院内救済と院外救済のどちらに値するかを判断する役人のことだ。すみずみまで詮索してくるような威圧的な審問だったろう。くすんだ色の制服と木綿のキャップを身に着けて、ポリーはこの男の前に立ち、現在の状況を説明するよう求められる。そこにあるのは裁きと恥辱だ。まず最初にフルネームと年齢、これまでの居住地、婚姻状況、産んだ子どもの人数を尋ねられる。次に、彼女を養っていた人物について、その男の職業や賃金などを詳細に述べるよう求められる。院外救済を受けたことがあるか、救貧院に入っていたことがあるかを訊かれる。貯金はあるか、前科はあるかを訊かれる。子どもが嫡出子であるかを問われる。最後に、「法的に彼女を扶養する義務のある親族がいるか（……）、そして、そうした親族が彼女を扶養可能であるか」を尋ねられる。(6) こうして夫との別居の詳細が探られていく。ポリーを担当した救済官はトマス・タヴァナーという男だった。彼はウィリアム・ニコルズとの面談を要請することを念頭に、こうした詳細を書き留めていった。

自家用馬車で街を走りまわるタヴァナー氏は、独自のやり方で仕事を進めることで知られていた。ウィリアム・ニコルズは救貧院へ呼び出されたのかもしれないし、タヴァナー氏のほうがずかずかと彼を訪ねていったのかもしれない。同僚や隣人の居合わせる場でのことであったにせよ、救貧院のなかであったにせよ、いずれにせよニコルズ氏はこの面会を屈辱だと感じたろう。質問されてポリーの夫は、結婚の破綻の原因は妻の飲酒だと、いつもどおりの主張をしたに違いない。けれども、トマス・タヴァナーはこの話に納得しなかった。ウィリアムの説明がまるまる真実であったなら、最終的にポリーに院外救済を受けさせる決定をタヴァナーは下さなかったはずだ。『手引き』によれば、「遺棄された妻が飲酒しているとわかった場合、(……) 院外救済を受けさせるべきではなく、救貧院への収容のみが適用される」。[7] タヴァナー氏は救貧委員会を代表し、救貧院ではなく、週五シリングの生活費をポリー・ニコルズに与えるべしと決定した。夫が支払うこの額を、ポリーは毎週救貧院で、トマス・タヴァナーから直接受け取ることになった。[8]

理想を言えば、別居中の夫から生活費を受け取っている妻は、親族に引き取られることになっていた――もしくは、少なくともそう望まれていた。しかし、彼女自身の選択によるものか、家族の不和によるものか、不幸にもポリーは父や兄とともに暮らすことにはならず、自活の道を行くことになる。

ひとり暮らしをしたことがなく、いつも男性保護者に囲まれていた女性にとって、この新しい生活様式は、実際面でも感情面でもたいへんな衝撃だったろう。街の低級な地区でもひと部屋借りるのに週四シリングかかったのだから、ポリーは実質的に暮らしていけない。望みは不健康なロッジングハウスだけだった。そこなら一日四ペンスで泊まれるかもしれない。仕事も見つけなければならなかった。それ自体は不可能ではなかったが、彼女が見つけることができただろう職は、週に七〇時間も八〇時間も骨の折れる作業を休まず繰り返し、やっとのことでわずかな稼ぎが得られるたぐいのものだった。たとえばロンドンの大きな洗濯屋での仕事がそれだが、この場合、「洗いおけで働く」女性は「日に二シリングから三シリング」、灼熱の場でシャツやカラーにあくせくアイロンをかける係は、おそらく週に八シリングから一五シリングの稼ぎだったろう。[9]このほかにポリーが選べた仕事には、いわゆる「スロップ・ワーク〔slop work〕」、すなわちズボンやコート、スカート、ベストなどの安価な衣服を縫う仕事があって、これは一日六シリングの稼ぎになった。完成品の数ごとに支払額は決まり、朝早くから深夜遅くまでほぼ休憩なしに働くことが求められる。「化粧箱《ファンシー・ボックス》」の組み立てから造花作りまで、さまざまな種類の内職が女性たちには開かれていたが、どれも手先を器用に動かして、とてつもなく素早く作業せねばならない仕事だった。一日一〇時間働いて、時給は二ペンス半にしかならない。[10]工場労働もたいして変わらなかったが、こちらは女性労働者としては若い女性が好まれた。同様に稼ぎの悪い掃除婦、いわゆる雑役婦の職は、ひどく見下されていて労働意欲がそがれるほどだった。

　どの選択をするにせよ、家族や夫のいない女性は理解不能とは言わないまでも、疑いの目で見られる社会において、ポリーが直面する暮らしはまったくむなしいものだった。性別ごとに役割は明確に分けられていた。すべての女性がそうであったのと同様、ポリーもまた、導き、支配し、人生に意味を与えてくれる男が、女には必要だと教え聞かされて育っていただろう。テニスンは叙事詩『王女』〔*The Princess*〕のなかで、以下のように説明している。

　男は戦場に、女は炉辺に

男には剣を、女には縫い針を
男には頭、女には心
男は命じ、女は従う
以上以外はすべて混乱。

ポリーの時代の女が、夫や家族から離れて暮らすことで引き起こす「混乱」は、ただひとつの結論へと人々を導いた――その女は異常者だ、欠陥品だ。そして人格が貶められた女は必ず性的にも不道徳だとされる。洗濯や掃除の仕事で自活できていようがなかろうが、出産可能年齢の女が独居生活を営んだり楽しんだりしているというのは、その女性の階級にかかわらず、ヴィクトリア時代においては絶対的に忌まわしいことだった。男のいない女は信用されず、男たちの策略や暴力から守られず、人生の目的もない。女がいない男には、日常のニーズや性的ニーズを満たしてくれる人間がいない。したがって、夫がそうしたのと同様に、ポリーもできるかぎり早く次の相手を見つけようとしただろう。けれども、ウィリアム・ニコルズには許されたことが、その妻には法的に許されなかった。

ポリーがいなくなってしまうと、ウィリアムとロゼッタは、愛し合っていないふりをこれ以上続けられなくなってきた。そして一八八二年前半、状況を変えるチャンスに出会う。その年の冬の終わりか春の初め、どうやらロゼッタは次の事実を知ったらしいのだ――自分の法的な夫、トマス・ウールズは、二月八日にオーストラリアへ移住してしまったと。[11] ウールズが突然現われて婚姻上の権利を主張するかもしれないという恐れはなくなり、恋人たちはいまや心おきなく所帯を構えられるようになった。ふたりはさまざまな選択肢を慎重に検討し、必要な費用を計算した。未婚のカップルだからピーボディ・ビルディングにはいられない。適当な住まいをほかに探さねばならず、ウィリアムの経済的負担は増したろう。ポリーに対する週五シリングの支払いが、新生活を開始しようとする彼に大きくのしかかったのは間違いない。

　妻の生活費の支払いをやめようと考えたウィリアムは、おそらくそこで初めて、どんな手順が必要かを知るべく法律を調べはじめただろう。ポリーが別の男と暮らしていると証明できれば扶養費をカットできると彼は知る。婚姻原因法には、「不貞行為を証明される妻に有利になるような支払いは、その不貞行為が許されているものでないかぎり、夫に命じられるべきではない」とあるのだ。ウィリアムとロゼッタのようなカップルは、(不道徳ではあるが)別居ののちに他のパートナーとの同棲を望むかもしれないと、治安判事や役人たちは考えていた。一方、ことが別居中の妻の場合となると、彼女が夫以外のパートナーと同居できるのは、夫の同意があるときのみだったのである。

　この数年のあいだにポリーが別の男と親しくなっていることに、ウィリアムは気づいていたかもしれない。一八八一年の国勢調査には、メアリー・アン・ニコルズはロンドン北部、ホロウェイのウェリントン・ロード六一番地の部屋で、ジョージ・クローショーと暮らしているとある。クローショーは廃品回収業者とされ、メアリー・アン・ニコルズの職業は「洗濯業」と記されている。ふたりとも既婚とされているが、このふたり同士で結婚しているわけではない[12]。彼女はランベスから見て川を挟んだ向こう側に住んでいたけれど、毎週五シリングをもらいに戻っていたから、知り合いに頻繁に目撃されていたはずだ。噂はウィリアムの耳にも届いていただろう。いまやその真偽を確かめることが彼の関心となり、プロの助けを借りればそれはたやすいことだった。

　ロンドンの新聞には「極秘調査事務所」や「私立探偵」の広告がしょっちゅう載っていた。代金は依頼の難易度次第だが、それを払えば「家庭内の極秘事項を秘密裏に調査する」ことが約束される。離婚のための証拠集めは彼らの専門分野リストの常に上位にあり、「疑わしい人物を監視する」業務も得意である。疑惑を確かなものとし、莫大な金銭的義務から脱け出すために、ウィリアム・ニコルズはそうした「スパイ」をひとり雇った。雇われた探偵はポリーを尾行して回り、長期にわたって動きを調査した結果、彼女が別の男と暮らしていて不倫状態にあると結論づけた。証拠をつかむとウィリアムはすぐさまポリーへの毎週の支払いを拒否し、ロゼッタとともにDブロックを離れる準備に取り掛かった。

生活費を受け取りに来たポリーにタヴァナー氏は、ウィリアムが滞納していると言ったのだろう。ランベス連合教区の命で、やがてニコルズは治安判事裁判所へ召喚され、説明を求められる。彼は答えを前もってしっかり準備していた。妻の「同意なき不貞行為」の証拠を上手いことまとめ上げていたのだ。エドワード・ウォーカーによれば、他の男と暮らしていることを娘は否定したものの、提出された証拠に判事は説得されたようだったという[13]。ウィリアムの経済的責任を免除するとの裁定が下り、一八八二年七月二八日、彼は愛人とともに荷物をまとめ、子どもたちを腕に抱えると、スタンフォード・ストリートのピーボディ・ビルディングでの生活に別れを告げた。管理人は彼らの出発の日、ウィリアム・ニコルズは「よき入居者」であったが「負債を抱えて」転居したと、淡々と記録している。「よき入居者」という言葉は、のちに上から線を引いて削除された[14]。

治安判事の前で話が持ち出されたこの時点で、「不貞生活を送って」はいないというポリーの弁明はおそらく正しかったろう。まだジョージ・クローショーと暮らしていたなら、あるいは別のパートナーの庇護のもとに生活していたなら、手当てを失った彼女が困窮することはなかったはずだから。一八八二年四月二四日、ポリーはランベス連合教区救貧院への入所を余儀なくされた——今回は無期限で。一月に病院にいた短期間を除いて、彼女はぴったり一一か月間救貧院にとどまり、一八八三年三月二四日に退所した。自立しようと試みたようだが、五月二一日から六月二日まで再び入所することになる。

刑務所と違って救貧院では、収容者はいつでも好きなときに連合教区の保護下から離れることができた。けれども、雇用の申し出や自由に使えるお金がなければ、貧困のサイクルから脱出するのは不可能だ。退所時には、救貧院での最後の食事が胃のなかにあり、少しのパンも渡されている。理論上は、仕事を見つけて住まいのある暮らしをできるようになるまで、これでしのげるはずだった。しかし現実の入所者は、救貧院生活から路上生活へと直行してしまう。物乞いや売春、窃盗をして、食費やその日その日のねぐら代をまかなう者もいれば、野宿者になってしまう者も多かった。

ポリーの場合幸運にも、救貧院を出た彼女を、父と兄の家が受け入れてくれた。ピーボディ・ビルディングからそう遠くない、ギルドフォード・ストリート一二二番地の家は、エドワードと妻、子ども五人、および父親とですでにすし詰め状態だった。ポリーが一家と暮らすのをさまたげていた過去の障害は、いまやすべて乗り越えられていた。屋根のあるところに自分が暮らしているかぎり、娘を締め出したりはしない。けれども成人してしまっている子どもとの生活は必ずしもたやすくはないものだというのちのエドワード・ウォーカーの言葉は、非常に胸を打つものである。

結婚生活が終わろうとしている苦しみを和らげるためにポリーが酒の味を覚えたのだとしたら、この特効薬を求める彼女の渇きは、別居以来ますます激しくなるばかりだった。アルコールは救貧院では概して禁じられているから、収容されたことで依存化は食い止められていただろう。けれども退所してしまえば、以前のどんな習慣も再開できる。同居中に娘がどんな仕事をしていたのか、エドワード・ウォーカーは決して明かさなかったけれど、彼女が近所のパブでかなりの時間を過ごしていたことは示唆している。兄の家族が増えつづけるなか、家のなかでの居心地の悪さからポリーは逃れたかったのかもしれない。内面化された恥の意識も大きかったろう。彼女は家も夫も尊厳も失っていた。さらにひどいことに子どもも失っていたから、甥や姪の姿を見るたび、自分が母親失格であると絶えず思わされていたかもしれない。酒は逃避手段となっただろう。

口論が始まった。習慣的ではなかったとしても、ポリーの飲酒が、小さな家で楽しい家庭生活を送るにあたってよい方向に働いたはずがない。娘は「特に遅くまで出歩いていた」わけではなく、「ふしだら」でもなかったし、「連れ立っていた若い男女」の集団のあいだで「何か不適切なこと」が起こったとは「聞いたこともない」とウォーカーは主張しているけれど、家のなかでのポリーのふるまいが、結局ここでの暮らしを終わらせてしまう。[15] 一八八四年、言い争いのあとに、ポリーはさらりと出ていくことを決めたという。「そのほうが自分の暮らしはよくなると娘は考えた。だから行かせたんです」と父親は言った。[16]

ポリーが父親の家を離れたのは、知り合った男と親しくなるためだったと考えられる。一八八四年三月、近所のヨーク・ストリートに住む鍛冶屋のトマス・ステュアート・ドルーは妻と死別した。三〇代後半にして、まだ世話が必要な三人の娘と取り残されたドルーは、妻を亡くしたときのエドワード・ウォーカーとまったく同じ立場にあった。娘たちは母親を必要としていて、これがまさにポリーが子どものときに経験したのと同じ状況であったからこそ、彼女はこの寡夫と家族に惹きつけられたのだろう。ポリーの父親がこの事態をどう考えたにせよ、ドルーは安定した家庭と、妻として母として再び必要とされていると実感するチャンスとを、ポリーに与えてくれる人物であるように見えた。一八八六年六月にエドワード・ウォーカーがポリーと再会したとき、ふたりはもはや言葉を交わす間柄ではなかったけれど、娘の身なりもふるまいもきちんとしているように彼は思った。

それは彼らが会った機会からして当然のことだった。同月、少し前の日の深夜のこと、ポリーの兄とその妻はキッチンで話をしていた。就寝しようと部屋を出たとき、ウォーカー夫人は背後で何かが爆発する音を聞いた。キッチンへ駆け戻って目にしたのは、髪に火がついている夫の姿だった。夫が消したはずのオイルランプが、火の玉となって燃え上がったのだ。夫妻の悲鳴で飛び起きた間借り人たちが手伝ってくれて火は消えたが、エドワードは顔の右側と胸部にⅢ度の熱傷を負ってしまっていた。近所にあるガイズ病院に辻馬車でかつぎこまれたときにはもう昏睡状態だった。夕方、彼は亡くなった。

唯一生き残っていたきょうだいの死は、ポリーにとって、その年次々降りかかる不運の最初のものとなる。順調だったトマス・ドルーとの関係がじきに揺らぎはじめたのも偶然ではないだろう。新たな家庭を得たことでポリーが飲酒をコントロールできるようになっていたとしても、エドワードの予期せぬ死は、再び彼女を酒瓶へと向かわせたかもしれない。一一月にはもう彼女とドルーの関係は終わってしまっていて、その翌月、ドルーは新しい花嫁を迎えた。合法的に結婚できる女性、罪の意識を持たずに同居できる女性を。

一九世紀、多くの人々は夫婦の別居を「生きながらの死」だと考えていた。法は別居を認可しながらも、別れた夫婦がその先の人生へと進むことを認めていなかったからだ。その後の男女関係はすべて不貞であり、その関係のなかで生まれた子どもは全員非嫡出子と見なされる。労働者階級の離婚と再婚は不可能であったから、同居を望む中年カップルを、共同体も家族もしばしば見て見ぬふりをする傾向にあったが、社会改革運動家のチャールズ・ブースが指摘するとおり、この寛容さには限界があった。「この性道徳観が社会階層のどれだけ上部まで行きわたっているかは正確にはわからないが、これは労働者階級の上層と下層とを明確に区分する境界のひとつを成していると思われる」とブースは書いている。[17] トマス・ドルーやエドワード・ウォーカーのように、かなりの賃金を稼いでいる誇り高き熟練労働者の男たちにとって、この生活様式は結局のところ、自分たちよりも下層のものだった。

不幸にも、夫と暮らすことも内縁の夫と暮らすことも、一八八六年秋のポリーの選択肢にはなかった。かつてウィリアムが払ってくれていた生活費も、家も、充分な生活手段も失った彼女は、石のように冷たいランベス連合教区救貧院へ、もう一度閉じこもるほかなかったのである。

4 「家のない者」

一八八七年一〇月、トラファルガー広場で夜を過ごす人々に、秋は冷気をふりかけはじめていた。ベンチで丸まっている者もいれば、少しでも暖かくなればと昨日の新聞をからだにかけ、敷石の上でまどろむ者もいる。疲れた顔の老人や、ぼろぼろのボンネット帽をかぶった女性たちが、ナショナル・ギャラリーの土台部分にもたれている。靴も履いていない子どもたちが隅っこでボールのように丸まって、子犬のように眠っている。ある夜、人々が眠るこの広場を歩いた『ペル・メル・ガゼット』紙編集長のW・T・ステッド〔一八四九―一九一二〕は、首を振りながらメモにこう書きつけた。「男女ごちゃ混ぜで身を寄せ合って眠る人々、その数四百名。これをわたしは世界最高級のホテルの横で数えたのだった」[1]。いずれかの獅子像の台座にもたれかかっていたのか、それともベンチに頭をもたれさせて横になっていたのか、ポリー・ニコルズもまた、凍え、誰からも注目されることなくそこにいた。

朝になるとこの浮浪者たちのところへ少しずつ、失業者や「社会主義の友」たちがいつものようにやって来る。この年の秋は、毎日何千人もがネルソン記念柱の下で集まった。赤旗や横断幕を手にやって来て、労働者の権利についての歌を歌ったりスローガンを叫んだりするのだった。即席の演壇に演説者が立ち、集まった人々に向けて演説をすると、群衆は喝采をしたり、あざけりやヤジで応えたりする。悪天候も、この壮観をカーテンのように覆ってしまう硫黄の霧も、聴衆の意気をくじくことはない。男も、女も、ぼろ服姿の者も、山高帽や丈の低い平たい帽子をかぶった「きちんとした身なり」の者もやって来て、ポケットに手を突っこみ背中を丸め、あるいは腰のあたりで子どもを抱え、じっと立ったまま演説を聴いていた。一〇月の最終週、ポリーとともに広場に集まっていた人々のなかには、作家でありテキスタイル・デザイナーであり社会主義者であるウィリアム・モリスと、ジョン・ハンター・ワッツやトマス・ウォードルら、モリスの仲間たちがいた。彼らは状況の観察と議論のために来ていた。ワッツの場合は、記念柱のふもとに陣取って、自説をとうとうと述べるのも目的だったけれど。

演説とデモは、社会改革を思い描く者たちだけでなく、見物人をも引き寄せた。「家のない者たち〔houseless creatures〕」にパンとコーヒーを配る手伝いのためにやって来て、トラファルガー広場を客間へと変える者もいた。聖書やら、すでに満員になっているロッジングハウスのチケットやらを渡す者もいた。貧困者の苦境と窮状に関心を持つこの同情心深き人々の集まりは、物乞いにとって最高の場でもあった。明らかに群衆よりも数で負けている警官たちは、不安そうに距離を取り、パトロールし、耳を傾け、監視し、暴力行為が勃発するのを待っていた。実際暴力行為はしじゅう勃発した。一〇月の終わりごろから毎日の行進は攻撃的なものになっていった。トラファルガー広場に響きわたる一部の演説者の脅迫めいた言葉に、警察は常時警戒状態となった。ロンドンに火を放つ、市長公邸を襲撃する、リージェント・ストリートに立ち並ぶ店の窓を叩き割ると、演説で宣言する者たちもいたのだ。デモ行進の参加者は、護衛のためについてくる警官たちをまこうと決めているようだった。一〇月一九日、シティ・オブ・ロンドンへ行進する群衆がストランド〔トラファルガー広場から延びるロンドンの主要道路のひとつ〕にどっとあふれ出し、小競り合いになった。警官隊は群衆をチャリング・クロス駅のあたりへ押し戻そうとした。

柵が壊れ、踏みつけられ負傷する者が出た。警官たちは石を投げつけられ、殴られたり蹴られたりした。翌日にはボンド・ストリートへのデモ行進があった。店主たちは「暴徒王《キング・モブ》」〔ゴードン暴動（一七八〇）以来、暴徒化した群衆を指してしばしば使われる言葉〕の接近に恐れをなし、大急ぎで窓の鎧戸を閉めた。二五日の行進はベルグレイヴィア〔現在も高級住宅街として知られる一角〕まで到達し、上流社会の人々が住む家の窓の下で、革命歌ががなり立てられた。

広場から「トラブルメイカー」を一掃する試みが何度もなされた。こうした暴力事件のあとはなおさらだった。警視総監は浮浪者取締法にのっとり、「秋冬の寒冷な夜にうろついたり屋外で眠ったりしているロンドンじゅうのならず者や浮浪者を、全員逮捕する」ことにした。取り締まりが始まった二四日の夜、ブロック警部は任務に就いていた。トラファルガー広場は担当区域であり、ここをねぐらにしている多くの者は顔見知りだった。一〇時ごろ、慈善活動家がひとり現われて、パンとコーヒーと、広場にいる「浮浪者一七〇名」ぶんのロッジングハウスのチケットを配りはじめる。その夜はとりわけ冷えそうだったので、ほとんどの者はチケットに記されたロッジングハウスへと向かったが、「満室だと言われて戻ってきた者もいた」。(2)ブロックは、セント・ジャイルズにある救貧院の一時収容棟まで送り届けようと申し出たが、「救貧院に行くことなど考えられないと多くが答えた」。そこで警部は、残っている者は逮捕されてしまうのだと明かし、マックリン・ストリートの救貧院まで三〇名を、巡査ふたりとともに連れていく。途中、コヴェント・ガーデン脇の通りで一一名がいなくなった。この者たちが「広場に」戻って、「座って煙草を吸ったり、眠る支度をしたり、人々が投げる小銭を奪い合ったり」しているのを見たとき、ブロックはまったく驚かなかった。(3)そして彼はそのうちの一〇名を勾留した。「女性六名、少女二名、少年二名」、そのなかにはポリー・ニコルズもいた。

ポリーはすでに何杯かひっかけていたのだろうか、留置場に入りたがらなかった。毒づき、喧嘩をふっかけ、警察署で「ひどく暴れた」。翌朝彼女は、治安判事のブリッジズ氏の前での弁明を求められた。前夜勾留された者たちが法廷に入ってくる様子を、『イヴニング・スタンダード』紙の記者は「薄汚れて服はぼろぼろの、嘆かわしいありさま」だったと書いている。警察の報告書によると「ニコルズは広場の女性のうちで最もひどかった」[4]。そこには、ナショナル・ギャラリー前の広い階段の下で、彼女を含む女性たちがどのように物乞いをしていたかが書かれている。彼女たちは「身なりのきちんとした人」が現われるのを待ち、いざ現われるやショールを外して寒そうに震えて見せ、同情心をかきたてた[5]。このたくらみは上手く行っていたようだ。少なくともポリーが酒を一杯やり、望めばひと晩ロッジングハウスに泊まれるぐらいの稼ぎにはなったようである。とはいえ、判事に説明したところによれば、物乞いのおかげで彼女は救貧院に行かずに済んでいた。一時収容棟に行きたがらなかったのは「昼まで出られないため、仕事を失ってしまうから」だと彼女は言った[6]。これは疑わしい弁解であり、治安判事もそう思ったろう。ポリー・ニコルズはその年の五月以来浮浪者生活をしていたのだから、定職に就いていたことがあるとは思えない。

その前年、一八八六年一一月一五日にランベス救貧院に戻ったとき、ポリーの心は重く沈んでいたことだろう。トマス・ドルーがもたらしてくれていた安定はもぎ取られ、ウィリアム・ニコルズと別れたときと同じ状況に舞い戻ってしまっていたのだから。けれども今回、彼女の未来は前よりはるかに不確かだった。離れている夫から生活費を受け取る資格が今回はないのだ。入所記録で、彼女の名前の横には「家なし、職：ゼロ」と書きこまれている。兄が亡くなり、父とも不和になっている彼女の孤立と恥辱の感情は、ひどく強まっていたに違いない。

ポリーにとって幸運なことに、今回の救貧院滞在は長くはならなかった。ほとんどの救貧院は、少女や若い女性に家事奉公の職を世話するプログラムを提供していた。これは、不道徳な人生へと転落しかねない少女たちに、スキルと収入源の獲得機会を提供すると同時に、救貧院の支出を抑えるものでもあった。収容者が少なくなれば、地元の納税者の負担も減る。ランベス救貧院はこのプログラムを拡張し、年長の女性をも家事奉公職へと送り出していたらしい。この方針の根拠は先に述べたものと同じだったろう――救貧院の貧困サイクルにはまりこんでしまいかねない女性たちに、人生をやりなおすチャンスを与えること。ほとんどの中年女性は数十年にわたり、料理や掃除、つくろい物、子どもの世話などの経験を積んでいて、そのスキルはたやすく応用が利いた。暖炉の火床の掃除、床磨き、病気の子どもの看病、食事の支度の方法を彼女たちは知っていた。救貧院にいたという汚れた過去には目をつぶり、彼女たちの労働力を無料で、または低賃金で使いたいと考える雇用主はおおぜいいた。このプログラムに選ばれるにあたり、ポリーは当初から人柄のよさを発揮し、勤勉さと従順さでもって、自分の価値を証明する必要があったろう。救貧院に酒はなかったから、証明はそれほど難しくなかったはずだ。一二月一六日、ポリーは正式に「奉公のため退所」したと記録されている。とはいえどこに行ったかは不明であるが。[7]

残念ながらこの仕事は長続きしなかった。使用人と主人とは必ずしも上手く行くとはかぎらない。彼女は翌年春には何らかの理由でこの職を失ってしまったが、それは彼女の落ち度によるものではなかったかもしれない。いずれにせよ、一八八七年五月、救貧院へ戻ると考えることにさえ耐えられなくなったのだろうポリーは、いちかばちかで浮浪者生活を始めることにした。浮浪者や宿無しは、移動労働者になることもあれば物乞いになることもあり、その人間の状況によっては、犯罪者や売春婦になることもある。不幸にも、浮浪者取締法はこれらの「職業」を区別しなかった。路上生活者は全員等しく厄介者扱いされた。けれども、浮浪者の生活や自活手段は人によって大きく違っている。それでしばしば、病気などの事情の有無にかかわらず、浮浪者の生活状況は年齢やジェンダーを基に決めつけられた。浮浪者は、その時々にありつける仕事をするものだ。路上販売、市場や埠頭での荷の積み下ろしなどの肉体労働、労働者世帯で臨時の子守りや掃除をしたりなど、仕事はさまざまである。その日暮らしで、仕事や食事、ねぐらを絶えず探さねばならず、男も女も街の端から端へと「浮浪」しつづけていた。この生活スタイルのおかげで責任から自由でいられる、どこでも好きな場所で眠ることができると言う浮浪者もいたが、大半の者たちは困窮から、そして不快な救貧院生活を続けたくないという気持ちから、この状況へと追いこまれたのだった。とはいえ、都合のいいときであれば、救貧院の一時収容棟を利用することもいとわない者がほとんどだった。

しばしば「スパイク〔spike〕」と呼ばれた一時収容棟のコンセプトは、一八三七年に誕生した。困窮し、宿泊先を緊急に要している者すべてに、一泊できる施設を提供するよう政府が救貧法関連部門に命じたのである。(8) しばしば救貧院の翼《よく》のひとつを成していた一時収容棟は、救貧院自体と同様、快適さを意図して作られたものではなかった。最も基本的な支援は提供しながらも、目的は浮浪生活をやめさせることにあった。浮浪者は吐き気がするほど不味いスキリーとパンの食事を与えられ、性別ごとに分けられた共同寝室でひと晩過ごし、翌日、それらと引き換えに数時間の労働をする。一九世紀末ごろには、一時収容棟に入所した者は汚いベッドで二泊し、その中間にある一日を、オーカムほぐしや清掃、石割りなどの労働に費やすことになっていた。食事に見合った労働をしていないと監督者に判断された者は、出所を許されず留め置かれた。一時収容棟も救貧院も、いじめの横行する場として知られていた。

スパイクは救貧院本体に劣らず悲惨な場だった。短い滞在だから何とか耐えられた。それでも収容すべき人員が途切れることはない。夕方近くなると、一時収容棟の入口前に行列ができはじめる。入所は通常五時台に始まるが、来た者全員にベッドが提供される保証はない。冬季は特にそうだ。一時収容棟に無事入ることのできた者たちは、スキリーを与えられたあと、救貧院への入所時同様、不潔な衣服を脱ぐよう命じられる。脱いだ衣服は洗濯するのではなく、高温で「熱処理」してノミやシラミを死滅させる。衣服を脱いだ入所者は、共同浴場の黒ずんだお湯に浸かったあと、ひざ丈のシャツの寝間着を与えられる。暴露的ルポルタージュ『どん底の人々』の執筆中、スパイクで一夜を過ごした米国の作家ジャック・ロンドンは、二二人の入所者が同じ湯でからだを洗い、「ほかの男たちが使って濡れているタオル」を使うのを見て震え上がった。男たちのひとりは「害虫の襲撃」のせいでかきむしった背中が「血の塊」に覆われていたとロンドンは言う。

こうした害虫の襲撃と、狭い寝台に敷かれたわら入りマットレスの寝心地の悪さ、共同寝室に充満する険悪な雰囲気が合わさって、熟睡は難しかった。女性用共同寝室に一泊した社会調査者のJ・H・スタラードは、「ひと晩じゅう悲惨な状態」で過ごしたと述べている。「全身害虫に覆われ」てしまい、「横になることも座ることもできなかった」と彼女は言う。閉ざされて換気もされない部屋のなかで「新鮮な空気」を吸おうと、彼女は「できるだけドアの近くまで」移動し、いくらかでも風が「わずかな隙間から入って」くることを願った(9)。収容者は七時に寝室に閉じこめられ、そのまま休息することになっていたけれど、落ち着かない雰囲気が広がっていたとスタラードは書いている。ひと晩じゅう不快さと騒ぎが訪れた。食べたもので具合が悪くなる者もいれば、酔っぱらって入ってきた者もいる。子どもは泣き、喧嘩が始まる。ひとつしかないガス灯のそばで座っておしゃべりしたり、「みだらな歌を歌う」者たちもいる。うたたね程度でもできたか否かにかかわらず、朝六時には起こされて仕事を始めることになっていた。スキリーと硬くなったパンが再び与えられ、地獄のような最後の夜のあと、翌朝九時にようやく解放となる。

一時収容棟宿泊の弊害のひとつは、翌日仕事を見つけられなくなってしまうことだった。ほとんどの肉体労働は午前九時より前に始まるものであり、本気で仕事が欲しければ、雇用可能性のある場所まで長距離歩かねばならないこともある。もしも仕事が見つからず、その日の食事代も宿代も手に入らなければ、振り出しに戻って、またどこかの一時収容棟の列に並ぶことを余儀なくされた。三〇日以内に同じスパイクへ戻ることは法で禁じられていたから、たいていの者は近隣の施設をぐるぐると回遊し、規制をかいくぐるべくしばしばいくつもの名前を使った。浮浪者は絶え間ない飢えと疲労、不快さのなかで生活を送る。凍え、ぐっしょりと雨に濡れ、すり切れた靴を履き痛む足で何マイルも歩く。精神的苦痛は言うまでもない。完全にその日暮らしで、数枚のコインを稼いだり恵んでもらったりする機会を、絶えず血眼で探している。荷下ろしや看板持ち、工場労働者の子どもの世話などの仕事を、一日、あるいはほんの数時間でも確保できれば、ロッジングハウスにひと晩かそこら泊まれるだけの金が稼げる。これはもちろん、ついやけ酒を飲んだりしなければの話だ。一九世紀半ば、「ロンドンに住む七万人は(……)朝目覚めたとき、その夜どこで寝ることになるのかまったく見当のつかない状態」だったとされている。(10) 寝る場所が一時収容棟であれ、ロッジングハウスであれ、あるいは、よくあることだったが星空の下であれ、こうした浮浪者は、現在のわれわれであればロンドンのホームレスと見なす人々であり、ポリーはそのひとりに数えられていた。

切り裂きジャックの犠牲者たちがどのように語られていたかをつなぎ合わせていると、ロッジングハウスで眠っていた浮浪者女性のかなりの数が、頻繁に野宿もしていたという事実を、警察も新聞も無視していたようであることに驚かされる。一時収容棟のベッドと同様、ロッジングハウスのベッドも、戸口で丸まって眠る夜を挟みながら使うものだった。それは浮浪者生活の避けられない側面だった。しかし救世軍の創設者であるウィリアム・ブースが言うように、警察と新聞によるこの無視は、意図的なものではなかったかもしれない。浮浪者であるのが正確にはどういうことであるかを、裕福な階級の人々はまったくわかっていなかった。「たとえロンドンに住んでいたとしても、多くの者にとっては、何百人もの人々が毎晩屋外で眠っているという事実は初耳であるかもしれない」と彼は、貧困の探究書としてこの時代最も影響力を持った書物、『最暗黒の英国とその出路』で書いている。

深夜になっても活動している人々は比較的少数であり、心地よくベッドにもぐりこんでしまうと、われわれは、雨や嵐のなかでも屋外にいる人々のことを、広場の硬い舗石の上で、あるいは鉄道橋の下で、長い時間震えて過ごす無数の人々のことを忘れてしまいがちである。この家のない飢えた人々は、確かに存在しているのだが、たいてい気持ちが打ちひしがれてしまっているため、隣人たちの耳に声を届かせることがほとんどできないでいるのだ。(11)

野宿者は「きちんとした社会」からは見えない存在だったかもしれないが、ロンドンを満たすほどの人数になっていた。一八八七年、トラファルガー広場で眠る人々の数の見積もりは、「二百名以上」から「六百」のあいだで変動していた。ウィリアム・ブースは一八九〇年のある一夜、テムズ川の堤防で二七〇名、コヴェント・ガーデン・マーケットで九八名の野宿者を記録した。(12)少なくともハイド・パークにも多数の野宿者がいると思われていた。けれどもこれらは非常に目立つ場所であり、目立つ場所だけでこれである。ロンドンの地区は細かく入り組んでいた。スピタルフィールズ教会周辺も野宿者に好まれた場所だった。そのほか「ちょっとした隅、屋根のある場所や荷車等々、ロンドンじゅうのあらゆるところ」に野宿者はいた[13]。

ヴィクトリア時代のロンドンでの浮浪者生活は、この生活に追いやられた人すべてにとって耐えがたくみじめなことであったけれど、ポリーたち女性にとって屋外で寝ることは、性暴力被害に遭う恐れのあることでもあったろう。男性による保護も、頭上の屋根による保護も持たない女ははぐれ者と見なされ、はぐれ者の女は欠陥女性と見なされていたから、道徳的に堕落し、性的に不純だということになっていた。そうした女は食事とベッドのためなら何でもやるのだと、社会のあらゆる階層が見なしており、そこに疑問の余地はなかった。彼女たちは必死だから、使ってもらうべくそこにいる。使用許可を求める必要すらないこともあった。

メアリー・ヒッグズは、女性浮浪者に扮しての潜入調査中、恐ろしいことに、ぼろ服姿だと男性から絶えず暴言を浴びせられるのだと知った。「レディのドレスは、そうでなくともきちんとした労働者女性の服装は、防御であるのだと、わたしはそのとき初めて知った。貧困女性を無遠慮にじろじろ見てくる男性の視線は、実際に体験しなければわからない」。一時収容棟に宿泊した際、ヒッグズは、好色そうなポーターが共同寝室の鍵を持っていることに気づいた。苦情を言うと、別の救貧院では「女性ポーターが女性浮浪者の世話をほぼ全部男性にまかせて」いて、「その男性は女性浮浪者たちを、自分の好きなように扱っていた」と聞かされた。また別のとき、彼女が野宿していると、男が近づいてきて「なれなれしく受け入れがたい口調で話しかけてきた。夫はどこにいるのかと尋ね、おまえは不道徳な生活を送っているのだろうとほのめかし」、ひと晩ともにしたら朝食を食べさせてやると言ってきた。出会う男たちからこのような扱いを五日間受けつづけたヒッグズは、「ひとりで路上を放浪する女性にはもう決してなるまい」と結論する。そのときヒッグズには女性の同伴者がいたのだが、ある程度の期間路上生活をするのなら「男と一緒」のほうがいいと、ほかの女性たちから忠告された[14]。多くの女性がそうしていた。その女性たちは関係を確かなものにするため、浮浪者男性からの性的誘いを受け入れていた。彼女たちのこの「自由な」ふるまいが、「浮浪者女性は全員売春婦である」ことのさらなる証拠として用いられ、警察や新聞の思いこみを強化したのである。

女性用一時収容棟を数多く訪ねたJ・H・スタラードは、メアリー・ヒッグズが聞いたのと似たような話を耳にした。スタラードは、脳卒中で顔にゆがみが出てしまった「灰色の髪の女性」、「クランキー・サル」の話を書いている。ある日彼女は、サリー〔クランキー・サルのこと〕の目の周りにあざができているのに気がついた。どうしたのかと尋ねると、クランキー・サルは「男のしたいようにさせなかったから」と答えた。ランベスのザ・ニュー・カット〔通りの名称、現在はザ・カットと呼ばれている〕で、「きちんとした身なり」の男から、一ペニーぶんのツブ貝と二ペンスのパイをおごられたときのことだという。

それから一緒にぶらぶらして、戸口へ来たところで一シリングを見せられた。これでロッジングハウスに一泊できるだろうと言われ、(……)受け取ってくれるかと言うから、とんでもない、そんな商売はしてませんと言ったら、思い切り殴られたんだ。

警官のところへ行って助けを求めると、サリーを見て警官は笑い、「あんたみたいな女を口説くなんて度胸のあるやつだな」と茶化した。別の警官からも同じような対応をされた。「話も聞かずに、舗道から道の真ん中へ押し出したのよ」。窮状に心を動かされたスタラードは、どうやって路上で生きてきたのかと尋ねた。どうやっていたのか自分でもよくわからないという様子でサリーは答えた。

説明が難しいね。悪いことは何もしていない。わかるでしょう、物乞いをし、拾えるものは拾った。食べ物やねぐらがもらえるならどこへでも行った。こういう場所でもらえるもので間に合わせることもあれば、何ペンスか恵んでもらうこともあった。(15)

からだを売ることは、浮浪者女性が寝食を得る唯一の手段ではなかったし、彼女たちが生きのびるための能力として主要なものでもなかった。仮にこの手段に頼ったとしても、若い女性の身体的魅力を持たない年長の女性の「臨時売春」は、性器の挿入をともなわず、手で刺激したり、スカートをまさぐらせたりといったものであることが多かった。この時代、家のない貧しい女性について煽情的に書かれたものは、売春へと向かう若い女性をたいてい題材にしていて、それとは少し異なる状況に直面している年長の女性については、考慮に入れることがなかった。高齢の女性の場合、他の選択肢もあった。仕事が見つからなくても無心をすれば、物乞い同士のあいだでさえ、その日を生きのびるに足る小銭やお茶、パンが手に入ったのだ。社会評論家たちが驚嘆したことに、慈善行為は「しばしば最下層から発生」した。力のない高齢の浮浪者女性のことは、「弱い立場にある同業者には与えねばならない」と考える「精力的で余裕のある物乞い」が世話をしていた。(16) ジョージ・シムズ〔作家、ジャーナリスト(一八四七―一九二二)〕は次のように述べる。「支援金集めの飲み会や催し事、カンパが最も頻繁に行なわれるのは、収入が不安定であるはずの労働者階級においてである。(……) 行商人も港湾労働者も、会ったこともない貧困者のために、ためらうことなく六ペンス銀貨を帽子に投げ入れるのだ」。ロッジングハウスをたびたび利用する路上生活者たちのあいだで、こうした慈善行為は生活様式になっていた。「ベッド代の四ペンスも持たない」男がこうした場にやって来たとき、「ほんとうに困っているようであれば、たちまち帽子が宿泊者のあいだで回され、その夜の宿代が集まる」とシムズは書いている。食べ物もまた、貧しい宿泊者のあいだで分かち合われ、「手ぶらの者が近くにいたら、ティーポットを手渡して「ほら、あんたのだ」と言い、二杯目のための茶葉も分けてやるのである」。[17] 誰もが毎晩ベッドを確保してお茶をおごってもらえるほど幸運だったわけではないけれど、困っている者に手を差しのべるこの習慣は、浮浪者にとってかけがえのないものだった。

ポリーの浮浪者生活も、他の女性たちと変わりないものだったろう。路上生活は最初はショッキングで苦痛に満ちたものだったろうが、だんだんとあきらめをもって受け入れていっただろう。およそ六か月の浮浪者生活を経て、一八八七年にトラファルガー広場で逮捕されたとき、彼女が行儀よく立派なピーボディの入居者から、乱暴で口汚い危険人物へと変貌していたとしても不思議ではない。

一〇月二五日の審問のあと、ポリーは「自己誓約によって保釈」されたが、救貧院に入らなければまた逮捕されると告げられた。[18] 今回は彼女は従い、コヴェント・ガーデンのエンデル・ストリートにある最も近い救貧院へとまっすぐ向かった。そこからエドモントンにあるストランド連合教区救貧院へ移り、一二月まで滞在したが、耐えられなくなって自分の意思で出所する。

救貧院の統制生活を捨てて浮浪者生活を選んだ途端、例によって彼女は、冬場のつらさを思い知らされることとなった。一二月一九日、再びランベス連合教区救貧院の門前にやって来るが、彼女がまだ教区に属しているかをめぐって見解の不一致があったらしい。クリスマスを所内で過ごしたのち、その年のある日、仲間たちがローストビーフとプラムプディングのまともな食事にありついているのを横目に、ポリーは出て行くこととなった。もはやロンドンのどこが法的に自分の家と言えるのかわからなくなっているポリーは、テムズ川の北、ホウバン方面へとさまよっていく。クラーケンウェルの一時収容棟で幾晩か過ごし、どうにか小銭をかき集め、チャンスリー・レインから少し入ったところにある、薄汚れたロッジングハウスに三泊する。それは彼女が子どものころよく知っていた地区だった。なけなしの金を使い果たしてしまうと、ホウバン連合教区救貧院に入った。一月の寒さと湿気のなかでの浮浪者生活は明らかにからだにこたえ、ポリーはじきに病気になり、アーチウェイの病院へと送られた。[19]

ホウバン連合教区がポリーを世話しているあいだ、救貧委員たちは救貧法にのっとり、ポリーが実際にこの教区に属しているのか、または他の救貧連合が教区連合内の救貧院で彼女の生活費を負担すべきか、判断を迫られた。快復したポリーは一八八八年二月一三日に面接を受け、先日追い出されたばかりのランベス連合教区への送還が決定される。[20] 四月一六日、彼女はレンフルー・ロード救貧院へ、人間小包のように発送された。到着後まもなく、ポリーは監督者のフィールダー夫人の前に立った。一八か月前にポリーを奉公へ送り出した人物である。ふたりともがため息をつき、にらみ合う光景が想像されよう。ランベス連合教区は彼女を置いておきたくなかったので、別の家事奉公先を世話する用意をしていた。今度はましな結果になるよう願っていたことだろう。

ロンドン南部、ワンズワースのローズヒル・ロード一六番地に住むサラ・カウドリー夫人は、救貧院出身の女性を使用人として迎えたいという自分と夫の意向を、ランベスの救貧委員に伝えていた。敬虔なバプティスト派であるカウドリー家は、キリスト教徒の義務の概念に忠実だった。不幸な人々を助けようとするだけでなく、家庭やコミュニティにおいて道徳的模範を示すことをも望んでいた。ロンドン警視庁の主任事務官であるサミュエル・カウドリーは、ロンドンの社会悪についてある程度間違いなく理解していただろう。そしてその結果、彼と妻は徹底した禁酒生活を送っていた。

五月一二日の朝、ポリー・ニコルズはカウドリー家の快適な中流階級の住まいへ、衣類だけを背負ってやって来た。六〇代前半の夫婦と、二〇代の未婚の姪が住む家の、たったひとりの使用人であるポリーの仕事は、とりたてて骨の折れるものではなかったろう。部屋の掃除と食事の支度がまかされたのだろうが、屋根裏部屋に自分のベッドもあったに違いなく、何か月も路上生活をしたり救貧院で苦しんだりしたあとでは、これは贅沢に思えたことだろう。メイドにふさわしい衣服をポリーは持っていなかったから、カウドリー夫人は、着替えを含めた二着とまではいかなくとも、少なくとも一着は提供してくれたに違いない。良質のボンネットと靴、寝間着、帽子、エプロン、ショール、手袋、肌着。その他ヘアブラシ、櫛、ピンなどの装身具。客の前でメイドがみすぼらしい身なりでいることを望む中流階級の女主人などいなかった。

カウドリー家が「炉端邸《イングルサイド》」と呼ぶ家で暮らしはじめて一週間経たないうちに、ポリーはどうやらサラから、家族に手紙を書いて居場所を伝えるよう言われたのだろう。紙とペンを渡されたポリーは、勇気をふりしぼり、おそらく二年ぶりに父親に宛てて手紙を書きはじめる。


お手紙を差し上げたのは、たぶん喜んでくださることと思いますが、新しい場所に落ち着いていまのところ上手く行っているとお伝えするためです。昨日みんな出かけてしまってまだ帰っていないので、わたしが家のことをまかされています。ここは広いお宅で、家の前にも裏にも庭があり、木が茂っています。全部手入れしたばかりです。家の人たちは信心深い絶対禁酒主義者だから、わたしも合わせなければなりません。とてもいい人たちで、仕事も多くありません。みなさん元気で、あの子［ポリーの父親と同居している、ポリーのいちばん上の息子］に仕事がありますように。さしあたりはこれにて。

敬具
ポリー

どうかすぐ返事をよこして、いまどうしているか知らせてください。(21)

ワンズワースの家で、続く二か月のあいだにどんなことがあったかはわからない。美しく暖かな夏の日々、ポリーの生活は、路上や一時収容棟でのそれと比べたら楽園のように思われたろう。カウドリー家の平和で穏やかな庭がすぐそばにあった。清潔な衣服を身に着け、ノミやシラミが頭にわくこともなかった。食事も一日三回あったろう。肉と果物、プディングがある夕食。家族と離れて以来口にすることがなかったかもしれない食べ物。本物のベッドがあり、彼女の役に立ちたいと望む雇用主がいて、真夜中に酔っぱらいに襲われる恐れも、一時収容棟で職員から虐待される恐れもない。定期的に教会へ行き、お祈りをして聖書を読むように言われ、かつての自分やこれまでの生き方を恥じる気持ちにさせられたかもしれない。同居人は主人と女主人、彼らの姪のミス・マンチャーだけだった。ミス・マンチャーは、ポリーとおしゃべりしたり、冗談や秘密を分かち合ったりはしたがらなかっただろう。ほかの使用人もいなかったから、苦痛とは言わないまでも、つらく空虚な長い日夜をポリーは過ごしていたかもしれない。失ったものを恋しく思う時間はたっぷりあった。そしてもちろん飲酒の問題があり、この時点で彼女が酒なしで暮らせたかどうかは定かでない。

七月一二日、サラ・カウドリーはレンフルー・ロード救貧院に、ポリー・ニコルズが三ポンド一〇シリング相当の衣服と品物とともに行方をくらましたと葉書で知らせた。カウドリー夫人が与えた身の回り品——服、ボンネット、靴、エプロンなど全部——をたずさえて出て行ったらしい。

炉端邸の使用人出入口をこっそり出て行ったとき、ポリーに何か計画があったかは疑わしい。放浪生活を始めたということは、当面の需要をかなえる方法をポリーはそれまでに身に着けていたのだろう。救貧院に戻る考えはなかったはずだ。自由に処分できる品をたくさん抱えた彼女は、まず質屋か古着商へ行き、カウドリー夫人の善意の贈り物をいくつか現金に換えただろう。もらえた金額が元々の値打ちに満たなかったとしても、食事やロッジングハウス宿泊に自由に使える金が、少なくとも二週間ぶんくらいは手に入ったはずだ。次に向かった場所はおそらくパブである。

ポケットいっぱいの小銭を持った彼女の足取りは、驚くべきことではないが、七月半ばからしばらくたどれなくなる。八月一日、ポリーはグレイズ・イン一時収容棟に一泊したが、ここはホワイトチャペルへと向かうルートの途中にあった。[22] ホワイトチャペルには安いロッジングハウスがたくさんあることを彼女は知っていた。そこでなら手持ちの小銭をできるだけ長くもたせることができる。選択可能だったすべての施設のうち、スロール・ストリート一八番地のウィルモッツ・ロッジングハウスに彼女は泊まることにした。この地区の他の多くの同業施設とは違い、ウィルモッツは女性宿泊客だけを取っていた。ひとりで浮浪者生活をしている女性にとって、これは考えうる最も安全な宿だったろう。七〇名まで宿泊者を受け入れていたウィルモッツで、ポリーは「驚くほど清潔」と説明される部屋を、他の三人の客とシェアした。そのなかのひとり、エレン・ホランドという年上の女性と、ポリーはしばしばダブルベッド代を割り勘にしていた。

ポリーが滞在していた三週間のあいだに知り合いとなったホランドは、この孤独な女性とのあいだに友情めいたものを築いた唯一の人間だったと思われる。エレンはこのルームメイトのことを、「物憂げ」で、「何か心配事が心にのしかかっている」かのように「自分のなかに閉じこもって」いたと述べている[23]。この地区にふたりの共通の知り合いはなく、彼女の知るかぎりポリーに男性の連れはいなくて、「数日間ともに飲食したのは女性だけ」であり、浮浪者女性にとってこれは普通のことだった[24]。ホランドはまた、ポリーが飲酒していたことを否定していない。「そのせいで始末に負えない状態になった」のも二、三度見たという。

ポリー・ニコルズの最後の動向は、エレン・ホランドが検死審問で行なった証言でおおむね語られている。残念ながら、この審問の公式の筆記録も、審問の関連書類もすべて失われているため、出来事の概要を描いてくれるものは当時の新聞記事しかない。そこに書かれている審問の要約は、記者たちが法廷で大急ぎでメモしたものであるから、当然間違いや矛盾に満ちている。読む価値のある記事に仕立てるにあたり、それぞれの新聞のニーズに見合うよう、さらに整えられたり装飾されたりした――煽情性を高めたものもあれば、紙面のサイズに収まるよう話を切り落としたものもある。その後同時配信記事が全国の小さな新聞へと送られた。ロンドンにもホワイトチャペルにも行ったことのない者もいるこれら地方紙の記者たちは、送られてきた記事を食い荒らし、引用や、さらにはインタビューまでをも捏造した。現代と同様、誤報はたやすく大衆の意識に根を下ろした。

エレン・ホランドによれば、ポリーは八月二四日ごろまでウィルモッツにいた。そのころお金が尽きてきたらしい。ロッジングハウスの代行管理人は、常連には猶予期間をひと晩かふた晩与えてあげるのが普通である。しかしポリーはそこまで知り合いではなかったため、この温情の対象にはならず追い出されてしまう。再びポリーは路上へ戻って放浪し、小銭を集め、泊まれる宿を探す羽目になった。ホランドの考えでは、ポリーはショーディッチのバウンダリー・ストリートでしばらく過ごしてから、ホワイトチャペルにある別のロッジングハウス、悪名高いフラワー・アンド・ディーン・ストリートのホワイト・ハウスというところに数晩泊まったのではないかとのことだ。[25] 八月三一日の午前一二時半ごろまで、ポリーはスロール・ストリートの角にあるパブ、フライング・パンで飲んでいた。店を出たときは泥酔状態で、宿代を全部飲んでしまっていたにもかかわらず、ほかのロッジングハウスよりも気に入っているウィルモッツに泊まれないかとかけ合いにやって来た。代行管理人は、文無しの酔っぱらいにベッドを差し出す習慣はなかったので、ポリーにお引き取り願った。去り際にポリーは、落胆を隠そうと笑い声をあげ、「すぐ宿代を持ってきてやるよ」と捨て台詞を言った。[26]

午前二時半の少し前、エレン・ホランドは、シャドウェル乾ドックの火災見物から帰る途中、かつてのルームメイトがホワイトチャペル・ロードへ向かって、オズボーン・ストリートを下っていくのに出くわした。ポリーはあまりよい状態ではなかった。よたよたしてまっすぐ歩けなかった。エレンに止められ、ポリーは壁にドスンともたれた。ひどく心配になったエレンは「七、八分くらい」話しかけ、一緒にウィルモッツへ行こうとポリーを説得したという。だが、先ほど代行管理人と会ったばかりのポリーは、今晩はあそこには絶対置いてもらえないだろうと確信していた。ポリーは一文無しであるのを嘆き、「宿代を工面」しなければという気持ちでいるようだったけれど、歩くことさえおぼつかないのだから無理な話だった。[27]「きょうは三泊できるくらいのお金があったのに全部飲んじゃったのよ」と、酔っぱらいながらポリーはホランドに後悔の念をもらしたが、このような苦境はポリーにとって珍しいことではなかったろう。[28]ベッドで眠れないというのはありがたい状況ではないが、彼女にとっては決して不慣れな事態ではなかった。

この話をエレン・ホランドは警察に語り、次いで検死審問でもう一度語った。この審問の場で記者たちは詳細をすべて聞いた。けれども、全部聴き終えるよりも前から、当局も記者たちもひとつ確信していたことがあった。ポリー・ニコルズは言うまでもなくこの夜、外で客引きをしていたのだと。なぜなら彼女は――年齢とは関係なく、ロッジングハウスと一時収容棟と道の片隅とをかわるがわるねぐらにしている女性がみなそうであるように――売春婦だから。警察も新聞も、これを出発点にして犯人像を描いた。まず最初にふたつの可能性が浮上した。第一の説は「ハイ・リップ・ギャング〔high-rip gang〕」、すなわち売春婦から金をゆすり取る集団が犯人だというもの。第二の説は、のちに大きく注目を集めることになる、単独の「売春婦殺人者」が関わっているというもの。どちらの説においても、裏付けとなる実際の証拠は一片もなかったにもかかわらず、ポリー・ニコルズは売春婦だと誰もが確信していた。

この前提が、捜査全体と検死審問の方向性を、そして新聞での報道のされ方をも形づくっていくことになる。ポリーを最もよく知る三人の証人――エレン・ホランド、エドワード・ウォーカー、ウィリアム・ニコルズ――の実質上すべての証言が、ポリーが売春をしていたという先入観と対立していたにもかかわらずである。検死官の審問は、たびたびポリー・ニコルズ自身の道徳性についての審問になった。まるで彼女の運命が、彼女のふるまいに照らして妥当なものであったかを判断することが、この審問の目的に含まれているかのようだった。

八月三一日の夜、エレン・ホランドが最後に話したとき、ポリーはこの友人に向かい、新しい宿であるホワイト・ハウスが大嫌いだと明言していた。どこに泊まっているのかとエレンに聞かれたポリーは、「たくさんの男女と一緒に別の家に住んでいる」と答えたのだ。この発言は「男女が寝ることのできる家」とも報じられた。[29] これは女性だけが宿泊でき、ポリーも気に入っていた、ウィルモッツと対比しての発言である。ホワイト・ハウスに関しては、ポリーは「行きたがらなかった」のであり、「男女が多すぎる」と言っていた。彼女はウィルモッツに戻りたがっていて、「じきに戻る」とエレンに約束した。[30]

エレン・ホランドの証言中、検死官は何度か、ポリーの道徳性に関わる質問をしている。想定されている職業にポリーが実際に従事していたことの、証拠になるような発言を引き出そうとしてのことだ。どの局面においてもエレンは、ポリーは彼らがほのめかしているような人間ではないことを明白にした。あなたのルームメイトがどうやって生計を立てているか知っていましたかと尋ねられると、ホランドは知らないと答えた。ポリーは夜遅くまで出歩いていたかと詰問されたときも、同様の答えをした。

「彼女の生活はクリーンだと思っていましたか」と検死官は尋ねた。

「そうです。とてもクリーンな人でした」と彼女は答えた。

検死官はその後、ポリーは宿代を工面しようとしていたというエレンの発言をとらえ、その内容を掘り下げようとする。

「それがどういう意味か、あなたはお考えになったのでは」と検死官は口をさしはさんだ。

エレン・ホランドは毅然として「いいえ」と答え、ポリーは女性専用のロッジングハウスへ戻るつもりだったと繰り返した。[31]

ホランドの発言があまりにきっぱりとしていたので、『マンチェスター・ガーディアン』紙をはじめ多くの新聞は、彼女の審問を次のようにまとめてしまった。「被害者がふしだらな生活をしているとは思わなかったと証人は述べた。実際には彼女［ニコルズ］はそれを非常に恐れていたらしい」。[32]

ポリーを不健全な人格の持ち主として描くことに最も熱心なのが新聞だったことは、ほとんど驚くにはあたらない。メモの取り方のずさんさゆえであるにせよ、証言の聞き間違いが原因であるにせよ、意図的な脚色であるにせよ、記者たちは頻繁に発言をねじ曲げ、ポリーの道徳性に影を落とした。結婚の破綻後に同居していたころの娘の行動についてエドワード・ウォーカーに問いただす際、検死官は、ポリーが「ふしだらだった」かと尋ねた。『モーニング・アドヴァタイザー』『イヴニング・スタンダード』『イラストレイテッド・ポリス・ニューズ』の各紙によると、彼の答えは、「いいえ、そういうたぐいのことは聞いたことがありません。娘は、知り合いの若い女性たちや男性たちとよく出かけたものですが、不適切な事柄は耳にしたことがありません」というものだった。[33] けれども、これを言い換えた『デイリー・ニューズ』紙は、もっと思わせぶりな言葉をさしこんだ。ウォーカーは「娘はとりたてて夜遅くまで出歩いていたわけではありません」と言ったが、その一方でこうつけ加えたともされたのである。「娘に関して知っていることでいちばん最悪だったのは、ある特定の階級の女性たちと一緒にいたことでした」。[34] ウォーカーがほんとうにそう言ったのかは疑問だ。というのも、彼の証言には少なくともふたつ、互いに矛盾するバージョンがあるのだから。検死官はウィリアム・ニコルズに対しても同様に、妻の人格を掘り下げるよう迫ったのだが、これもまた、結婚の破綻に際しての彼の行動に疑惑を浮上させるだけに終わった。ポリーの生活費五シリングの支払いをなぜやめたのかと聞かれた彼は、別居から二年経って、彼女が「別の男、または男たち」と暮らしていたからだと答えた。[35] 新聞はこれだけを証拠にして、ポリーが妾婦であり、堕落した女であると決めつけた。けれどもニコルズは、妻が売春で生計を立てていたとは一度たりとも言っていない。

事件の第一報の時点では、ポリーの人生について内容のある話はまだ何もわかっておらず、国じゅうのほぼすべての大新聞が、「被害者については（……）何もわかっていない」と報じつつ、「彼女は「不運な［unfortunate この言葉は、売春を行なっている女性に対してしばしば使われた］」生活を送っていたと推測される」と書いていた。[36] この推測の正しさを証明するため、各紙は、手に入るわずかな事実の歪曲へと乗り出した。それまで誰も見たことがなかったという帽子に手をやりながらポリーがウィルモッツの代行管理人に言った、「すぐ宿代を持ってきてやるよ。ほら、こんな綺麗なボンネットも手に入れたんだからさ」という言葉を引くことで、彼女が不道徳な方法で金を稼いでいたとほのめかしたのだ。[37] そもそもこんな発言がほんとうにあったかどうかも文脈からして疑わしい。ポリーの「綺麗なボンネット」は数か月前にカウドリー家で手に入れたもので、ウィルモッツのなじみのベッドに戻るため、質に入れようとしていた可能性もある。けれどもこの真相は、彼女の最後の数時間と死をめぐる他の多くの詳細と同様、確かめようのないものであるだろう。記者たちがその名前を確認することも、正しく記載することもしようとしなかったエレン・ホランドと同様、ポリーはホワイトチャペルのロッジングハウスによくいる、貧しく、老境へと近づきつつある、無価値な女性のひとりに過ぎなかった。[38] 警察にとっても、検死官にとっても、新聞記者にとっても、その読者にとっても、彼女についてほかに知るべきことなどなかったのだ。

エレン・ホランドの記憶によれば、友人と別れたとき、ホワイトチャペル教会の時計が二時半を打った。黒いヴェルヴェットの縁取りの、綺麗な麦わらのボンネットをかぶったポリーが、ゆらゆらとホワイトチャペル・ロードの方角へ歩いていき、だんだんと闇のなかへと消えるのを彼女は見ていた。

こんな時間に物乞いで宿代を手に入れられる可能性はわずかだと、ポリーはわかっていたはずだ。酔

い と疲労でくらくらする頭で、イースト・エンドの網の目のような路地を、彼女はふらふらとあてどなく歩いていく。塀や壁に寄りかかってからだを支え、夜の闇のなかを手と足の感触を頼りに進み、段差のある場所や少し引っこんだ戸口など、ベッドになりそうな場所を探す。階段下の空間や公共の建物のなかの踊り場、鍵のかかっていない門の向こうに広がる準私有地は、全部眠る場所になりえた。眠るのに適した地点の見つけ方をポリーは習得していただろうけれど、この地域は比較的不慣れであったから、ホワイトチャペルの秘密の睡眠場所がどこにあるのか、この時点ではまだわからなかっただろう。入りこんだ通りの名前さえ知らなかったかもしれない。窓にちらちらとわずかに見える光や遠くのランプが、彼女をバックス・ロウ〔Buck's Row ホワイトチャペルの裏通りのひとつ〕へと導いたのだろう。労働者が住む飾り気のないレンガ造りの家々の前をとおりすぎるが、人目につきにくい隅もポーチもない。やがて道の縁石の高さが少し低くなり、塀が途切れる。そこは門になっていて、道からわずかに引っこんでいる。押してみても開かなかったのだろう。あるいは、そのままもたれて座りこんだのかもしれない。重い頭がこくんとし、やがて目が閉じる。

死の数か月前に父親に宛てた葉書以外に、ポリー・ニコルズの考えていたことを覗きこむ手がかりは残っていない。エレン・ホランドは、自分の横で眠っている女性のなかに、何かひどく物憂げなものを見ていた。みずからのなかに閉じこもり、誰からも離れ、誰にも立ち入らせることのない、嘆き悲しんでいる魂。けれども、このおおざっぱな概略からだけでも、女性のある明確な類型が、おぼろげながら見えてくる。結論を引き出し、彼女を虚構ではなく人間として理解するには、いまわかっていることだけでも充分だ。ポリーは印刷所と新聞とのあいだに生まれた。ヴィクトリア時代の最も有名な小説のいくつかが生み出された、まさにその場を背景にして。死によって彼女は、アートフル・ドジャー、フェイギン、さらにはオリヴァー・ツイストとさえ並ぶほどの伝説となり、彼女の人生の真実は、彼らのそれと同じくらい空想とないまぜになった。彼女はインク通りと呼ばれる地で世界へ送り出され、再びその場所へと戻っていった。一インチコラム欄に、ページを飾る大きな挿絵に、噂話やスキャンダルに乗って、名前を活字にされて。

＊＊＊

一八八八年九月一日、ウィリアム・ニコルズは、最悪の事態を覚悟していた。何に出会うことになるか確信はなかったが、適切な身なりをする必要があると感じ、丈の長い黒のコート、黒いズボン、ブラック・タイとトップ・ハットという喪の服装をまとった。その日は雨だった。傘を開き、ロゼッタや子どもたちと暮らすコバーグ・ロードの家の戸口に背を向けて歩き出したとき、ほんとうに具合が悪い気分だったに違いない。

彼は遺体安置所でアバーライン警部補に会い、妻と思われる女性の遺体を確認することになっていた。妻と最後に会ったのは三年も前のことで、彼女がどこへ行ったのかそのときもさっぱりわからなかったのだから、このような衝撃的な展開になるとは予想もできなかったろう。身元の確認がもしかしたら難しい状態かもしれないと、警部補は彼にあらかじめ断わっていたけれど、妻だと断定してもらえるだろうと警察は考えていた。警部補はニコルズにつき添いながら、裏口を出て中庭を横切り、つつましいレンガ造りの建物へと向かった。ふたりが中に入ると、パイン材製の質素な棺が安置されていた。棺の蓋がずらされ、ニコルズは覚悟を決めて帽子を脱いだ。

喉を切り裂かれた傷が縫い合わされ、腹部にも深い傷が複数刻まれていたが、にもかかわらずウィリアム・ニコルズにはそれが妻だとわかった。小づくりで上品な顔立ちも、高い頬骨もポリーのものだった。灰色の目はもう何も見つめていないけれど、彼がよく知っていたあの目であり、茶色の髪も、別れてからの年月のあいだに銀の髪が交じるようになっていたけれど、やはり彼のよく知るあの髪だった。これは確かに彼がかつてポリーと呼んだ女性、彼が結婚し、心から愛したことのある女性だった。彼の子どもを六人産み、慰め甘やかし、病気のときは看病した女性であり、少なくとも一六年のあいだ、笑いやたくさんの喜びを彼と分かち合った女性であるポリーだった。一八で彼の初々しい花嫁となり、父親の腕を取ってセント・ブライズ教会のヴァージンロードを歩いたポリーだった。ポリーと彼は幸せだった。たとえ短い期間でしかなかったとしても。

ニコルズの顔から血の気が引いていることにアバーラインは気づいた。ニコルズは誰が見てもわかるくらい震え出し、そしてくずおれた。

「そのままのきみを許すよ」。まるでポリーがただ眠っているだけであり、無残に刻まれた傷も彼女の命を終わらせなかったかのように、彼は彼女に話しかけた。「わたしにとってきみがどんな人だったか、それゆえにきみを許すよ」[39]。

ウィリアム・ニコルズが落ち着くまで、少し時間がかかった。棺の蓋は戻され、アバーラインは再び中庭を横切って、悲しみに暮れる夫を署まで案内していった。

第Ⅱ部

アニー

1841年9月ごろ－1888年9月8日

5　兵士と奉公人

新聞はその雨を激流のようだと報じた。大量に降っていた。何もかもがぐしょ濡れになった。ウールのマントやコートにもしみこんだ。帽子のへりから水が滝のように落ちた。二月の冷たい雨であり、長いこと立っていれば間違いなく胸を病んだり熱が出たりするはずだが、見物人の誰ひとり「気持ちをくじかれることはなかった」という。何千、何万という見物人が、バッキンガム宮殿の柵へと押し寄せ、セント・ジェイムズ宮殿へと続くルートに群がっていた。集まっていた者のほとんどは、『モーニング・クロニクル』紙によれば「おおよそ労働者階級」だった。婚礼衣裳のヴィクトリア女王とアルバート公子の姿が最もよく見える場所へ行こうと、彼らは「押し合いへし合いしていた」[1]。若い男たちが木に登っては、すぐさま警官に引きずりおろされた。群衆はたびたびパレードのコースにはみ出しそうになり、馬に乗った近衛兵たちに押し戻された。近衛兵の緋色の冬用ケープの隙間から、胸当てがキラリと覗いた。馬車の列が姿を現わし、突然興奮が最高潮に達する。大歓声が上がり、「女王陛下万歳!」の声が続く。群衆は前のめりになって、馬車や馬に触ろうと手を伸ばし、花嫁の明るい青い目をひと目見ようとした。騎兵連隊第二中隊であるクイーンズ中隊の兵たちが近づいて、群衆の頭上で鞭を鳴らし、「威厳とユーモアを兼ねそなえた」態度で場の秩序を保って「そこにいる全員の歓心を得た」。

このためだった。この絢爛豪華な行列のために、国で最も誉れ高い騎兵連隊に属しているという誇りのために、磨き上げたブーツを履き胸を張って騎馬にまたがる興奮のために、ジョージ・スミスは一五歳だった一八三四年、リンカンシャーの田舎からロンドンへと出てきたのだった。その三年前、近くのフルベックの村に徴兵担当の軍曹がやって来て、兄のトマスを近衛騎兵連隊〔Life Guards 日本語でもそのまま「ライフガーズ」と呼ばれることがある〕第二中隊に入隊させていた。幼いジョージは、兄のもとへ行くのが待ちきれなかった。リージェンツ・パーク兵舎に到着したとき、彼は未成年だったけれど、この熱意あふれる新兵を連隊は迎え入れた。騎兵らしく馬に乗ることを教え、胸当てを磨き、かぶとを綺麗にする方法を教えた。軍隊生活の厳格な決まりごとを彼はあっという間に身に着けた。立ち方、行進の仕方、敬礼の仕方。姿勢よくするよう叩きこまれたから、猫背になることも「ぶらぶら歩く」ことも決してなかった。ジョージと兄が徴兵されたのは、地方の屈強で健康な若者であり、騎馬姿が完璧に堂々として見えるからだった。軍の記録によれば、入隊時彼の身長は五フィート一〇インチ〔約一メートル七八センチ〕、顔色は明るく、茶色の目の持ち主。連隊の床屋は明るい茶の髪を短く刈ってしまったが、ジョージは騎兵だったので、小綺麗な口ひげを伸ばすことが許された。

近衛騎兵連隊第二中隊の指導のもと、ジョージは成年となった。王室騎兵隊に所属するがゆえ、彼は歴史の最前列に出ることとなる。ウィリアム四世の葬列につき従うことで、彼はジョージ王朝時代〔ジョージ一世の即位（一七一四）からジョージ二世、三世、四世（一八三〇年死去）までの治世を指すが、さらにウィリアム四世の治世（一八三〇－三七）まで含めることも多い〕の終焉を、一八三八年の新女王の戴冠式の際には、ヴィクトリア時代の幕開けを目撃した。そしてこの日、すなわち一八四〇年二月一〇日には、女王の結婚という国家的行事に参加し、群衆から君主を守っていたのである。

ロンドンっ子たちが路上にくり出して君主の結婚を祝していたこの日、二二歳の家事奉公人、ルース・チャップマンが、この群衆のなかにいたとしてもおかしくはない。他の多くの若い女性たちと同様、故郷を離れて首都へ働きに出ていた、このサセックス生まれの女性についてはほとんど知られていない。彼女の家族は、誘惑だらけの世界へ送り出す前に、一五歳の彼女に少なくとも洗礼を施してしまうのが賢明だと考えた。それで彼女によいことがあったかは疑わしいが、女王の婚礼のころにはすでに、彼女は第二中隊の騎兵と出会って親しくなっていた。

　彼女とジョージは、ポートマン・ストリートにある兵舎の、どこか近くで出会ったのだろう。ルースの親族のひとりは、その近くのクリフトン・プレイスに住むサセックス出身の一家のところで働いていたから、ルースもそこで雇われていたのかもしれない。兵たちと奉公人たちの逢引きの場として悪名高いハイド・パークは、その中間点あたりにあった。ジャーナリストのヘンリー・メイヒューによれば、メイドや子守女は仕事場への行き帰り、しばしばこの場所で「力強い軍人《レッドコート》」と知り合ったり、「緋色の軍服《スカーレット・フィーヴァー》への熱に倒れたり」したという。兵たちは、颯爽とした制服姿やきりりとした軍人の雰囲気が、異性にもたらすインパクトをよく知っており、これを自分の利になるよう活用した。軍は下士官〔将校（士官）ではない一般兵士のこと〕の結婚を奨励しておらず、平均的な兵卒は低賃金ゆえ「欲望を満たしてくれる職業女性を買うことはできなかった。（……）自分のことをよいと思ってくれて、時々一緒にいてやりさえすればよい女性と親密になる機会に、兵卒は喜んで飛びついた」(2)。もっと重要なことに、軍の側からすれば、良識ある労働者女性との一対一の交際は「感染症にかかる可能性が低く」、売春婦から兵を遠ざけてくれるものだった(3)。この状況は普通の兵にとって好都合であったが、彼の愛情の対象は、破滅的とは言わないまでも困難な立場に置かれてしまう。一八四一年一月、ルースはまさにそのような立場に陥った。

アニー・イライザ・スミスは一八四一年九月前半に生まれたが、正確な日付けははっきりしない。私生児だったため、誕生の詳細の多くを母親が隠そうとしたのかもしれない。アニーが生まれるときの状況は、ルースにとって全面的に幸福なものではなかったはずだ。妊娠が進んだことで職を失い、ジョージからの不確かで乏しい小遣いに頼って生活せざるをえなかったかもしれない。世間から見れば、および軍にとっては、ルースは「ドリーモップ〔dollymop〕」、すなわち、完全に「プロ」というわけではないものの、兵に対する「アマチュア」の売春婦のようなものと見なされる女だった。幸運なことに、ドリーモップに対して軍は実際的な態度を取っていて、下士官に結婚を許可することもあった。とはいっても許可されるのは百名あたり六名でしかなかったけれど。戦場であればこうした女性は軍隊のあとをついていき、連隊の洗濯を請け負うことで生計を立てていただろう。騎兵隊が兵舎にとどまっているときも、彼女たちはしばしば呼び出されてこの作業を行なっていた。ある騎兵とつき合っていた女性は、「昼間は針仕事」をし、「たびたび汚れ物を洗ったり絞ったりして」生活していたという。ルースとかなり似ていることに、彼女は兵舎の近くの部屋に住んで、部屋代を週一シリング払っていた。(4)

アニーが生まれて五か月経っても、ルースの立場は不安定なままだった。すぐ第二子を身ごもったからなおさらである。彼女に対するジョージの愛情とは関係なく、彼が国外に配属される可能性は絶えずあり、結婚にまだ至っていない兵と女性にとって、国外派遣は関係を終わらせるものとして知られていた。そんな運命が訪れたら、ルースは何ら金銭的支援を受けられないまま、子どもふたりと汚名とともに取り残されることになる。このような立場に置かれたドリーモップは、連隊に忠誠を誓って次の保護者を再びそこから見つけるか、あるいは兵舎から見つけるかするのが普通だった。けれどもこの対処法には重大な副作用がある。売春婦への道をたどってしまうのだ。交際を始めて二年経った一八四二年二月二〇日、幸運にもジョージには、恋人との結婚の許可が下りた。ジョージの希望によるものか、思慮深い上官のはからいによるものか、婚礼の日付は二年さかのぼって軍の記録に記された。誰かに尋ねられたりしたら、ジョージとルースは、ヴィクトリア女王とアルバート公子と同じ年、同じ月に結婚式を挙げたと答えたことだろう。

ふたりの出会いからその後すべての年月にわたり、ジョージとルース、およびその子どもたちの人生を、軍は指図し、規定しつづけた。結婚によってスミス夫人は「兵籍に編入〔on the strength〕」、すなわち、公式に連隊の妻になったけれど、だからといって必ずしも生活が前より快適になるわけではなかった。軍はルースと子どもたちに糧食半分を与え、兵舎内に住むことを許可しただろうが、そこでの生活は楽しくもなければ健康的でもなかった。夫婦用の区画ができたのは一八五〇年代のことだから、新婚夫婦は共同寝室の片隅を、シーツやブランケットで仕切ってどうにかするしかなかったのだ。汗びっしょりの半裸でずかずかと歩きまわり、ひやかしたり卑猥な歌を歌ったりする独身男たちに囲まれて、女たちは衣服を脱ぎ着し、ベッドに横になり、からだを洗い、出産し、授乳していた。衛生状態もあまりよくなかった。一八五七年に行なわれた全国調査は、兵舎の居住空間のぞっとするような状態を明らかにしている。共同寝室の多くは厩舎の上にあり、換気も悪かった。暗く湿っているのも、洗浄や排泄の設備が不充分であるのも普通だった。室内用共同便器として用いている大きな樽を、空にしたあと浴槽としても利用している兵舎が複数あった。調理設備も不足していた。ほとんどの兵舎にはオーブンがなく、兵たちの食事と健康に重大な影響を与えていた。彼らはゆでたものや煮たものしか食べていなかった。

とはいえ、「兵籍に編入されて生活」している家族には、いくらかの利点もあった。兵たちが少しでもお金を貯められるよう貯蓄銀行が設けられていたし、連隊に支給される医薬品は家族も利用可能で、兵舎内の図書室も、すべての階級の兵とその家族が利用できた。最も重要なこととして、所帯に対しては一八四八年までに、兵舎外に住まいを構えるためのささやかな手当が支給されるようになった。これにより、必ずしも快適ではないとしても、少なくともプライバシーと自分の家を、兵とその妻は手に入れたのである。これはスミス家にとって極めてタイムリーなこととなった。結婚後一〇年以上にわたり、夫妻の家族は増えつづけたのだから。ルースとジョージが一八四二年に結婚してまもなく、アニーの弟としてジョージ・ウィリアム・トマスが家族に加わった。一八四四年にはエミリー・ラティーシャ、四九年にイーライ、さらに五一年にミリアム、五四年にウィリアムが続く。[5] アニーと弟、妹たちは、兵籍の最大の恩恵のひとつと見なされるものを利用できた。連隊付属学校である。

義務教育制度が一八七〇年に施行される〔いわゆる「フォスター法」(一八七〇)。一八七六年には、五歳から一〇歳までの児童の就学が義務化される〕その二〇年以上も前に、兵籍にある家族の子どもたちは、軍が出資する体系的授業に出席することが求められていた。この施設の目的の一部は、兵舎生活の「怠惰と悪徳」から子どもたちを遠ざけることにあった。兵舎は、とりわけ女性がからむ場合、「良識と相容れない」場所だと見なされていたのである。一方で軍は、次世代の教育と福祉を気にかけている姿勢を見せることで、下士官たちの軍務に報いたいとも考えていた。連隊付属学校は、軍の理念と並び、規律や義務、尊敬の概念を教えこむだけでなく、「自分たちを有用な存在とし、生計を立てる手段」を子どもたちに提供することをも目的としていた。[6] ほとんどの連隊が学校への出席を義務づけていて、これを怠った場合は兵籍から除籍すると警告していた。同時に、教育という特権の代償として支払いもするよう兵たちは求められ、家族の出費はこれに応じて増大せざるをえなかった。ジョージはアニーの授業料として月二ペンスを課され、下の子たちが学校へ行くようになるたび、さらに一ペニーずつ請求されたことだろう。

連隊付属学校のカリキュラムは、民間の慈善施設のそれと類似していた。学校は幼児クラスと年長クラスに分かれている。午前中幼い子たちは女性教師に、年長の子たちは男女とも男性教師に教わった。昼食後は男女に分かれ、男子が引きつづき男性教師に教わるのに対し、女子は女性教師のもとでジェンダーに特化した職業教育を受けた。ヴィクトリア時代前半の基準に従い、子どもたちはみなかなり厳格な教育を受けていた。幼い子は読み書きと歌を教わる。その後カリキュラムが拡張され、作文やスピーチ、文法、英国史、地理、算術、代数の授業を受けるようになる。このような体制のもと、アニーは同じ労働者階級に属する男子や女子の大半よりも、はるかに優れた教育を受けたはずだ。女子であるから、午後には「実務《インダストリー》」の授業を受け、刺繍から裁縫、かぎ針編み、棒針編みにまで至る、あらゆる種類の針仕事を学ぶことができた。これによって女子生徒は、つくろい物や衣服作りで連隊に貢献できるだけでなく、学業を終えたあと職を得るのにも役立つスキルを身に着けたのだった。この教育制度で唯一厄介なのが、軍隊生活に移動がつきものだったことである。父親の配属先が変更になるたび、子どもの教育は中断された。

ジョージと家族は海外派遣の苦難に耐えることはせずに済んだが、それでも同じ環境で落ち着いていることはできなかった。連隊は突然兵舎を移動することも多かったのである。ポートマン・ストリートやハイド・パーク、リージェンツ・パークの兵舎の近くに引っ越して新居を構えるのは、数マイル移動するぐらいの面倒で済むが、ロンドンから二〇マイル以上離れたウィンザーに配属されれば生活は激変し、多大な支出がともなう。一八四〇年代から六〇年代前半にまでわたるジョージの軍務のあいだ、一家はロンドンとウィンザーの一二もの住所を転々とした。

社会的に名誉ある連隊の兵の子として育つあいだには予期せぬことがいろいろ起きるが、そのひとつは、まったく異なるふたつの世界のあいだで難しいバランスを取らねばならないことだ。貴族的な雰囲気の士官がそろい、王室とも近い騎兵隊の世界は、ほとんどの労働者階級の子どもたちの日常生活とはかけ離れたところにある、地位と特権と富の生活を、遠くからであれ目にする機会をもたらすものだった。アニーは少女時代を、化粧漆喰がほどこされた邸宅の並ぶナイツブリッジと、王室の居城のあるウィンザーで過ごした。高価なシルクのボンネットをかぶったレディと、軍服につけた勲章がカチカチと音を立てる爵位持ちの紳士が、ランドー馬車〔折りたたみ式屋根のついた、四人が向かい合わせで乗る四輪馬車〕に乗ってとおり過ぎていくのもありふれた光景だったろう。ヴィクトリア女王や公子が、ウィンザー・グレイト・パークで馬を速足で進ませるのを見かけることもあったかもしれない。家のドアを閉じ、外に出たルースと子どもたちが歩くのは、広く清潔で灯りのともる、貧しさのしるしなどほとんど見られない道である。ハイド・パークの新鮮な空気を吸いこむと、その横では完璧に着飾った上流社会の人々が、日傘をくるくる回している。幼いころからアニーは、父親の地位に誇りを持ち、女王と国家に対する父親の愛をわがものとして受け継ぐよう教えられただろう。名誉と威厳という連隊の価値観も、同様に教えこまれていただろう。アニーの立ち姿や話し方、ふるまいは、彼女を特権階級に見せたとまでは言わないとしても、ふさわしい品行を彼女が理解し、自分の立場に自覚的であることを印象づけるものであったろう。このスキルを彼女はずっと持ちつづけ、良家の出身だという印象を成人後も与えることになる。

けれども、宮廷生活の豪奢さをアニーが目にしていたかもしれない一方で、現実の彼女の日常生活と生活状況は、労働者階級の子どものそれだった。父親の地位がもたらすわずかな特権は、給与の不充分さで相殺されてしまっていた。ウィンザー滞在中スミス家はケッペル・テラスの住まいを借りていた。この道に沿って並ぶ家々は、「かなりの経費」をかけて「上流の小家族」の趣味に合うように建てられ、装飾されていた。「ポートランド・ストーンのマントルピースと豊かなコーニス」に飾られ、「テムズ川の眺望」が得られる三階建ての家々には、それぞれ「居間ふたつ、寝室三つ、使用人部屋」があり、軍の家族三世帯が居住して、キッチンとトイレをシェアしていた。(7) ナイツブリッジでの住まいはこれよりはるかに悪いこともあった。

ナイツブリッジの「瀟洒な邸宅と立派な家」のはざまに隠れ、上流階級向けの店から歩いてほんのわずかのところ、ハイド・パーク兵舎の向かいに、「不健全さ」の飛び地がぽつんとあった。「ナイツブリッジ・グリーンを起点として、ハイ・ロード沿いにはミュージック・ホールや酒場、ビール店、オイスター・サルーン、安煙草屋がずらりと並び」「ロンドンのあらゆる人々にとっての恥」だと見なされていた。(8) 一方でこの地区には、下士官の世帯に手の届く住居もあった。可能なときはスミス家はここから離れた場所に住んだ。一八四四年にはブロンプトン・ストリートの近くのラットランド・テラスに面する家を借りたが、年月とともに上流地区の家賃は上がり、兵籍にある家族は、悪名高い二軒のミュージック・ホール、「サン」と「トレヴァー・アームズ」にはさまれた過密地区へと押し出されていく。この悪徳のカーニヴァルを縁取るように、ラファエル・ストリートが東西に走っていた。二、三年前に完成したばかりであるにもかかわらず、この地区の家はすでに切り刻まれ、複数の低収入世帯にシェアされていた。一八五四年、スミス家は少なくとも他の二家族とともに一五番地に住んでいた。部屋は各家族ふたつずつである。

その年の晩春、ちょうど暖かくなってきたころ、ロンドンの新聞は、猩紅熱患者数の増大を報じはじめた。じきにイズリントン、ナイツブリッジ、チェルシーでの感染拡大の記事が載りはじめるが、記者たちは読者を安心させようと、この「病」は「主に労働者階級」のものだと書いている。五月三日、『デイリー・ニューズ』紙は、イートン・ミューズ・サウスの非常に裕福な地区の近くに住む御者の「五人の子ども全員が、九日間のうちに悪性の猩紅熱によって命を失った」と書いた。記事はそのあと読者に、感染拡大が「悪化しているのはこの地域」でのことだと警告する。いまやはっきりとエピデミックと化したこの状況について、夏のあいだじゅう悲劇的な記事が続いた。『モーニング・ポスト』紙は次のように書いている。「猩紅熱の患者は毎週増加している。(……) この病が重大な結果をもたらした家族もあり、(……) 一家族の子ども三人が、六日間のうちに亡くなった事例も報告されている」。六月初め、猩紅熱だけで「百名以上」が入院したロンドン発熱病院は、危機的状況にあるとの声明を出した。事態をさらに悪化させたのは第二のエピデミックの到来、すなわちチフスの流行である。

赤い発疹が特徴で、インフルエンザに似ているが連鎖球菌が引き起こす病気である猩紅熱が、主に子どもに感染するのに対し、チフスは老いも若きも区別することなく広まっていく。「軍隊熱」「監獄熱」として広く知られていたこの病気は、閉ざされた場所で共有される衣服や毛布、寝具に棲みついた、ノミやシラミを介して伝染する。チフスに感染すると猩紅熱同様、高熱が出て全身に赤い発疹が広がる。命に関わる場合、最終的に症状は脳にまで達する。五月半ば、ふたつの感染症が同時にラファエル・ストリートに到達した。まだ一歳半にもならないジョン・ファッセル・パーマーという名の幼児が、猩紅熱での最初の死者となった。この通りに立ち並ぶ家の穴だらけの漆喰の壁や、すし詰め状態の部屋を、どれほどの速さで病が駆け抜けていたのかは定かではないが、パーマー家の子どもが病気になってまもなく、病はスミス家にも腰を下ろした。母親は生まれたばかりのウィリアムにかかりきりだったから、二歳半のミリアムはアニーが面倒を見ていただろう。この年齢だから、ミリアムは部屋をよちよち歩きまわり、キャッキャと笑い、意味のない言葉をしゃべり、椅子をひっくり返して邪魔になったりしていただろう。熱と喉の痛み、インフルエンザのような筋肉痛や関節痛、激しい泣き声がこれに代わる。発疹が出るに至り、彼女に何が降りかかったかはもはや疑いの余地はなかった。ミリアムは五月二八日まで苦しみ、翌日すみやかに埋葬された。ルースとジョージが末娘の看病をしているうちに、ウィリアムも発疹と熱を発症し、五日後の六月二日、生後五か月で亡くなった。いちばん幼いふたりを奪い去った猩紅熱は、七日後次の犠牲者を出す。五歳のイーライである。

いちばん上の息子で、一二歳になったばかりのジョージ・トマスの具合が悪くなりはじめたとき、ジョージとルースがどんな気持ちだったかは想像も及ばない。ほかの子どもたちと同様、熱は二週間続き、赤い発疹がからだじゅうに広がった。イーライを埋葬したときジョージ・トマスはベッドにいて、病状は悪化していた。下士官の家族は連隊の医師にかかることが許されなかったため、スミス家は、高い診療代を無理をして払って医者を呼ばざるをえなかった。ジョージ・トマスはチフスと診断された。三週間の闘病ののち、六月一五日に息を引き取った。

たった三週間のあいだに、死はスミス家の子ども六人のうち、四人もを連れて行ってしまった。このような悲劇がどれほど壮絶だったか、現代の西洋の感性からすると想像もできない。抗生物質の時代であれば、彼らの命は助かっていたかもしれないからなおさらだ。けれどもジョージとルースは、不治の病を前に無力だった。人生において子どもの死は、不運ではあるが避けられない局面である。だからといって両親にとっても、残された子どもふたり、アニーとエミリーにとっても、この経験が乗り越えやすくなるわけではない。ずっとのちになってもこの災厄は、生き残った者たちの人生に深い影を落としつづけた。

ルースとジョージはかろうじて、前へと進む気持ちを取り戻す。二年後の一八五六年、娘のジョージーナがウィンザーで生まれた。一八五八年にはもうひとりのミリアム――ミリアム・ルース――が続いた。このさなかにアニーは、ウェーブのかかった暗い褐色の髪と、強いまなざしの青い目を持つ、ティーンエイジの少女へと成長する。母親の腕が再び赤ちゃんを抱えていただろうこの時期に、アニーの一五歳の誕生日が近づいていた。慣例では女子は教育を修了し、フルタイムの仕事で家庭の収入に貢献するようになる年齢である。一〇代の少女の多くにとって、これは家事奉公を始めることを意味していた。たいていの場合この仕事は通過儀礼と見なされていて、娘はしばしば家を離れ、弟妹の生活を支える任を負うことになる。両親の保護の目から離れることで、道徳的危険にさらされる可能性はあるものの、将来の結婚生活に役立つスキルを与えてくれない工場労働と比べれば、家事奉公の仕事はまだ好意的に見られていた。それゆえ、一八五一年から九一年までの期間、一五歳から二〇歳までの女性のうち、およそ四三パーセントが奉公に出ていたのである。ルースは下の子どもたちの面倒を見る手伝い役としてエミリーを家に置いていたから、最年長のアニーが住みこみで働いて生計を助けるのは妥当なことと思われたろう。

最初の職場だったかはわからないが、一八六一年にアニー・スミスは、実績ある建築家、ウィリアム・ヘンリー・ルーアーの家のメイドとして働いていた。ルーアー家の住所はウェストミンスター、デューク・ストリートの二番地から三番地で、デザイナーやエンジニアが数多く住む地区にある。数戸下った一七番地から一八番地には、鉄道や橋、トンネルを設計した偉大な技術者、イザムバード・キングダム・ブルネル〔一八〇六―一八五九〕の家族が住んでいた。デューク・ストリートの古くからの住人であり、職業的関心を共有していたルーアー家とブルネル家にはつき合いがあっただろう。アニーもメイド仲間のエリナー・ブラウンも、ルーアー家の家政婦のメアリー・フォードも、客間で応対するとまでは行かなかったとしても、少なくともブルネル家の人々を知ってはいただろう。

一八六一年、六七歳のウィリアム・ルーアーと、元株式仲買人である独身の弟エドワードを世話する三人の女性のなかで、アニーは最年少だった。三人とも午前五時か六時から、時には未明まで働いていたけれど、最も骨の折れる仕事を請け負っていたのはアニーだったろう。しばしば「何でも屋のメイド［maid-of-all-work］」と呼ばれる小規模世帯の奉公人は、一日三回の皿洗い、石炭入りのバケツを上の階まで引きずっていくこと、ベッドメイク、暖炉に火を起こすことなど、あらゆる作業をすることになっていた。ルーアー家では家政婦のフォード夫人が料理人もこなしていたが、アニーはその助手をする必要もあったろう。食事の支度だけでなく給仕も手伝ったはずだ。年配の紳士ふたりだけの家であっても、えんえんと続く仕事のせいでアニーにはほとんど息つく暇もなかった。ほこりを拭き取ったり暖炉の掃除をしたりしていないときは、床を磨き、敷物を叩いてほこりを払い、風呂にお湯を入れ、ブーツを磨き、つくろい物をしていた。もしも旦那様ふたりが、ロンドンにたくさんある洗濯屋のどこかに汚れたシーツを出していなければ、洗ってすすぎ、絞り、アイロンをかけるというきつい仕事もアニーに降りかかってくる。何時間もの重労働をしながら、メイドの報酬はわずかだった。この年出版された『ビートン夫人の家政読本』によれば、何でも屋のメイドであるアニーの年収は、九ポンドから一四ポンドのあいだだったと想像される。もしウィリアム・ルーアーが、お茶や砂糖、ちょっとしたビールを買えるようなお小遣いを彼女にあげていたとしたら、この数値は七ポンド六シリングから一一ポンドのあいだに下がってしまう。(9) 彼女たちの部屋代と食費はこちらがまかなっているのだから、このわずかな金額は正当だと雇用主たちは考えていた。広さはたっぷりあったらしいルーアー家の場合、アニーとフォード夫人はデューク・ストリート二番地の建築家の事務所の上階にそれぞれ自室を持ち、エリナーは三番地の屋根裏を寝室にしていた。それまでの人生のあいだ、二部屋かせいぜい三部屋で家族全員暮らしていたアニーにとって、ウィリアム・ルーアーの家の使用人部屋で享受できたプライバシーは、不慣れではあるが素晴らしいものだったに違いない。

住みこみの奉公人として働きはじめたとき、家族にはほとんど会えないものとアニーは覚悟しただろう。メイドの休暇は雇用主の裁量にまかされていて、ほとんどの奉公人は月にせいぜい一日、どうかすると半日しか休みがもらえなかった。日曜日に一時間かそこら、教会へ行くための休みがもらえることもあった。けれども、スミス家が一八六一年まで住んでいたウィンザーへの行き来は、これらの制約下では難しいものだった。

およそ二一年にわたり、スミス家の移動のリズムは軍が作り出していた。ジョージだけでなくルースにとっても、連隊――およびそれを構成する士官と家族――は、生活の枠組みを規定するものだった。連れ立って兵舎を移動する、この独特で閉鎖的な、大家族のようなコミュニティ――住居や食事を分かち合い、慰め合い、金の貸し借りをし、子どもたちはともに学びながらいとこ同士のように育つコミュニティ――は、スミス家一人ひとりの自己認識に、消去しがたい刻印を残したことだろう。四〇代に入り、引退して兵舎を出たあとの将来について考えざるをえなくなっていたジョージに、これはとりわけ当てはまることだった。騎兵連隊第二中隊は彼にとって、妻や子どもたち同様に家族だった。この二種類の家族は分かちがたい存在だったため、彼は感謝の気持ちをこめて、自分の上官だった人々にちなんだ名前を末の息子につけたのである。一八六一年二月二五日、ミドル・ロウ・ノース六番地で、ファウンテン・ハミルトン・スミスが生まれた。そこはジョージとルースが一八五四年に三人の息子を亡くした場所、ラファエル・ストリートの近くである。この同じ一八五四年、ジョージは、ジョン・グレンケアン・カーター・ハミルトン大尉（のちの初代ディーエル男爵ハミルトン）が上官のひとりになったことで、息子たちの死という悲劇をいくらか慰められたのかもしれない。金銭的なものか、精神的なものか、宗教的なものか、いかなる種類の支援をもらったのであれ、ジョージはハミルトンの親切を決して忘れなかった。また別の上官、ファウンテン・ホグ・アレン大尉とのあいだにつちかった絆も忘れられなかった。一八五七年のアレン大尉の死には深い衝撃を受けたに違いない。息子ファウンテンの誕生は、自分のキャリアの終わりが近いことを意味しているようにジョージには思え、自分という人間を形づくった経験とこの上官たちを、記念したいという気持ちが芽生えたのだろう。

連隊の忠実な奉仕者であり、品行の優秀さも讃えられていたジョージは、指揮官の従者〔valet〕にふさわしいと判断され、その候補者に選ばれた。騎兵隊の将校でまだ民間人の付き人がついていない者は、軍規にのっとり、連隊内から「奉仕兵〔soldier servant〕」を雇い、道具と軍服の手入れや身だしなみのケア、日常業務の細かい部分の運営をまかせることができたのである。ビートン夫人が説明するとおり、従者の存在意義は、主人が求めていることに注意を払い、「主人に衣服を着せ、すべての旅に同行」すると同時に、「主人の最も無防備な瞬間に、相談相手や代理人」として行動することだった。さらに具体的に言えば、「主人の衣服にブラシをかけ、狩猟用ブーツや正装用ブーツなど各種ブーツを磨き、主人の浴槽にお湯を運び、身に着けるものを準備し、身に着けるのを手伝い、旅行の際は荷造りと荷ほどきをし（……）」といったことである。[10] 多くの紳士はひげ剃りは自分でしたがるものだとビートン夫人は指摘しているけれど、従者はこの仕事にも備えねばならず、主人のあごひげと口ひげを整えるのも通常彼の役割だった。

使用人のなかには階層があるが、なかでも紳士の従者は信用と名誉ある地位にあった。雇用主の身体的弱点から秘密や思いに至るまで、これほど親密に覗きこむことが許される使用人は従者だけだった。この地位に選ばれたジョージは、「礼儀正しさ、控えめなふるまい、うやうやしい慎み」と、さらには「センスのよさ、気立てのよさ、いくらかの自制心、人の気持ちへの配慮」の持ち主だと見なされていたのだろう。[11] 一八五六年、軽騎兵旅団の突撃〔クリミア戦争中の「バラクラヴァの戦い」（一八五四）で実行された戦闘行為のひとつ。テニスンの叙事詩『軽騎兵の突撃』をはじめ、多くの絵画や音楽、文学、映画の題材になっている〕を終えて英国に帰還したクリミア戦争の英雄、ロジャー・ウィリアム・ヘンリー・パーマーは、第一一軽騎兵連隊から近衛騎兵連隊第二中隊へと移った。自分の新たな連隊のなかから従者を選ぶ段になり、パーマーは「紳士の紳士」〔gentleman's gentleman。valet（従者）の別名〕に必要な資質を、スミス騎兵のなかに見出したのだった。[12]

戦場の英雄として讃えられるだけでなく、やがてアイルランドの準男爵位を継ぐことになる人物と関わることで、ジョージが得た恩恵は多数あった。従者の仕事のおかげで、行進や兵営でのさまざまな義務が免除された。誰もが嫌っていた兵営の警備の仕事もせずに済んだ。将校の会食室に出入りする資格が与えられたため、もっとましな食事ができた。食事だけでなくワインを飲めることもあった。ジョージの仕事はだんだんと軍から離れていき、とりわけパーマーが庶民院議員に選ばれてからは、カントリー・ハウス〔貴族や富裕者が田舎に構えた邸宅〕や狩猟パーティー、政治の世界へと完全に移行してしまった。パーマーは将校として多くの時間を、〔アイルランドにある〕メイヨー県の一家の土地を転々として過ごしていたから、ジョージはアイルランドと、城や大邸宅の豪華な内部とを見ることができただろう。そして一八六二年、リンカンシャーの靴屋の息子であるジョージ・スミスは、パリへ行くこととなる。

その前年、ジョージは連隊の別の将校、トマス・ネイラー・レイランド大尉の従者も始めていた。レイランドは「奉仕兵」ジョージを高く評価するようになり、結婚してデンビシャー義勇兵団《ヨーマンリー》に移ることにしたとき、第二中隊を離れて自分についてきてくれるようジョージに頼んだ[13]。この依頼を受けるべきかは普通かなりの熟慮を要する問題であるはずだが、このときジョージは、常識的には絶対受けるべきだと言われるタイミングにあった。レイランドは自分の使用人たちのなかでも執事や料理人と並ぶ、トップランクの有給職をジョージに提示したのである。これを受ければ、ジョージは軍から支給される年金一日あたり一シリング一ペンス半に加え、年間二五ポンドから五〇ポンドの給与を受け取ることになる。労働者階級出身の男が家族のためにできることとして、これ以上のことなどほとんどないだろう。

　一八六二年五月一九日、あと一か月足らずで四三歳の誕生日を迎える日に、ジョージ・スミス騎兵はただのスミス氏になった。彼は自分という人間を作り上げた仲間たちや兵舎、連隊に別れを告げ、トマス・ネイラー・レイランドに付き添ってパリへと旅立った。パリの英国大使館で、レイランドは婚約者のメアリー・アン・スキャリスブリックにプロポーズし、フランスを周遊するハネムーンへと出発した。

　一八六一年の終わりごろ、ルースとジョージはナイツブリッジに腰を落ち着ける決心をしたようである。そこは美術品だらけの宮殿のようなレイランドの邸宅、ハイド・パーク・ハウスの近くだった。兵舎にも近いため、都合のよいことにルースのよく知る地区である。ジョージの兄のトマスは、すでに連隊を退いて家業の靴作りに戻っていたが、彼の家も徒歩ですぐのところにあった。アニー同様ジョージもまた、使用人の仕事のせいで家族にほとんど会えなくなっており、妻や子どもたちから離れていたこと、第二中隊でのなじみの事柄すべてから切り離されたことは、ジョージの心を追いこみはじめていたかもしれない。主人の世話をしていないとき、従者は本を読んだり考えごとをしたり、自分のために時間を使うことができる。そして家族や連隊など、気をまぎらわしてくれるものが身近にないジョージには、考えたくない事柄がきっとたくさんあっただろう。間違いなく、四人の子どもたちの死はそのひとつだった。

一八六三年六月一三日、レイランド大尉は、レクサムで行なわれるデンビシャー・ヨーマンリー騎兵隊競馬の幹事を引き受けた。将校やご婦人たちの盛大な食事会もある、大規模で華やかな社交行事だ。前夜のうちに連隊のメンバーと招待客は町に到着し、宿に入った。レイランドは将校用の宿に泊まり、ジョージはレイランドのもとで働く同僚のひとりとともに、エレファント・アンド・カッスルというパブの一室をシェアした。消灯の際、ジョージはいつもどおり「とても元気そうに」見えた。翌朝午前七時台、時間を知らせるため同室の者が声をかけると、「大丈夫、起きているから」とジョージは答えたが、ベッドから出る様子はなかった。ジョージは姿を見せず、それから一時間も経たないうちに、二階へ上がったパブのおかみは恐ろしい光景を目にした。レイランドの従者は「喉をばっさりと切り裂いており、血まみれの彼の脇には剃刀が落ちていた」のである。床に倒れていたジョージはもうこと切れていて、「シャツとズボン下だけの姿」だった。[14]

楽しい競技会の日になるはずだったその日は、衝撃に呆然とするばかりの一日へと変わってしまった。恐ろしい知らせを受けて現場に駆けつけたトマス・ネイラー・レイランドは、目にしたものに「非常に動揺」した。けれどもレースが中止にならないよう、午後には検死官たちが集められ、「一時的な心神喪失により剃刀で喉を切り裂いての自殺」であるとの検視結果が下された。[15] ジョージが飲酒していたとの示唆もあった。軍を離れて以来、彼はかなり深刻な飲酒問題を抱えるようになっていたのである。

不幸な事件があったにもかかわらず、レイランドはその午後競馬場に姿を見せ、馬たちの走りを観戦した。けれども楽しくなどなかっただろう。

ジョージの葬儀代は、のちに彼が支払った。

ルースと娘たちがこの知らせを受けたとき、何が起きたかについては記録がない。まだ二歳だったファウンテンは父のことを知らないだろう。受給資格があった年金も、ジョージの死とともに打ち切りになってしまっただろう。一九世紀半ば、亡くなった夫に代わって未亡人が権利を引き継ぐことは許されなかった。アニーからの送金と、その妹のエミリーが稼いでいたかもしれない金以外の収入を、一家は一夜にして失ったのである。

ルースと幼い子どもたちが救貧院行きになりかねない状況だが、不思議なことに、事態はこの不幸のままでは終わらなかった。翌年ルースは、一八五一年に一家で暮らしていたことのある住所、モンピリア・プレイス二九番地に戻る。そこは彼女たちがよく知っていた、きちんとした下層中流階級の住む、ナイツブリッジに属する場所である。(16) 三階建てで、地下にはキッチンと食糧貯蔵庫があり、一階には中流階級のような客間があるこの家は、一家がこれまで住んだなかで間違いなく最も快適な家だった。ルースがこの物件の借り賃を援助なしで払えたとは思えない。ジョージの死後、レイランドが、従者の給与を彼女に払ったのかもしれないし、状況の悲劇性からすれば、そこに未亡人への見舞金を上乗せしていたとしてもおかしくはない。ルースは受け取った金を賢く使い、近所の多くの人々の先例にならって、このまずまずの大きさの家に下宿人を迎えて下宿代を取ることにした。階下のキッチンと食器洗い場のおかげで、洗濯業でさらに収入を得ることもできた。

賃料の手ごろさと、ナイツブリッジの邸宅群に近いことから、モンピリア・プレイスとその周辺には家事奉公人や使用人がたくさん住んでいた。一八六〇年代、七〇年代の国勢調査結果では、メイドや執事、従者や従僕で、この地域はいっぱいである。さらに、この通りの近くには馬屋〔mews 馬小屋を住居用に改装したもの。この言葉（mews）はまた、馬小屋ないし馬屋が並ぶ路地を指しても用いられ、その場合はしばしば Mews（ミューズ）として地名にもなっている〕がたくさんあったため、モンピリア・プレイスだけで一〇以上の住所に、御者や馬丁が住んでいた。そのうちのひとりが、ジョン・チャップマンという名の若者だった。

　ある日モンピリア・プレイス二九番地の戸口に現われ、部屋が空いていないかと尋ねてきたこの男性について、詳しいことはほとんど知られていない。ルースの旧姓と彼の姓は同じだけれど、両家のつながりはないようである。とはいえ、この共通性ゆえに彼は、初対面のときから家主に親しみを覚えたに違いない。ジョンは一八四四年生まれで、サフォーク地方ニューマーケットで、馬の繁殖を生業とする一族の出だった。ニューマーケットは馬の飼育と競馬の中心地であるから、チャップマンはこの動物に必要なものや世話の仕方を叩きこまれたことだろう。彼と四人の兄弟は、まずは厩舎の助手や馬丁として社会に出た。馬にブラッシングしたり、餌をやったり、運動をさせたりするうちに出世していき、とうとう御者になったのである。一八六〇年代後半、彼は自分の仕事をさらに究めるべく、おそらくはどこかの家庭に雇われてロンドンへ出てきたのだった。

　アニーはこの新しい下宿人と、わずかしかない休日のいずれかの日に、実家のキッチンで出会ったのかもしれない。あるいはジョンは、アニーが実家で暮らしていたときに、アニーたちの人生に登場したのかもしれない。いずれにせよ、それがどういうものかは正確には言えないものの、何かがふたりのあいだに花開いたのである。アニーは二七歳で未婚だった。「適齢期」を家事奉公をして過ごした女性にとって、これはそれほど珍しくはない状況だ。だが、この年齢で結婚の機会を却下すれば、一生独身で過ごすことになると彼女はわかっていた。そうなればあらゆる人々から哀れみの目で見られることになる。まだ少年であるファウンテンを除き、スミス家は未亡人を長とする女だけの一家だった。安定した稼ぎがあり、家長の役割を果たしてくれそうな男性が加わるのは、最もありがたいことだったろう。アニーにとっても最高の瞬間だったろう。それは人生に成功するチャンス、社会が彼女に期待するものすべてになるチャンスだった。すなわち、家族にとっての仲間ではなく自分自身の家庭の女主人になる機会、そして最も重要なことに、妻となり母となる好機だったのである。

6　チャップマン夫人

　ヴィクトリア時代の新婚夫婦の多くがそうしたように、ジョン・チャップマン夫妻も記念写真の撮影予約を入れた。撮影のために最高の晴れ着に身を包んだ。ブロンプトン・ロードの写真館に到着するとジョンは帽子を脱いだ。ふたりは、ふさわしい背景が張られ、ちょっとした家具が置かれている一角へととおされた。夫妻か写真家かのどちらかが選んだその背景は、気持ちのよい屋外風景を描いた絵画で、庭園の階段を上った向こうに教会があるというものだった。絵の横には厚手のカーテンがかけられているため、被写体は大きなはめ殺し窓の前にいるように見える。アニーは中央で椅子に掛け、その横に立ったジョンは、木と石膏でできた台座に、ゆったりとした威厳をもって寄りかかるよう指示された。新婚生活のスタートを記念する写真だったから、写真家はアニーの膝に聖書を乗せた。妻であり、未来の母であるアニーは、婚姻において神聖とされるすべてを守ることになっていた。すなわち、忠誠、多産、慈愛、おとなしさ、へつらい、肉体と魂の清浄をつかさどる、家族の守護者になるはずだった。

　カメラのレンズキャップを外し、ネガ板を光にかざした写真家は、一八六九年五月のアニーとジョンの姿をそこに見た。ナイツブリッジの歩道沿いや、街路樹の並ぶハイド・パークの遊歩道に見られる流行を、チャップマン夫人はよく知っていた。椅子の背にもたれる彼女のコルセットの形は、衣服の上からもはっきりとわかる。チェック柄で、身ごろの正面に小さな黒いボタンが並び、手首と肩に濃い色のパイピング〔布の端をテープでくるむ技法〕のあるドレスが、裾のすぼまった鐘形のクリノリン〔スカートを膨らませるための骨組み〕を覆っているが、これは一八六八年から六九年の流行スタイルだ。夫妻は裕福ではなかったけれど、アニーの身なりには装飾がある。結婚指輪以外にも、耳には小さな金のリングがぶら下がり、首元には彫刻の施された大きなブローチ。ウエストを絞める濃い色のベルトには、金色の留め金が輝いている。フロックコート姿で片脚を曲げ、くつろいだ自信をまとって家具に寄りかかるジョンもまた、御者の必需品である懐中時計の鎖と小物飾りを光らせている。アニーもジョンも、当時の基準に照らして正統な美男美女とは見なされなかったかもしれないが、どちらも自信にあふれている。お洒落に編んだ暗い色の髪に縁どられた額の下で、アニーの大きな青い瞳は、力強くカメラを見据えている。ヴィクトリア時代の男性らしく、誇り高く厳格に引き結ばれたジョンの口元は、アニーのこの強い表情とちょうど釣り合っている。

ダゲレオタイプで肖像を記録することは、一九世紀半ばには幅広い人々に可能となっていたから、チャップマン夫妻は結婚を、安価かつ簡素に祝うことにしたのかもしれない。五シリング払えばカルト・ド・ヴィジット、すなわち、二・五インチ×三インチ〔約六・四センチ×七・六センチ〕の小さな写真をカードに貼りつけたものを、三枚セットで注文することができた。比較的暮らし向きのよい労働者階級を対象とする、あまり格式ばらない写真館は、家具も背景もない質素な写真を顧客に提供していたが、ジョンとアニーは、豊かな将来への希望を表現している写真が欲しいと望み、また、そのために喜んでお金を出したのだった。ふたりが注文したのはキャビネ版、つまり額に入れて中流階級の居間の暖炉やサイドテーブルの上に飾ることを意図した、もっと大きなサイズの写真であった。

夫妻はその年の五月一日、ナイツブリッジのエニスモア・ガーデンにあるオール・セインツ教会で結婚式を挙げていた。アニーが少女のころから一家でかよっていた教会である。夫妻および参列者が、モンピリア・プレイスから教会へと向かうあいだ、婚礼の喜びに包まれたアニーは、なじみの界隈を胸を張って歩いたことだろう。アニーの立会人としてはエミリーが署名し、ジョンの付添人はジョージ・ホワイトという人物が務めた。この人物はジョンの同僚の御者であり、新婚夫婦は挙式後まもなく、ブルックス・ミューズ・ノース一番地で、彼と住まいをシェアしたと考えられている。(1)

紳士の従者の娘であるアニーが、紳士の御者と結婚したのは賢明なことだった。ジョン・チャップマンは、ブランデーのグラス片手にパブをうろつき、汚い言葉を並べ立て、しばしば自分の馬車の後部座席をねぐらにしてしまうことで知られる、貸馬車の御者ではなかった。そこらへんの労働者たちを東へ西へ、南へ北へと運ぶ、苦労の多い乗合馬車の御者でもなかった。個人御者〔private coachman〕とは、主人または女主人の乗る馬車の筆頭御者ないし第二御者として、裕福な家庭に雇われている御者のことだ。筆頭御者が大きくて立派な馬車、たとえば二頭立て馬車であるバルーシュなどをまかされるのに対し、第二御者は一頭立て馬車を走らせるのが普通だった。アニーの父の地位とよく似ていることに、御者は使用人の階層のなかでも最上位近くに位置している。他のほとんどの使用人は雇い主の家に属していたが、御者にはある程度の独立性が認められていた。既婚であれば、馬小屋の近くにある馬屋、または馬小屋の上階に家族とともに住むことになっていた。そこでなら馬丁の仕事を監督したり、馬車や馬の手入れもできる。家政婦の部屋で上位の使用人とともに食事を取るのを好んでいたとしても、自宅で妻と食事するほうが多かった。広い屋敷が馬小屋を備えていることもあったロンドンの場合、御者は家賃を請求されることなくそこに住んだり、近くの住まいを選んで暮らすのに充分な手当てをもらうこともあった。

一八六〇年代、雇用主の社会的地位次第で金額は変わってくるものの、ジョンの職業であれば年間三五ポンドから八〇ポンドは稼いでいただろう。この金額には、収入をさらにかさ増ししてくれたであろうチップは含まれていない。雇用主は御者に、労働用の衣服を少なくとも一セットか二セット、ブーツ二足と――悪天候の際は吹き飛ばされることでおなじみだった――帽子ふたつを含む、制服ひとそろいを支給することになっていた。これらの恩恵により、ジョンの家族の生活の質は、わずかにだとしてもよりよいものになっていただろう。貯金もできたかもしれず、そのおかげで夫妻の将来の夢はさらにふくらんだかもしれない。

社会的には、ロンドンで活動する個人御者とその扶養家族は、紳士の従者の家族同様に、労働者階級のなかにおいて厄介な中間地帯に位置していた。使用人全体のなかで「最も重要かつ快適な職のひとつ」と言われていた御者は、ちょっとした一国一城の主だった。馬も馬車も馬小屋も全部「助手」が世話してくれていて、御者はそれを「高い位置から、無感情な厳粛さをもって眺めていた」[2]。個人御者が持つ特権は、その家族に、とりわけその妻に、誇大妄想をもたらすことで知られていた。自分の地位のおかげで妻は働く必要がない、なぜなら「働くには立派すぎる女性になっている」からだと、御者のほとんどは自慢していたとメイヒューは言う。メイドを雇ったり、娘を寄宿学校に入れたりできるほど裕福な家庭もあった。けれども、こうした中流階級生活の装いは、洗濯紐に洗濯物がかかり、馬の匂いがただよっている、狭い路地での生活の現実と齟齬をきたすものだった。とはいえ、部屋数が通常三つか四つで、うちひとつを正式な客間ということにしている彼らの粗末な家は、そうはいってもやはり、国で最も貴族的な地区に位置していた。

これはまさにジョンとアニーに当てはまることだった。結婚してから八年間、ジョンはオンスロー・

スクエアの家族と、セント・ジェイムズ地区のジャーミン・ストリート近くに住む雇用主、および「ボンド・ストリートの貴族」に雇われていた。[3] 夫妻のささやかな住まいはみな、ロンドンは帝国の首都であると謳う場所、すなわち、ペル・メルの堂々たる紳士クラブやバッキンガム宮殿の門から、歩いてすぐのところにあった。毎日の散歩でアニーは、ピカデリーやボンド・ストリートの店のガス灯にきらめくウィンドウの前をとおり、バーリントン・アーケイドをくぐり抜け、最新の帽子や靴、ステッキ、ガラス器、宝石、レース、腕時計、葉巻、花、ワインの、カラフルなディスプレイを目にしたことだろう。大通りをガタガタと走る馬車には、ウェストミンスターへ向かう政治家や、オープンしたばかりのクライテリオン〔一八七三年開業の高級レストラン〕へお茶をしに行く社交界の花たちが乗っていた。アニーはこうした楽しみを傍観していただけでなく、分かち合ってもいたかもしれない。ジョンの給料なら多少のものは買うことができた。手袋、綺麗なボンネット、ハッチャーズ〔英国最古の書店〕の本。エジプシャン・ホール〔ピカデリーにあった建物、一九〇四年に閉館して取り壊された〕の催し物や、バーリントン・ハウスのロイヤル・アカデミー〔・オブ・アーツ〕の美術展を覗いてみることもあったろう。

ロンドンでの生活は、ジョンのような個人御者に多くの恩恵をもたらしていたものの、その仕事には潮のように満ち引きがあった。雇い主がロンドンにいるのはわずか二、三年、あるいは一、二シーズンのことが多かったのだ。理想は、本宅がロンドンの外にある土地持ちの家族に雇われることだろう。それなら職はもっと安定する。スミス家に降りかかった一連の悲劇からすれば、アニーとジョンがロンドンにとどまっていたのは、アニーが母や弟妹と離れたがらなかったからだろうと思われる。家族で唯一の成人男性であるジョンもまた、ルース、エミリー、ジョージーナ、ミリアムと、幼いファウンテンの面倒を見なければと感じていただろう。特にファウンテンは、最近ようやく、ウェストミンスターのグレイ・コート・スクールの寄宿生になったばかりだった。結婚後も夫妻は、モンピリア・プレイス二九番地をしじゅう訪れて滞在した。一八七〇年、第一子の誕生にあたって、アニーはルースを呼び寄せるのではなく、実家へ戻って母の保護下で最初の陣痛を待った。六月二五日に女の子を出産すると、彼女は最も親密な間柄にあるふたりの女性の名を取って、エミリー・ルースと名づけた。一八七三年には、その妹としてアニー・ジョージーナが生まれた。

結婚のときと同様、アニーはその後、幼い娘たちの写真を撮ってもらおうと提案する。一八七八年末、アニーは八歳のエミリー・ルースにいちばんの晴れ着を着せた。襟元に大きなリボンがあり、上から下までボタンがついた、タータンチェックのドレスだ。縞模様のストッキングとブーツを履かせ、肩までの長さの茶色の髪のてっぺんにもリボンを結ぶ。仕上げに子どもらしいビーズのネックレスをつけてやると、ブロンプトン・ロードを下ってウッド商会の写真館へと連れて行った。どんなやんちゃな子どももなだめてしまう達人だった写真家は、青白く虚弱な見た目のエミリーを、まるで教室にいるかのように、書き物用テーブルに肘をついてもたれさせた。三年後、同じことが再びアニー・ジョージーナ相手に繰り返される。アニーはこの娘に、上の子のおさがりのワンピースとネックレスを身に着けさせ、母親の家へ連れて行く途中、ブロンプトン・ロードを下ってサッチ兄弟の写真館へと立ち寄った。エミリー・ルースの写真を見せ、姉よりはもう少し丈夫そうな見た目のアニー・ジョージーナに、背景は異なるもののまったく同じポーズを取るよう写真家に指示させた。額に入れて写真を並べると、同じ年齢、同じ衣裳で撮影されたこのふたりは、互いに視線を交わしているように見える。

これらの写真のうち、一枚目が撮影されたタイミングには意味がある。この時期まさにチャップマン家の運命が変わろうとしていたのだ。エミリー・ルースの写真は、彼女の祖母のためでもあったのかもしれない。一八七九年の初めには、ジョンはバークシャーに屋敷のあるかなり裕福な紳士、フランシス・トレス・バリーの筆頭御者になることを承諾していた。これ以上有望なチャンスなど夫妻には望みようがなかった。

一九世紀の多くの実業家がそうであったように、フランシス・トレス・バリーは比較的普通の、上層中流階級家庭の出身だった。一八二五年生まれの彼は一六歳で学業を終え、直接商業の世界へと入った。スペイン北部で商人としての地位を確立すると、ポルトガルの銅山の将来性を探りはじめる。これによって彼はひと財産築き、ついには鉱業会社、メイソン・アンド・バリー社の社長になった。社交界でのし上がっていくのに必要な名誉と名誉職もじきについてきた。一八七二年にはエクアドル共和国総領事に、七六年にはポルトガルのバリー男爵となる。けれども、英国でこれと同等の評価を得るには、さらなる忍耐と戦略が必要だった。一八九〇年にようやく彼はウィンザー選出の庶民院議員となり、その九年後にヴィクトリア女王から準男爵位を与えられた。

有能な実業家だったバリーが、一八七二年にセント・レナーズ・ヒルという屋敷を購入したのは、明らかに、家族と自分を女王の近くに置こうとしてのことだった。ウィンザーの端、クルーワーの村にあるその六二エーカーの屋敷は、「東の芝から極めて気高い城の眺めが得られる」と言われていた。さらに「古い庭園と森が二三〇エーカー」以上あって、そこには「巨大なオーク、堂々たるブナ、ニレ、モミ、セコイア」が茂っていた。またこの大邸宅は、これまで由緒ある家系とともにあった。一八世紀にウォルドグレイヴ伯爵夫人マリアのために建てられ、のちにハーコート伯爵家の所有となったのである。ところがバリーはこれを入手したとき、荘厳かつエレガントな、最新様式の大邸宅に作りかえるつもりでいた。そのヴィジョンは建築家、チャールズ・ヘンリー・ハウエル〔一八二四－一九〇五〕に託される。ハウエルは流行のシャトーエスク様式〔一六世紀前後のフランスのシャトー（城）にならった建築様式〕で、この実業家の宮殿の建設に取り掛かった。元々の一八世紀の部屋のいくつかはそのまま残されたものの、家の大半は改築され、ヴィクトリア時代後期の建築独特の特色が数多く追加された。セント・レナーズ・ヒルの、メキシカンオニキスに覆われた中央ホールに足を踏み入れると、壮麗な階段と、ギリシア神話の場面を描いたフレスコ画とに迎えられる。食堂、大小の客間など、客をもてなす広々とした部屋がたくさんあり、マホガニーのドアをいくつか抜けると温室が現われる。二階には続き部屋になった寝室が六つあって、バリーはうちひとつの寝室を、大流行していた日本風の内装にした。一階にはビリヤード室と喫煙室、カード室、書庫があり、これらの部屋でバリーは客を豪勢に楽しませたことだろう。バリーはまた、セント・レナーズ・ヒルには最新の便利な設備を備えたいと考えていたから、初期のセントラルヒーティング・システムが導入されたほか、昔ながらの暖炉もガス灯もあり、洗面所があり、蛇口をひねればお湯が出るようになっていて、水力で動くエレベータも二基あった。このような家は充分な数の使用人なしでは維持できないから、ハウエルは一階の使用人エリアを、三〇人も収容可能な広さとした。

ジョン・チャップマンは、フランシス・トレス・バリーの馬車を走らせるためだけに雇われたのではなかった。馬小屋を維持、管理するのも彼の仕事であり、その馬小屋というのが、雇用主の住まい同様かなりのものだった。邸宅と同じ様式で建てられていて、三〇頭もの馬と馬車数台が収容されている。職に就くと同時に、ジョンは馬丁ふたり、馬屋番四人、第二御者ひとりを部下として抱えることになった。馬小屋の経理、餌や装備などの注文も彼の責任である。バリーはこの地域で最も裕福かつ著名な地主のひとりであったので、磨き上げた馬車の御者台の上から、背の高い帽子、ぴかぴかのブーツ、綺麗にひげを剃った顔という姿で威光をふりまくのもジョンの任務だった。村人やウィンザー住人のほとんどは、走り抜けていく馬車によってしかバリーを知ることができないのだから、御者は主人に代わって非の打ちどころのない印象を残さねばならないのである。

セント・レナーズ・ヒルでジョンが名誉ある職に就いたことにより、彼と一家は、庭をはさんで馬小屋の向かいにある、御者用の家に住む権利を得た。ロンドンの馬屋暮らしに慣れていたアニーにとって、これは生活の大きな向上を意味した。これまでとはまるで規模の違う家であり、家族が食事をしたり一緒に過ごしたりできる居間と、キッチン、食器洗い場、洗濯場、食料貯蔵室、寝室三つがあった(4)。小綺麗な額に入った家族写真にも、とうとう飾るにふさわしい部屋ができたことだろう。

正式に中流階級の仲間入りをするのがアニーの望みであったとすれば、セント・レナーズ・ヒルへの到着で、この夢は近づいたことになる。まあまあのサイズの家と余裕のある収入を手に入れたチャップマン夫人は、雑役婦や通いのメイドを雇い、負担の増した家事労働を手伝ってもらったことだろう。新生活が落ち着いたところで、チャップマン夫妻は九歳のエミリー・ルースを、ウィンザーの「非常に立派な」女子学校に入れることにした(5)。学校のないときは、アニーと子どもたちはフランシス・トレス・バリーの邸宅周りの緑地や森を自由に歩いて楽しんだ。ウィンザーの店を訪れたければ、お屋敷の馬車で運んでもらうこともあったろう。

社会の階段を順調に上っていると感じ、アニーはこれを誇りに思うようになった。場合によっては誇張さえした。一八八一年の春、アニーは子どもたちを連れてモンピリア・プレイス二九番地を訪ねた。この滞在は、その年の国勢調査と同時期だった。セント・レナーズ・ヒルにいたジョンは「階級、職業」を聞かれてためらうことなく「御者、家事奉公人」と答えている。かたやチャップマン夫人は「種馬飼育家の妻」と答えたのだった。バリーのために競走馬を買ったり育てたりすることが、ジョンの仕事内容に含まれるようになっていた可能性はあるけれど、アニーが自分をそのように認識していたことは、彼女の大きな野心を示唆している。種馬飼育家は土地持ちの紳士から尊敬されていた。競走馬の管理人である彼の馬についての知識と、優勝馬を育てる能力は、ほとんど神託にも似た力を彼の言葉に与えていた。主人も彼の言葉には耳を傾け、尊重していたから、これによって階級の溝はわずかにでも埋められていたかもしれない。種馬飼育家は、馬小屋で働く他の者たちとは立場が違っていた。馬を楽しむ紳士たちの宴会に招かれたり、競馬に連れて行かれたり、主人と食事をともにするよう誘われることもあった。ならば彼は御者以上の存在、上流階級の人々の相談相手となったことになる。

上の階級の人間に近づくにつれ、その階級に入りこむチャンスも大きくなることを、フランシス・トレス・バリーも理解していた。一八七八年にセント・レナーズ・ヒルが完成して以来、自分が当地へやって来たことを広く知らせるべく、バリーは食事会や会合を何度も開いた。クルーワーの古くからの地主――サー・ダニエル・グーチ、サー・シオドア・ヘンリー・ブリンクマン、エドマンド・ベンソン・フォスター――と同じくらい知られる存在になったものの、最終的にエドワード皇太子〔のちの国王エドワード七世〕やアレクサンドラ皇太子妃の友情をかちえたのは、必ずしも彼の陽気な人柄ではなく、むしろ、アスコット競馬場から四マイルしか離れていないセント・レナーズ・ヒルの立地であった。

一八八一年六月一五日、アスコット・ウィーク〔アスコット競馬場で毎年六月に開催されるレース期間〕にあたり、バリーは自邸をうやうやしく王室一行に提供した。セント・レナーズ・ヒルが迎えたのはケンブリッジ公爵とスペンサー伯爵夫妻、ロンズデイル伯爵夫人、ファイフ伯爵、クロンメル伯爵、H・カー・グリン少将閣下とその妻、および、皇太子とともに競馬と享楽的生活とを楽しむおおぜいの裕福な仲間たちである。レースを二回、火曜日と木曜日に観戦し、その後はピクニックや、近くのヴァージニア・ウォーター湖でのボート遊びなどを楽しみ、ふた晩目から最終夜までは毎晩「近所の人々も招いて」のささやかな舞踏会を、セント・レナーズ・ヒルで開くことになっていた。[6] この一週間にもわたるパーティーは何か月も前から準備がなされただろうから、王室のゲストを送迎する馬車や馬をどうやりくりするかでジョンが頭を痛めているあいだ、アニーは華やかな光景を遠くから眺めていたことだろう。

毎回王室ご一行は、折りたたみ屋根を開いた状態のランドー馬車五台に分乗し、「ウィンザーの王室所有の馬小屋から派遣された、鹿毛や葦毛の女王陛下の馬たち」に引かれ、邸宅からアスコット競馬場へと出発した。[7] そろいの制服を着た騎乗御者や騎馬従者に守られつつ、屋敷じゅうの者たちが興奮して見守るなか、一行は敷地から道路に出、ウィンザーの森を抜けていく。午後になって戻ってくる光景も劣らず壮観だった。フリルや羽根や花がついた、ボンネットやヴェールをかぶったレディたち。アレクサンドラ皇太子妃の見間違えようのない巻き毛。帽子をかぶり、逆三角形に顎ひげを整え、恰幅のよい体形で退屈そうにしている皇太子。夕暮れどきには腰のふくらんだスカートを引きずり、長い影を地面に落としながら、フランシス・トレス・バリーの庭園をそぞろ歩く彼らの姿が見られたかもしれない。セント・レナーズ・ヒルが功を奏して、バリーは王子の取り巻きの座を完全に確保した。

王族とおつきの者たちは、食事会やら催し事やら、狩猟パーティーやら競馬やらで、その後も何度も戻ってくることになる。邸宅で陽気に騒ぐ声や、音楽や笑い声は、近くにある御者の家まで届いたことだろう。アニーの子どもたちがそれぞれの寝室で眠る家、居間のある家、安定をもたらし、幸福感をもたらしたはずの家。アニーの物語はこの幸せのまま終わることもありえたかもしれない。紳士の邸宅の敷地で、中流階級の穏やかな安らぎのうちに暮らし、夫婦でこつこつお金を貯めて、子どもたちに教育を受けさせ、ジョンの退職後はウィンザーの小さな家で暮らす、そのようにして物語が終わることもありえたかもしれない。成長した娘たちは中流階級の男性と結婚するだろう。相手は店の経営者や事務員、もしかしたら弁護士かもしれない。一家それぞれの人生は、まったく違うものになっていたかもしれないのだ――アニー・チャップマンがアルコール依存症になったりしなければ。

7　悪魔の飲み物

一八八九年、筋金入りの絶対禁酒主義者にして献身的なクリスチャンでもある人物からの手紙が、『ペル・メル・ガゼット』紙に掲載された。(1) 新聞社はこの手の手紙に慣れていた。アルコールの販売や消費を制限しようとする禁酒運動支持者からの手紙は、一九世紀になってからずっと届いていたのである。しかし今回は、聖書の引用とお決まりの非難から成るいつもの手紙とは違っていた。手紙を書いたのはナイツブリッジの教区民、ミリアム・スミスという名の女性である。

「わたしが六歳になる直前、父は自分の喉をかき切り、母と五人の子どもが残されました。三人の姉と弟ひとり、それからわたしです」とその手紙は始まる。それから彼女は、姉たちと自分が、あらゆる「発酵酒類」の使用を慎むことを約束する禁酒の誓いを立てるに至った経緯を細かく記す。いちばん上の姉以外はこの誓いを守ってきた。「酒に屈してしまった姉に、これをやめるようみんな説得を試みました。姉は既婚で、身分も低くありません。何度も何度も姉は誓いを立て、これを守ろうとしました。何度も何度も彼女は誘惑に負けました」。

アニーのこの格闘は、それまで生涯にわたって続いていた。姉はアルコール依存の「呪い」を父から受け継いでいて、その問題は「姉が非常に若いころに」始まったのだとミリアムは示唆している。どのくらい若いころかは正確には述べられていないが、酒には心を鎮める効果があるとアニーが発見したのは、弟妹が亡くなり、その後まもなく奉公に出たころではないかと思われる。避けてはとおれないとまでは言わないとしても、日常生活において酒はどこにでもあった。禁酒主義を採用した家庭を除き、どの中流階級家庭にもブランデーやシェリー、デザートワインなどの蒸留酒はあって、頭痛や風邪、発熱、歯痛などあらゆるものに対する「強壮薬」として飲まれており、歯が生えはじめた子どもの歯茎に塗ったりもしていた。蒸留酒と薬はほぼ交換可能だった。ホット・ブランデーとお湯は寝つきをよくするために、風邪予防に、不定愁訴の治療に用いられた。咳からリウマチに至るまで、店で買えるほとんどの治療薬の主原料はアルコールだった。薬一服と酒ひとさじが、味も匂いも同一だということもあり、薬にはしばしばアヘンチンキやコカインなど、習慣性のある物質が含まれていたという事実を差し引いたとしても、頻繁に使用すれば通常どちらも同じ結果に行き着いた——依存症である。

飲酒問題を抱えることになる人々の多くがそうであるように、依存症が始まったばかりのころ、まだ奉公人だったころのアニーは、問題になるほどの量を自分が飲んでいるとは気づいていなかったかもしれない。一九世紀半ば、労働者階級の娯楽の中心はまだ、パブで仲間たちと楽しく飲むことであった。奉公人たちは空き時間や休日にパブに集まったものである。習慣的飲酒が問題になるのは、仕事の遂行に支障をきたすときだけだった。けれども一八七〇年代に至り、依存症の概念が確立されると、邪悪な意味が飲酒につけ加わる。過度の飲酒は、とりわけ世間に知られた場合、その人間の人格的堕落——すなわち「節度のない」気質、判断力の乏しさ、道徳的弱さ——の反映と見なされるようになったのである。さらに重要なことに、人目を引くような暴飲は、貧困者や「がさつな」労働者階級と結びつけられるようになった。結婚後のアニーのように中流階級のふりをしたがる者は、依存症の進行を隠そうとするか、否定しようとしただろう。キャビネットには薬用としてブランデーやリキュール、ウイスキーがストックされているし、頭痛になれば目抜き通りの薬剤師のところへ行って、アヘンチンキを少量垂らしたアルコールをひと瓶処方してもらう時代だったから、依存症になるのはたやすいことだった。いざとなれば誰にも気づかれないようにして、小児用の腹痛止めシロップを飲むことだってあったろう。

しばらくのあいだ、アニーは家のなかでは依存症を隠すことに比較的成功していたが、実家の家族には隠しきれなかったようだ。飲酒は孤独感から加速することが多いが、ある評者が述べているとおり、「夫に一日中留守にされている若い妻」の場合はとりわけそうだ。これは社会的上昇にともなう興味深いパラドクスである。働く必要がなく、メイドを雇う余裕があり、子どもたちが学校に行っている女性は、気持ちをまぎらす方法を見つけなければならないのだ。御者であるジョンは朝が早く、帰宅時間も並外れて遅いから、仮に帰宅できたとしても、家での会話にあまり時間を割くことはできなかっただろう。仕事柄ジョンは長距離の移動をしがちであり、アニーは孤立感をつのらせたに違いない。セント・レナーズ・ヒルに引っ越してからはますますそうなったはずだ。このような状況に置かれた中流階級女性は、憂鬱な気持ちを振りはらうべく、「酒をたしなむ」習慣を身に着ける」傾向があると言われていた。一八八〇年代になるころ「レディーズ・サルーン・バー」が登場したのは、公の場で少しだけ「酒をたしなむ」行為を、上品さの衣で包むためでもあったろう。「女性が買い物のついでに酒場で酒を飲むことは、いまや当たり前になって」おり、着飾った女性が夫や息子とともに強い酒を飲んでいるのを見るのも珍しくはない、と道徳家は嘆いた。一八七〇年にはロンドンのパブの数は二万軒にもなっていたから、家のなかであれ外であれ、アニーも「気晴らしに一杯」やる場には事欠かなかっただろう。

セント・レナーズ・ヒルで働かないかというフランシス・トレス・バリーからの誘いを、ジョンが引き受ける決心をするにあたっては、アニーが飲酒していたことと、都市生活の誘惑からアニーを遠ざけたいという意向も、おそらくは大きく働いていた。だが残念なことに、飲みたいという意志さえあれば、酒は決して手の届かないものではなかった。母親や妹たちから遠く離れてしまったアニーはいっそう孤独になり、退屈をおぼえ、アルコールで自分を癒したいという気持ちをつのらせるだけだったろう。買い物で遠出をすればウィンザーのパブに立ち寄ることは容易だったし、クルーワーやデッドワースの村の酒場も家から歩いてすぐだった。

アニーを酒から引き離すことは、この夫婦が生活するなかで直面した難題のひとつに過ぎなかった。新聞社に宛てたミリアム・スミスの手紙は、彼女の姉が結婚後八人の子どもを出産し、「うち六人が［酒の］犠牲になった」と明かしているのだ。最初の子どもであるエミリーは健康そうな外見で生まれたが、八歳になるころにはてんかんの発作を起こすようになっていた。エミリーの病気は、当時は母親の依存症と結びつけられていなかったかもしれないけれど、今日では妊娠中の飲酒と関連するとされている。一八七二年三月五日、ふたりめの娘のエレン・ジョージーナが生まれたが、生後わずか一日で死んでしまった。翌年生まれたアニー・ジョージーナは、現在で言う胎児性アルコール症候群だった。その身体的特徴――間隔の開いた小さな目、薄い上唇、平たい人中――が、幼少時の写真にはっきりと見て取れる。この小さな娘たちには、ほんの一瞬だけ妹がいた。一八七六年四月二五日に生まれたジョージーナのことだが、彼女は五月五日までしか生きられなかった。チャップマン家がロンドンを離れる直前、一八七七年一一月にはジョージ・ウィリアム・ハリーが生まれた(2)。この子も生まれたときから病気を抱え、一一週後に亡くなった。すぐにまたアニーは妊娠し、一八七九年七月一六日、セント・レナーズ・ヒルの屋敷でミリアム・リリーを出産した。兄よりも一週間短い人生を送り、一〇月に亡くなった。

一八八〇年一一月二一日にはジョン・アルフレッドが誕生する。チャップマン夫妻の最後の子どもとなったこの男児は、麻痺症状を患っていた。[3] ミリアムの手紙が示唆するとおり、この一連の悲劇の原因が何であるか、アニーの家族には、そしておそらくアニー自身にもわかっていただろう。一九世紀後半の科学は、母親の飲酒と子どもの病気との関係をすでに発見しつつあり、その危険はだんだんと知られはじめていた。早くも一八七八年に、「出産前後の母親の飲酒は、他のどんな原因にもまして乳幼児の死亡率に影響する」ことを証明する証拠は充分あると、ある医学雑誌が主張している。[4] 自分の飲酒のせいで子どもたちは病気になったのかもしれないと気づいたアニーは、衝動をコントロールできない自分への絶望感をますます深めたことだろう。一八八一年、ジョン・アルフレッドが生後四か月のとき、彼女が母親のもとに長く滞在したのは、しらふのままでいることが困難だと感じたからかもしれない。ロンドンにいるあいだにアニーは、息子を預けられる小児病院を探していたとも考えられる。

アニーがモンピリア・プレイス二九番地を訪ねた初春、妹のエミリー・ラティーシャとミリアムは、ウォルトン・ストリート一二八番地の自宅で、婦人服の仕立屋として身を立てていた。ウォルトン・ストリートはハロッズの裏を走る、最近拡張されたばかりの道である。ミリアムの話によれば、彼女と姉たちは長老派教会の信者になるとともに、「クリスチャンと完全禁欲主義についての説教を聞いて」絶対禁酒主義者にもなっていた。酒を完全に拒絶するというこの姿勢を、中流階級生活のぎりぎりの端で危ういバランスを取っている人々はすすんで採用した。この姿勢はまた「自助」という大衆哲学、すなわち、貧困は本人の行動と、人生の選択における責任感の欠如から来るものだという考え方とも密接な関係にあった。酒を控えれば働き者の男女は金が貯まるだけでなく、自分自身も家族もよりよい生活を築けるようになる。この信条にアニーの妹たちは賛同したのみならず、これによって金銭的にも豊かになったのだった。家族または聖職者の前で「禁酒の誓い」を立てることは、絶対禁酒主義の原理と、それにともなうすべて――衝動を抑え、欲望を慎み、道徳的に向上すべく意識的に努力すること――を貫きとおす神聖な約束と見なされた。ミリアムの手紙からはっきりわかることは、必死で酒をやめようとしていたにもかかわらず、アニーにはそれがほぼ不可能だったことだ。妹たちは何度も彼女に誓いを立てさせ、彼女のために祈り、困難を抱える彼女に寄り添ったけれど、誓いを守りとおさせることはできなかった。一八八一年のアニーの滞在中、彼女がどれほど必死に闘っているかを、そしてどれほど依存が進んでしまったかを、妹たちは目の当たりにしただろう。

翌年、彼女と依存症との闘いは頂点に達する。一一月下旬、上の娘である一二歳のエミリー・ルースが病気になった。高熱に続いて赤い発疹が出はじめた。自分が少女のころに家族をめちゃめちゃにした病、猩紅熱をアニーは思い出したことだろう。何人もの医師が入れ代わり立ち代わりやって来て、とうとう告げられたことには、エミリーは髄膜炎にかかっていた。症状が猩紅熱と似ており、しかも猩紅熱同様に命に関わる病気だ。娘の病状の急激な悪化に、アニーはついていけなかった。日が経つにつれエミリーはどんどん悪くなり、アニーはなじみの相手を、つまりボトルを頼った。ボトルの中身は、彼女の苦悶にぼんやりとしたもやをかけてくれた。その月の二六日に娘が亡くなったとき、アニーはそのかたわらにいなかった。近所の農業労働者の妻で、チャップマン家の家事も請け負っていたらしいキャロライン・エルズベリーという女性が、アニーの代わりに彼女を看取った。(5)

その秋よりも以前のどこかの時点から、地元の警察やウィンザーの治安判事のあいだで、公共の場でのアニーの泥酔は評判になりはじめていた。村と村のあいだや、セント・レナーズ・ヒルの屋敷からの道を、うろついているところをアニーは保護されていた。どの記録を見ても、御者の妻〔アニーのこと〕の酔い方は醜いものではなく、静かで悲しく、陰鬱なものだったと書かれている。彼女の酔いには心痛がのしかかっていた。この一一月の最終週、その心痛はもはや耐えがたいものとなっていただろう。

どのくらいアニーが不在だったのか、どこで彼女が見つかったのかはわからない。いっときでも苦痛から逃れようと、パブでぼんやりしていたのかもしれないし、クルーワーの道をふらふら歩いていたのかもしれない。どんな状況だったのであれ、彼女の行動は家族の心に深刻な不安を呼び起こすに充分だった。チャップマン家が娘を埋葬した一一月三〇日、アニーの妹のエミリーとミリアムは、ロンドン郊外にあるスペルソーン療養所を緊急に訪ねた。

一八七九年、アルコール依存症が社会にもたらす影響についての懸念の高まりを受け、飲酒常習者法〔Habitual Drunkards Act〕が成立する。アルコール依存の者に投獄という刑罰ではなくリハビリを与えようとするこの法のおかげで、病院や療養所が設立され、「酩酊性の飲料を過度に常習的に摂取したため、(……)自分自身または他人を危険にさらす者、もしくは(……)自分自身および(……)自分の業務を管理できない者」の治療にあたることになった。患者は自発的に、もしくは「友人たちの申請により」これらの「隠遁所」に入所し、最短でも一か月、最長で二年間、治療を受けねばならなかった。フェルタムにあるスペルソーン療養所はそうした施設のひとつで、女性の治療に特化しており、主に中流階級の患者が対象だった。

一八八二年一二月九日付けで、スペルソーン療養所の記録簿には次のように記入されている。「チャップマン夫人到着、ウィンザー在住の妹に連れられて」。ミリアムの説明によれば、アニーはこの「節度なき者たちの家へ(……)自分の意思で」入所することに同意した。入所のためにはスペルソーンの所長に宛てて正式な申請の手紙を書き、その後治安判事の連署が必要だった。アニーの家の所有者であるフランシス・トレス・バリーにはバークシャーの治安判事の肩書きもあったから、治療の申しこみに際していくらか助力してくれた可能性もある。

スミス家の女性たちは、姉に緊急の支援が必要になる前に、スペルソーンのことを聞いていたのだろう。スペルソーンの設立者で、ナイツブリッジの住人であるアントロバス家の慈善活動は、地域の聖職者の関心を引き、彼らを通じて教区民にも知られるようになっていたかもしれない。[6] アルコール依存症はある程度意志の弱さの問題だと見られていたから、療養所で提供される治療もほぼ宗教的なものだった。とはいえ、教会での毎日の礼拝を処方するほかに、心身の習慣を矯正するプログラムもあった。イチイの樹と田舎道に囲まれた、スペルソーンの四エーカーの敷地は、清潔で気持ちを明るくし、健康を促進すると同時に魂を向上させる環境だと考えられていた。「上品なカントリー・ハウス」のなかの各設備や共同寝室は、「自堕落な考えから気持ちをそらす」べく、「華やかな縞模様の掛け布団、場にふさわしい絵画や言葉」と「簡素でありながら美しい家具」に飾られていた。[7] 施設内の「患者」(「プライドを傷つけ」ないよう「入所者」に代わって採用された言葉)は、ふたつある菜園の手入れをし、自分や患者仲間の衣類を洗濯場で洗い、乾かし、アイロンがけをした。そうした作業のないときは、庭園内で遊んだり散策したりするよう勧められた。無為でいることは、酒への渇望につながるのでよくないとされた。代わりに読書は許されていて、クロシェット作りや裁縫は奨励され、その作品は評議員や寄付者の視察の際に展示された。ふさわしいレベルの回復が見られた者は、外の世界とその誘惑のなかへ再びゆっくりと戻される。これは通常、周辺エリアを付き添いをともなって歩いたり、ときには近くのハウンズロウの街まで買い物に行ったりするかたちで行なわれた。入所者には「音楽の夜」やロンドンへの団体での外出など、定期的に楽しみも提供された。おそらくは憂鬱さや絶望感を遠ざけるためだったろう。既婚の患者はとりわけこの状態に陥りやすかった。

アニーは一年間の治療プログラムを受けることになった。記録簿によれば、スペルソーンでの彼女の日々は比較的平穏だったようだ。時々現われるトラブルメイカー、たとえば酒をやめるのがほぼ不可能と思われる者、衣服を引き裂く者、家具を壊す者、突然暴れ出す者などのなかに、彼女の名前は記録されていない。面会も許可されていた。療養所に到着してまもない一二月三〇日、「チャップマン夫人を夫が訪ねてきた」と記録簿にある。クリスマス・シーズン真っ盛りに、バリー家に休暇を願い出て訪ねてきたのだから、ジョンは妻がとても心配だったに違いない。週一二ペンスにもなる治療費は彼が払っていた。

退所の少し前、一八八三年一一月に、アニーは短期間の帰宅を許されたようである。おそらくは元の生活に戻れるかどうか確認するためだったろう。このシンプルなテストに彼女は合格し、一四日にスペルソーンに戻って、プログラムの最後の一か月を終わらせることになった。看護にあたっていた修道女のひとり、ローラ・スクワイアに付き添われ、アニーは一二月二〇日に公式に退所した。記録には、スクワイアが「チャップマン夫人をウィンザーの夫のもとまで連れて行った」とある。

クリスマスから新年にかけてのこの時期は、再び四人家族となったチャップマン家にとって、楽しい（そして酒抜きの）日々であったろう。ミリアムの記述によれば、彼女の姉は「別人になって戻ってきました――しらふの妻、および母として。そして日々はとても幸福に過ぎていきました」。

そのあとミリアムが続けて語る話は、真偽を疑いたくなるほど出来過ぎの話だ。というのも、絶対禁酒主義者の手引書に出てくる教訓話のように聞こえるのである。アニーが家族のもとに戻って数か月後、ジョンは「ひどい風邪」をひいた。「仕事に出かけなければならない」ので、悪天候に立ち向かう体力をつけるべく、彼は「グラス一杯のホット・ウイスキーを飲んだ」。家のなかに酒瓶があったのに、ここまでアニーが誘惑に打ち勝ってきたのは驚くべきことだ。ジョンは「彼女の目につくところに瓶を置かないよう、充分に気をつけて」いた。「ウイスキーを飲むと」彼は「妻に出かける前のキスをしました。酒の匂いがそのキスで伝わり、渇望が一気によみがえってきたのです」。

ミリアムによると、そのキスはまったく文字どおり、アニーが苦闘の末に達成したことをすべて葬り去ってしまったのだった。

酒瓶を求めて彼女は全部の部屋をひっくり返したに違いない。結局見つかったかどうかは重要ではない。彼女は「出かけていき」、そして「一時間も経たないうちに、狂った酔っぱらい女になって」いた。一年以上かけて回復したのちのこの失敗は、アニーを完全に駄目にしてしまった。「姉はもう二度と挑戦しませんでした」と妹は嘆く。アニーが彼女に言った言葉は、慢性アルコール依存症患者の苦しみの深さをしのばせるものだ。「やっても無駄。この苦しい闘いの恐ろしさは誰にもわからない。（……）酒の姿も匂いも締め出さないかぎり、わたしは自由になれないのよ」。

ジョンも同じ認識へと至っていた。以前の習慣を取り戻してしまったアニーは、再びセント・レナーズ・ヒルの敷地をぼんやりした様子でうろつきはじめた。バリー家もかつては、この御者夫婦が抱える問題に対して寛大だった。スペルソーンに入所できたのも、バリー家からの優しい最後通牒だったのかもしれない。社会の最も高い地位まで昇りつめた彼らは、何をしでかすかわからない悪名高い大酒飲みを、敷地のなかにとどめておくことはできなかった。アニーを治療するためのスペルソーンだったのであり、これが失敗した以上もう限界だった。フランシス・バリーは御者に対し、これ以上チャップマン夫人を大目に見ることはできないと伝えた。ジョンが妻を追い出すか、バリーがジョンを解雇するかだった。(8)

一八七九年からバリー家に仕えていたとはいえ、高収入の仕事や一流の仕事に就くために必要な推薦状のたぐいを、ジョンがもらえる可能性は低い。重い障害を持つ子どもを含めたふたりの子の父親である彼は、子どもたちの長期的な幸福を考える必要があった。

別居は友好的雰囲気のうちに決まったようだが、どちらの側にとっても悲痛な決断だった。妻の病気をものともせずに続いたジョンの献身は、心からの愛以外の何ものでもなかった。子どもたちから母親を切り離し、行くあてもない不安定な状態の彼女を追い出すなんて、彼の性格にはそぐわない。スペルソーンに入るときも実家の家族全員が関わったのだから、アニーのこれからの身の振り方についても、彼女たちが関わるのが自然に思われたろう。ジョンは週一〇シリングの生活費をアニーに支払うと決めたが、これはほぼ間違いなく、彼女が親元に帰ることを前提にしてのことだった。モンピリア・プレイス二九番地に戻れば、妹たちだけでなくルースもアニーの面倒を見られる。週一〇シリングあれば、ルースがアニーを養うだけでなく、アニーがこれまでのあいだに慣れてしまった快適な品や贅沢品――香水石鹸や、あまり高くない宝飾品など――を買うにも充分だろう。妹たちの愛情によっていまよりよくなるはずだ、もしかしたら回復の見こみだってあるかもしれないと、ジョンは考えたに違いない。愛する家族の助けがあれば、アニーは大丈夫かもしれないと。

8 ダーク・アニー

善意から出たものではあったが、ジョンの計画は、アニーがロンドンへ到着するまでしかもたなかった。それが数週間だったにせよ数日だったにせよ、家族に助けられて生きるのは不可能だとアニーは感じたのだろう。母も妹たちも彼女の飲酒を許容しなかった。依存症という恥、それを自分で治せないという恥に、いまや母としても妻としても失格だという恥までもが加わり、彼女たちとの関係はほとんど耐えがたいものとなってしまった。「この家のやり方の邪魔はしない」が、「自分はお酒を飲まねばならないし、飲むだろう」と姉は言ったと、ミリアムは書いている。最終的にアニーは、依存症患者の多くがそうであるように、渇望する対象を捨てて生きるよりも、愛した者たちを捨てて生きることのほうを選んだのだ。

アニー・チャップマンの人生を語るこれまでの試みにおいて最も見落とされていたことのひとつは、バークシャーの屋敷やナイツブリッジに住んでいた人間が、なぜホワイトチャペルで最期を迎えたのかという点だ。この状況の変化はひと晩で起こるようなものではない。地理的に言っても社会的に言っても自然な経路ではないからだ。金銭的な困難に突然陥ったとしても、ロンドン西部のナイツブリッジから、東部のスラムであるホワイトチャペルへと必ずしも移り住んだりはしないだろう。安宿があったのはイースト・エンドだけではない。それらはロンドンじゅうにある大小さまざまな飛び地に、極貧と犯罪こみで点在していたはずだ。アニーが母親のもとでの生活を耐えられないと感じたとしても、ナイツブリッジの兵舎の向かいあたりまで行けば、ひと晩四ペンスのロッジングハウスも、週五シリングの部屋も見つかった。家族全員から逃れたいと思ったとしても、近くのチェルシーやフラム、バタシーのみすぼらしい地区まで行けばよかったし、思い切ってロンドン中心部のマーリバン〔Marylebone〕やホウバン、パディントン、セント・ジャイルズまで、さらにはクラーケンウェルやウェストミンスターまで行っても、あるいはテムズの南のランベスやサザク、バーモンジーまで行ったってよかった。ロンドンのナイツブリッジとウェスト・エンドで人生の大半を過ごしたアニーが、まったくなじみのない地区へ行った理由や動機は見当たらない。だがもちろん、この地区に住む誰かを知っていた、またはその誰かが同伴していたなら別である。

一九世紀後半、ロンドン西部でハイド・パークの向かいにあたるノッティング・ヒルは、労働者の住環境と貧困とで悪名高い地域となっていた。その街路の多くはチャールズ・ブースの貧困地図で真っ黒に塗られ〔ブースの「貧困地図」（poverty map）は住民の階層別に街路を色分けしており、最貧層の住む路地は黒で塗られていた〕、ブースの部下である社会調査員のノートには「絶望的な住環境の悪化」と記されていた。それ以外の街路は、貧困労働者の居住地とだけ書かれていたが、彼らの住まいの窓は「汚れたカーテン」に覆われ、その子どもたちは「すり切れたぼろぼろの衣服」を身にまとっていると記述された。[1] ノッティング・ヒルはロンドンでアニーがいちばんよく知っている地域に近く、アニーの家族がすぐには来られない距離にもあったから、彼女が落ち着くにはよい場所だったろう。ここで彼女は、郵便局で受け取る毎週の生活費で静かに暮らしつつ、ひと間の部屋で誰にも邪魔されることなく飲酒していたのかもしれない。コミュニティに新しくやって来た依存症患者であるアニーは、ほどなく近隣の人々のなかに、自分のお仲間である流浪の民を見つけたろう。それは地元のビールハウスやパブでのことだったに違いないが、そうした施設のどこかで彼女は、自分の友人たちが「ジャック・シーヴィー」と呼ぶ男と知り合ったと思われる。「Sievey」もしくは「Sievy」とつづられるこの呼び名は、彼が鉄製または針金製の、こし器〔sieve〕を作る職人だったことからつけられたらしい。ノッティング・ヒルと縁があったこと、ほぼ間違いなく酒飲みつながりでアニーと最終的にカップルになったこと以外、この人物についてはほとんど知られていない。

夫や子どもと別れることに同意し、母や妹たちに背を向けたとき、アニーがどれほどの絶望に身をゆだねていたのかは計り知れない。宗教教育に賛同し、品位を保つことに努力する家庭で育ったアニーは、自身の転落を取り返しのつかないものと感じただろう。女性についての当時の定義からすれば、彼女は女性失格だった。子どもたちの母であることも、夫のために家庭を維持することも、自分自身さえをも含めて誰の世話をすることも、不可能な女だと彼女は証明してしまっていた。女性の酔っぱらいは、「自身の最も野蛮で衝動的な性質を表面化」させ、「快楽に身をゆだね、(……) そのふるまいゆえに女性らしさを失う」嫌悪すべき存在と見なされていた。(2) 倒錯的なことだが、「恥の感情を消し去るため」に「女性が過度の飲酒を」続けるのは、自身の恥を認識しているがゆえだった。その逸脱行為が性的なものと無関係だったとしても、ヴィクトリア時代の社会は失敗した女を堕落した女と同一視した。道徳的な弱さのせいで結婚や家庭を失った女は、婚外性交を行なった女と同じくらい嫌悪された。「酔って暴れる」女、人目のあるところで恥をさらす女、外見に無頓着であることを隠さない女、自分の行動を律してくれるまともな家や夫、家族を持たない女は、売春婦に劣らず堕落していると見なされた。両者はまったく同じもの、すなわち、はぐれ者の女だったのである。ポリー・ニコルズの場合と同様、単身女性という不安定な立場に置かれたアニーは、法的にはまだ既婚者だったにもかかわらず、男性のパートナーを見つける必要に迫られた。他の男と人生をともにしたいと願ったかどうかとは関係なく、社会が不貞と見なす状態へ、彼女は否応なく追いこまれた。とはいえ、アニーはすでに道徳的に転落したと見なされていたのだから、もはやどうでもよいことだった。

ひと足先にシーヴィーが来ていたホワイトチャペルへ、一八八四年後半、仕事を探してアニーがやって来たのは、彼との関係があってのことだったろう。ここに到着した時点で、アニーは自分のアイデンティティだったものを——近衛兵の娘だったこと、紳士の御者の妻だったこと、ふたりの子どもの母だったこと、メイフェアやハイド・パークをそぞろ歩いていたこと、金のリングのイアリングとブローチを身に着けて誇らしげに写真に納まっていたことを——すべてウェスト・ロンドンに置いてきたのだった。アニーはシーヴィーの妻として——アニー・シーヴィー、またはシーヴィー夫人として——のみ知られるようになった。白いものの交じりはじめた、ウェーブのかかった褐色の髪にちなみ、「ダーク・アニー」と呼ばれることもあった。アニーは過去をあまり語らなかった。だから新しい友人たち、たとえば元港湾労働者の妻で、いつもよくしてくれたアミリア・パーマーも、ごくわずかな事実しか知らされなかった。子どものことを聞かれると、病気で「入院している」息子がいるだの、娘が「サーカスに入った」だの「フランスにいる」だのとふざけて答えた。別れた夫がウィンザーにいて、「あまり親しい間柄ではない」母と妹がいるという事実を話した相手はアミリアだけだった。にもかかわらずアミリアはこの友人のことを、いつも「非常に立派な女性」であり、「汚い言葉を使うのを一度も聞いたことがない」と語っている。また「率直」で、しらふのときは「とても賢明で勤勉な、可愛らしい人」だったとも述べている。[3]

アミリア・パーマーによるとふたりが友人になったのは、アニーがホワイトチャペルのドーセット・ストリートでジャック・シーヴィーと暮らしていたころだった。ドーセット・ストリートに「ロンドン最悪の通り」の呼び名が冠されるのは一八九〇年代になってのことだが、環境の劣悪さと貧困の悪評はそれ以前からあった。一八八〇年代からすでにそこは、最低価格のひどく汚いロッジングハウスと「家具つきの部屋」ばかりであった。訪れる記者や社会改革運動家は、犯罪行為がはびこっていると記述した。ロンドンのほぼすべての裏道を歩き尽くしたチャールズ・ブースでさえ、自分の見たものがほとんど信じられないという様子で、「これまで見たなかで最悪の通りであり、泥棒も売春婦もごろつきもロッジングハウスでは当たり前だ」と書いている。付き添った地元の警部が、ブースの気持ちを重ねて述べる。「彼の考えでは、［ここは］貧困、不幸、悪徳の面で、全ロンドンのなかでも最悪の通りである。最も不潔で退廃した者たちがふきだまる悪の巣窟だという」。さらに彼は、ノッティング・ヒルやノッティング・デイル（最貧地区として知られていた）でさえ「ここほど悪くはない」と言う。「ノッティング・デイルの住人は（……）非常に貧しく、怠惰《シフトレス》であると同時に移動《シフティング》している。いつも移動している哀れな浮浪者たちは、ひと月デイルにいたらその次はロンドンの一時収容棟を転々とし、最後にまたデイルに戻ってくる」。ドーセット・ストリートは違うと彼は言う。「かき混ぜられても、汚物はまた同じところに沈殿する」[4]。

アニーと「新しい夫」が住みついたころ、ドーセット・ストリートのほとんどはジョン・マッカーシーとウィリアム・クロッシンガムというふたりの地主が所有しており、ぼろぼろで悪徳まみれの資産の管理においては、ふたりのどちらも劣らずあこぎで破廉恥だった。「シーヴィー夫妻」はこの通りのロッジングハウス、とりわけアミリアと夫も暮らす三〇番地のそれを常宿としていたが、いくらかお金が貯まったので家具つきの部屋を借りようと考えた。しかしこうした部屋は、相部屋であるロッジングハウスよりはプライバシーが保てるものの、「比べようもなくひどい」環境だと多くの者たちからは思われていた。ひと晩一〇ペンスで借りられるそうした部屋は、ほとんど換気できなかったり、窓が割れていたり、木の床が腐っていたり、天井に穴が開いていたりした。お湯が出るかどうかなど問題外で、悪臭のする壊れたトイレが、階段を上りきったところや裏庭についていた。家具は最低限であるうえ、『デイリー・メール』紙の記者によれば「スラムでも最悪の中古品店でそろえた、ひどく古い家具ばかり」であり、「調度品は（……）合わせて二、三シリングも」しなかった。[5] アニーの生活環境はセント・レナーズ・ヒルの客間や居間からはほど遠く、記憶や感情を鈍らせるためにさらに酒が必要となったろう。周囲にいた女性たちとは違い、「ロンドン最悪の通り」での貧困生活を送る必要などなかったことが、アニーの真の悲劇である。ジャック・シーヴィーにも収入はあったろうけれど、上手く行かなくなれば、彼女の週一〇シリングの収入に頼ることになっただろう。だがそれは、どこかほかにあるもっといい部屋のために、および食事と石炭のために支払われていた金だった。金はそれらではなく、酒のために使われた──少なくとも一八八六年の一二月までは。

毎週の支払いが予告もなく突然止まったのはその月だった。アミリア・パーマーによれば、不安になったアニーは原因を知ろうと「ホワイトチャペルのオックスフォード・ストリート近辺に住んでいる」はずの「義理のきょうだい」を捜し出した。[6] ジョンは重い病気になったのだと知らされた。深く衝撃を受けたアニーは何としても夫に会わねばと思い、冬のさなか、徒歩でウィンザーへと向かう。ウェスト・ロンドンを抜け、ブレントフォードを越え、凍てつく田園地帯をバース・ロードに沿って歩き、二日間で二五マイル〔約四〇キロメートル〕余りを踏破した。夜になるとコーンブルックの一時収容棟に泊まった。道中アニーには、目的地で起こることについて思い悩み、子どもたちを心配する時間がたっぷりあっただろう。ウィンザー再訪で自分の過去に直面することを考え、ひどい気分にさえなったかもしれない。しかしそのあいだもずっと、間に合わないのではという恐怖が頭を離れなかったことだろう。

一時収容棟に泊まったことで、彼女の旅程は少なくとも一日遅れた。一泊の対価としてオーカムほぐしをせねばならなかったからだ。[7] ようやく出発となるが、そこからニュー・ウィンザーまではあと五マイル〔約八キロメートル〕ある。目的地は、子どものころの彼女がよく知っていた地域で、当時スピタル・ロードと呼ばれていた通りを少し入ったところだった。[8]

出発前にアニーは、ジョンが体調不良のため六か月前に退職していたことを知った。親戚によれば、ジョンはもうフランシス・トレス・バリーの屋敷にはおらず、一時期子どもたちと住んでいたことのあるグローヴ・ロードに家を借りたとのことだった。けれども正確な住所がわからなかったので、アニーは通りの角にあるパブ、メリー・ワイヴズ・オブ・ウィンザーに立ち寄って夫のことを尋ねた。「浮浪者のように見える哀れな身なりの女」と彼が呼ぶところの女性が訪ねてきたときのことを、パブの主人ははっきりと覚えている。アニーは彼に「ロンドンから歩いてきた」と言った。なぜなら「夫からの週一〇シリングの送金が途絶えてしまい、彼は病気になったと聞かされた」からだと。それから彼女は表情を硬くし、「その知らせがほんとうかどうか、お金を送らないための口実ではないかを確かめにウィンザーまで来た」のだと言った。[9] パブの主人はジョンの家、すなわちグローヴ・ロードにあるテラスハウス〔連続住宅〕、リッチモンド・ヴィラズの一番を指さした。そして「二度と彼女に会うことはなかった」。

その後何が起こったかはわからない。おそらくアニーの到着は、ジョンが亡くなるクリスマスの日よりも前だったろうが、死を看取るまでとどまることはなかった。このとき彼を看病していたのは、近くの私立救貧院にいた年長の友人、サリー・ウェステルだった。[10] 夫との再会は苦いものだったに違いない。アニーの依存症と結婚の破綻は、ジョンを完璧に打ちのめしてしまっていた。わずか四二歳で亡くなる直前の彼のことを、ミリアムは「絶望した白髪の男性」と書いている。ミリアムが気づいていたかどうかはわからないが、この男性もまた酒におぼれていたらしい。彼の死因は「腹水と浮腫をともなう肝硬変」とされている。[11]

ジョンの死にアニーは打ちひしがれた。金目当てでウィンザーと往復したのだとどんなに彼女が言いつくろおうと、金銭的理由だけで夫に会おうとしたはずがない。ドーセット・ストリートに戻ると、彼女はアミリアにつらい体験を打ち明けて泣いた。[12] 元のアニーに戻ることは二度となかった。「ご主人が亡くなったあと、すべてをあきらめてしまったようでした」とアミリアは語る。

一〇シリングの追加収入がなくなったせいか、それともアニーがふさぎこんで嘆いてばかりになったせいか、ジャック・シーヴィーは、ジョン・チャップマンの未亡人と別れる決心をした。一八八七年の初め、彼はアニーを残してノッティング・ヒルへと戻り、夫も慣習法上の保護者もいなくなったアニーは、完全に後ろ盾を失ってしまう。連れ合いの男なしでスラムで生きていける女はほとんどいなかったから、また男を見つけることが急務となった。

一時期彼女は、やはりドーセット・ストリートのロッジングハウスに住む小冊子の行商人で、「売り子のハリー」と呼ばれる大酒飲みと親しくなったようだが、この関係は長続きしなかった。アミリアの語るところによれば、アニーは不幸せだった。からだの具合もどんどん悪くなり、「絵に描いたような不憫さ」で、「お酒と失意、（……）飢えと病気」ばかりの生活だった。[13] 一八八七年になるころには、間違いなく彼女は結核と思われるものにかかっていた。警察医のジョージ・バグスター・フィリップスによると、死のずっと前からアニーはこれを患っていて、影響は脳組織にまで及びはじめていた。[14]病気であっても、アニーは勤勉に稼ごうとしていた。「かぎ針編みをし、椅子カバーを作り、マッチや花を売って」いたとアミリアは言う。土曜日は、郊外やイースト・エンドの零細商人が集まるストラットフォード・マーケットで、「あらゆる持ち物を売る」ことに費やされた。一八八八年の夏の終わりには、体調が悪化しているにもかかわらず、アニーはホップ摘みの労働者の一団に加わってケントに行くつもりでいた。妹がブーツを送ってくれていたら、実際に行ったに違いない。

当然のことながら、アミリア・パーマーがアニーを最も心配していたと思われるのは、彼女が不幸だったこの時期である。興味深いことにアミリアは、「ブロンプトン病院の近くに住んでいた」と自分が記憶するところの、アニーの「お母さんと妹さん」に、「この友人に代わって習慣的に手紙を書いて」いたと述べている。[15]読み書きのできたアニーがなぜこれを許したのかとただちに疑問がわく。お金が必要だったのに手紙も書けないほど体調が悪かったのか、それとも単に、きまりが悪すぎて自分からは無心できなかったのか？　ミリアムの語るところによれば、アニーは決して自分の住所を家族に伝えなかったが、それは恥の感情と、酒をやめさせられるかもしれないという恐れの感情との、両方が原因だったに違いないとのことだ。とはいえ、離れて暮らしてはいるものの、アニーは家族から完全に離れることはできなかった。「姉はわたしたちの家へやって来ました。（……）わたしたちは衣服を与え、あらゆる手を尽くして姉を取り戻そうとしました。姉はただの物乞いになっていたのですから」とミリアムは書いている。

スミス家はアニーが自分で選んだ道に心を痛めており、ささやかな額の無心を断わることはなかったようだ。一方、弟のファウンテンはそれ以上のことをしていたかもしれない。検死審問での多少混乱している証言によると、彼はアニーに二度会っている。一度はコマーシャル・ロード〔イースト・エンドの通りの名〕で。その後、どうやらたまたま遭遇したらしいのだが、ウェストミンスターで。ファウンテンは彼女に二シリング貸したと証言したが、別の証言では、その金をあげたことになっている。けれども新聞が報じなかったことがある。彼は、少なくとも一時は印刷業者の倉庫番として働いてはいたけれど、姉と同様にアルコール依存だったのである。実際、ファウンテンは世間や家族に対して言っていたよりも、もっと頻繁に姉に会っていたかもしれない。同じくらい酒好きだった彼は、ねだられるとつい一、二杯おごってしまっていたかもしれない。他人の弱さをとがめることもなかっただろうファウンテンは、絶対禁酒主義者の家庭のなかで、アニー同様行動を監視されていただろう。一八八八年九月七日にアニーが「親戚」からもらったという五ペンスは、ナイツブリッジの妹ではなく、クラーケンウェル（聖バーソロミュー病院の向かい）で近所に住んでいたファウンテンがくれたものである可能性が高い。

アニーはまた、一八八八年になるころには、地元の醸造所で働いていた四五歳の「赤ら顔」で「立派な外見の男」、エドワード・スタンリーと良好な交際を始めていた。[16] 周囲から「年金受給者《ペンショナー》」と呼ばれていたテッド〔エドワードの愛称〕は、アニーとは二年前から知り合いだったと述べているが、通い同棲状態になったのはようやくその年の夏のことである。そのころアニーは、ドーセット・ストリート三五番地にある「クロッシンガムズ」というロッジングハウスの常連になっていて、週末はスタンリーとそこで過ごすようになったのだ。このロッジングハウスの代行管理人、ティモシー・ドノヴァンによると、アニーは土曜日はブラッシュフィールド・ストリートの角でスタンリーと待ち合わせ、その後一緒にパブに行っていた。スタンリーは通常月曜の朝までアニーといて、出るときは、ヴィクトリア時代の女連れの男がすべきとされていたことをした。費用を払ったのである。アニーの宿泊代も、少なくとも火曜の朝のぶんまで支払っていた。ロッジングハウスでアニーと「ペンショナー」はカップルと見なされていた。スタンリーはティム・ドノヴァンに対し、アニーと自分はお互い唯一の連れ合いだと明言し、ほかの男が彼女に関わることのないよう見張っていてほしいと、嫉妬深いパートナーらしく依頼した。興味深いことに、アニーは「ペンショナー」と知り合ってから真鍮の指輪をいくつか購入し、左手の指にはめていた。その数はふたつだったとスタンリーだけが自信をもって述べている。それらは「結婚指輪とキーパー（婚約指輪）」であり、後者は「手のこんだ模様」が入っていたと彼は言う[17]。これらの指輪はスタンリーから贈られたものではなかったけれど、正式に結婚している雰囲気をアニーはまといたかったのだろう。

一九世紀の基準では、アニーは「破綻した女」であると同時に「転落した女」と見なされていたものの、売春婦ではなかった。警視総監チャールズ・ウォーレンは、ポリー・ニコルズ殺害のおよそ一年前にあたる一八八七年七月一九日、次のように命じている。「その女性が売春婦だと自称していたり、売春婦として有罪判決を受けているのでないかぎり、いかなる女性に対しても（……）、警察が女性を一般的売春婦〔common prostitute　臨時的に売春を行なう者（casual prostitute）と区別しての呼び名〕だと呼ぶことは正当ではない」。さらに、「自分の心のなかではそのような女性だと確信している」としても、それを証明する証人や証拠がないかぎり、警官は「誰であれ特定の女性を一般的売春婦だと決めつけてはならない」[18]。アニー・チャップマンが売春をしていた、あるいはそのように自認していたと示唆する信頼に足る証拠は、ポリー・ニコルズの場合と同様存在しない。切り裂きジャックの犠牲者のロマン化されたイメージとは異なり、彼女は、襟ぐりの大きく開いたボディス〔からだにぴったりとフィットした、女性が上半身に身に着ける衣服〕を着て「通りを歩く〔街娼をする〕」ことも、頬紅をつけてガス灯の下から挑発的なまなざしを投げかけることも決してなかった。売春宿に属したことも、ポン引きがついていたこともなかった。逮捕された証拠も、警告された証拠すらもない。「近辺のパブで（……）同じ階級の女性たちに聞きこみをした」警察は、彼女が性を売っていたと証明できる証人を、ただのひとりも見つけられなかった。[19] その手の仕事をしている女性は通常、同業者同士だけでなく、警察にも近隣の人々にも、パブの主人にもよく知られているものだった。売春がほとんど恥辱とは見なされない貧困地区では、女性がほんとうに売春婦である場合、友人も家族も仕事仲間もそれを恥ずかしがることなく認めていた。

警察はまだ、ホワイトチャペルの殺人は、ハイ・リップ・ギャングか単独の売春婦殺し（この段階では「レザー・エプロン」ことジョン・パイザーに容疑がかかっていた）かのどちらかが犯人だとの見解だったから、犠牲者は性産業の従事者だと特定される必要があった。七月一九日付けのチャールズ・ウォーレンの命は明らかに無視され、警察のH分署は、アニーの書類の「職業」欄に「売春婦」とだけ書きこんだ。ポリー・ニコルズの場合とまったく同様に、当局はあらかじめ定まっていた地点、すなわち、アニーは売春婦のはずだという見地から捜査を始めたのだ。捜査の方向性も、検死審問の態度や尋問内容も、以後そこから導き出されることになる。

新聞もこの前提を疑おうとしなかった。アニー殺害はポリー・ニコルズ事件の検死審問の最中に起こったため、新聞はこの機にふたつの事件を結びつけようとした。わずか一週間余りのあいだに類似した殺人事件が立てつづけに起こったことで、報道はがぜん加熱した。ホワイトチャペルには記者が押し寄せた。殺人の記事が載れば新聞は売れるから、各紙編集長は報道をできるだけ長引かせようとした。彼らは「モラル・パニック」の感覚を浮き彫りにしようとしていた。必要だったのはインタビュー、現場訪問ルポ、解説記事、および、チャップマン検死審問の詳細な報告である。その結果今回の報道は、ニコルズ事件のときよりもはるかに網羅的でヒステリックな修羅場と化した。伝聞から切り取られた相互に矛盾する発言、間違いだらけのメモ、記者の意図に合うよう仕立てなおされた証言が、カオス状態のまま新聞に載った。これまたポリー・ニコルズの場合と同様に、検死審問での実際の発言の公式記録も、警察の記録のほとんども、今日現存してはいない。決定的記録が欠けているのである。したがって、アニー・チャップマンのホワイトチャペル生活について現在知られていることの実質上すべては、新聞に報じられた「事実」の、混乱極まりない泥沼から引かれている。

検死審問でのアミリア・パーマー、ティム・ドノヴァン、および、クロッシンガムズの夜間管理人でアニーとその行動に最も詳しかったと思われるジョン・エヴァンズの証言は、新聞ごとに著しく異なっている。つき合わせてみると真っ向から矛盾し合っているのだ。九月九日付の『ガーディアン』紙では、パーマーは次のように証言したことになっている。「日常的な生活手段として［アニーが］通りに立つ習慣はありませんでした。椅子カバーを作って売っていました。生活の足しとして売るため、花やマッチを仕入れることもありました」。この発言は『ハル・デイリー・ニューズ』や『イースタン・モーニング・ニューズ』など、北部の数多くの系列紙にも載った。かたや極めてセンセーショナルな視点をいつも取っていた『ザ・スター』紙は、一一日、アミリアが次のように発言したと報じている。「被害者は生計の一部を街娼で立てていたのではないかと思います」。『デイリー・テレグラフ』などの他の新聞は、アミリアの証言をもっと曖昧なかたちで引いていて、アニーは「夜遅くまで外出していることもあった」とだけ書いている。彼女の生活様式への言及をまるまる省いた新聞もある。証言の決定的な記録は存在していないため、アミリアの正確な発言は確かめられず、アニーが売春していた証拠に使うこともできない。

ドノヴァンやエヴァンズの証言も、同様に紙面ごとに変動している。一一日付の『モーニング・アドヴァタイザー』紙は、「被害者は夜間外出していましたが、関係のある男性はひとりだけだったと承知しています」とジョン・エヴァンズが証言し、「被害者が街娼をしていたかどうかはわたしにはわかりません」とティム・ドノヴァンが述べたと報じている。ドノヴァンの発言は事実であった可能性が高い。多くの宿泊者のひとりに過ぎない人物の行動に、彼が注意や関心を払っていたとは思えない。矛盾だらけの報道のなかにも、貧困女性の生活手段についての歴史学の理解と一致する部分を見つけ出すことはできるだろうが、慎重になされたドノヴァンの証言は、アニーが売春で生活していたことを強力に証明するものではない[20]。複数の新聞によると、ドノヴァンはアニーの男性関係を質問されていたようだが、同様の質問を受けていた証人に、アニーと敵対関係にあったイライザ・クーパーという人物がいた。クーパーとアニーは、石鹸の貸し借りをめぐって喧嘩をしたばかりであったが、それだけでなく、クーパーの当時のパートナーは、アニーとかつて交際していた「売り子のハリー」だった。代行管理人もイライザも、自分たちの知るかぎりアニーが交際した男性は、ハリーとテッド・スタンリーのふたりだけだと述べている。けれどものちにクーパーは、アニーが「ほかにも複数の男と」いるのを見たと言った。とはいえ、「気さくにロッジングハウスへ連れてきたというだけのこと」だとつけ加えているが[21]。これが事実だったとしても、ティム・ドノヴァンの証言と合わせると、この男たちと深い仲にはならなかったと思われる。証言によるとドノヴァンは、アニーが別の男をともなってクロッシンガムズへ来たら「ベッドを貸さない」ようにと、テッド・スタンリーから頼まれていたのだ。この言いつけを守っていたドノヴァンは、「いつも［アニーは］ダブルベッドをひとりで使っていた」と、スタンリーへの弁明のためつけ加えている。[22] この食い違いについても、ドノヴァンの妨害に遭ってもアニーが宿泊できたかどうかについても、アニーが宿泊を断わられたのはどんなときだったかについても、ドノヴァンとクーパーのどちらも尋問されてはいない。連れてきたという男たちとアニーがどんな関係だったかも、アニーの恋敵が示唆するような「気さく」な関係だったのかもわからない。チャールズ・ウォーレンの命令のなかでさえ、売春婦の行動と他の貧困労働者階級女性のそれとを見分けるのは難しいとされていた。行動の文脈が、およびその女性自身の声が、物語から完全に欠落している場合、この区別はとりわけ難しくなる。現在でもそうだ。

このような繊細な区別など、ヴィクトリア時代の新聞はおかまいなしだった。物語は前提の上に組み立てられ、その前提というのは必ず、アニー・チャップマンは売春婦だというものだった。『ザ・スター』は自信たっぷりに宣言する。

われわれは、**チャップマン**が属する不運な階級の女性が生きざるをえない生活を思い描くことができる。(……)おそらく彼女は、夜のとばりが降りて忌まわしい仕事が可能となるころ、ようやく起き出していたのだろう。そして、そのような退廃の宴にふさわしい男女の仲間たちとともに、酒場から酒場へと渡り歩いて過ごしたのだろう。[23]

だが、『ザ・スター』やこれに類する新聞は、アニーを一個人としてでなく、年齢や状況に関係なく貧困女性全員を一緒くたにした「不運な階級」の一部として見ている。『デイリー・メール』紙が指摘するとおり、「全面的に犯罪的である犯罪多発地域は存在しない。そしてドーセット・ストリートのロッジングハウスに暮らす者が、全員完全に堕落していると見なすのも間違いであろう」。[24]『ザ・スター』紙の推測とは異なり、アニーは「夜のとばりが降りて忌まわしい仕事が可能となるころ」起き出すために、昼間じゅう寝ていたりはしなかった。縫い物をし、編み物をし、アミリア・パーマーが言うところのアニー自身の事業によって、必死に稼いでいた。『ザ・スター』紙などの記事はまた、アニーの健康状態も考慮に入れていない。命に関わるほどではなかったとしても、アニーは重い結核を患っていた。錠剤に加えて飲み薬をふた瓶服用しており、死後所持品からは、聖バーソロミュー病院に通院していたころに出された処方箋らしきものも発見されている。彼女が八ペンスもするダブルベッドを必要としたのは、テッド・スタンリーと夜をともにしたかったからというだけでなく、このことも理由だったのだろう。木製のパーティションに囲まれたこうした「ダブル」は、ロッジングハウスにはまれなプライバシーを与えてくれたが、それだけではない。クロッシンガムズの宿泊者仲間だったエリザベス・アレンが述べているように、「八ペンスのベッド」は「四ペンスの（……）寝床よりもはるかに大きな利点」があった。「安いベッドの宿泊客は（……）朝早く出ることになって」いたのだ。殺害される前のころには、アニーは少し遅くまでベッドにいることが許されていて、だいぶ陽が高くなってから外へ出たのだろう。熱と痛みを抱え、咳の発作に苦しみながら。

人生の最後の数か月、健康状態が悪化の一途をたどっていたアニーは、宿泊費をだんだんテッド・スタンリーに頼るようになっていった。週末の九月一日をアニーと過ごしたとき、彼はいつものように、火曜日まで充分宿泊できるだけの金を彼女に渡した。その日の午後、アミリア・パーマーは、友人が「真っ青な顔で」スピタルフィールズ教会の横をのろのろと歩いているのを見かける。ひどく気分が悪いので病院に行けたらと思う、とアニーは彼女に打ち明けた。アニーはまったくの無一文で、「その日はお茶一杯すら飲んでいなかった」。アミリアは彼女に二ペンス渡し、これでラム酒を買ったりしないようにと諭した。次にアニーを見たのは七日の金曜日のこと、ドーセット・ストリートでぼんやりしている彼女は、前と変わらず具合が悪そうだった。編んだ物を売りにストラットフォードへ行くところかとアミリアは、尋ねた。「気分が悪くて何もできないの」と、アニーは力なく答えた。一〇分後に戻ってきたアミリアは、アニーが先ほどの場所から一歩も動いていないのを見て驚愕する。アニーは一文無しのうえひどく具合が悪く、すぐさま横になる必要があるのにベッド代を稼ぐこともできなかった。アニーは状況の深刻さを認識していた。「このままでいてもしょうがない。力をふりしぼってお金を稼がなきゃ。でないと泊まるところもないもの」と彼女はアミリアに言った。[25]

アニーの物語を報じた記者たちに解けなかった謎のひとつは、この週彼女が実際のところどこへ行っていたかである。四日の火曜日の午後にアニーはドーセット・ストリート三五番地を出た、次に彼女に会ったのは金曜日だったとティモシー・ドノヴァンは断言している。アニーは聖バーソロミュー病院へ行ったと考えられているが、入院記録に名前はないので、診察後そのまま病院を出たのだろう。同様に、一時収容棟の現存する入所記録にも名前は載っておらず、また、仮にそうした場所へ行ったとしても、滞在できるのはふた晩だけだ。全般的に言って、このことはアニーの過去の行動と矛盾してはいない。ロンドン市内の一時収容棟なり救貧院なりに、彼女が一度でもいたという証拠はないからだ。彼女がそこに行かなかった理由はほぼ確実である。こうした施設に入るには、酒を飲んでいないことが要求されたからである。一九〇四年の浮浪者問題委員会〔Vagrancy Committee〕の調査では、アルコール依存の人々は、施設に入って行動を制限されるぐらいなら野宿のほうを好むとの結果が出ている。[26]

アニーは妹たちに泊めてくれとは一度も頼まなかったし、ホワイトチャペルの住人もロッジングハウス管理人も、アニーにクロッシンガムズ以外の定宿があったとは誰ひとり証言していないから、ほかの場所に泊まったとは考えにくい。だが一方で、エリザベス・アレンが述べるところによれば、テッド・スタンリーとつきあいはじめてからアニーはいつも、ドーセット・ストリート三五番地で「週に三、四泊」できる金を持っていたという。すると論理的には、アニーは週に少なくとも三夜、宿なしの状態だったことになる。

貧しく、最大の関心は飲み代を稼ぐことである重度の依存症患者が、毎晩ベッドを確保できていたと考えるのは非現実的だ。社会評論家のハワード・ゴールズミッドによれば、ホワイトチャペルにはエンバンクメントやハイド・パーク、ロンドン・ブリッジ同様、「その夜の宿代を持たない浮浪者が、夜な夜な押し寄せて」いた。多くの者が「戸口で丸まって、あるいは舗道の上で身を寄せ合って」眠っているのが目撃された。彼が言うところの「腹をすかせた、粗末な身なりの男女」である「家を持たない何十人もの者たち」が、スピタルフィールズのクライスト・チャーチ近くに集まっていた。「手すりにつかまっている者、壁にもたれてうずくまっている者」もいれば、建物を囲む、上部に手すりがついている低い柵のところで、寄りかかっている者や横になっている者もいた。そのほとんどは宿代が工面できず、スロール・ストリートやフラワー・アンド・ディーン・ストリート、ドーセット・ストリートの、いつものロッジングハウスから追い出されてしまった人々だとゴールズミッドは述べている。「宿のキッチンで見かける人全員が、その夜をここで過ごすと思うのは間違いだ」と彼は言う。

その多くは常連客であり、いつも贔屓にしていることからその夕刻を、またはその夕刻の一部を、コークスの火にあたりながら過ごしてもいいとされている。代行管理人は彼らを信用してはいないだろうが、常連を敵に回さないほうが賢明だとわかっているからだ。けれども夜が深まるにつれ、この哀れな人々は落ち着きをなくし、心配そうな様子になっていく。空っぽのポケットに両手を突っこんで行ったり来たりし、誰かが新しく戸口にやって来るたび、宿代の不足分の半ペンスを借りられる「友だち《パル》」が来たのではないかと視線を向ける。とうとう希望がついえてしまうと、彼らはよろよろと路上へ出て行き、空だけを屋根として夜を過ごす準備にかかる。(27)

九月七日の夜、アニー・チャップマンはまさにこの状況に直面していた。ティモシー・ドノヴァンによると、彼女はこの日の午後久しぶりにクロッシンガムズに現われ、具合が悪くて病院に行っていたと説明してから、一階のキッチンで座っていてもいいかと尋ねた。ドノヴァンは了承したが、夕方早く（アミリアに再会したころの時刻）に彼女はまた出て行った。真夜中、アニーは再びキッチンにいて、宿泊客仲間のウィリアム・スティーヴンズに、近くのパブからビールを一パイント持ってきてくれるよう頼んでいた。彼女は「親戚に会って」五ペンス無心できたとも言っているようだった。ベッド代として渡されたのだろうその金は、あっという間に酒代になってしまった。スティーヴンズと一緒に一パイント飲み干すと、ドーセット・ストリートとコマーシャル・ストリートの角にあるパブ、ブリタニアへと向かった。たらふく飲んだアニーは、再びクロッシンガムズのキッチンへ戻ってじゃがいもを食べた。午前一時四五分になっていた。宿代を持たない者たちをキッチンから追い出す時間だ。ドノヴァンは夜間管理人のジョン・エヴァンズに、一階へ行って集金するよう言った。アニーの持ち金は足りなかったが、ドノヴァンのいる事務室へ行って、いつも使っている二九番のベッドを使わせてくれるよう特別に頼みこんだ。

興味深いことに、新聞にはまったく載らなかったがティム・ドノヴァンが警察に明かしたこととして、その夜の宿代についてアニーは、「自分を信用してほしい」とはっきり言っていたのである。これを「彼は断わった」[28]。この出来事が公になっていたら、彼の対応がアニーの死につながったとして、ドノヴァンはさらにひどいバッシングを受けていただろう。「ビール代はあるのにベッド代はないんだな」というのが、アニーの懇願に対してドノヴァンが返したとされる言葉だ。アニーは負けを認めたくなかったのか、あるいはプライドからか、ため息をついてこう答えた。「ベッドを取っておいてちょうだい。わたしはもう長くはないのよ」。

酔っぱらいで病人のアニーは、一階へ降りて「二、三分戸口に立ち」、どうするべきか考えていた。ゴールズミッドが描写した無一文の宿泊客と同様、彼女もまた、宿代を貸してくれる「友だち」のことを考えていたのかもしれない。けれども、スピタルフィールズのクライスト・チャーチへ向かってブラッシュフィールド・ストリートを歩いていくときにはもう、彼女はおそらく「空だけを屋根として夜を過ごす」覚悟を決めていたのだろう。

ドーセット・ストリートへと踏み出したとき、クロッシンガムズの灯りが背後に遠ざかっていくとき、彼女が何を考えていたかは永遠に失われてしまった。闇をぬってどのような経路を歩いて行ったのか、途中で誰と話したのかも確かめようがない。絶対に確かなのは、最後にたどり着いた地点だけだ。

ハンベリー・ストリート二九番地には、この地域の典型的な住宅があった。少なくとも築百年は経っているこの三階建ての建物には、老朽化した部屋が八部屋あり、一七名が住んでいた。部屋はばらばらに貸し出されていたから、廊下や階段、踊り場、裏庭などの共用スペースに注意を払う者はいなかった。庭の門にも建物のドアにも鍵はかかっておらず、このパブリックな(外からは見えなかったが)空間を、昼も夜もずっといろいろな人々が行き来していた。この地域に通じた人々のあいだでこの場所は有名だと、警察も住人も言っている。たびたび「よそ者」が「不道徳な目的で庭を使い」、いつも誰かが野宿していた。(29)

この二年のあいだにアニーは、ゴールズミッドの描いた浮浪者たちが全員そうであったように、都合のいい場所、すなわち人目につかない戸口や、安心して横になれる人通りの少ない通路に詳しくなっていただろう。ハンベリー・ストリート二九番地の裏庭は、九月八日未明にたまたまアニーが行き当たった場所ではなく、ひとりになろうとわざわざやって来たなじみの場所だった。家の前の階段と柵のあいだに隙間があることも知っていただろう。うずくまって壁にもたれるには最適な場所であり、先客がいないとわかって彼女はほっとしたことだろう。

アニー・チャップマンの人生最後の数年間を襲った多くの悲劇のなかでも、おそらく最もやりきれないのは、この夜、いや、他のどの夜であっても、彼女は路上で過ごす必要などなかったという点だ。母親の家のベッドに横になることも、妹たちの世話になることも、ロンドン西部にいることもできたはずなのだ。結核の治療を受けていてもよかったし、子どもたちに抱きしめられていてもよかった。曲がり角に差しかかるたび、彼女を深淵から救い出そうとする手は差しのべられたのに、行かせまいとする依存症の力は強く、とどめようとする恥の力も同様だった。これこそが彼女を破滅させたのだが、もう何年も前に彼女の希望は、そして人生は終わってしまっていた。その夜殺人者が奪ったものは、すでに酒によって奪いつくされたあとの、かろうじての残滓に過ぎなかった。

＊＊＊

九月八日か九日のいつかの時点で、スミス家のきょうだい、すなわちエミリーとジョージーナ、ミリアム、ファウンテンは、ひどく恐ろしい知らせを受け取る。警官が訪ねてきたのか新聞記事を読んだのかはわからないが、姉が残忍な殺人者の犠牲になったと知り、弟妹は打ちのめされたことだろう。酒に奪われた娘が殺されたこと、その死にざまが身の毛もよだつ非人間的なものだったことを、エミリーとジョージーナ、ミリアムは、年老いた母親にとても言うことができなかった。悲しみを抑えて彼女たちは、母親に降りかかった運命を理解できないでいるアニーのふたりの子どもたちの手を握った。アニーを売春婦と呼び、その堕落した生活を書きたてる記事が次々新聞に載るあいだ、妹たちが感じた苦痛と恥辱がどれほど大きかったかは想像もつかない。この敬虔な女性三人にとって、苦しみについて沈黙を守らねばならないことも、このような恥も、およそ耐えられるものではなかっただろう。

一家の唯一の成人男性であるファウンテンに、公的な顔になるという最悪の役目が回ってきた。彼は悲しみだけでなく、自分だけの苦しみも心のなかに秘めていた。アニーや父親と同様、アルコール依存だったのである。家族からアニーについて聞かされることはあったものの、彼がアニーを知るようになったのはごく最近のことだった。コインを何枚か渡し、おそらく一緒に数杯酒を飲んだだろう。ずたずたに切り裂かれた姉の遺体を確認し、検死官の前に立ったのは彼だった。悲嘆のあまり、ほとんど声も出なかった。

ファウンテン・スミスは強い心の持ち主ではなかった。この不幸に押しつぶされ、つかの間ではあるがすぐさま安らぎを与えてくれると知っているものにすがりついた。酒である。姉の死という痛ましい試練から一か月も経たないうちに、ファウンテンは壊れてしまった。酒を買う金を雇い主から盗み、倉庫番の職を失った。友人が別の仕事を探してくれたが、不幸はさらに追いかけてくる。ある日とうとうやっていけなくなった彼は、酒を飲み、ポケットに雇い主の金を突っこむと、妻と子どもふたりを残して姿を消した。

一週間後、彼の家族はグロスターから手紙を受け取った。ファウンテンは警察署に出頭していた。告白の手紙の末尾に彼はこう書いていた。「愛しい妻よ、すべて呪わしい酒のせいだ。後生だから子どもたちを酒に触れさせないでくれ」。

アニーの弟はロンドンに連れ戻され、モールバラ・ストリート治安判事裁判所で裁かれて有罪となり、ミルバンク監獄で三か月の重労働を課せられた。出所したファウンテンは人生をやりなおす決意をした。妻子を連れて大西洋を渡り、灼熱のテキサスの砂塵のなかで、新生活を始めたのである。

第Ⅲ部

エリーサベト／エリザベス

1843年11月27日－1888年9月30日

9　トーシュランダから来た娘

ロウソクの暖かな黄色い光が、農家の板張りの部屋に広がっていた。空が灰色から夜の漆黒へとあっという間に変わる一一月末のスウェーデンの暗さを、この光と暖炉の火が追いはらっていた。グスタフ・エリクソンの家の四つある部屋のひとつで、彼の妻であるベアタは仰向けになり、第二子を出産しようとしている。三年前に彼女は長女のアンナ・クリスティナを産んでいた。夫である農夫は今回、家畜の世話や収穫を手伝ってくれる男子を望んでいる。だがその運はなかった。一八四三年のこの月の二七日、小さなエリーサベトの産声が夫妻の寝室に響きわたった。

ヨーテボリのおよそ一六キロ西にある、このトーシュランダで農業を営む者たちの大半よりも、エリクソン家は恵まれていた。エリーサベトが生まれたのは一八四〇年代に始まった干ばつのさなかだったが、一家は比較的裕福だったのである。グスタフ・エリクソンは穀物や亜麻、じゃがいもを育てていただけでなく、家畜小屋を持ち、乳牛や豚、ニワトリや馬を所有していた。エリーサベトと姉が生まれ、のちに弟ふたり、ラーシュ（一八四八年生まれ）とスヴァンテ（一八五一年生まれ）も生まれることになる羽目板張りの家はかなり広々としていて、一家が食事を取る広いキッチン、居間、それから一階と二階を合わせて少なくとも三つの寝室があった。

農夫の娘であるエリーサベトは、バケツを運んだり卵を集めたりできるくらい足取りがしっかりしてくると、すぐさま農家の仕事を手伝うことになったろう。少し大きくなると、乳しぼり、ニワトリや豚の世話、バター作りなどの基本的な日課に加え、スウェーデンの家庭の伝統として、食事時に出される酒であるアクアヴィットの蒸留も習いはじめただろう。冬の朝は日が昇るよりもずっと早く始まり、エリーサベトや姉、もしくは母は、真夜中のように感じられる時間に起床してランプを点け、火を起こす。夏になると男も女も、永遠に続くかのような黄昏のなか、夜になるまで畑で働く。以前は農夫の妻も夫と並んで汗を流していたものだが、一九世紀半ばには労働者を安く雇えるようになったため、重労働は雇い人にまかせ、ベアタと娘たちは家のなかの仕事に時間を割けるようになっていた。こうした特権はあったものの、農業生活の日常はかなり平等なものだった。主人と奉公人の区別はほとんどなかった。「みんな同じテーブルにつき、同じ皿から食べていた」と、当時の雇われ農業労働者のひとりは言い、さらにまた、世帯の全員が「同じ仕事をし、農家の娘はメイドと同じベッドに寝ていた」とも回想している。(1)

シュトラ・トゥムレヘドという小さな集落で、彼らはともに祈った。ルター派の保守的なコミュニティでは、日曜日は教会と聖書研究の日だった。家長であるエリーサベトの父は、家族だけでなく雇い人に対しても、日常の信仰の導き手を務めることになっていただろう。祈りが毎日の区切りになる。食事前に、就寝前に、起床時に、神の羊たちが長い夜を無事越したことについて、主に祈りをささげるのだ。

季節の変化とともに、収穫し、地面が凍り、氷が解け、また種をまく。農場生活の定まったリズムから離れることなど、エリーサベトは想像もしなかったに違いない。少女時代の彼女には、母の手伝いをするうちに学んだ家事や子どもの世話、畜産業の基本以外のことは、ほとんど望まれていなかった。教育が最小限だったことにそれが表われている。農村の親の多くは教育について、子どもたちの関心を農業からそらしてしまう「表面的な知識」だと考えていた。一九世紀半ばには、各教区が地元の子どもたち向けの学校を置くことになっていたけれど、教えられる内容は読むことと算術だけ、男の子にはそこに書くことが追加されるぐらいだった。ルター派にとっては、聖書研究と教義理解が信仰の中心だったから、読む能力が最重要だと考えられていた。エリーサベトと姉弟は一時間近く歩いて教会へかよい、堅信礼に備えて必要な聖書教育を受けたことだろう。

子どものころに彼らは、マルティン・ルターが一五二九年にルター派の教えを整理した『コンコードの書』にある、小教理問答書を教わった。エリーサベトは十戒、使徒信条、主の祈り、洗礼の聖礼典、罪の告白とゆるし、聖餐の聖礼典などを暗記するよう教えられた。けれども、信者全員が神の言葉を徹底的に理解していることも必須だったから、聖書の分析や、教区牧師や父親を相手にしての反復練習も課されていただろう。

「十戒とは何ですか」と牧師が尋ねる。

「十戒とは、神さまの教えです」とエリーサベトが答える。

「神はどのようにしてその教えをお授けになったのですか」。

「神さまは人間をお創りになったとき、教えを人間の心に書きこまれました。それからこの教えを十戒としてまとめ、二枚の石板に記し、モーセを通じてこれをお広めになったのです」。これが想定された答えだったろう。対応する聖書の文言が引かれ、さらにこの話が拡張される。

「第六の戒めは何ですか」と、エリーサベトは何度も尋ねられただろう。

「姦淫をしてはならない、です」。

「それはどのような意味ですか」。

「わたしたちは神を畏れ、愛さなければなりません。ですから言葉においても行動においても、清く真面目な生活を送らなければなりません。夫と妻は互いを愛し、敬わなければなりません。からだの結びつきは婚姻関係のなかにとどめねばならず、卑しい欲望に身をまかせてはいけません」。そう答えるよう彼女は教えられただろう。

このようにしてエリーサベトは敬虔な信者となる準備をしていった。一五歳になり、一八五九年八月一四日、コテージに似たトーシュランダの古い教会で信徒たちの前に立ち、堅信礼を受けた。こうして大人の世界に入る用意ができたと証明したエリーサベトは、神の言葉の強力な知識をたずさえ、待ち受ける試練や誘惑に立ち向かうことになる。

その一年と少しあと、一七歳の誕生日の一か月前に、エリーサベト・グスタフスドッテル〔一九世紀ごろまでのスウェーデンでは、女性は父親の名前に「娘」という意味である「dotter」という語をつけたものを、苗字として名乗るのが一般的だった〕は、奉公先を探してヨーテボリへと旅立つ。一八五七年にはアンナ・クリスティナが同じ目的で、この町まで半日歩いてたどり着いたものだった。他のヨーロッパの国々と同様スウェーデンでも、生まれ育った家庭やコミュニティの外で、若い女性が家事の経験を積むことはならわしとなっていた。結婚前に他の女性に見守られながら、台所仕事や子守り、床磨きに費やされる数年は、多くの若い女性にとって、みずから家庭の指揮を執るに先立っての徒弟期間の役割を果たした。この労働期間はまた、持参金を稼ぎ、結婚生活や子育てで必要となる衣服やリネンなどの購入資金を貯める機会でもあった。エリーサベトや姉のように農村から都市へ出てきた若い女性にとっては、夫となる男性を見つける範囲の拡大にもつながる。土地を持っていたり貸したりしている農業経営者の娘たちは、農業労働者や、自分よりも社会的地位の低い者たちと親しくしながら育っていたが、階級の異なる者との結婚は強く反対された。都市には職人や小規模商店主の息子たちがおおぜいいるから、ふさわしい配偶者を見つける可能性は高くなる。

この点においてアンナ・クリスティナは特別幸運だった。靴職人のバーナド・オルソンの家で職を得ただけでなく、七年奉公したのちの一八六四年、その雇い主と結婚したのである。これは雇用者と奉公人が同じ階級である場合、珍しいことではなかった。(2) すでに奉公職を得ている兄姉が弟妹の職を探してやることは多く、自分が働く世帯の奉公職を紹介することもあった。エリーサベトがヨーテボリで職を見つけるにあたっては、アンナ・クリスティナがいくらか助力したのかもしれない。居住記録によると、エリーサベトは一八六〇年一〇月五日には、ヨーテボリ郊外で労働者が多く住む地区であるマヨナに住んでいて、四か月後の二月、国勢調査に彼女の名前は、ラーシュ・フレドリク・オルソン家のメイドとして記録されている。(3)

アンナ・クリスティナの雇用者同様、ラーシュ・フレドリク・オルソン一家は裕福ではなかったが、比較的金に困ることのない下層中流階級に属していた。彼の職業である månadskarl は「管理人」という意味だ。港からわずかに高い丘、アルメンナ・ヴェーゲンにある、一家が暮らすアパートの棟の管理人だったと思われる。(4) オルソンの資産は拡大中だったらしく、一八七〇年代に入るころにはマヨナで別の物件も購入した。

エリーサベトと雇用主との階級差はほとんどなかったが、経済状況が上向くにつれ、オルソン一家はその資産を隣人や知人に誇示したくなっていたのだろう。スウェーデンの女性労働者の賃金は極めて低く、土地を通じての収入を持たない者は奉公職に就くよう奉公法が義務づけていたから、稼ぎの乏しい家庭でさえ、若い娘を奉公人として家に置くことができた。ラーシュ・フレドリクと妻のヨハンナは、エリーサベトとレーナ・カールソンというふたりの奉公人を雇っていた。このふたりは一家の家の屋根裏で、同じベッドをシェアしていただろう。実際のところ、数がそれほど多くもない部屋を維持し、三歳と四歳の息子たちを世話することを、ふたりのメイドとオルソン夫人とで分担したら、いったいどれだけの仕事量が各メイドに残っただろうか。一九世紀スウェーデンの評論家たちは、下層中流階級の家庭がしばしば仕事量以上の奉公人を雇っていると述べている。美術史家のヘンリク・コーネルの子ども時代の回想によれば、中流階級の主婦は、仕事がなくて退屈しているメイドに濡れたリネンを持たせ、部屋のなかに舞っているほこりを集めさせていたそうだ(5)。

スウェーデンの法律は、主人夫妻と被雇用者との関係をかなり明確に規定していた。奉公人の衣食住を負担し、奉公人が病気になったときには面倒を見るのが雇用主の義務だった。これに対し、奉公人には完璧な服従が求められた。「食事に対する根拠なき不満」と「火や主人の財産の不用意な扱い」は解雇理由となったし、「アルコール飲料が提供される場を訪れること」も同様だった(6)。取り決めがなされ次第拘束力が発生し、両者合意のもとに契約が解消されないかぎり、奉公人は雇用期間終了まで働くことになっていた。

一八六四年二月の初めにオルソン家でのエリーサベトの雇用が打ち切られた理由は、謎のままとなりそうだ。国勢調査記録によれば、彼女はこの月の二日、鮮やかな色で塗装された羽目板張りの建物が並ぶ丸石で舗装された道をほんの少しだけ歩いたところ、オルソン家からほど近いドムシェルカ地区へと転居した(7)。調査員に職業を聞かれた彼女は奉公人と答えたが、奉公先の住所も、雇い主の名前も記録されてはいない。調査員の見落としによる記入もれだった可能性もあるが、何か別のことの表われかもしれない――つまり、自分の将来がどうなるのか、誰の手に自分をゆだねたらいいのか、エリーサベト自身わからなくなっていたのかもしれない。

10　アルメン・クヴィンナ九七番

一九世紀の家庭は女性労働者なしではやっていけなかった。とはいえ、よく知らない若い女性を家に入れるのにはリスクがともなう。都市の外から来た娘を雇うことの危険を、ほとんどの雇用者は知っていた。それでも彼女たちは好まれた。草と山羊の香りがし、偽りや盗みをすることがなく、牧師がすべてを取り仕切る結束の固い共同体で育った、赤い頬をした自作農の娘。強欲と放蕩にさらされ、年上の者たちの世慣れたやり方を見てきた都会の娘たちは、堕落しやすいと考えられていた。都市の娘たちが信用できないと思われていたのに対し、田舎の娘たちは無垢で傷つきやすいと思われていた。慣れない環境で、まったく知らない他人の家庭に暮らす彼女たちは、ホームシックにかかったり孤独を感じたりしがちである。都会の生活に不慣れであるため、不実な者たちの格好の餌食となる。害悪から守るのは主人の役目だったが、彼女たちがこうむる傷は、まさに彼女たちが雇われている場で負わされることも頻繁であった。

奉公人は、ビアホールに入ったり、主人の家以外に許可なく泊まったりできなかったから、雇われている家庭や、それに直接接するコミュニティ以外の異性とは、実質的に知り合う機会がなかった。雇用者の友人ないし親類の家庭にいる奉公人と会ったり、食料品店や肉屋、パン屋や配達人などの労働者と接することはあったけれど、それは（なれなれしかったりいちゃついたりすることはあっても）つかの間の関係でしかなかった。エリーサベトのような若い女性がごく近い距離で暮らしていれば、雇い主の家族の男性構成員は気をそそられることもあったろうし、彼女たちにとってもそうだったろう。あらゆる世代の男性にとって、奉公人――彼の私的な習慣を熟知し、彼のベッドを整え、彼の衣服を洗い、彼の風呂に湯を張っているだろう女性――と性的関係に陥るのはよくあることだった。主人あるいはその息子、その兄弟、そのいとこ、その友人、その父親を、奉公人のほうから積極的に誘うかどうかはともかく、彼女がひとりきりになる機会は事欠かなかったのであり、そうした機会に彼女は関係を強制されたり、力づくで関係を持たれたり、互いの欲望に屈服したりしたのである。

奉公は若い女性労働者の人格を養うものとされていたけれど、主人の家の男性と性的関係を持つことは、しばしばこれを台無しにしてしまう。こうした関係は、女性を最終的に売春業に引きこんでしまうと言われていた。「薬剤師や外科医の家のメイドは主人の助手に誘惑されるかもしれない。ロッジングハウスのメイドは学生や、商用で旅行中の者や警官に。（……）ホテルの奉公人は常連客に。若い店員は、彼の両親のところで奉公している女を誘惑するだろう」等々。[1] 多くの場合、男は彼女の面倒を見ると約束し、実際にその約束を守って住まいを与えた。その住まいは彼の資産次第でひと間の部屋のこともあれば、家一軒のこともあった。夫婦を装って愛人と住む者もいたし、時々会いに行くだけの者もいた。一生ではないとしても長年関係が続くこともあったが、多くの場合は数週間か数か月で破綻した。一九世紀のダブルスタンダードは、こうした関係から男が立ち去ることを許したが、女の人生はたいていめちゃくちゃになり、泣き叫び嗚咽をもらす日々となる。

自分の欲望にまかせて彼女の人生を変えてしまった男の名を、エリーサベトは墓場まで持って行ってしまった。その男と初めて関係を持ったのが、同意のもとであったか強制されてのことだったか、どこでどんな状況でそうなったのかもわからない。わかっているのは、一八六五年四月に彼女が奉公人だと自称しつづけていたこと、けれども彼女の奉公先がヨーテボリのどの記録にも見つからないことだけだ。彼女が新しい奉公先に長くとどまらず、じきに恋人と一緒に、あるいは恋人の支払いで居を構えたとも考えられる。こうした場合は真の関係を隠すため、たとえ短期間であるとしても専有されているかのごとく、恋人の苗字を名乗って妻となるのが常だった。

ヨーテボリでは、〔姦淫の〕罪を犯しながらまっとうな生活を装うことは、家主や近所の人々に気に入られるためだけでなく、警察からの疑いや法を逃れるためでもあった。一八六四年まで、婚外性交とそれによる妊娠は非合法で、刑罰の対象となる犯罪だったのだ。加えて一八五九年には、性病、特に梅毒の蔓延を抑制するため、都市における売春の規制法が導入されていた。この新しい法は、後ろ暗い状況で暮らしている女性すべてを脅やかすものだった。

一〇万以上の人々が居住しながらなお人口が増えつづけ、イェータ川に毎日外国船が錨を下ろすこの大きな港町で、人を衰弱させるこの病がたやすく市民のあいだに広まり、軍のなかでも蔓延することに、当局はひどく頭を悩ませていた。スウェーデンは他のヨーロッパ諸国、たとえばフランスやドイツから対策のヒントを得る。これらの国は同じ脅威に直面したとき、性産業を規制し、この産業に従事する女性たちの健康を守る厳しい法をいくつも制定したのである。英国も、港町でこうした対策を取ることに利があると考え、一八六四年に最初の伝染病法を制定した。

規制方法はまちまちだったものの、すべての国が共有していた概念は、梅毒蔓延の咎《とが》は性産業の女性が負うべきだというものだった。道徳的に堕落した女性を、すなわち蔓延の媒体を国がコントロールできれば、問題は切り離せると考えられていた。男性感染者は規制から除外された。ストックホルムやパリ、ハンブルク、ベルリンなどのヨーロッパ各地の都市と同様、ヨーテボリでも、性産業に従事する女性は名前と住所を警察に登録するよう求められ、定期的に婦人科の検診を受けて、感染していないことを証明せねばならなくなった。けれども、誰がこの名簿に記載されるべきかは、各地域をパトロールして売春を取り締まる警察の完全な気まぐれにまかされていた。登録を強要された女性の多くは実際には売春しておらず、警察の言う「淫乱な生活」を送っているとの疑いをかけられた者だった。[2] 歴史学者のイヴォンヌ・スヴァンストレムによると、ヨーテボリではふたつの別々のリストが用いられていた。ひとつは売春婦と認められた女性たち、もうひとつは疑いのある女性たちのリストである。後者のリストには、妊娠中の独身女性、男たちと一緒にいるところを頻繁に見られている女性、夜間外出している女性、愛人女性の名前が載っていた。

警察と近隣住民はエリーサベトをしばらく疑い、一八六五年三月には、彼女が「淫乱な生活」を送っていると確信した。このとき彼女は妊娠六か月で、服の上からでも妊娠がわかる状態になっていた。この状況に彼女を追いやった男はもう一緒におらず、彼女を疑惑から守ってはくれなかった。その男がどこへ行ってしまったのか、妊娠中の彼女にどんな生活手段を提供していたのかはもうわからない。まだ風が氷交じりで冷たい三月の終わり、エリーサベトは命じられて警察署に出頭し、外科医の手で、以後定期的に受けることになる性器の検査を初めて受けたのである。

この初めての検査で、トーシュランダ出身のエリーサベト・グスタフスドッテルの名は、公式名簿に「アルメン・クヴィンナ〔Allmän Kvinna〕(公共の女)九七番」と記された。[3] エリーサベトは出生証明と、以前どこで働いていたか、どこに住んでいたかなどの情報とを提出するよう求められた。彼女はこれらの事項について意図的に沈黙を守り、農家に生まれて都会へ出て、奉公人として働いていたとだけ述べた。宗教教育についても尋ねられ、（間違った情報だが）一七歳で堅信礼を受けたと答えた。(4) 情報を書き取っていた担当者はここで顔を上げ、この若い女性の容貌をじっと見る。「青い目」で「褐色の髪」だと彼は書く。鼻は「まっすぐ」で顔は「楕円」。丸顔ではなく面長だということだ。妊娠でおなかが大きくなってはいるが、この二一歳の女性は暴食はしてこなかったと彼は推測する。身長は五フィート二インチ〔約一五七・五センチ〕、体格は「やせ型」だと記録された。(5)

彼女の日常にどんなルールが課されるかも説明されただろう。週に二回、火曜と金曜に警察に出頭せねばならない。さもなくば逮捕されて罰金を払うか、パンと水だけの食事で三日間刑務所で過ごすことになる。夜一一時過ぎに外出してはならない。「穏やかで静かな暮らし」をせねばならない。これは、彼女が売春婦であり、おおっぴらに客引きをしているとの前提に立っての要求だ。自分の家の窓や戸口あたりでうろついたり、そこから「通行人に声をかけたり」してはならない。「公衆の面前に出るときはきちんとした身なり」をし、「注目を集めないように」すること。このような注意をされる女性の屈辱たるや、とりわけ彼女が性産業と無関係であった場合、あるいはその罪が売春によるものではなく、レイプや恋人との軽率な行動によるものであった場合、圧倒的に耐えがたいものであったに違いない。俗に「恥の名簿」と呼ばれていたものに名前が記載されてはいたけれど、エリーサベト自身はその春自分のことを、売春婦ではなく奉公人として記録してもらっていたのである。

取り調べの手順は、「公共の女」を検査するだけでなく、彼女たちに反省をうながすことをも目的に組み立てられていた。エストラ・ハムンガータン〔ヨーテボリ中心部の通りの名称〕を歩く善良な市民の感情を害さないよう、「公共の女」だとわかっている女性、ならびにその疑いのある女性は、外から見えない裏口から警察署に入るよう言われていた。なかに入ると、服を脱いで一列に並ぶよう命じられる。列が長くなった場合は中庭で寒さに震えながら、警官に監視されつつ待たねばならなかった。

信仰心篤い共同体で、教義問答をしながら育った若い女性にとって、この経験は衝撃的な恥辱であったろう。けれども身ごもっていたのは私生児であったから、当時の多くの女性同様エリーサベトもまた、罰されるのは当然だと信じこんでいたかもしれない。自分は両親に背き、コミュニティに背き、自分自身と神に背いて罪を犯したのだと、社会と教会に信じこまされていたかもしれない。彼女の恥の感情は、名簿に登録されるにあたって自分の状況を詳しく明かさなかったことにも表われている。両親について問われると、ふたりとも死んだと躊躇なく答えた。母についてはほんとうだった。一八六四年八月に結核で亡くなっていたのだから。一方父親は健在だった。しかし現状を恥じる気持ちから、父親のもとには戻れないと思ったのだろう。(6) その年の五月に結婚したアンナ・クリスティナも、妹との関わりをすべて断ってしまっていた。もう家族ではないと思っていたのかもしれない。

三月に警察に登録されてからたった数回検査を受けただけの四月四日、コンジローマが見つかった。性器にできるいぼである。検査官にはその意味がすぐわかった。アルメン・クヴィンナ九七番は、梅毒に感染しているのだ。彼女は警察に付き添われ、スウェーデン語で「治療の家」を意味するキュルヒューセット〔Kurhuset〕——性病専門病院へとただちに移送された。

警察の名簿に載った時点で、エリーサベトの梅毒は第二期まで進行していた。この病気の初期症状は感染後一〇日から九〇日ほどで表われる。たとえば硬性下疳《げかん》と呼ばれる痛みのないしこりが性器に生じるのだが、このしこりは三週から六週で消える。そのあとエリーサベトはインフルエンザのような症状を経験しただろう。発熱し、リンパ節が腫れ、喉が痛む。それから背中や手足の裏に発疹が広がる。この段階になると、性器にいぼのような病変も現われる。第二期梅毒は数か月で終わることもあれば、一年以上にわたって患者を苦しめることもある。彼女が梅毒を誰からうつされたのか特定するのは不可能だけれど、進行具合からすれば、子どもの父親からだったのかもしれない。性的経験の少ない者は、パートナーに症状がないか確かめることをしないため、性産業で経験を積んでいる者よりも感染可能性が高い。

記録によると、エリーサベトはキュルヒューセットに五月一三日までいた。(7) ヨーテボリの性病専門病院は静養して治療される場というにはほど遠く、患者を囚人のように扱うことで有名だった。それは法に基づいてのことであり、完治したと認められるまで患者を力づくで閉じこめておくことが、看護人にも看護師にも許されていた。一八五五年、キュルヒューセットの梅毒棟には一三三名の女性患者がいたが、病床不足のためその多くはベッドをシェアしていた。収容可能人数を超えた場合、患者は床に寝かされた。

一八六〇年代に入るころには、医療施設では梅毒治療として二種類の方法が提唱されていた。昔からの治療法は水銀の摂取で、病変に直接塗布することもあった。もっと近代的な方法では、他の金属——金、銀、銅——の使用が好まれ、臭素、ヨウ素、硝酸を体内に入れる、または軟膏として塗布する。どちらも患者の健康を甚だしく害するものだ。ヨーテボリのキュルヒューセットはこのふたつの治療法のうち、水銀を使わないほうを採用していたようである。入院中エリーサベトは、主成分がヨウ素と水素であるヨウ化水素酸の摂取による治療を受けた。性器のいぼは塗り薬で乾燥させられたか、切除されたかであろう。この治療を一七日間受けたところで、早すぎる陣痛が始まった。四月二一日、彼女はキュルヒューセットに閉じこめられたまま、妊娠七か月で女の子を死産した。(8) 出生証明書に父親の名は記載させなかった。

「恥の名簿」に名前が記録された三月末から、キュルヒューセットを退院した五月一三日までのあいだに、エリーサベトがこうむったトラウマは計り知れない。淫売だと公然と非難されたこと、警察による検査という恥辱に耐えねばならなかったこと、死や容貌の変化の恐れのある病にかかっているとわかったこと、閉じこめられて苦痛をともなう治療を受けたこと、敵意に囲まれながら流産したこと、そして頼れる者もないまま路上へ放り出されたことは、間違いなく彼女の心に傷を残したはずだ。

「淫乱な生活」を送っていると疑われた女性と、売春婦だとわかっている女性とをまったく同じように扱うこのシステムは、両者ともを同じ運命へと追いやるものだった。警察に一度登録されてしまった女性は、まっとうな仕事にはもう就けないのだ。自活のために取りうる手段は、従事しているのではとの疑いをかけられた、まさにその職業に就くことだけだったろう。「ニンフたちの通り」として悪名高いヨーテボリのピルガータンでからだを売る女たちの集団に、エリーサベトが加わることになった経緯は正確にはわからないが、その年の一〇月には、彼女の住所はここだということになっていた(9)。道を歩きながらのおおっぴらな客引きは警察が禁じていたので、エリーサベトはもっぱら屋内で客待ちをしていただろう。その場所は、表向きは合法的な店だと見せかけているこの地区のコーヒーハウスのいずれかだったかもしれないし、売春宿だったかもしれない。とはいえ、売春宿を経営するマダムは、梅毒の治療を受けたばかりの女性を雇うことに難色を示すものであった。ピルガータンとフーサルガータンのコーヒーハウスを転々とし、さまざまな女たちと顧客、およびそうした店のオーナーたちとの関係について学ぶエリーサベトの学習曲線は、相当な急カーブを描いたことだろう。その生活は暴力と無縁ではなかったろうし、暴力への恐怖もつきまとっていただろう。彼女は当時、労働者階級地区であるハーガに住まいがあると言っていたが、国勢調査における地区住民名簿に名前は載っていないから、家に男を連れてくるときは偽名を使っていたと思われる。彼女が家と呼んでいた場所はおそらく、この地区の住宅の多くにあった屋根裏、ルデルクポール〔luderkupor〕（すなわち「淫売の小部屋」）と呼ばれる狭い部屋のひとつだったに違いない。これらは売春婦専用の住まいとして貸し出されていて、おかげで彼女たちはつましく暮らしていくことができたのだった。

当時ほぼ不治の病だったものをエリーサベトが患ったことは、彼女に降りかかった多くの不幸のひとつであり、また間違いなく、彼女が関係を持った多くの男たちにとってもそうだった。梅毒の病理はまだ完全には解明されていなかったため、感染していてもその兆候が表面に現われていなければ、人にうつすことはないと信じられていた。医療関係者は必死に努力していたけれど、この強力な病に対する有効な治療法は、一九一〇年のサルバルサン導入、および、さらにのちの抗生物質の登場まで待たねばならなかった。したがって八月三〇日、エリーサベトに再び病状が現われたのは驚くようなことではない。彼女はキュルヒューセットに戻り、九月二三日まで入院した。今回、陰部の病変には硝酸銀が塗布された。二三日後に退院したものの、また別の病変が今度は陰核に出てしまい、一〇月一七日に再び入院する。もう一度硝酸銀による治療を受けて、一一月一日、「治った」と告げられた。その後警察で三日、七日に検査を受け、一〇日の検査では晴れて「健康体」だと証明されたが、実際には健康体に戻ることなどもうなかったのである。[10] この日以後のどこかの時点で、エリーサベトの梅毒は潜伏期に入る。症状は消え、もう人にうつすことはないと思われただろうが、結局何年も経ったのち、病は危険極まりない第三期症状で戻ってくることになる。

売春と性病とを行き来するこの残忍なサイクルにとらわれた女たちに、法制度がほとんど情けをかけてくれなかった一方で、もっと同情的な姿勢を取る人々もいた。多くのヨーロッパの国々がそうであったように、一九世紀半ば、スウェーデンをはじめとする北欧諸国では、転落した女たちの「救済」への関心の高まりがあったのである。中流および上流の階級の女性たちが主に教会を通じて行なったこの活動は、神を見失ってしまった者たちを、クリスチャンとしての生活へと復帰させることを目的としていた。環境が女たちを売春へと追いやるのではなく、個人の選択なのだというのが人々の考えだった。道から迷い出てしまっただけなら、戻る決意もできるはずだ。この人格改革は、「公共の女を私的な女へと」変えることによって実現される——つまり、よきルター派信者の女性がいる場だと聖書が定めた場、家庭という圏域へとその女を引き戻すことによって。復帰のためにはたとえば、メイドや洗濯女としての訓練を積み、掃除やアイロンがけ、料理、子守り、裁縫、伝統的な手工芸品作りなどを学ぶことになる。この活動の先頭に立つルター派の女執事たち〔「執事」とはこの場合、ルター派で牧師に次ぐ位の聖職者のこと〕は矯正施設や洗濯工場を作り、勧誘活動の一環として、売春地区や性病専門病院を頻繁に訪れた。

エリーサベトがマリア・イングリッド・ヴィースナーと出会ったのはこの経緯からだと思われる。マリアは、ヨーテボリ交響楽団所属のドイツ人音楽家の妻だった。ヴィースナー夫妻はそれほど裕福ではなかったが、フーサルガータン二七番地の板張りのアパートに住む音楽家仲間たちの家族同様、社会的地位の高さの証として、メイドを置くことには慣れていた。転落した若い女性を雇うことにしたのはクリスチャンとしての義務感からだけでなく、財政状況ゆえの決断でもあったかもしれない。ほんの数か月前、オーケストラは資金不足から解散してしまい、カール・ヴェンツェル・ヴィースナーは、スウェーデン人妻を連れてボヘミアへ帰るよりも、ヨーテボリに残ってオーボエ奏者として生計を立てることにしたのである。ヴィースナー家にはこのときメイドがおらず、マリアにはもうすぐ第一子が生まれようとしていたから、手伝いがいてくれればありがたかっただろう。警察に登録されている女性が、寝室と食事だけを報酬として働いてくれるならなおさらだ。

一一月一〇日、エリーサベトは定期検診を受けた。ボンネットをかぶり、冬用の外套を羽織ったマリアは、警察署の外で彼女を待ち、新たな人生へと連れ出したのだろう。仕事を、家を、苦境に同情した人からこのようにして提供されることは、例外的な幸運だった。それにまた、法の定めるところによれば、警察に登録された女が名前を名簿から除外してもらい、人生と名誉を回復する方法は、結婚を別にすればこれ以外なかった。キュルヒュ一セットにいた多くの女たちのなかから、マリア・ヴィースナーがエリーサベトを選んだ理由は正確にはわからない。アルメン・クヴィンナ九七番の悲劇的な物語に心を動かされたのかもしれない。同じくらいの年齢で、ふたりともスウェーデン西部の村の出身だったからかもしれない。結婚して二年になるマリアが、奉公人だけでなく友人をも必要としていたからかもしれない。あるいは、信心深さと、運命を変えたいという真摯な思いを、エリーサベトのなかに見たのかもしれない。

「恥の名簿」から名前を消してもらうには、雇用者が警察に手紙を書き、かつて公共の女だった人物の、今後の行動と人格を保証する必要がある。エリーサベトがマリア・ヴィースナーに連れられて、建物の一階にある彼女のアパートまで行った三日後にあたる一三日、エリーサベトの雇用者は以下のように書いた。「メイド、エリーサベト・グスタフソンは一一月一〇日より拙宅に奉公しており、奉公期間中、わたくしが彼女の行動に責任を持ちます」[11]。翌日エリーサベトは最後の検診を受け、完治したと医師から告げられた。かくしてアルメン・クヴィンナ九七番という人間は消滅したのである。

フーサルガータン二七番地のヴィースナー家で働いていた期間は、エリーサベトにとって幸福なものであったろう。建物のオーナーであるヨハン・フレドリク・ベリエンダールは、カール・ヴィースナーと同じオーケストラでトランペットを吹いていた軍曹だが、個人的な知り合いを入居させることを好んでいたようだ。ベリエンダールがヴィースナー夫妻以外に選んだ入居者は、同じく軍のトランペット奏者であるフランス・オスカル・マルムと、軍人の未亡人およびその子どもたちだった。冬が近づき、重く冷たい闇が街に戻ってくる。これまでエリーサベトは、暗鬱で苦痛に満ちた生活を送っていた。しかしこの年は彼女の生活も、ロウソクの光と暖炉の火、音楽に満たされていたことだろう。

一九世紀、ばらばらな社会をひとつにまとめていたのは音楽と芸術だった。娯楽を生み出す人々は労働者階級や「職人」階級の出であることが多かったけれど、文化活動の参加者や後援者はしばしば社会で最も裕福な人々、最も影響力のある人々だった。恵まれたパトロンたち同様音楽家も世界を飛びまわり、あらゆる国籍の人々と交流し、権力者の耳にも演奏を届けていた。エリーサベトが次なるチャンスをつかんだのも、おそらくは音楽を通じてだったろう。

一八世紀に始まったヨーテボリの商業的拡大は、一九世紀に入りさらに急速に進んでいた。大きな港があり、木材や鉱石などの原材料にアクセスできるこの都市に、英国人事業家は可能性を見出して、巨額の投資を始めた。ディクソン家、カイラー家、ウィルソン家などが帝国を築いた。デイヴィッド・カーネギー〔一七七二－一八三七〕が投資銀行と製糖工場、醸造所を開いた。じきにヨーテボリには英国の熟練醸造職人が集まりはじめ、さらにはスコットランドとイングランドの技師たちも、鉄道や下水道システムの設計を請け負ってやって来た。英国人コミュニティの存在感は高まり、ヨーテボリは「リトル・ロンドン」と呼ばれるようになる。

大半がスコットランドからやって来たヨーテボリの「リトル・ロンドン」っ子たちは、この都市で最も気前のよい慈善家でもあった。ジェイムズ・ジェイムソン・ディクソン〔一八一五―八五〕とその弟〔オスカル・ディクソン（一八二三―九七）〕、およびその父〔ジェイムズ・ディクソン（一七八四―一八五五）〕は、ヨーテボリ交響楽団の立ち上げにあたり、中心となって資金を集めた人々であり、音楽家たちの人生において重要な役割を果たしている。この交響楽団のリーダーで、ヨーテボリ軍楽隊の指揮者でもあったヨーセフ・チャペック〔一八二五―一九一五、チェコのプラハ生まれの音楽家〕は、カール・ヴィースナーの友人にして雇用者でもあったが、英国人コミュニティのまさに中心である英国国教会のオルガン奏者も務めていた。ロンドンへ戻る英国人家族に自分たちの家のメイドがついて行きたがっていると、ヴィースナー夫妻が気づいたのはこのネットワークを通じてのことだったろう。

これ以上ヨーテボリにいることをエリーサベトがどう思っているのか、ともに暮らしているあいだにマリアは彼女と話し合ったのかもしれない。エリーサベトはもう警察の名簿には載っていないし、売春ももうしていなかったけれど、ヴィースナー夫妻の家からフーサルガータンへと一歩踏み出せば、昔の彼女を覚えている人々に会わざるをえない。毎日、店や市場へ行くたびに、以前の顧客、コーヒーハウスのオーナー、同業だった女たちに出くわしたことだろう。警察も彼女の監視を続けていた。この街にいるかぎりエリーサベトは過去から逃れられないのだから、裕福な家庭のメイドとしてロンドンで人生をやりなおすチャンスは、天からの恵みのように思えたはずだ。

ここまででもすでに運命はエリーサベトに対して寛大だったが、さらに、とどめとなる最後の贈り物が授けられた。ヴィースナー家で暮らしているあいだに彼女は――母親の遺産だと多くの人が想像しているのだが――六五クローナの金を受け取ったのである。(12) しかし、スウェーデンの法では二五歳未満の女性は自己の権利で遺産相続できないことになっていたうえ、母親の死後その資産は彼女の夫に引き継がれていたのだから、これは想像された種類の金ではなさそうだ[13]。比較的少ない金額ではあるが、衣服や靴、帽子、それから旅行用トランクなど、新生活のための品を買うには充分だったろう。エリーサベトがこのような金をほんとうに人から受け取ったのだとしても、金の出どころは遺産ではなく、彼女に降りかかった不幸の償いをしたいと望む誰かだった可能性がある。この種の行動は、愛人と別れる男がよく取るものだった。

二月の初め、ヨーテボリの街路には雪が積もり、運河の水面はなめらかに凍っていた。凍てつくように寒い一八六六年二月七日、港では港湾労働者も船員も船客も、毛織物や毛皮にくるまっている。エリーサベトもそのなかにいて、ロンドン行きの船に乗ろうとしていた。空に向かってそびえる船の煙突が、凍った大気のなかに温かな煙をもくもくと吐き出していた。

その五日前、彼女はイングランドへの移民志願書に記入し、居住地変更証明を首都に提出していた。書類のなかで彼女は、家族をともなわずに渡英すると述べている。二二歳になったばかりであり、その日ロンドンへ移住した唯一のスウェーデン人だった[14]。ハル経由でロンドンへ向かう混み合った移民船に乗船したのではなく、英国人の新しい雇用者と一緒に、ある程度快適な船旅をしたのだろう。尖塔や円屋根の並ぶスカイラインが遠くへ消えていくのを、デッキに立って、あるいは窓から眺めている彼女の心に、後悔の念はほとんどなかったはずだ。ヨーテボリは彼女に残酷な傷を残したのであり、以後どこを故郷と呼ぼうとも、その傷は決して消えることはなかったのだから。

11 移民

シアネス〔ケント州北部の港町〕で、ウィリアム・ストライドほど尊敬されている男はいなかった。地味な見た目の地元の名士で、街の人は会えば帽子を取るものの、微笑みかけることはできないたぐいの男だった。ストライドは、勤勉な男がその立場にあればできるだろうことをすべてやり、その結果土地持ちのブルジョワの仲間入りをした。一八〇〇年ごろ、船大工として社会に出ると、その後何十年かこつこつと貯金と投資をし、土地開発と住宅販売で財産を築く。一八四〇年には、自分の建てた物件のひとつに住んでいた。通り一本ぶん続く家々がまるごとその物件で、彼の名前を冠し、まとめて「ストライズ・ロウ〔Stride's Row〕」と呼ばれていた。港湾労働者だった彼は、このころシアネス埠頭の管理委員長にまで昇りつめていた。成功の原因は何かと果敢にも尋ねる者がいたら、信心のおかげだと間違いなく答えていただろう。

一八一七年に結婚したのちまもなく、ストライドはメソジスト派に改宗する。その後一生にわたって彼はこの宗派を熱心に信仰し、あらゆる決断をこれに基づいて行なうことになる。比較的裕福だったにもかかわらず、ストライドと妻エリナー、および九人の子どもたちは、簡素で禁欲的な生活を送った。その生活の大半を彼らは、およびそこに加わる新しい家族は、ストライズ・ロウのうちの小さな一軒で過ごした。信仰の厳しい定めに従い、裕福さを他人に見せびらかすようなことはすべて控えていただろう。高価な衣服や宝飾類は避け、家具もごく質素なものにする。ダンスや観劇、カード遊びはせず、週に一日断食の日を設ける。最も重要なこととして、船乗りや海辺の娯楽がいっぱいの町だというのに、彼の家に酒はなかっただろう。またウィリアム・ストライドは、いくらでもそうできる金があったにもかかわらず、住みこみの奉公人を雇うことはなかった。一八五八年に妻が亡くなったあともである。

禁止と制限だらけのこの環境に、一八二一年、ジョン・トマス・ストライドは生まれた。第二子であるジョンは、父親の仕事の手ほどきを受けて大工になる。シアネスの造船所は大繁盛で、職に就いたばかりのころのジョンは忙しかったに違いないが、一九世紀半ば、木材に代わって鉄が船の建材として用いられるようになると、仕事は不安定になってきただろう。ジョンが四〇歳になっても未婚のまま実家暮らしで、年老いた父親の面倒を見るとともに、心の病を抱えていたらしい末弟、ダニエルの世話をしていたのも、これが理由のひとつだったかもしれない。一八六一年、家庭に大きな困難が持ち上がった。ダニエルがいちばん上の引き出しから六ポンド一一シリング六ペンスを盗むところを、ジョンが見てしまったのである。ウィリアム・ストライドはこのような行動を大目に見る男ではなかったから、ダニエルを警察に引き渡したのは彼の判断だったのだろう。ダニエルは逮捕、勾留された。三月に小治安裁判所で開かれた裁判で、ジョンは起訴を拒み、ダニエルの釈放を獲得した。(1) この事件のあとまもなく、現状に行き詰まりを感じていた大工〔ジョンのこと〕はシアネスを離れ、ロンドンで仕事を探す決意をする。

一八六〇年代、素敵な彫刻の施されたダイニング・チェアや流行のサイドボードを買いたいと思うロンドンっ子は、七〇軒以上の家具工房が立ち並ぶ、トッテナム・コート・ロードの北側を訪れるものだった。西はマーリバン・ロードから、一マイル東のセント・パンクラス駅まで広がるこのエリアは、工場や倉庫、店舗がいっぱいで、マホガニー材やオーク材を切り出した香りがいつもただよっていた。ジョン・ストライドがロンドンにやって来たころ、この「家具地区」には、椅子張りからキャビネット作り、販売に至るまで、家具業界のあらゆる部署の労働者が五二五二名もいた。道具箱を抱えたストライドも、多数ある工房のどれかでたやすく職を見つけたことだろう。

住まいもこのエリアに構えた。ユーストン・ロードから少し入った、モンスター・ストリート二一番地の、チャールズ・レフトウィッチの家である。銅商人として財産を築いたレフトウィッチは、賃貸仲介業のほかときおり配管設備の開発もしている、家庭的でしっかりした中流階級の男で、空き部屋を下宿人に貸す余裕があった。中年で独身のメソジスト派信者であり、絶対禁酒主義の静かな暮らしに慣れているジョンは、理想的な下宿人だったろう。とはいえ、奉公人をふたり置いているレフトウィッチ家は、彼に対して威厳を持った距離を取っていたと思われる。夜明けとともに仕事に行き、遅く帰ってくるジョンは、一家とは別に食事を取っていただろう。自室で、あるいはキッチンで食事を取るか、モンスター・ストリート六番地にあるダニエル・フライアットのコーヒーハウスで食事することもあったかもしれない。

ジョージ王朝時代、しばしば知的探究と結びついていたコーヒーハウス〔政治に関する討論や情報交換が行なわれる、知的サロンとして機能していた〕は、一九世紀半ば、ロンドンのあらゆる階層の労働者男性に再び人気を博していた。朝早く午前五時に開店し、夜は午後一〇時ごろまで開いているこれらの店は、砂糖入りのコーヒーとともに、チョップ〔豚や羊のあばら肉を焼いた料理〕、キドニー〔羊などの腎臓の料理〕、バターつきのパン、ピクルス、卵などのシンプルな食事も出していた。最新の新聞や雑誌もあり、自分で読んだり人が読み上げるのを聞いたりできたが、酒は提供されなかった。コーヒーハウスは禁酒の誓いを立てた男や、パブ以外でわいわいやりたい男たちの場となっていた。かつて朝から黒ビールを飲んでいた工場労働者や職人たちが、いまではここに立ち寄って、一ペニーのロールパンとカップ一杯の温かいカフェインを摂取するようになった。仕事帰りに立ち寄ると、コーヒーハウスは相変わらずにぎわいながらも、朝よりももっとくつろげる雰囲気になっている。常連客はダークウッドの仕切り席を勧められ、うっすら染みのついた雑誌を片手に、ポークチョップを食べてのんびりと過ごす。「夜になると、これらの場は読書室に変わる」と、ある観察者は書いている。「安らげる家庭を持たない何千、何万もの人々にとって便利な場所である。暖かな火、明るいともしび、新聞や雑誌、ちょっとした飲み物が、わずか数ペンスで手に入る（……）」[2]。

妻も家族もなく、慣れ親しんだケントの海岸から遠く離れてしまったジョン・ストライドは、フライアットと会話しながらこの快適な場で多くの時間を過ごし、似たような店を開くことを考えていたのだろう。四〇代に入ったジョンは、大工の作業台や家具工場で週に六日あくせく働くことの肉体的負担を、もはや無視できなくなっていた。父親がそうしていたように、もっと楽にたくさん稼ぐことができて、いつかは妻と子どもたちも養えるような事業に労力を注ぐべきだと、彼も考えるようになった。

熟練労働者にはよくあることだったが、ジョンが女性と出会う機会は、労働時間の長さゆえに限られていた。出会いのチャンスがあるのはパブや公園、ミュージック・ホールや教会の催し事などだ。コーヒーハウスにもその可能性はあった。

コーヒーと脂の匂いが充満し、男たちの粗野な会話がこだまするダークウッド作りのこうした部屋を、女性が訪れることはあまりない。とはいえ、店の売り子や奉公人、日給制で働いている女性たちが、コーヒーと一ペニーのパンを求めて立ち寄ることはたびたびあったし、奥様のお使いでやって来たり、お昼にスープとフルーツ・プディング、タピオカを食べに来ることもあった。スウェーデン出身の若いメイド、エリザベス・グスタフスドッテルと、ジョン・ストライドとが出会ったのは、おそらくそのようにしてであったろう(3)［この注にあるとおり、渡英後エリーサベトは名前のつづりを英国流に変更した。それにともない英国風に「エリザベス」と名乗るようになったと思われるため、この翻訳でも、以後「エリザベス」と表記する］。

一八六六年冬にロンドンに到着してエリザベスが最初に住んだのは、トッテナム・コート・ロード近辺のにぎやかな商業地区からはほど遠い、ハイド・パーク近くのエレガントな屋敷だった。一九世紀半ばのロンドンで、社交界お気に入りの散歩道を取り巻くこの界隈以上に、富と上流社会を意味する場所はなかった。エリザベスの雇用者家族の正体はいまだ謎に包まれているが、彼らの社会的地位についてはそうではない。エリザベスは、たとえばスウェーデンと英国、ヨーロッパ諸国を頻繁に行き来して、船舶と鉄、木材の帝国を監督していたディクソン家のように富裕なコスモポリタン家庭の、おおぜいいる奉公人のひとりとなったのだろう。これは家事奉公の世界では名誉なことであったけれど、以前のどの職場よりもはるかに大きな緊張を強いられたはずだ。いまや奉公人の階層に組みこまれた彼女は、部屋数の少ない家に住む寛大な下層中流階級の奥様ではなく、複数階にまたがる大きな家を切り盛りする、家政婦長と執事の指示に従わねばならなくなった。そこにはまったく新しいルールがともなっただろう。手を清潔にし、背筋を伸ばし、発話は控え、主人や奥様とは目を合わせない。ホールや階段でご家族と会ったら、顔を壁側に背けるよう教えられただろう。ここに言語習得の困難まで抱えていたのだから、仕事の負担と文化的差異は、時に彼女を押しつぶしそうにさえ感じられたかもしれない。

ロンドンでの仕事を引き受けたとき、彼女は英国に永住する決意を固めていた。ロンドンに移住したスウェーデン人が、スウェーディッシュ・チャーチに登録することは義務ではなかったが、英国永住を希望する者は、管理上の手続きとしてそうしていたようだ。ハイド・パークからイースト・エンドのプリンシズ・スクエアにあるスウェーディッシュ・チャーチまで行くことは、月に一日しか休みを与えられない奉公人にとっては、相当時間を食うことであったろう。エリザベスが教会へ来たのは、英国入国から五か月経ってのことだった。最終的には雇用主の要請でやって来たようである。海外への移動に備えてのことらしいが、エリザベス自身が希望したことではなかったかもしれない。字が書けないエリザベスは、教会の登録係に自分の名前と職業、独身だという事実を伝えた。同時にまた、船舶業の中心地のひとつであるフランスのブレストへと旅行する意向も伝え、居住地変更を申し出た(4)。彼女が実際に雇用主に付き添ってフランスまで行ったかはわからない。エリザベスの居住地変更志願書は、出発予定日前かロンドンに戻ったあとかのいずれかの時点で、別の人間によって線が引かれ、取り消されているからだ。

エリザベスが結局ハイド・パークでの職を辞するに至った状況ははっきりしないが、一八八八年の検死審問では、ヨーテボリで彼女が巻きこまれたのと似たスキャンダルの可能性が、奇妙な論理によって示唆されている。エリザベスは容姿に恵まれていたらしい。数々の試練や苦難にもかかわらず、「彼女の顔には美しさの痕跡が残っていた」と、ウォルター・デュー警部も悲しげに述べている(5)。エキゾチックな外国なまりでしゃべる、広い額にウェーブのかかった暗い色の髪の若い娘は、ロンドンで多くの求愛者の目をとらえたことだろう。エリザベスはハイド・パークで雇用者の家に住みこんでいたころ、そうした求愛者のひとりである警官と交際していたが、彼女の労働時間の長さゆえ、この関係は実を結ぶには至らなかった。けれどもそのころ、別の身近な誰かが彼女の愛情を勝ちとっていたらしいのだ。

二〇年以上ののち、エリザベスの死に関する審問の場で、ひとりの証人が彼女との恋愛関係について問われた。波乱万丈だったことを証言は示唆している。その証人、マイケル・キドニーによれば、彼はエリザベスを妻同然と思っていたけれども、彼女から何度か別れを告げられていた。「ほかに親しくしていた男を誰か知っていますか」と検死官は尋ねた。

「ハイド・パーク近くのどこかで彼女は奉公人として住みこんでいたのですが、その家の紳士の、ごきょうだいの住所を見たことがありますか」と、無理やりひねり出したかのような答えをキドニーは返した。

「お尋ねしたのはそのようなことではありません」と検死官は答え、キドニーがエリザベスと知り合う前ではなく、交際していた時期に限定したうえで、「彼女が別の男性とも一緒にいたと思われますか」と言いなおした。(6)

二〇年以上前の雇用主ではなく、そのきょうだいの情報をエリザベスが持っていたという話には、多くの疑問がわいてくる。けれども、パートナーが関係を持っていた別の男について探られるなかで、キドニーが自発的にこの情報を提供したという事実自体が、ことの本質を突いているように思われる。その住所を彼がどんなかたちで見たのかは謎だ。エリザベスは字が書けなかったのだから、誰か別の人間が書いて彼女に手渡したのだろう。その男自身が書いた手紙を、何十年もたいせつに持っていたのかもしれない。また、その男のことを、およびその男との過去を、エリザベスは明らかにマイケル・キドニーに話してもいた。雇用主のきょうだいでしかなかった男を覚えているには、二〇年は長すぎる年月だ。

エリザベスがハイド・パークのお屋敷を離れたのは、道ならぬこの関係ゆえだったのかもしれない。どんな事情であったにせよ、彼女の雇用主は（あるいは、おそらくはそのきょうだいは）別の働き先がすぐ見つかるような、ちゃんとした推薦状を書いてくれたのだった。

エリザベスは遅くとも一八六九年の初めには、エリザベス・ボンドという名の未亡人のもとで働いていた。ふたりいた奉公人にはボンド夫人として知られていたこの未亡人は、家具倉庫や家具店が並ぶトッテナム・コート・ロードの角を曲がった、ガワー・ストリート六七番地で上品なロッジングハウスを経営し、家具つきの部屋をきちんとした顧客に貸していた。ハイド・パークの紳士の家庭で鍛えられたスウェーデン人メイドは、このロッジングハウスにある種の気品を与えただろう。とはいえ、エリザベスの仕事は相変わらず骨の折れるものだった。ボンド夫人と、やはり未亡人であるその娘、エミリー・ウィリアムズはロッジングハウスの経営に専念し、エリザベスと同僚の奉公人は、石炭や水の入ったバケツを提げ、危ういバランスを取りながら夕食のトレイや洗濯物の山を運び、来る日も来る日も、三階ぶんの階段をえっちらおっちらと昇り降りしていた。彼女が火格子を磨き、ベッドメイキングをする部屋に泊まっていたのは、間違いなく中流階級の人々である。ボンド夫人のロッジングハウスには、オックスフォード大学コーパス・クリスティ・コレッジの講師やフェロー、「装身具《ファンシー・グッズ》」を扱うプロイセンの商人、元醸造業者とその妻と娘、事務弁護士、「独立して生計を立てている」未亡人らが何度も泊まっていた。一八六八年から六九年のあいだの宿泊者のなかには、ドイツの音楽家であるチャールズ・ルイス・ゴフリーとその娘がいて、彼らはボンド夫人の貸す部屋で歌とピアノのレッスンも行なっていた。(7)またしてもエリザベスは音楽家に囲まれていたわけだ。旋律によって彼女の日々は晴れやかになり、おそらくは、かつて自分を逆境から救い出してくれた人々のことも思い出されたことだろう。

何か必要なものを仕入れるか、郵便局に用があるかで、ある日使いに出されたエリザベスは、息抜きに近くのコーヒーハウスに立ち寄って、シアネス出身の四七歳の大工の目に留まったのかもしれない。どのような出会いだったのか、関係はどう進展したのか、ジョンとエリザベスの生活は何度も交差したのか、それは仕事の行き帰りの路上でだったか、はたまた仕切り席で砂糖入りの濃い色の飲み物を飲みながらだったのか、これらの問いに答えるのは不可能だ。いきさつは何であれ、一八六九年初めの数か月のうちに、ふたりは婚約に至った。

ジョン・ストライドは圧倒的に容貌に優れていたのか、それとも平凡ながら見苦しくない風采だったのか、その外見はまったくわからない。四〇代後半だから白髪交じりになっていたはずだ。では、最近まで裕福な雇用主のきょうだいの愛人だったかもしれない、二五歳の美貌のメイドは、自分の倍近い年齢のつましい家具職人のなかに何を見たのだろうか？　二〇代半ばのエリザベスが、早く結婚しなければと思っていたのに対し、長年独身をとおしてきたジョンは、かなりの金を貯めていただろう。そしてこれも推測だが、激動の過去を経た彼女には、ジョンの愛情が非常に純粋なものに思えたのかもしれない。男たちに傷つけられてきたエリザベスにとって、ジョン・ストライドはきっと安全な選択に見えただろう。

興味深いことに、ふたりが結婚した教会はメソジスト派のチャペルでもなければルター派でもなく、エリザベスの住む教区の教会、ロブスターの尻尾のような尖塔がロンドンの空のすすを貫くセント・ジャイルズ・イン・ザ・フィールズ教会だった。結婚の日、すなわち一八六九年三月七日、エリザベスは、家族や友人などを証人としてともなうことなく祭壇の前に立った。ダニエル・フライアットが、常連客にして友人である男の横で署名したのに対し、エリザベスの横で署名する役目は教会の寺男にまかされた。彼女の過去の何ひとつ、婚礼の日を邪魔することはなかった。彼女は父親の名前すら「アウグストゥス・グスタフソン」と偽った。人生の新しい章に、過去の影も、過去を思い出させるものも残したくないと望む移民にはよくあることだった。ヨーテボリで彼女が経験した悲劇と、まだ抱えていた病気について、新郎がどれだけ知っていたかはわからない。

この結婚は、妻だけでなく夫にとっても新たなスタートを意味していた。新事業の開始と転居によって、ふたりの絆はさらに強まることになる。転居先はおよそ六マイル先、イースト・エンドにあるポプラーという街だった。これは熟慮のうえでのことだったろう。ジョン・ストライドはコーヒーハウスを開くつもりだったが、万が一のため造船所での大工仕事も確保していたのだ。この地区には正規雇用の労働者を二百名以上抱える造船所があり、一八六〇年代には、ノース・ロンドン鉄道と港を結ぶ拡張プロジェクトも進行していた。また、ジョンの弟であるジョージは、造船所の事務員として、ここですでに家族とともに安定した生活を送っていたから、じきに子どもを持とうと考えている夫婦にとっては、近くに親戚がいるというのも魅力的だったろう。一八七一年になるころには、ライムハウス〔イースト・エンドにある街〕に住んでいた弟のチャールズも引っ越してきて、ポプラーにいるストライド兄弟は三人になった。

結婚から数か月後、ポプラー・ニュー・タウンと呼ばれる地区の中心にあるアッパー・ノース・ストリートに、ストライド夫妻は店を開いた。ポプラー・ニュー・タウンは、テムズ川の北に一九世紀になってから開かれたグリッド状の街で、ちょっとしたお屋敷から中流階級の暮らすテラスハウス、労働者階級の家族が間借りする家まで混在していた。一八六〇年代にここで子ども時代を過ごした作家のジェローム・K・ジェロームによると、そこは「都会と田舎とがしのぎを削る」場で、周囲の湿地にはまだ農場が点在し、山羊や牛の群れが街路を移動させられていくこともあった。「失業者の行列」が造船所と救貧院とを行き来するのもよくある光景だった。(8)

食料雑貨屋、薬屋、婦人服仕立て屋、肉屋が並ぶアッパー・ノース・ストリートを行きかう人々の構成は、理論上、ジョンがダニエル・フライアットの経営法を学んだモンスター・ストリートと変わらなかった。港湾労働者ではなく、店主たちと並んでここに住んでいる教師や石工、奉公人、造船工、労働者たちが、ストライド夫妻が想定した顧客層だった。トリニティ・メソディスト教会の向かいという立地も戦略的なものである。事業を立ち上げるために必要な物件の借り賃と初期投資費用は、おそらく貯金からまかなわれ、エリザベスもいくらか出資したことだろう。コーヒーハウスの内装は通常、簡素な木製の仕切り席、ニス塗りのパーティション、垂れ板式のペンブローク・テーブル〔天板の左右が折りたたみ式になっていて、引き出しがついているダイニング・テーブル〕といったものだが、ジョンは大工としてのスキルを活用し、そうした内装を自分で作り上げたかもしれない。エリザベスの奉公人経験を活かし、ふたりはこの店をともに切り盛りしただろう。チャールズ・ディケンズは労働者が集まるコーヒーハウスの情景描写のなかで、「身だしなみのよいウェイトレス」が、「口数は少ない」ながらも「『コーヒーとスライス』『紅茶とヘッグ〔egg のコックニーなまり〕』というふたつの言葉を、語調を変えつつ繰り返す」と書いている。(9) コーヒーハウスのオーナーの労働時間は長かったが、夫妻は自分のペースで時間を使うことができた。エリザベスにとっては、床磨きや料理、洗い物、給仕を、雇い主のためではなく自分と夫のために行なう初めての機会となった。

ストライド夫妻が直面した困難は、パブとの競合だったろう。コーヒーハウスは人気があったけれど、労働者が全員、酒を断って地元のパブでの陽気なつき合いをやめられるわけではない。コーヒーハウスに熱心な常連客がつくことはあっただろうが、店が繁盛するかどうかは立地次第だ。どんなに居心地のよいコーヒーハウスでも、周囲にパブが多すぎ、絶対禁酒主義者が少なすぎれば、閉店に追いこまれることはある。ストライド夫妻はこれを痛感し、一八七一年になるころには、ここならもっといい商売になるのではと、ポプラー・ハイ・ストリート一七八番地に移転した。最初の出店の失敗は、夫妻に損害をもたらしていた。それをカバーするためにジョンはどうやら、少なくともパートタイムで、元の仕事に戻ったらしい。その年の国勢調査で彼は自分の職業を、コーヒーハウス経営者ではなく大工としているのである。とはいえ、ストライド夫妻はまだ敗北を認めたわけではなく、どうにか商売を続けることができていた。

結婚から四年経って、ふたりにはまだ子どもがいなかった。妊娠することはあっても、おそらくはエリザベスの体調のせいで出産までは至らなかった。梅毒は潜伏期だったからジョンにうつることはなかったろうが、流産や死産のリスクは高い。過去を葬ろうと努力していたエリザベスは、ジョンに秘密を明かす勇気はなかったかもしれない。梅毒を家庭に持ちこむことは社会的恥辱にして悲劇だと見なされていたが、責任はたいてい、売春婦と関わったり愛人を囲ったりする、道を踏み外した夫たちの側にあるとされた。医学関連の文章は通常この視点から問題に取り組みながらも、一方で、問題の真の原因は性産業に従事する者たちの利己的な不道徳性にあると主張して、この夫たちを部分的に免罪している。(10) 過去に多くの性体験を持ち、梅毒に感染している女性を、男性が結婚相手に選ぶことはありえないと思われていた。母親であることが女性のアイデンティティであり目的であるとされていた時代に、母親になれずにいることは、エリザベスを打ちのめしていただろう。エリザベスの不運は彼女自身の責任だと、社会も教会も保証していただろうからなおさらである。これは罪深い人生に対する罰なのだと、生育環境のせいで彼女は思いこんでいただろう。敬虔なメソジスト派信者であるジョンとその家族が、この状況をどう見ていたかははっきりしない。弟のチャールズおよびその妻子とは、エリザベスとの結婚当初はつき合いがあったが、一八七二年以降徐々に離れていったようである。ストライド家はばらばらになっていたらしい。その亀裂が明らかになったのは、畏敬されていた家長の死後のことだった。

一八七〇年代初め、ウィリアム・ストライドの九〇歳の誕生日が近づいていた。最後まで意志強固で頑固だった彼は、シアネス埠頭管理委員会の会合を一度も欠席することがなかった。けれども一八七三年の夏の終わり、健康状態が悪化しはじめる。九月六日、まだダニエルと同居していた自宅で、彼は娘のサラ・アンに見守られて亡くなった。シアネスの発展において大きな役割を果たした人物にしては、地元の新聞の死亡記事は短いもので、「町じゅうから広く尊敬された」とだけ記されている。[11] 偉大な業績や無私の慈善行為の一覧もなく、さらに核心を突いていたことに、彼を慕い悲しむ遺族への言及がなかったのである。

ダニエルを除けば、ストライド家の子どもたちのなかで成人後最も父親に尽くしたのはジョンだった。ウィリアム・ストライドの遺言で何かを受け取る理由のある人物がいるとすれば、四〇代になるまで結婚を差しひかえ、収入と将来の経済的安定を犠牲にしてシアネスにとどまり、家族に奉仕した次男以外にない。ところが、その月の三〇日に読み上げられた遺言書には、驚くべき内容が多数含まれていた。

ダニエルはかなりの財産を得た。ストライズ・ロウの家五軒と、ヴィクトリー・ストリート沿いの家二軒が遺贈され、さらに「一区画の土地、馬屋、石炭小屋、工房と庭」も与えられた。ウィリアム・ストライドの娘、父親の家のたった三軒隣で自活していたサラ・アン・スヌークも、ストライズ・ロウの家二軒という報いがあった。ジョンの弟で、シアネスで外科医になり富を築いたストライド家きってのスター、エドワードにも、ストライズ・ロウの家一軒が遺譲された。[12] ジョンは何ももらえなかった。言及も、感謝の言葉すらも。

ウィリアム・ストライドは悪意に満ちたゲームを仕掛けたのだ。子どもたちのなかで誰が自分を喜ばせ、誰が自分の顔に泥を塗ったか、墓のなかから明確なサインを送ってよこしたのである。ジョンの兄で生まれつき耳が聞こえず、シアネスでずっと貧しい労働者として苦労してきたウィリアム・ジェイムズも、お気に入りから除外された。父親を捨ててロンドンへ出て行った、ほかの息子たちも同様だった。

ウィリアム・ストライドの死から数か月後にジョンとエリザベスがコーヒーハウスの借地権を売却したのは、偶然だったはずがない。アッパー・ノース・ストリートへの最初の出店の失敗ですでに背負っていただろう負債は、この二度目の失敗でいっそうふくれ上がることとなった。破産しないためにジョンはさらに金を借りていたかもしれず、だとすればそれは、ほぼ間違いなく遺産相続をあてにしてのことだった。父の遺言書によって望みを砕かれたとき、彼にできることはもはや、自分の夢を永久に封印し、住む家だけは何としても失わないようにすることだけだった。

12　ロング・リズ

　午後八時少し前だった。空は暗く、テムズ川の水面は高く昇った月に照らされ、銀色にきらめいていた。一八七八年九月三日の晩、夏の暑さは薄らぎ、遊覧船プリンセス・アリス号は、シアネスでの休暇から帰る客と日帰り旅行客を八百人以上乗せて、ロンドンへと向かっていた。甲板では楽団がにぎやかにポルカを演奏し、カップル客が集まって歌い踊っている。滑りやすい木の床の上で、子どもたちは追いかけっこをしている。紳士たちは新聞を読み、岸辺の風景を眺めている。倉庫や造船所、工場が、夜の闇のなかへと消えていき、船はノース・ウリッジ埠頭へと近づいていた。このとき、穏やかな夜と音楽に酔う人々の誰ひとりとして、船の行く手の真正面に八九〇トンの甲鉄石炭船、バイウェル・カッスル号が待ちかまえているとは夢にも思わなかった。気づいたときはもう遅かった。バイウェル・カッスル号の鋭いへさきはプリンセス・アリス号にナイフのように突き刺さり、機関室を引き裂き、船をまっぷたつにした。パニックになった乗客たちは、船の壁面にしがみついたりよじ登ったりするが、ふたつに分かれたどちらの部分も、下水でいっぱいのテムズ川へとあっという間に吸いこまれていく。真っ黒な川一面に浮き沈みする頭が、必死で息を吸おうとし、愛する者の名前を呼ぶ。溺れそうになる子どもの手を親はぎゅっとつかむ。女性客のスカートは重くなり、しかもスカートの下には鉄製の枠も身に着けているのだから、沈む力に逆らうのはほとんど不可能だ。バイウェル・カッスル号の乗員はロープを投げ、搭載しているわずかな救命艇を川に下ろしたが、かくも多くの人命の危機を前にして、それ以上どうすることもできなかった。

この悲劇で六五〇名以上が亡くなった。テムズ川の船舶事故で最大の死亡者数である。生存者の人数は確定されていないが、六九名から一七〇名と見積もられている。生きている者たちは、毎日川から引き上げられる遺体の身元の特定という、恐ろしい作業に取り組むこととなった。九月三日に全員が亡くなってしまった家族もいる。孤児になった子どもも、未亡人や寡夫になった者もいる。愛する人が波間に消えていくのをなすすべもなく見守っていた者たちもいた。

プリンセス・アリス号の事故はロンドンに長く衝撃を残した。イースト・エンドの造船所界隈を、この話はものすごい勢いで駆けめぐった。直接事故を目撃した者も、遺体や船の残骸を見た者も、そうした者たちの話を聞いて震え上がった者もいただろう。衝撃を受けたのはシアネス出身者も同様だったから、ポプラーとライムハウスに暮らすストライド兄弟にとって、この悲劇のニュースはとりわけこたえただろう。日々追加されていく犠牲者リストを、家族や友人、隣人の名が含まれてはいまいかと、不安な気持ちでたどっていただろう。エリザベスもまた、新聞記事や知人の話に接するごとに事故の重大さをかみしめ、事態の推移を強い関心をもって見守っていたに違いない。

プリンセス・アリス号の事故のころ、エリザベス自身の生活も暗礁に乗り上げつつあった。コーヒーハウスの失敗以来、ジョンとの結婚生活は破綻していたのである。店を閉めたあとの経済的苦境や、おそらくは子どもができないといった他の要因も、夫婦の不和をひどくしたかもしれない。飲酒問題が関係していた可能性もある。

結婚して八年が経った一八七七年三月に、エリザベスはジョンのもとを出て行ったらしい。一時的別居のつもりだったのかもしれないが、頼る先のない彼女は、一時収容棟に行くよりも路上にいることを選んだ。三月二四日、物乞いをしていたのか野宿をしていたのか、エリザベスは浮浪者取締法に抵触したかどで警察に捕らえられ、強制的に救貧院へ入れられた。この出来事を経てストライド夫妻は和解したが、困難と口論はその後も続いた。二年後ジョンが病気になると、エリザベスはスウェーディッシュ・チャーチに支援を求め、一八八〇年に彼女の名前は救貧院の記録に登場する。一度目は二月、ステップニー連合教区の救貧院に。二度目は四月、ハックニー連合教区のそれに。このとき彼女の項目には「貧窮者〔destitute〕」と書き添えられていた(1)。

この時期に、といっても一八七八年九月以後ということになるが、エリザベスは巧妙な自活策を思いついた。ジョンが稼げないのなら、彼女が知恵を使うしかない。一八七八年の秋が深まっていくあいだ、彼女は、プリンセス・アリス号事故の犠牲者に同情と物質的補償が膨大に注がれるのを目にしていた。新聞はロンドンっ子の気前のよさを報じる記事でいっぱいだった。支援基金には三万八千二四六ポンド以上が集まった(2)。犠牲者と生存者、およびその家族は、ためらわず支援を受けるようにうながされていた。自分も悲惨な話をでっち上げてお金をもらおうとエリザベスが考えたのは、この状況を見てのことだったろう。事故後数週間、同じことを試みる者たちはおおぜいいた。九月二九日にはエリザベス・ウッドという二一歳の女性が、家族のなかで自分だけが生き残ったとの作り話でコーヒーハウス店主から金をだまし取り、一か月間の監獄行きとなっている(3)。同様にプリンセス・アリス基金は、「正当な理由のない人々」からの援助申しこみを五五件却下していた。エリザベス・ストライドの名前は生存者名簿のどこにも載っていないから、偽名を使いでもしないかぎり、支援基金からの施しを受け取ることはできない。

おそらくエリザベスは、関心を持ってくれた個人相手に作り話をして金を得たのだろう。

エリザベスの話は作りこまれており、聴き手をだます細部とドラマに彩られていた。自分はプリンセス・アリス号に、ジョン、および九人いる子どものうちのふたりとともに乗船していたと彼女は語った。ジョンはこの船で働いていて、その日子どもたちと自分は彼に付き添っていたのだと話す場合もあった。遊覧船が激突され、四人はばらばらになる。ジョンは子どもたちを助けようとしたが、子どもたちもろとも波にさらわれて溺れてしまう。船の折れた煙突にはまりこんでいたエリザベスは、バイウェル・カッスル号から投げられたロープを見つけ、それをつかんだ。ロープをよじ登っていく途中、上にいた男に口のあたりを蹴られ、口のなかを怪我してしまったものの、奇跡的に生還できたのだと彼女は話した。さらにエリザベスは、未亡人暮らしは苦労ばかりだとつけ加える。残された七人の子どもを育てることができず、スウェーディッシュ・チャーチが運営するロンドン南部の孤児院に預けることになった。いまや頼れる相手は夫の友人のひとりだけだが、自分の経済状況はまだひどいものだ。

エリザベスはこの話を、耳にした幾人かの話をつなぎ合わせたか、知り合いの誰かの話をまるごと盗用するかして作ったのだろう。ジョン・ストライドの妻は子どもを九人産んではいなかったし、仮にそうだったとしたら真の悲劇は、そのうちのひとりとして生きて生まれなかったことだ。彼女は流産や死産を九度体験したのかもしれない。または単純に、ジョンが九人きょうだいのひとりだったことから九という この数字を取ったのかもしれない。いずれにせよ、エリザベスはその後数年間この話を何度も繰り返し語ったので、彼女の周囲の者はみな、これが真実だと信じるようになった。彼女は以後、自分の過去の書きなおしと、アイデンティティの再設定を繰り返すことになるのだが、これはその第一歩であった。彼女はまた、この話をすることで、夫から距離を取ることにもなった。別居中ずっと、夫は死んだと言っていたわけだから。

一八八一年、夫妻は再度和解したが、今回は数か月しかもたなかった。その年の国勢調査によると、ふたりの生活水準はかなり低下している。かつてはコーヒーショップの上階の数室で暮らしていたのに、このころはボウ〔イースト・ロンドンの地区名〕のアッシャー・ロードの家でのひと間暮らしになっていた。一二月には完全に別居することが決まったようだ。ウィリアム・ニコルズとジョン・チャップマン同様、ジョン・ストライドも、別居を公式なものとする手続きとして、妻に少額の生活費を払うことに同意したであろう。この時期からエリザベスはホワイトチャペルに落ち着くことになる。最初はブリック・レインに居を構え、それから気管支炎で救貧院病院に入院したあと、以後六年間、フラワー・アンド・ディーン・ストリート三二番地のロッジングハウスを常宿としたのだった。

著述家ハワード・ゴールズミッドによれば、「フラワリディーン・ストリート」――行きかう者はそう呼んでいた――は、「どんな名前で呼んでもバラ」〔『ロミオとジュリエット』のなかの、「バラはどんな名前で呼んでもよい香りがする」というジュリエットの台詞を踏まえた表現〕であるどころか、「不健康な」悪臭のする「不快な」景観の、「イースト・エンド最悪のスラムのひとつ」であった。[4] この通りを一八八八年に訪れたAP通信の記者は、少しばかりほめ言葉を使い、「イースト・エンドにしてはかなり見苦しくない景観」だと述べている。続けて彼は次のように書く。

通りの片側には、職人家族向けに建てられた大きな近代的な建物が主に並んでいて、借りているのはほとんど中流階級のユダヤ人である。向かい側はずっと薄汚れた感じだ。レンガ造りの壁面は経年により黒ずみ、ドアも窓も、極貧層の住まいを思わせる、あのあまりにも見慣れた様相を呈している。[5]

記事によると、老朽化している側の建物はすべて登録済みのロッジングハウスであり、三二番地の建物には、百人の「無宿者」を泊められるだけのベッドがあった。ゴールズミッドがこれらの宿泊施設について、虫だらけで「ありえないほど過密し、換気が悪く、（……）悪臭がして不健全」だと書いているのに対し、AP通信の記者は、三二番地の内部は「非常に快適そうに見える」と考えた。確かにエリザベスもここをほかのロッジングハウスよりも気に入っていて、長年のうちにここを拠点と見なすようになったのである。

フラワー・アンド・ディーン・ストリート三二番地に住んでいたころ、エリザベスは「雑役」で自活していた。「家事奉公人のなかでも最下層——何でも屋のメイドよりもさらに下」と言われていた雑役婦は臨時雇いの奉公人であり、住みこみの奉公人を雇うほどの余裕はない家へやって来て、数時間雑用をこなすのが仕事だった。雑役婦は通常メイドよりも年上で、「四〇歳から六〇歳ぐらい」の貧困者であり、彼女たちが貧乏であることは、その「汚れたモブキャップ〔耳まで覆う室内用の婦人帽〕、ぼろぼろのボンネット、（……）まくり上げた袖からのぞく日焼けした腕」が物語っていた。(6) エリザベスの賃金は二シリングほどだったろうが、それに加えて、トーストとお茶、家族の食事の残りももらえたかもしれない。砂糖がつくこともあったろう。

ホワイトチャペル・ストリートからハンベリー・ストリートまでの一帯の住人の大半を成す、イースト・エンドのユダヤ人コミュニティは、安息日である土曜日に手伝いをしてくれる、優しい雑役婦なしでは成り立たなかった。ユダヤ教の教えは、金曜の日没から土曜の日没までいかなる労働も禁じていたから、火を起こし、ガス灯をともし、料理と給仕をしてくれる雑役婦が必要だったのである。ロシアやプロイセン、ウクライナから、迫害を逃れて最近移民してきたばかりである彼らのほとんどは英語を話せなかったが、エリザベスは彼らとイディッシュ語で話せるようになった。実際、彼女はヨーテボリでこの言語の基本を身に着けていた可能性がある。エリザベスが住んでいた労働者地区であるハーガは、この街のユダヤ人コミュニティの中心でもあった(7)。ユダヤ人家庭で働くのは、彼女にとって安心なことでもあったろう。移民は通常過去を話したがらないものだから、自分のこともあまり詮索されないはずだと思えただろうからだ。

ジョンと別れ、ウェスト・エンドからもポプラーからも離れたことで、エリザベスはどんな人間にでもなれる自由を手に入れた。アイデンティティを脱ぎ捨てることは、引っ越すのと同じくらい簡単なことだと彼女は知った。ホワイトチャペルに住んでいたときの彼女は、未亡人エリザベスであり、事故被害者のエリザベスだった。農夫の娘は奉公人になった。奉公人は男の愛人になり、転落した女になった。転落した女は売春婦になり、救われてマグダラのマリアになった。彼女は移民になり、金持ちのめかけになり、成功目指して奮闘する大工の妻になった。コーヒーハウスを経営し、救貧院に入った。スウェーデン人だったが、人をだませるくらい上手に英語を話した。アイルランド人だと称して、アニー・フィッツジェラルドという名前を使うこともあったらしい。そうしようと思えば、無関係の女性の姉妹になりすますことさえできた。

一八八三年、運命はエリザベスを、メアリー・マルコムという名の仕立職人に引きあわせた。針を長年にらみつづけたせいで、マルコム夫人の視力は衰えてしまっていたらしい。酒に救いを求めたが、何の解決にもならなかった。ある日、たぶん通りかパブで彼女はエリザベス・ストライドを見かけ、離れ離れになった妹のエリザベス・ワッツだと思いこんだ。メアリーはおそらく妹の名を呼びかけたのだろう。

そして都合よくエリザベスは返事をしてしまった。誤ったアイデンティティがそのまま定着する。なぜならエリザベスがこの新しい人間関係を喜んで利用したからだ。

この仕立職人が行なった証言のなかでは、ふたりの女性の物語が融合しているように思われる。エリザベス・ワッツの過去として彼女が理解していた物語と、エリザベス・ストライドが語った過去とが組み合わさっているのだ。妹は普段「ロング・リズ」と呼ばれていて、以前はコーヒーハウスを経営する男性とともにポプラーに住んでいたと彼女は述べた。さらに、エリザベスの夫は船の難破で死んだと聞いているとも言ったが、この状況を語るとさらに問題が出てきた。たまたまエリザベス・ワッツのふたり目の夫も、ほんとうにセント・ポール島の難破事故で死んでいたのだ。しかしこの事実はマルコム夫人のなかで、エリザベス・ストライドが語ったプリンセス・アリス号の事故の嘘とごっちゃになってしまっていた。少なくとも二度結婚したり、精神病院に入ったりの波乱の人生を、実の妹が送っていると知っていたメアリー・マルコムは、自分が出会ったこの薄汚れて貧しい女性を、妹その人だと思いこもうとした[8]。

初めて「妹」に会ったときから、エリザベスの第一の欠点は飲酒だとマルコム夫人は思っていた。エリザベスはいつも金を必要としており、どうやって生計を立てているのかとメアリーは「疑いを持って」いた。けれども家族として妹を助けねばとの思いに駆られ、続く五年間、ふたりは週に少なくとも一度、時にはもっと頻繁に会った。毎週土曜日四時、チャンスリー・レインの角で、マルコム夫人は二シリングを渡した。衣服をあげることもあった。傍からどう見えていたかはともかく、メアリーは疑念を押し殺し、胸に秘めていたようである。実際のところ、エリザベスと会っていた五年間、彼女はエリザベスから距離を取ろうとしていた。マルコム夫人は一度も「妹」を家に入れることはなく、「手を切ることができてずっとありがたく思っている」と述べた。「妹」と会っていることを、夫などのほかの人は知っていたかと問われると、「いいえ、秘密にしていました。恥ずかしかったので」と彼女は打ち明けた。[9]

その恥ずかしさは、自分が疑いを持っていたにもかかわらず、エリザベスとの関係を維持しようとしたことから来ていたのかもしれない。詮索しようとしないかぎり、メアリーは自分自身をだましつづけられたし、エリザベスのほうは、自分のほんとうの人生を隠しとおすことができたのだ。

一八八四年一〇月、エリザベスは、少し前から体調を悪くしていたジョンが、ステップニー病院〔Stepney Sick Asylum〕に入院したことを知った。彼はそのまま心臓病で、六三歳で亡くなってしまう。その月の三〇日に彼が埋葬されると、それからわずか数週間のうちに、エリザベスの人生は一気に急降下していった。

一一月一三日ごろエリザベスが、コマーシャル・ロードで客引きの容疑で逮捕されたのは偶然ではあるまい。[10]飲酒と治安紊乱行為のかどでも同時に告発されたことは、彼女が苦悩のどん底にあったことを物語っている。自分の気持ちを麻痺させ、世界に怒りをぶつけようとしたのも当然だった。ミルバンク監獄の司祭、フレデリック・メリックによれば、女性入所者のほとんどは路上で性を売ることを「毛嫌い」しており、「これに対する嫌悪は、多少なりとも酩酊性の飲料の影響下にあるときのみ抑えられる」のだった。[11]エリザベスの罪状に対し、判事は監獄での七日間の重労働を課した。これ以後彼女が客引きで逮捕された証拠は存在しない。

エリザベスが別の男、すなわちマイケル・キドニーと暮らしはじめたのは、ジョンの死後のことである。キドニーは船の荷の積み下ろしをする港湾労働者で、陸軍予備軍の志願兵としても収入を得ていた。彼は三〇代半ばであり、新しい恋人よりも数歳年下だったのだが、外見から彼女は自分とだいたい同じくらいの年齢だろうと思っていた。ふたりはコマーシャル・ロードで出会ったと考えられているが、それが偶然だったのか、エリザベスが客引きをしていてのことだったのかは定かではない。関係はじきに強固なものになり、最初はデヴォンシャー・ストリートで、次にファッション・ストリートの近くで、ふたりは薄汚れた家具つきの部屋に住みはじめた。エリザベス同様、キドニーも飲みすぎるほど飲むのが好きで、酔っぱらうと彼女に劣らず怒り、暴力的になった。一八八七年の一月と六月に、エリザベスは警察にキドニーの暴力を相談したけれど、虐待的な傾向のあるパートナーを持つ女性の多くがそうであるように、のちに訴えを取り下げている[12]。とはいえ、この関係においてエリザベスは決して受身の被害者ではなかった。キドニーによれば、同居していた三年のあいだにエリザベスは二度出て行ったが、彼の計算によれば、いなくなっていたのは「全部合わせて五か月ほど」だった。「俺が追いかけるより前に戻ってきましたよ。誰よりも俺に惚れてましたからね」と彼は豪語した[13]。出て行ったときはエリザベスはいつも、フラワー・アンド・ディーン・ストリート三二番地周囲のなじみの界隈で宿を探した。ふたりの関係は複雑だったが、そのもつれはエリザベスの飲酒とキドニーの暴力だけが原因ではなく、不実さのせいでもあった。同居期間の終わりごろ、キドニーは梅毒を患い、一八八九年にホワイトチャペル病院で治療を受けている。感染源はエリザベスではなかった。彼と同居していたころ、彼女はもう人に感染させる状態ではなかったのだから。

興味深いことに、エリザベスと何度も会っていたマルコム夫人は、彼女のこうした苦労にまったく気づいていなかった。エリザベスが男と交際していたとはまるで知らなかったと彼女は言い、「妹」の住まいについても、「イースト・エンドの、ユダヤ人や仕立屋の多い場所のどこか」にあるロッジングハウスだというおぼろげな理解しかしていなかった。けれども、エリザベスが酒のせいで頻繁にひどい状態になること、そのおかげで治安判事の前に引きたてられて「ブタ箱入り」になったことは知っていた[14]。

一八八六年ごろから亡くなるまでのあいだに、エリザベスの行動には明らかな変化があったように思われる。酔っぱらって暴れたり、みだらな言葉を使って逮捕されることが顕著に増えた。一八八八年には、夏の三か月のあいだに四度も告発されている。部分的には間違いなくアルコール依存のせいだろうが、ほかにも要因があったのかもしれない。感染してから二〇年以上経っていたから、梅毒が最終局面である第三期に入っていた可能性がある。

一九世紀後半には脳梅毒として知られていた神経梅毒は、脳や神経組織が冒されることで生じ、さまざまな症状が現われる。この病気の進行について研究したフランスの医師、アルフレッド・フルニエは、「てんかん性の発作」をもって第三期の始まりとした。興味深いことに、審問でメアリー・マルコムは、エリザベスが最近この発作を起こすようになっていたと証言している。妹がてんかんを患っていたとは知らなかったので、彼女は困惑したという[15]。エリザベスの発作はひどかったらしく。体調を考慮して警察が容疑を取り下げることもしばしばあった。もしもエリザベスが生涯にわたっててんかんを患っていたのなら、家事奉公職をまっとうすることはできなかったように思われるし、マイケル・キドニーもほかの証人も、審問で必ずこの病気に言及しただろう。発作が演技だったとも考えにくい。警察も判事も、監獄行きをまぬがれようとしてのありとあらゆるぺてんを見てきているのだから、今回だけたやすくだまされたということはないだろう。

神経梅毒は発作だけでなく、麻痺症状や、認知症に似た症状を引き起こすこともある。記憶が薄れることもあれば、幻覚を見るようになることもある。不合理で不適切、暴力的な言動をするとまでは言わないとしても、言動は一貫しないものとなる。もしエリザベスがほんとうに神経梅毒の初期段階にあったのだとすれば、大量に酒を飲んでいたのは症状を隠すためだったのかもしれない。少なくとも、暴力やみだらな言葉が増えたことはこれで説明できるだろう。酒の量が増えたのは、病状による混乱や苦痛の感覚に対処するためだった可能性もある。

この病気のせいだったかはわからないが、ホワイトチャペルに住んでいた時期の大半のエリザベスの行動は、間違いなく謎と嘘にまみれていた。メアリー・マルコム相手に仕掛けたぺてんが上手く行き、プリンセス・アリス号事故の生存者だという主張もとおってしまったことで、人間がいかにだまされやすいものであるかを彼女は知ってしまったのかもしれない。人間のこの弱みからベテラン詐欺師のような手口で金をしぼり取ることを、彼女は学んでしまったようである。三年前に「機械に衝突された事故」のせいで「右足にくぼみがある」とエリザベスから聞かされたと、マルコム夫人は証言している。補償として「お金を取ろう」と思っていると言っていたが、「ほんとうにお金をもらったかどうか」はわからないと夫人は言う。[16]けれどもエリザベスの身体を見たとき、不思議なことに「くぼみ」が消えてしまっていることに気がついた。メアリーには説明がつかない状況だ。メアリー・マルコムは、奇妙な出来事をもうひとつ挙げている。ある日エリザベスが、メアリーの家の戸口に裸の赤ん坊を置いて行った。「彼女が取りに来るまでそのままにしておくしかありませんでした」とメアリーは続ける。それはエリザベス自身が警官とのあいだにもうけた子どもではなかったかとの印象を、メアリーは持っていた。[17]これについて問われたマイケル・キドニーはひどく当惑し、「俺とのあいだに子どもはなかったし、警官の子どもを産んだなんて聞いたことがない」と言った。[18]赤ん坊はエリザベスの子どもではなかったろう。物乞いの手段とするために、知人から、またはベイビーファーミングの業者から、一時的に預かったのかもしれない。[19]おくるみにくるまれ、お腹をすかせて泣く赤ちゃんを「母親」の腕のなかに追加することで、通行人の心をとらえ、財布の紐をゆるませるのは、よく知られている策略だった。エリザベスはのちに赤ん坊を取りに戻ってきた。その後メアリーが尋ねると、最初の夫の家族と一緒に暮らせるよう、あのあとバースまで連れて行ったとエリザベスは嘘をついた。[20]

メアリー・マルコムを除けば、エリザベスをある程度の期間知っていたと言える人物は、労働者の妻であるキャサリン・レインだけだった。エリザベスに会ったのは一八八一年から八二年ごろ、彼女が初めてフラワー・アンド・ディーン・ストリート三二番地に宿泊に来たときだとレインは言った。ロッジングハウスは家のすぐ近くだったので、マイケル・キドニーと一緒に住んでいた時期も含め、エリザベスはここに立ち寄ることを習慣にしていたのだ。けれども、かなりコンスタントに会っていたことを考えると、キャサリンも、ロッジングハウスの代行管理人のエリザベス・タナーも、エリザベスの人生について実際にはほとんど知らなかったのは驚くべきことだ。ふたりとも、彼女の苗字も年齢も知らなかった。マイケル・キドニーは彼女を三〇代だと思っていたが、エリザベスはロッジングハウスの住人だったアン・ミルズには、「五〇歳を超えている」と言っていた。[21]彼女がどこで生まれたか、誰も知っているようではなかった。エリザベスがあまりに上手く英語を話すようになっていたので、外国生まれだと気づかない人もいたらしい。エリザベスは友人たちに、プリンセス・アリス号についての作り話を広めただけでなく、自分はストックホルム出身だとも言っていた。彼女が定期的に慈善補助金の申請をしていた相手、スウェーディッシュ・チャーチの事務職員であるスヴェン・オルソンだけが、教会の台帳の記録から、彼女の人生の実像に気がついていた。悲しいことに、ホワイトチャペル時代のあいだじゅうずっと、エリザベスの友人関係はすべてつかの間のものだった。彼女を知っていると思っている者たちさえも、実際は距離を置かれていたのだ。

一八八八年九月の後半、エリザベスはマイケル・キドニーと、キャサリン・レインの言うところの「口論」をしたあと、再びフラワー・アンド・ディーン・ストリート三二番地へ戻ってきた。このころにはこれは、エリザベスにとってお決まりの行動パターンになっていた。彼女は身の回りの品をまとめると、ご近所の「スミス夫人」なる人物に、留守のあいだスウェーデン語の讃美歌集を見ていてくれるよう頼んだ。[22]貴重品をロッジングハウスに置いておくのは安全ではない。フラワー・アンド・ディーン・ストリート三二番地も例外ではなかった。ここの共同キッチンで、この月の二六日に会った女性数人のなかにエリザベスがいたと、社会改革運動家のトマス・バーナードーは言っている。児童福祉の運動家だったバーナードーは、ロッジングハウスの女性たちに、子どもたちに関する経験と、どうすれば状況がよくなるかについての意見を聞きに行ったのだ。ところが女性宿泊者たちは、むしろホワイトチャペルの殺人事件について話したがった。彼女たちは事件に「おびえきっている様子」だった。話しているうちに、「明らかに酒を飲んでいるらしい哀れな女性が、憤慨した様子で大声を張り上げた。あたしたちまったくいいところがないし、どうなろうと誰も気にしやしない。たぶん次に殺されるのはこのなかの誰かよ！　あたしたちみたいなのを誰かがずっと前に助けてくれていたら、こんなことにはなってなかったのに！」[23]あとから考えてみると、これを言った女性がエリザベス・ストライドだった可能性が高いとバーナードーは言う。実際、彼女たちは全員エリザベス・ストライドだったかもしれず、確かにエリザベスは、この女性たち全員になろうとしていたのだ――すべての女に、そして同時に、誰でもない女に。彼女は誰でもなかった。変幻自在の物語、変更可能な来歴を持つ女。世界は自分のことなど気にしておらず、自分に何が起ころうと気にもかけないのだと知っていて、その事実を、生きのびるための武器として使うことを選んだ女。

九月二九日はエリザベスにとって、ほかのどの日とも変わりのない一日だった。フラワー・アンド・

ディーン・ストリート三二番地の壁を小綺麗にしようと、職人が漆喰を塗りに来た。職人が作業を終えると、エリザベスはアン・ミルズと一緒に部屋の掃除をした。掃除が終わると、エリザベス・タナーが彼女に六ペンス銀貨をくれた。それからエリザベスはコマーシャル・ストリートのクイーンズ・ヘッド・パブへ飲みに行き、代行管理人はそこでも彼女の姿を見かけている。タナーはついでに、エリザベスが「ボンネットもかぶらず、外套も羽織らないで」出かけたと言及したが、これが意味するところは新聞の読者には理解できなかっただろう。[24] スラムでは、自分が性的に利用可能な女だと伝えようとする女性は「自分の姿で」、つまり体形を隠すようなものを身に着けない姿でしばしば出歩いたのだ。とはいえ、性を売る女たちが「派手に」着飾ることもよく知られていたし、極めて貧しい女でさえ、羽根つきの帽子や装飾のある帽子をかぶることはあった。エリザベスがクイーンズ・ヘッドへ客引きに行ったのだとすれば、この日彼女はついていなかった。彼女は六時半ごろ、タナーと一緒にロッジングハウスへ歩いて戻ってきた。たぶんこのとき代行管理人に宿泊代を払ったのだろう。

　ポリー・ニコルズとアニー・チャップマンの最後の足取りについての新聞記事は、内容が一貫せず矛盾だらけだったが、同じことはエリザベス・ストライドについても当てはまる。『ウェスタン・デイリー・プレス』をはじめとする数紙は、エリザベスがその日の宿泊代をタナーに前払いしたと書いているが、『デイリー・テレグラフ』紙などの記述は正反対だ。もし支払い済みだったのなら、その夜三二番地を出たとき、彼女は戻ってくるつもりだったことになる。少なくとも数時間で戻ると思っていたからこそ、自分が入手した緑のビロード地を見ていてくれるよう、彼女はキャサリン・レインに頼んだのだ。後日質に入れるつもりだったのだろう。最後に戸口を出るとき、彼女は身なりを整えようと、ブラシを借りて一張羅から汚れを落とした。

エリザベスが正確には誰と、どこへ行ったのかは、五人の公式認定被害者《カノニカル・ファイブ》の死を取り巻く謎のなかでもとりわけ謎めいている。エリザベスは、自分の過去についても現在についても人に語ることを避けていたから、その夜の彼女の目的について結論づけるのは不可能なのだ。彼女がマイケル・キドニー以外の男、ないし男たちと関係があったかどうか、審問の場で誰ひとり断言できなかった。彼女の習慣も、好んで行く場所も、いつも一緒にいる仲間も、そもそもそんな仲間がいたかどうかも、誰ひとり言えなかった。彼女の死は、その人のことをすべて知っていると言える者が誰ひとりいない女について、さらなる謎を増やしただけだった。エリザベス自身、そうなることを望んでいたのかもしれない。

彼女がその夜何をしていたかを明らかにしてくれる事実は、ごくわずかしかわかっていない。検死報告によれば、じゃがいもとパン、チーズを食べたようである。少し酒を飲んだだろうこともほぼ確実だ。その夜のどこかの時点で、彼女はコサージュか小さな花束を手に入れている。アジアンタムと一輪の赤いバラとを束ねたものが、彼女、もしくは誰かの手によって、ボディスにつけられていたからだ。硬い飴に似た、息を爽やかにする口中香薬も持ち歩いていた。どちらも誰かが買ってくれたのかもしれないし、自分で買えるだけの小銭を持っていたのかもしれない。おそらくは人づき合いのためか、誰かに会うために出かけたのだろう。あらかじめ約束があったのかもしれないし、なかったのかもしれない。客引きをしようと出かけたのかもしれないし、長いつき合いをできる相手を探しに行ったのかもしれないし、その両方かもしれない。この夜の彼女の身なりを、『ノース・ロンドン・ニューズ』紙は「ベッチンのボディスのついた、安手の綿繻子地の色あせた黒のドレスの上に、毛皮でふち取られた、黒いあや織りのウーステッドの上着」を羽織っていたと書き、さらに、クレープ織りの黒のボンネットは大きすぎたので、エリザベスは後ろに「折りたたんだ新聞」を詰め、「記事が頭にぴったり沿うようにしていた」

とつけ加えた。興味深いことに同紙は、エリザベスの着こなしに「この立場の女性が通常好む種類の飾りがまったくなかった」と述べている。[25]

エリザベスが殺害されたあと、その夜彼女を見たと多くの者が名乗り出たが、この暗さでは視界はおぼつかないとわかったため、どの証言も確認不可能とされた。[26] さらに、のちに「ダブル・イベント」と呼ばれるようになる出来事——エリザベス・ストライドとキャサリン・エドウズが同じ夜に殺害されたこと——により、ホワイトチャペルの住人たちは、殺人鬼の残忍な凶行を止めるためならどんな助力でもする気持ちになっていた。あとから考えてみれば、その夜男を連れて戸口や通りに現われた女性の影は、どれもエリザベス・ストライドということになったのだ。そしてエリザベス・ストライドの顔をはっきりと見たことがある者も、彼女を知る者も、実際のところ証言者のなかにはいなかったのである。しかしこれらの目撃証言のなかに、ひとつだけほんとうにエリザベスだったかもしれないものがあった。

午前一二時四五分ごろ、コマーシャル・ロードを歩いていたイズリアル・シュウォーツというハンガリー出身の男性が、角を曲がってバーナー・ストリートへ入った。そのとき彼は、男女が口論しているのを見た。女は道路のほうを向いており、ダットフィールズ・ヤードと呼ばれる土地の門を背にしていた。シュウォーツが歩いていくにつれ、口論はだんだんと激しくなった。男は女をぐいっとつかみ、歩道に引きずり倒した。女は三度悲鳴を上げたが、それほど大きな悲鳴ではなかった。夫婦間でのもめごとだろうと思ったシュウォーツは、関わるまいとして道路の反対側へと渡った。そのとき、パブの横の暗がりに立っていた男がパイプに火を点け、シュウォーツのほうへ歩いてきた。自分を追い払おうとしているのだろうかと思ったシュウォーツは、恐ろしくなって駆け出した。逃げながら彼は、女に暴力をふるっていた男が「リプスキー！」と叫ぶのを聞いた。殺人犯イズリアル・リプスキー〔ポーランド系ユダヤ人のセールスマン（一八六五―一八八七）。女性殺害容疑で逮捕され、容疑否認のまま死刑に処せられた」の名から取られた、しばしばユダヤ人に対する侮辱語として使われる言葉である。

一五分後、帰宅途中の模造装飾品商、ルイス・ディームシャッツが、ダットフィールズ・ヤードに横たわるエリザベスの遺体を見つけた。そのときエリザベスは脇腹を下にし、塀のほうに顔を向けて、胎児のように丸まっていた。指には口中香薬の包み紙が挟まっていた。まるで眠っているようだとディームシャッツは思った。

ふたつの出来事の間隔の短さから、検死審問では警察も新聞も、シュウォーツの見た女性はおそらくエリザベスだろうと考えた。けれども、彼が目にしたという暴行を加えていた男が、その後彼女の喉を切り裂いて殺害した人間と同一人物であるかはわからない。それどころか、エリザベス・ストライドがほんとうに切り裂きジャックと呼ばれる殺人者の被害者だったのか、それとも別の男に暴力をふるわれていたのかも、彼女自身と同じくらい謎のままである。(27)

生涯を通じ、エリザベスは多くの人にとってさまざまな存在でありつづけた。闇であると同時に光であり、脅威であると同時に慰めであった。娘になり、妻になり、姉妹になり、愛人になり、女詐欺師になり、清掃婦になり、コーヒーハウスの経営者になり、奉公人になり、外国人になり、からだを売る女に何度かなった。けれども警察と新聞は、これまでの被害者と変わらない女としてしか彼女を見なかった。ホワイトチャペルのロッジングハウスに住む、飲んだくれて堕落し、身をもちくずし、盛りをとうに過ぎた「不運な」女。彼女の死は、必然性のない悲しい出来事として書かれたが、大きな損失とは見なされなかった。活字になってしまえばこれらの印象は固定され、たいていの場合、疑問に付されることはなくなる。このように描かれた彼女の像に異を唱える声はなく、もっと完全な像を描こうとする者もなかった。スウェーデンにいる彼女の家族を探し出し、彼らの物語を語ろうと考える者もいなかった。記者の誰ひとりとして彼女の姻戚を探したりはせず、彼女の過去について、ハイド・パークの紳士について、ガワー・ストリートのボンド夫人について、ポプラーで彼女のコーヒーハウスの席に座った客たちについて、真に好奇心を持つこともなかった。真実のエリザベス・ストライドを知る機会は、殺人者とともに闇のなかへと消えてしまったのである。

＊＊＊

スヴェン・オルソンは、九月三〇日未明のふたりの女性の殺害事件について読んだあと、そのうちのひとりと知り合いかもしれないことに、だいぶ経ってから気がついたのだろう。スウェーディッシュ・チャーチの事務職員で読書室の管理人だった彼は、彼女が出入りするのを何度か目にしていた。彼女は他の貧しい教区民と何ら変わるところはなかった。故郷から遠く離れ、孤独で、困窮していた。この教会の牧師であるヨハンネス・パルメルは、ロンドンのこの低級地区に配属されたことに落胆し、腹を立てることさえあった。教会に忍びこむ泥棒たちにうんざりし、彼が言うところの「寄生的な」物乞いたちと日々向き合っていたのだが、その物乞いたちのなかにはエリザベス・ストライドも含まれていただろう。

オルソンは牧師とは違い、貧困者を厄介者だと考えてはいなかった。そのため、イースト・エンドのスウェーデン人コミュニティの一員だと思われる者の身元特定のため、警察から協力を求められたとき、彼はためらうことなく同意した。

オルソンがエリザベス・ストライドにあげた讃美歌集が、所持品のなかから見つかった。数々の試練を経験していたエリザベスは、彼からこれを手渡されたとき、この本が呼び起こすことを意図していた信仰心をもはや感じてはいなかっただろう。にもかかわらず、彼女はこれを手元に置いていた。何でも質に入れてしまうのに、これだけはそうしなかったのだ。エリザベスにとってこれは何か意味を持つものだったのである。その何かとは、心の奥深く沈められた、トーシュランダの農家の記憶だったのかもしれない。

イングランドにエリザベスの血縁者がいないことを、スヴェン・オルソンは知っていただろう。母親やきょうだいを名乗る者はなく、彼女を悼む者もなく、審問で彼女を代弁する者もなく、エリーサベト・グスタフスドッテルという本名を言ってくれる者すらもいなかった。エリザベスのためにこのすべてを行なう役目が、彼女とは無関係の他人同然だった彼に降りかかってきた。

審問の場で証言し、なまりのある彼の言葉が検死官と陪審員によってすべて吟味されたあと、オルソンは、エリザベス・ストライドに対して果たすべき義務があとひとつだけ残っていると感じた。

彼女の棺を載せてイースト・エンドを走る、霊柩馬車と馬の費用を払う者はいなかった。新聞はエリザベスの葬儀を「閑散としていた」と書いた。彼女の棺は、プラスタウのイースト・ロンドン墓地にある貧民用区画の墓穴へ、一〇月六日、何の音楽も鳴らされることなく下ろされた。スヴェン・オルソンが墓穴の脇に立って別れを告げ、彼女のためにスウェーデン語で祈りの言葉をささげた。

THE ILLUSTRATED POLICE NEWS
LAW COURTS AND WEEKLY RECORD.

No. 1,282. SATURDAY, SEPTEMBER 8, 1888. Price One Penny.

ポリー・ニコルズ殺害を報じる1888年9月8日付『イラストレイテッド・ポリス・ニューズ』第1面。

ランベス、スタンフォード・ストリートのピーボディ・ビルディング。多くの「最新設備《モッド・コン》」を誇るこの慈善運営住宅に、最初に入居が認められた家族のなかにニコルズ家がいた。一家は1876年7月31日、Dブロックの3号室に入居した。

ウィリアム・ニコルズがロゼッタ・ウォールズと結婚した1894年4月ごろにおそらく撮られたと思われる家族写真。後列左から、ジョージ・パーシー・ニコルズ（ポリーの生きのびた2番目の男子）、ウィリアム・ニコルズ。前列左から、メアリー・アン・クシュウェイ（ジョージの妻）、ロゼッタ・ウォールズ。

左：ナイツブリッジ、モンピリア・プレイスのスミス家の住まい。記録によるとスミス家がモンピリア・プレイス29番地に初めて暮らしたのは1851年。ジョージ・スミスの死後、1863年から64年ごろのあいだに、一家はここに居を定めた。

下：1869年5月の婚姻のころ、ナイツブリッジのブロンプトン・ロードの写真館で撮影された、ジョンとアニーのチャップマン夫妻。

アニーとジョンの長女、エミリー・ルース・チャップマン、1878 年ごろ、およそ 8 歳のとき。

アニーとジョンの次女、アニー・ジョージーナ・チャップマン、1881 年ごろ。姉のおさがりの服を着ている。胎児性アルコール症候群と関連する特色が、いくつか顔に現われている。

サー・フランシス・トレス・バリーは 1870 年代後半、ジョン・チャップマンを筆頭御者として雇った。炭鉱業で富をなした実業家のバリーは、ウィンザーのクルーワーにセント・レナーズ・ヒルという屋敷を購入しており、チャップマン家もそこに住んだ。のちにバリーは準男爵位を与えられ、ウィンザー選出の国会議員となった。

セント・レナーズ・ヒル。1872年にこの土地を購入したフランシス・トレス・バリーは、チャールズ・ヘンリー・ハウエルを雇い、ヴィクトリア時代の「近代的」大邸宅をシャトーエスク様式で建てさせた。

アニー・チャップマン殺害を報じる1888年9月22日付『イラストレイテッド・ポリス・ニューズ』第1面。

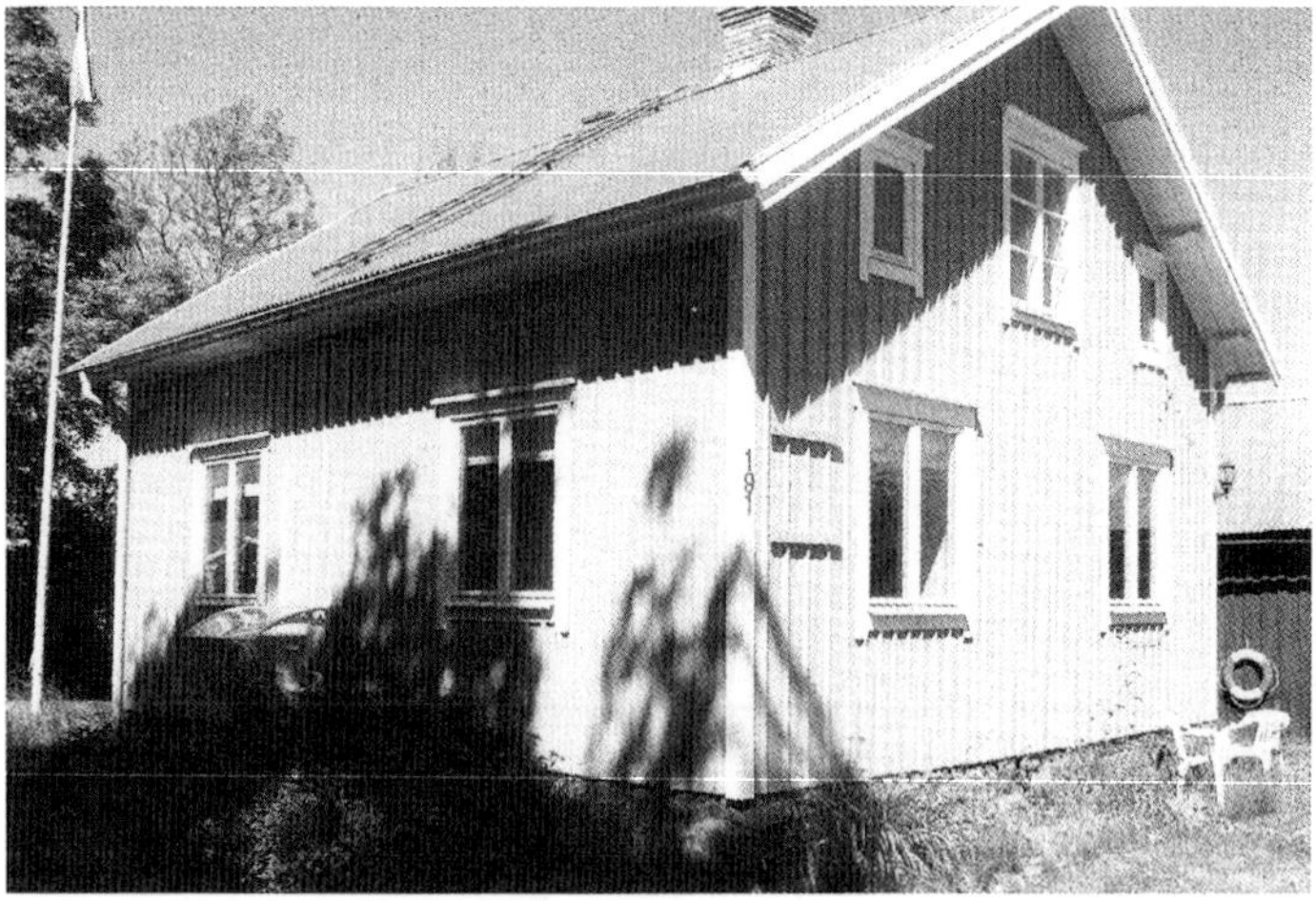

シュトラ・トゥムレヘド（スウェーデン）にある、エリザベス・ストライドが生まれた農家。

1888年10月6日付『イラストレイテッド・ポリス・ニューズ』に掲載された、エリザベス・ストライドのイラスト。「カノニカル・ファイブ」のひとりに数えられているが、彼女がほんとうに切り裂きジャックの犠牲者であったかどうかは、いまも多くの人に疑問視されている。

ウルヴァーハンプトンのオールド・ホール・ワークスを描いた版画。タートンズ・ホールの別名もあるオールド・ホールは、レヴソン家によって16世紀に建てられた。18世紀には荒廃してしまっていたが、その世紀の終わりにはブリキ工場へと改装された。

1888年10月13日付『ザ・ペニー・イラストレイテッド・ペイパー』に掲載された、ケイト・エドウズの素描。写真を基に描かれたものか、描き手の解釈で描かれたものかは不明。

メアリー・ケリー、「失われた女」。メアリー・ジェイン・ケリーの謎めいた生涯は、死後盛んに詮索され、ロマン化された。5人の女性のなかで最も若く、最も美しく、最もあからさまに性的であった彼女の人生は、いまなお最も熱心に調査されている。

ミラーズ・コート13番地は、メアリー・ジェイン・ケリーとパートナーのジョゼフ・バーネットがともに暮らした最後の家である。ケリーは1888年11月9日の未明、自分のベッドの上で殺害された。犯人は割れた窓から手を突っこんで鍵を開け、侵入したものと考えられている。

第Ⅳ部

ケイト

1842年4月14日－1888年9月30日

13 セブン・シスターズ

一八四三年六月の穏やかな朝、バスケットと包みを抱えたジョージとキャサリンのエドウズ夫妻は、めそめそ泣いている子どもたちを引き連れ、ウルヴァーハンプトンで運河船に乗りこんだ。列車で行くほうがずっと早くロンドンに着くのだが、八人家族には過ぎた贅沢だった。日の出から日没までほぼ一週間かけて歩いていくのも、一〇歳に満たない子どもが六人もいるのでは不可能だったろう。わずかな身の回り品だけを持って荷船で行くことが、理にかなった唯一の方法だった。

およそ二日間、この幅広で平たい船の上で一家は身を寄せ合い、他の乗客や船長、および、箱やトランクや家具や樽といったかさばる荷の山と船旅をともにした。雨露をしのげる場所は小さく囲われた船室しかなく、しかも室内のかなりの部分は石炭ストーブが占めている。一方、バーミンガムから首都へと工業地帯を蛇行していくグランド・ユニオン運河沿いの風景は、子どもたちを夢中にさせた。ぼた山と溶鉱炉の見慣れた風景をあとにし、エドウズ一家は、イングランド南部の初めて見る風景のなかを旅していく。村々を突っ切り、農場のあいだをぬい、野生の花々に輝く黄色と緑の野原を抜け、古い教会やお金持ちの別宅の姿を目にする。船を水面ごと上下させる水門の複雑な仕組みも、水門を動かす屈強な馬も、九歳のアルフレッドとその妹たち、すなわちハリエット（八歳）とエマ（七歳）、イライザ（六歳）、エリザベス（四歳）を魅了したことだろう。けれども、前年の四月一四日に生まれたばかりである末っ子のキャサリンは幼すぎて、この旅のことも、そもそもなぜ一家がウルヴァーハンプトンを離れることになったかも、まったくわかっていなかったに違いない。

ケイト、いや、家族の呼び名にならえば「チック」は、父親の人生が変わりはじめたとき、まだ生後九か月になるかならないかだった。エドウズ家の男は二世代にわたり、ウルヴァーハンプトンの主要産業のひとつであるブリキ加工業に従事していた。一八二〇年に出版された『職業全書』〔*Book of Trades*〕の記述によると、ブリキ職人は「やかんやソースパン、大小さまざまなキャニスター、牛乳おけ、ランタンなど」をブリキ板から成形するだけでなく、さびに強いブリキの膜で鉄製品を保護する、すなわちメッキの技術も持っていた。熟練職だったから、一四歳で入門して七年修業するのが普通であった。けれども一九世紀初めごろには機械の導入により、こうした伝統的手法は下火になりはじめる。集中的訓練を受けた最後の世代に属するジョージ・エドウズが修業を始めたのは一八二二年、オールド・ホール・ワークスという工場でのことだった。ここでジョージは、のちに工場の最年長労働者として尊敬されることになる父親のトマスと同じ屋根の下、弟のウィリアムとジョンとともに汗を流したのである。親方の鋭い眼光に見守られながら、どのように「大ばさみを用いてブリキ板を適切な形と大きさに裁断するか」を、「どのように熱をあててはんだ付けするか」をジョージは学んだ。週に六日、夏は朝六時から夜六時まで、冬は朝八時から夜八時まで、見習い職人仲間と並んで作業台に向かって、平らに伸ばすハンマーとくぼみをつけるハンマー、折り目をつけるハンマーの違いを習い、「大小の鉄床《かなとこ》、鉄床のとがった先端、のみ、丸のみ、ニッパー、ペンチ、曲尺《かねじゃく》や定規」の用途を学んだ。この厳しい訓練の締めくくりに自作のブリキ製品を審査員に提出して、ようやく開業の許可が下りるのである。七年の修業期間が終わるころには必要な技能のみならず、職人共同体のなかにあっての独自の個性をも身に着けている。

ウルヴァーハンプトン郊外の野原の真ん中にある、エリザベス一世時代に建てられた古い屋敷、オールド・ホール・ワークスは、一七六七年以来ブリキ産業の中心だった。ここから放射状に延びる道——ダッドリー・ストリート、ビルストン・ストリート、および、西部のもっと田舎へと延びていくメリデイル・ロード——は、ブリキ職人と「漆塗り屋《ジャパナー》」、すなわち、ブリキ製品にシェラックを塗り、精巧な絵を描いて装飾する職人が住む地区となった。修業時代をともにし、同じ工場で働く職人たちは、これらの通りに並ぶ古い家や集合住宅で隣人として暮らした。家族ぐるみのつき合いをし、互いに姻戚関係を結んだ。噂話はあっという間に広まった。とりわけブリキ職人が集まるメリデイル・タヴァーン、スワン、レッド・カウといった地元のパブではそうだった。

ウルヴァーハンプトン・ブリキ板熟練工連合友愛協会、別名「ブリキ職人協会」が一八三四年以来定期的に会合を開いていたのはレッド・カウにおいてである。一八二〇年代以後、機械の導入は労働者たちに不安をもたらしていた。将来的に工場主との衝突は避けられないと考えた協会は、労働者の利益を守る作戦を練りはじめた。ストライキの資金として、会員は全員、週に五ペンス以上六シリング未満を寄付することになった。彼らはまた、賃金の標準を定めた「料金簿」を編纂し、一八四二年になるころには、ウルヴァーハンプトンにある六つのブリキ工場すべてに対して、これに署名するよう要求した。雇用主のほとんどはこれに応じた。同業者たちから「労働者階級の著名なる友人」として讃えられていた、オールド・ホール・ワークスの所有者であるウィリアム・ライトンもそのひとりである。(1) だが残念なことに、この町のブリキ工場主の全員が彼と同じ評判の持ち主だったわけではなく、賃金の標準化が自分たちに利すると考えた者ばかりでもなかった。とりわけエドワード・ペリーはそうである。彼こそが、ジョージ・エドウズと弟のウィリアムを最近雇った男だった。ブリキ職人協会はこれにストで応じた。一八四三年一月には、ペリーのところでは「三五名もの職人が（……）ストライキに入っていた」。[2]労働者の友人などではまったくなかったエドワード・ペリーは、いかなる労働運動にも我慢できなかった。工場主を務めていた期間を通じてずっと、外国人労働者の雇い入れ、殺人の脅迫、スパイ、投獄など、あらゆる手段を用いてスト破りをした。ペリーは「労働者（……）の権利について、そしてとりわけ共謀罪関連の法についての豊富な知識」を誇りにしていた。最も重要なことに、「労働者（……）の無知と熱狂が、自分にとって有利に働くと確信していた」。[3]今回彼は、契約違反の状態にある労働者一人ひとりを、個人的に、かつ力づくで、追跡する決意をした。従業員が組合の保護のもと、ロンドンへ誘われていると知ったペリーは彼らを追った。逃げようとしている者たちが、クラーケンウェルにある板金工のパブにいることを、密告者と探偵の協力を得て突き止めた彼は、令状を取らせて彼らを引きずり戻した。雇用条項違反で逮捕させたのち裁判にかけ、スタッフォード監獄での二か月の重労働の刑へと送りこんだ。

決して譲歩しないというペリーの決意は、目論見どおり、ブリキ職人とジャパナーのコミュニティを分断しはじめた。従業員の起訴のためにペリーが法廷に立つたび、裁判所の周りにはブリキ職人が集まって怒りのヤジを飛ばした。罵倒が暴力へ転じるまで時間はかからなかった。

ブリキ職人協会の熱心な会員だったエドウズ兄弟は、エドワード・ペリーの工場で不法怠業した三五名のなかにいた。抗議行動に加わるよう同僚たちに圧力をかけ、「この災厄［ストライキ］が続くかぎり週一五シリングが支払われる」と約束していた少数のメンバーのなかにも彼らはいた。一月九日、「ペリーのところの職人のひとり」で、ストライキへの参加を拒んでいたリチャード・フェントンが、メリデイル・タヴァーンでエールを飲んでいたとき、ウィリアム・エドウズを含む三人のブリキ職人が踏みこんできて、彼にからんできたとされる。のちに法廷に立った証人たちは、エドウズと「仲間たちは口論をしに来た」のだと考えていた。

伝えられるところによれば、「てめえ、兄貴はストに加わってるだろう!」とエドウズは怒鳴り、それから「こぶしでフェントンを殴り、さらに蹴った」。たちまち少なくとも九人のブリキ職人がフェントンに襲いかかった。そのなかにはウィリアム・エドウズの妻、エリザベスもいた。「フェントンは二階へ逃げようとした」が、彼らは「殺してやる、この野郎、殺してやる!」と叫びながら、なおも殴る蹴るの暴行を続けた。(4)

裁判を担当した治安判事によると、フェントンは幸いにも殺されずに済んだ。自分の行動の重大さに気づいたのだろう、ウィリアムは投獄を恐れて姿を消してしまい、妻だけが出廷した。

残念ながらこの事件は、エドウズ家を襲った不幸の始まりに過ぎなかった。二月一五日、エドワード・ペリーは、『ウルヴァーハンプトン・クロニクル』紙に公告を出した。「われわれのもとを去るよう従業員を誘う」目的で「毎日秘密の会合」が開かれていることに、自分を含む工場主三人は気づいているとペリーは述べる。そして、

金銭を支払うなどして、われわれ各自の事業を妨げたり、われわれの従業員を辞めさせたり、われわれに事業方針の変更や自分たちの提示条件に応じることを迫るなどの陰謀をめぐらしている集団の、起訴につながる情報を提供してくれた者に(……)

三〇ポンドを進呈する、と述べた。三月二四日になるころには、この公告は効果をあげることになる。密告者が誰だったかはわからないが、指をさされたのはジョージ・エドウズだった。

続く裁判で証人台に立ったペリーは、かつての従業員に集中砲火を浴びせた。「被告人が首謀者でした。そして完全に扇動していました」と彼は言った。エドウズを追い出したかった彼は、続けてこう主張した。「他の者たちは被告人に強制されたのです。彼がいなければストライキもなかったでしょう」[5]。はめられた工場主に判事はひどく同情し、ただちにジョージに二か月の重労働の刑を宣告した。エドウズは反省の表情も見せなければ、妻と六人の子どもたちを心配する様子もなかったと、『ウルヴァーハンプトン・クロニクル』は報じている。その代わりに「彼は（……）虚勢を張って、喜んで刑に服するようなそぶりを見せつつ退廷した」という[6]。

キャサリン・エドウズの父親は、これから二か月間刑務所で単調な労働に従事することに不安を抱えていたかもしれないが、それを表に出すことはなかった。熱心に組合活動をしていたジョージ・エドウズは、扇動者になった時点ですでに、自分が危険な立場にあることをわかっていただろう。そして、自分と家族の犠牲は、組合が補償してくれることもわかっていたはずだ。そしてまた、ウルヴァーハンプトンで友人たちと労働する日々が、これで終わりを告げたということも。

エドウズ一家は工場廃水で灰色に染まったテムズ川を下り、バーモンジーの造船所を門のように縁取るクレーンの下をくぐってロンドンへと入った。一家が落ち着いたバーデン・プレイス四番地の小さな家は、彼らが下船した汚染された岸辺からは安全な距離にあった。工場群と倉庫群のはざまには広い緑地と菜園があったのだが、その近くに住むために、ジョージ・エドウズは少し多めに金を出したかもしれない。決して高級住宅というわけではなく、排水も換気もよくなければ水道もなかったのだが、皮なめし工場や染色工場、醸造所が吐き出す化学物質の、目に染みるような悪臭に直撃されることはなかった。人数が増えつづけていたこの家族にとって、比較的綺麗な空気を胸いっぱいに吸いこめることは、数少ない特権のひとつであった。

ジョージが独身であったなら、または子どもの数がこれほど多くなかったなら、ウルヴァーハンプトンからの転出は、一家にとってただちに成功を意味したことだろう。ロンドン・ブリッジを渡ったところにあるブリキ製品と銅製品の製造業者、パーキンズ・アンド・シャーパスに職を得られたのは組合のおかげだったと思われる。「熟練機械工」であるジョージは、一般的な労働者――荷運び人、「カーマン〔carman〕」と呼ばれる配達人、バーモンジーに住む港湾労働者たち――よりも高い賃金を得る資格があった。『イングランド職業全書』〔*The English Book of Trades*〕によると、一八二〇年代、ブリキ職人は「しらふで勤勉であれば」「週にたやすく三五シリングから二ギニー稼ぐ」ことができたという。けれども一九世紀半ばとなれば、ジョージは新しい雇い主から、およそ三ポンド九ペンスもらうことができただろう。[7] これだけの収入があれば、子どもがふたりか三人の家庭なら、家賃を払い、暖炉に火をともし、高級な肉をテーブルに並べることがある程度確実にできただろう。C・S・ピール〔経済的な家事や料理について多くの著作を残したジャーナリスト、本名はコンスタンス・ドロシー・イヴリン・ピール（一八六八－一九三四）〕によれば、この収入の者はロンドンなら「六部屋ある小さな家を借り」、うち一室を下宿人に貸し出して年間二〇ポンド稼ぐことができた。子どもたちは「寄付財団学校かブリティッシュ・デイ［・スクール］〔通学制のブリティッシュ・スクール〕にかようかもしれない。グレイヴズエンドやマーゲイトへ日帰り旅行に行くこともあるだろう。頑丈な靴で、晴れ着を着て」。男性労働者の安定した収入という後ろ盾を得て、ジョージのふたりか三人の子どもたちは、社会的上昇ができたろう。教育を受ければ、男の子は事務員や商店主になるかもしれない。女の子も、教師になったり、事務員や商店主の妻になったりするかもしれない。けれども六人もの子どもがいることで、この上昇への道は断たれてしまった。それどころか、このような希望に満ちた筋書きが、ジョージとキャサリンのエドウズ夫妻の頭によぎったかどうかすら疑わしい。夫妻はふたりとも、家庭の必要経費が父親の稼ぎを大きく上回る大家族の出身だった。[8]

社会改革運動家のシーボーム・ラウントリー〔一八七一－一九五四〕が発見したとおり、労働者階級のライフサイクルには「不足と充足」〔want and plenty〕の各局面があった。稼ぎ手の人数次第で世帯収入は増減する。職があり、両親と同居している若い男性は「比較的裕福」な生活を送り、この状況は「結婚後も継続するが、ふたりまたは三人の子どもを持つようになると、再び貧困が降りかかる」。それから男性労働者のほとんどは「貧困期」へと退き、これは「おそらく一〇年続くであろう。すなわち、第一子が一四歳になって稼げるようになるまでである」。だがラウントリーは次のようにも指摘する。「もし子どもが四人以上いれば、この時期はもっと長引くかもしれない」。女性労働者にとってもパターンは同じだが、世帯収入への貢献は男性よりも通常低く、出産と家事によってさらに削減されてしまう。

ケイト・エドウズの母、キャサリン・エヴァンズの経験には、このことが反映されている。ウルヴァーハンプトンの貧しいかんぬき職人の家に、七人きょうだいの第二子として生まれた彼女は、学校教育をほとんど受けられないまま働きに出た。一三歳になるころにはキッチン・メイドとしての経験を積んで、ウルヴァーハンプトンを代表する宿屋のひとつ、ピーコック・インの調理人にまでなっていた。けれども、およそ一八歳になった一八三二年、彼女のキャリアはここで断ち切られてしまう。一九世紀において女性の結婚は、彼女の真の職業の始まりを意味していた。すなわち母親業である。そしてこの点で言えば、キャサリンは非常に成功した。結婚後五年で子どもを四人産んだのだ。いちばん上の子どもであるアルフレッドには知的障害があり、てんかんの発作も起こした。洗濯や裁縫の内職をするのであれ、工場や洗濯屋へ働きに行くのであれ、労働者階級の女性の多くは母親になったあとも仕事を続けるものだったのに、キャサリンが世帯収入に貢献できなかったのは、アルフレッドの状態と立てつづけの出産のせいだったかもしれない。いずれにせよ、彼女とジョージのどちらかが避妊法の情報に接していたなら、彼らと子どもたちの人生はまったく違うものになっていただろう。

一九世紀の人々は、すなわち、テーブルの脚にカバーをかぶせることを思いつくようなあの人々は、非常に堅苦しい人たちだから、夫婦の性生活について考えることはなかったし、ましてや本に書いたりなどしなかったろうと考えられがちだが、これは誤りだ。これほど真実から遠いこともないだろう。一九世紀前半には、フランシス・プレイス、ロバート・デイル・オーウェン、ジョージ・ドライスデイルが、「家族の規模を小さく」できる方法について、それぞれ著書を発表していた。提案された方法は、腟外射精、羊の腸で作られた（再使用可能な）「フレンチ・レター」〔コンドームのこと〕、殺精子剤による腟洗浄、「避妊用の塊」を腟内に挿入するなどさまざまである。しかしながら、識字能力があり本を入手できる中流階級には、この情報がひっそりとであれ伝わっていったのに対し、労働者階級にこれが広まるのは容易ではなかった。ジョージとキャサリンのエドウズ夫妻はどちらも文字が読めなかったし、そもそもそうした本が存在していることも、どこへ行ったら手に入るかも、知っていたとは考えられない。「フレンチ・レター」も、かつかつの生活をしている家庭には手が届かないとは言わないまでも、入手はかなり困難だったと思われる。いずれにせよ、妊娠もその回避も、女性の責任だと広く信じられていた。母親や祖母、同じコミュニティの女性たちのほとんどがそうだったように、えんえんと出産を続けることは妻の宿命だと、キャサリンは思いこんでいただろう。避妊が行なわれるとすれば、夫が疲れているか病気のとき〔つまり、そもそも性交を行なわないとき〕であった。どうしても避妊する必要があれば、殺精子や流産促進の効果のあるハーブティーや膣洗浄剤を調合することも可能だったが、それは女性に、材料を入手するだけの金銭と道徳的勇気がある場合のことであって、多くの女性はそのいずれも持ちあわせてはいなかった。

これらの要因——情報不足、貧困、忠実な妻の役割を演じなければという義務感——が合わさった結果、一九世紀の母権運動家マーガレット・ルウェリン・デイヴィーズの言う「過剰出産の人生」がもたらされた。これがキャサリンのような女性に与えた肉体的損害、ならびに情緒的・物質的損害は計り知れない。ほとんど毎年のように家族が増えるエドウズ家のような家庭では、使える金がどんどん限られていく。現実面でこれが意味することは、食卓に載る食べ物が減るということだ。スープは薄くなり、肉はくず肉をフォークひとすくい。水で薄めたミルクにパンがひと切れ浮かぶ。こうした場合、食事抜きになるのは母親ということになっていた。妊娠中や授乳中など「栄養をつけるべき時期」であっても、節約のため「自分のぶんを切り詰める」ことになる。労働者階級の家庭では、節約の必要がある場合、夫や子どもではなく母親こそが、家族の食べ残しで食事を済ませたり、肉のほとんどついていない骨をしゃぶることになっていたからだ。[9] 流産や死産の多さ、新生児が高確率で一歳に満たずに死亡するのは、こうした母親の栄養不良状態が原因だと、当時の専門家たちは頻繁に訴えていた。

にもかかわらず、乳児を含む幼い子どもたちに必要なものを与え、減る一方の収入で夫のために家庭を維持するよう強制される、キャサリンのような立場にある女性たちは、妊娠したからといって贅沢は許されなかったし、出産近くなってさえも義務から解放されることはなかった。親族女性や隣人女性から時々助けはあったものの、女は出産ぎりぎりまで「きりがなく骨の折れる家事労働」にいそしむことになっていたのだ。産褥期に手伝いを雇えない場合、出産後すぐであっても、「かまどへ、床磨きや掃除へ、洗濯おけへ、(……)重い荷物を持ち上げて運ぶことへ」戻るしかなかった。このような負担は当然、大量出血や静脈瘤、背骨の異常など、健康への深刻な悪影響をもたらした。

こうした事柄のどれもエドウズ家の拡大を妨げることはなく、ロンドンへ移ってからも家族は順調に増えつづけた。翌年には第七子のトマスが生まれ、一八四六年にはジョージ、四九年にはジョンが加わった。さらに女の子がふたり、サラ・アンとメアリーが、それぞれ一八五〇年と五二年に生まれた。一八五四年のウィリアムの誕生をもって、キャサリンは一二回も出産したことになったが、二〇歳まで生きのびることになるのはそのうち一〇人しかいない[10]。成長した子どもが巣立ち、稼ぐようになっても、泣き叫び手のかかる子どもが新しく取って代わるという状況だった。人数の変化と家計予算に合わせ、エドウズ一家は一八四三年から五七年のあいだに少なくとも四回転居している。とはいえその住まいのほとんどは、最初に住んだバーデン・プレイスの家から通り一本かそこらの距離だ[11]。一家がコミュニティからどう見られていたかを、このこと自体が示しているようで興味深い。どんなに財政状況が厳しくなろうと、エドウズ家は家賃も地元商店主へのツケも、きちんと支払っていたと思われるのだ。非正規職の非熟練労働者などのもっと不利な家庭とは異なり、ジョージとキャサリンと子どもたちは、借金を踏み倒してどこか不健全な地区へと姿を消す、いわゆる「夜逃げをする」必要はなかった。一家にとってこれはプライドの問題だったろう。何よりもまず、きちんとした家族だという印象を地域で維持したいと彼らは願っていた。同じ立場の妻たちがみなそうであるように、可能なときはキャサリンもへそくりを貯めて、レースのカーテンを、食器を収納するサイドボードを、日曜日に敷くカーペットを買おうとしたたろう。熟練労働者の家の子どもたちは全員自分用の靴を持っているものとされていたから、エドウズ一家の「セブン・シスターズ」（と、のちに呼ばれるようになる）が、通りを裸足で走りまわるよその家の子どもたちと、一緒に遊ぶことを許されたとは考えにくい。

エドウズ夫妻が子どもたちに教育を受けさせることは不可能ではなかったけれど、おおぜいの子どもを育てる実際的苦労を考えると、キャサリンは望まなかったとしても、少なくともジョージのほうがそれを望んだのだろう。子どもを学校にかよわせる法的義務は夫妻にはなかったが、一二歳のエリザベスも、一〇歳のケイトも、八歳のトマスも、六歳のジョージも、一八五一年の国勢調査によればみな学生ということになっていた[12]。とはいえ多くの場合親たちは、子どもは教育を受けていると、体面を保つために主張したものである。ケイトの姉四人がほんとうに教育を受けられたかは疑わしい。エマ以外は書くことも読むこともできなかったことが、結婚証明書に署名の代わりに十字を書いていたことからわかるからだ。

識字能力のないこと、および教育レベル全般が低いことは、労働者階級の家庭の娘たちにとって例外的なことではなかった。当時イングランドの女性の四八・九パーセントは、自分の名前を書くこともできなかったのだから[13]。家で母親の役に立っていたり、稼ぎで家族を支えているのであれば、通学は娘にとって重要なことではないと考えられていた。教育改良家のジェイムズ・ブライスは、一八六〇年代に次のように述べている。「彼女たちは家事を手伝い、赤ん坊の面倒を見ることができる。（……）それゆえに少女たちはしばしば、体系的教育を始めるべき年齢をとうに過ぎてから、ようやく学校にかようことになる。そして（……）ごくつまらない理由で教育から遠ざけられることも頻繁である」。この「ごくつまらない理由」は多岐にわたるが、弟妹の誕生や家族の病気をきっかけとして、少女たちが、永久にではないとしても数か月連続で学校から引き離されることはよくあった。年長の子どもが弟妹の世話を期待される大家族において、女の子がどれだけ教育を受けられるかは誕生順によって規定された。キャサリンが赤ん坊にかかりきりになっているあいだ、ハリエットとエマ、イライザが交代で、アルフレッドをはじめとするきょうだいの世話をし、食事を作り、買い出しに行き、洗濯と掃除をしていたのだろう。誰かひとりが外で職を得ると、それまで仕事に加わっていなかったなかの最年長者が召喚され、仕事が再配分される。上の娘たち四人は、こうして稼ぎ手と母親の補助とを絶えずやりくりしていたため、なかなか教育を受けられなかったのだろう。そしてその結果ケイトには教育への道が開かれたのだ。

パーキンズ・アンド・シャーパスの門から歩いて数分しかかからない、ブリッジ・キャンドルウィック・アンド・ダウゲイト・スクールズの定員に空きがあると、ジョージ・エドウズに知らせたのが誰かはわかっていない。これら三地区〔ブリッジ、キャンドルウィック、ダウゲイト〕の貧しい子どもたちに教育を受けさせる目的で設立されたこの慈善学校は、最近入学方針を拡張し、地区で働く人たちの子女も受け入れるようになっていた。これを知ったエドウズ夫妻は、ケイトをダウゲイト・スクールに入れることにした。

一八四〇年代、ダウゲイト・スクールには「少なくとも七〇名の男子と五〇名の女子」が在籍し、順番待ちもたびたび出ていた。この学校で提供される教育は、宗教教育をベースとするナショナル・システム〔ナショナル・スクールの教育システム〕に即していたが、その教育法はもっと厳密で、意図の明確なものだった。男女別学だったものの、どちらも等しく読み書きと算術を教わり、聖書と音楽も学んだ。女子は追加で裁縫の授業もあった。このような学校へ入学を認められるのは、あらゆる労働者階級家庭にとって名誉であったろう。ダウゲイトは寄宿学校ではなかったが、週七日、午前も午後も体系的なカリキュラムが組まれていて、春夏は午前八時から正午までと午後二時から四時まで授業があり、秋冬は午前九時から学課が始まった。日曜日は最低でも二度の礼拝への出席が求められる。場所は通常セント・ポール大聖堂、学校はこの聖堂の陰にあった。見苦しくない清潔な身なりは絶対だった。全生徒は学校が支給する制服を着ることになっていて、仕立てるのは女子生徒、洗濯は学校が行なった。女子生徒だけでなく男子生徒も衣服のつくろいはせねばならず、手や顔が汚れている者は教室への入室を許されなかった。そのため専用の流しが設置され、毎年石鹸の購入費が予算に組みこまれていた。「生徒が散髪しているかを六週間ごとにチェックする」のも教師の義務のひとつだった[14]。

ダウゲイト・スクール、およびこれに類似した学校の目的は、労働者階級のよりよい人間を生み出すことだった。自己とキリスト教原理に価値を見出し、清潔で威厳があり、思慮深く忠実な労働力となること。生徒が卒業年齢の一四歳に近づくと、ダウゲイトはしっかりした就職先をあてがうべく尽力した。男子には設計者や機械工、あるいは銀行や会社の事務職が世話され、女子は家事奉公職に就く準備を始める。就職先での努力が認められて雇い主から推薦を受けた卒業生は、学校から表彰され、その賞金は五ポンドにもなった。ダウゲイトの議事録にはこの手の話があふれている。

究極的には、子どもたちを日常の生活環境から可能なかぎり切り離すことが、ダウゲイトの目的には含まれていたようである。その屈辱的な生活環境において、子どもたちは学生ではなく、ただの働き手としか見なされないのだから。一日まるまる学校にいることを週に七日こなすとなれば、子どもたちが家にいるのはほぼ食べるときと寝るときだけであり、家庭内にある悪徳からは部分的にであれ引き離されることになる。こうした学校にすすんで子どもを預けようとする親たちはみな、ダウゲイト・スクールは貧困のサイクルから脱け出す手段を与えてくれるのだと認識していたことだろう。

学校教育の恩恵を受ける対象として、ジョージとキャサリンが子どもたちのなかからケイトを選んだ理由はわからない。出生順が理由として大きかったのだろうが、兄弟姉妹とは異なる特別な利発さや学習への適性が、ケイトのなかに見出されたのかもしれない。のちになってエマは、子どものころの妹を「活発で（……）温かい心の持ち主で、愉快な人」だったと語っており[15]、別の知人は、ケイトには「ずば抜けた知性があった」と述べている[16]。ダウゲイトでは六歳から入学が許可されていたので、おそらくケイトは一八四八年に、おそらくエマと並んで学びはじめたのだろう。毎朝毎夕、ちょうど父親がそうしていたように、ケイトはロンドン・ブリッジを往復した。自分で縫った青と白の制服に身を包み、皮革市場とガイズ・ホスピタルのあいだを、工場と皮なめし工房のはざまを、夏は太陽に目を細め、冬は毛織のケープを羽織って歩いたことだろう。

ダウゲイト・スクールでケイトがどんな経験をしたか、正確に知るのは不可能だ。例外的行動をとる生徒、ないし不品行な生徒を記録した議事録に、彼女の名前は登場しない。したがって、平均的でおとなしい生徒だったと推測される。慈善事業だったダウゲイトは多くの後援者を集めたが、彼らは子どもたちが優秀な成績を残すことを望み、かつ、教育は思いやりとともに与えられねばならないと考えていた。評議員は、生徒に対する「厳しい体罰は可能なかぎり控える」よう男女教師に指導した。与えられたのは体罰ではなく表彰である。ケイトが在籍していたと思われる期間、富裕な後援者の寄付により、よい行ないをした者には賞が与えられていた。「最も品行方正であった男子には本が、同様の女子には裁縫箱が贈られた」。教師たちは「授賞を子どもたちにまかせる」ことにした。「ほんとうに賞にふさわしい男女生徒を、子どもたち自身が選べるようにである」[17]。

この学校の主な寄付者は、子どもたちに機会を与えることにも熱心だった。一八五一年六月二六日、当校の近くにあったカルヴァート醸造社のオーナー、エドマンド・カルヴァートの主催により、ブリッジ・キャンドルウィック・アンド・ダウゲイト・スクールズの生徒一二四名は、ハイド・パークに開業したばかりの水晶宮〔クリスタル・パレス〕へと遠足に行く。国際博覧会の先駆けであるロンドン万国博覧会の、目を奪うような品々も、それらが展示されたこの壮麗なガラス造りの建築物も、それまで英国では例のないものだった。巨大な温室に似たこの建物は、内部の面積は九九万平方フィート〔約九万二千平方メートル〕、高さ一二八フィート〔約三九メートル〕。世界中から集まった出品者は一万五千以上にも上った。展示品は膨大な数の列を成していた。技術の進歩が生み出した最先端品——印刷機、スチームハンマー、機関車——と、中国から来た巨大な陶製の花瓶、カナダから来た毛皮、チリから来た重さ五〇キロの金塊が並び、ダイアモンド「コ・イ・ヌール」が、檻のような金庫のなかでガス灯に照らされていた。出品者たちは民族衣裳でパレードをした。ターバンを頭に巻いた男性が、刺繍入りの衣服や金糸で縫い取りされた織物に身を包んだ異国の顔が、国の宝をエスコートした。訪れた作家のシャーロット・ブロンテは、「人間の産業が作り出したものはすべてここにある」と書いた。そこでは……

（……）大きな区画ごとに機関車のエンジンとボイラーが、全力で稼働する製粉機が、あらゆる種類の見事な馬車が、あらゆる種類の馬具があり、ビロードが敷かれたガラスの展示ケースには極めて豪華な金細工品と銀細工品が並び、厳重に警備された小箱には、何千、何万ポンドもの価値のある、本物のダイアモンドと真珠が置かれていた。これはバザールや見本市と呼ばれるものかもしれないが、だとすればそれは、東方の魔神が作り出したバザールや見本市であるだろう。地球上のあらゆる場所から、かくも大量の富を集められるのは魔法だけであるように思われる——この世のものではない力がそれらを並べたからこそ、このように鮮烈な色彩がひしめき合い、極上の効果をもたらしているのではあるまいか。[18]

水晶宮で目にしたものに、九歳のケイト・エドウズはくらくらするような思いになっただろう。その朝、彼女と級友たちは教師に引率され、醸造会社が用意した馬車に乗って「催しの中心」へと向かった。帽子をかぶったちっちゃな頭が一つひとつ、一二四まで数えられて列に並び、珍しいもののなかをめぐっていく。そこは彼らにはおとぎの国のように思えたろう。家と教室のなかしかほとんど知らない子どもたちは、見たこともないものがサーカスのようにめくるめくさまに、うっとりしたに違いない。そして「数時間にわたり、その場の見世物をたくさん楽しんだ」子どもたちは、「夕方六時ごろ、醸造会社へと戻った」。そこには「素晴らしい夕食が用意されて」いて、彼らはカルヴァート社の重役たちとともに食事をした。乾杯のあと子どもたちは立ち上がり、「非常に印象的な歌声で」国歌を歌った。[19] ダウゲイト・スクールの生徒たちにとってこれは特別な日だったから、この一日のことも、つかの間目にした輝きも、ケイトは忘れることがなかったろう。

ヴィクトリア時代の労働者階級の息子たち、娘たちにとって、子ども時代は飛ぶように過ぎていく時期であり、しばしば家庭状況によって突然切断されるものだった。一八五六年四月、ケイトは一四歳の誕生日を迎えた。教育の終了を通常意味するこの月に、偶然にももうひとつ、父親の勤務先であるパーキンズ・アンド・シャーパスの解散という事件が起こる。ジョージにすぐさま次の仕事が見つかったかはわからないが、娘をただちに仕事に就かせねばという緊急性は間違いなく増しただろう。けれども、一八五五年にエドウズ家を襲った激変により、ケイトの学校生活はこれより早く終わっていた可能性もある。

一八五五年のほとんどの期間、キャサリン・エドウズはひどい咳に苦しんでいた。彼女が熱を出し、やせ衰えていくのを家族は目にした。結核という診断が下される前から、彼らは病名がわかっていたかもしれない。年長の娘たちのひとりは看病を命じられただろう。三室かそこらの家に八人家族で住んでいるのだから、ジョージは妻と寝室をともにしつづけるしかない。ひどく汗をかき、吐血する病身の妻の横で彼は眠った。一一月になり、寒さと湿気が増してくると、病状はさらに悪化した。その月の一七日、ケイトはたった一三歳で母親を亡くした。出産と肉体労働、栄養不良でからだがぼろぼろになっていたキャサリンは四二歳。当時のこの階級の女性の平均寿命を生きたことになる。

キャサリン・エドウズの病と死を受けて、家庭内での責任分担が見なおされた。家の切り盛りと、一二歳に満たない弟妹四人、およびアルフレッドの世話は、次女である自分にまかされたと、一八八八年に書かれた記事のなかでエマは述べている。とはいえ、この分担は一時的なものだった。結核が妻の命を奪ってまだ二年にもならない一八五七年、ジョージにも病状が現われはじめたのだ。[20] 避けられない運命が訪れるだろうと一家は悟り、この年の九月、エドウズ家の娘たちは自分の将来を考えはじめる。二七日、一九歳のエリザベスは、自称労働者で近所に住む一八歳の恋人、トマス・フィッシャーとの結婚に同意した。状況が違っていれば、ジョージはもっと将来性のある夫を望んだはずだ。しかし、自分が世を去ってしまったとき、娘のうち少なくともひとりには、法的に結婚して自分の家庭に落ち着いていてほしいと考えたのだろう。死期が迫っていることが目に見えてわかるほどの病状だったにもかかわらず、ジョージは娘たちの助けを借りて、キプリング・ストリートにあるセント・ポール・バーモンジー教会での式に出席した。キングズ・プレイスの自宅からすぐのところであったが、彼にとっては楽な道のりではない。ジョージはエリザベスを新郎に託し、証人を務め、名簿で自分の名前の脇に十字を記した。暗鬱な秋に行なわれたこの式は、喜ばしいと同時につらいものでもあったろう。エドウズ家が一緒に暮らすことのできた期間は、このあと数週間しかなかった。

木の葉が色づいて落ち、暦が一〇月から一一月へと移り行くにつれ、父親の死後アルフレッドと幼い四人の弟妹をどうするかという問題が、年長の姉ふたりの前に大きく立ちはだかっていった。『マンチェスター・ウィークリー・タイムズ』に語った話のなかでエマが示唆しているところによれば、ハリエットはカーマンのロバート・カーター・ギャレットと（まだ結婚はしていなかったが）すでに同居していた。[21] イライザは奉公職を得ていたし、新婚のフィッシャー夫妻は、ロック・フィールドの小鳥屋の経営を引き継いでいた。[22] エマもまた、フルタイムの仕事に戻って自活しなければと考えるようになったのだろう。テムズの北側、ケンティッシュ・タウンのロウアー・クレイヴン・プレイスに暮らす裕福な家庭に職を見つけると、彼女は子どもたちと父親の世話をハリエットにまかせた。

最初彼女たちふたりは弟妹の養育責任を引き受けるつもりだったろう。けれどもこれほどの大人数では、それは容易なことではなかった。誰がアルフレッドの面倒を見るかという問題が、姉ふたりのあいだで「絶えずトラブルの元」となった。しかし、理由ははっきりしないがエマによると、ふたりの最大の懸念はケイトだった。「何よりも、彼女をよそにやらねばと思っていました」とエマは回想する。一五歳のケイトが母親の死にひどく衝撃を受けていたこと、さらに父親の死が近づいているせいで悲しみがますます深まっていたことは想像できる。ケイトが必要としている保護と安心感を自分たちは提供できないと、エマとハリエットは考えたのかもしれない。あるいはもしかすると、聡明で教育も受けているケイトは、ふさわしい家族に見守られることでよりよい人生を切り開けるだろうとふたりは思ったのかもしれない。ともかくハリエットはウルヴァーハンプトンに住む叔父と叔母、ウィリアムとエリザベスのエドウズ夫妻に、「ロンドンから離れた場所にケイトをやりたいのですが」と手紙を書いた。叔父夫婦は承諾したが、汽車賃を出すことはできなかった。きょうだいのなかで最も有能であることをいつも抜かりなく示すエマは、もう時間がないと感じてこの問題を一手に引き受け、雇い主に働きかけた。「わたしたちの不幸な状況を知った奥様は、ケイトがウルヴァーハンプトンへ行く汽車賃を出してくださいました」と、三一年後の彼女は回想する。これで決着した。自分の人生を根本的に決定するだろうこの問題について、ケイトに発言権があったかは疑わしい。

金銭的にも人的にも一家の資産は限られていたから、エドウズ家の他の子どもたちの運命は必然的に悲しいものとなった。エリザベスにも、トマスとハリエットのフィッシャー夫妻にも、ロバート・ギャレットにも、一三歳のトマスを、一一歳のジョージを、七歳のサラ・アンを、五歳のメアリーを、二三歳のアルフレッドを養う余裕はなかった。父の死の一週間後、もしかすると葬儀当日だったかもしれない一二月九日、アルフレッドと年少の弟妹三人は、バーモンジー連合教区救貧院へ孤児として送られた。翌日トマスもそこに加わった。一家をつなぎとめていた糸が、自分の死とともにぷっつりと切れてしまったと知ったジョージが、心安らかに墓に入ることができたとは考えにくい。

ウルヴァーハンプトン行きの列車にたったひとりで乗車したケイトにとって、一八五七年一二月は、子ども時代の終わりであった。彼女は自分の知る人々や物事をすべて捨て、苗字以外何も共有するところのない見知らぬ人々のなかで生きることになったのである。

14　ケイトとトムのバラッド

ビルストン・ストリートから少し入った野原の真ん中の、一六世紀に建てられた、堀に囲まれたロマンティックな邸宅に、ウルヴァーハンプトンの中心産業に従事する人々が集まっているとは、この町に初めて来る人間には想像もつかなかっただろう。その周囲にある実質上すべてのものがそうだったように、かつて裕福な毛織物商人が暮らしていたこの家は、産業の進歩によって変化していた。手入れの行き届いた花壇と、金魚の泳ぐ池とに周りを飾られてはいたものの、オールド・ホール・ワークスの内部は、すすでむせ返るようなこの町の通りや土地に立ち並ぶ他の工場と、何ら変わるところはなかった。以前キッチンだった場所は「メッキ作業に使われ」ていた。囲いのない広々とした炉には「溶かした金属や油脂の入ったおけ」が置かれ、「キッチンの床には、メッキ途中の鍋や皿覆いがところ狭しと並んでいた」。邸宅の中心にあるオーク製の大階段は、「いまでは舞踏室ではなく倉庫へと続いていて、そこでは少女を含む女性たちが、商品の包装作業を行なっていた」。

邸宅の南側にはレンガ造りの機能的な棟が増築され、型押し機がシューシューと蒸気を鳴らしながら、ドスンドスンという音を繰り返していた。これに隣接するつや出し部署では、女性たちが一日一二時間も立ったまま、シェラックの塗られた器を何度もこすり、仕上げの磨きをかけていた。その近くの「ライオンの檻」と呼ばれる場所では、シェラックを融かす炉が赤々と燃え、ボイラーと研磨機の横では二台の強力なエンジンが、ボッボッという音の交じる轟音を響かせていた。

これら焼けるように熱い炉と機械に囲まれた一室に、酸の入った大おけが並び、その上には「洗浄人《スカウラー》〔scourer〕」と呼ばれる女性の一団がかがみこんで、「漬けフォーク《ピクリング》」と呼ばれる器具を操っている。髪をキャップのなかにギュッと押しこみ、重いエプロンで衣服を保護している彼女たちは、できたてのブリキ製品を、この取っ手の長いトングで酸にひたす。シェラックを塗る前の準備作業だ。酸でごみを洗い落とすと、今度はおがくずのなかで乾かす。この一連の作業を週六日、夏は午前七時から午後七時まで、冬は午前八時から午後八時まで繰り返すのだ。目や喉のひりつきも、作業中の事故もしょっちゅうだった。

スカウラーはよい職だと、ウィリアムとエリザベスのエドウズ夫妻は姪に教え、歓迎の意をこめてこの職を世話した。姪自身の父親をも含め、エドウズ家は三代にわたり、オールド・ホール・ワークスの炎と作業台を前に汗を流してきたのであり、一八四〇年代、五〇年代の労働争議のあと、工場主のベンジャミン・ウォルトンは一家を再び従業員に迎え、かなりよい賃金を払ってくれていた。けれどもこれは、エマとハリエットが思い描いていた「状況」ではなかったろう。ダウゲイト・スクールだってそうだ。この学校は女子生徒を、家事奉公人にするべく教育していたのだから(1)。

ケイトの人生の新たな章が始まったのは、ロンドンを出発した列車が、焼け焦げたように鈍い色の風景にさしかかったときだった。そのころ「ブラック・カントリー」と呼ばれるようになった地域である。そこでは、地下三〇フィート〔約九・一四メートル〕を走る石炭の鉱脈を糧に、鎖の製造業、レンガ焼成業、製鉄業が興っていた。工場のなかに、あるいは溶鉱炉の前に、職を得ることのなかった者たちは、この鉱脈でハンマーをふるい、エンジンの動力源を掘り出した。昼は煙突がすすの雨を降らせ、夜は鍛冶炉が闇のなかで悪魔のような輝きを放つ。悲惨な光景を見慣れている人々でさえ、ブラック・カントリーの異様な風景にはショックを受けた。ディケンズはこの地獄のような眺めを次のように描写する。

見わたすかぎりあらゆる場所で、背の高い煙突が身を寄せ合い、退屈な醜い形態を成しているさまは、まるで重苦しい悪夢のようであり、そこから吐き出される異常な量の煙は光を陰らせ、憂鬱な空気を汚していた。

ウルヴァーハンプトンの近くでは、至るところで「灰が山を成し」、その脇で「奇妙なエンジンが身をよじりながら回転しているさまは、拷問される者がみずからをつなぐ鎖を激しくガチャガチャ言わせているかのようであり、彼らは高速で回転しながら、ときおりもう耐えられないというように悲鳴を上げ、その苦悶とともに大地は震動した」[2]。ケイトはロンドンで工場や皮なめし工房に囲まれて暮らしていたものの、重工業が作り上げたこの新しい環境は、ウルヴァーハンプトンの新しい家族同様に、見慣れずよそよそしいものに思えたことだろう。

父の弟であるウィリアムとその妻エリザベスにケイトが初めて会ったのは、子どものころからの持ち物をわずかにたずさえて、ビルストン・ストリート五〇番地の家へやって来たこのときだったと思われる。いとこたち——一三歳のウィリアム、七歳のジョージ、五歳のリジー——はおずおずと、しかし好奇心いっぱいの視線を彼女に向けただろう。いちばん上で一四歳のサラは、ベッドおよび考えをケイトと分かち合い、ちょうどよい話し相手になったかもしれない。近所に住む祖父母のトマスとメアリー、叔父のジョンとその四人の子どもたちにも、ケイトは順々に紹介されただろう。ロンドンから来たこの親族を、エドウズ一族がどのくらい積極的に受け入れたのかはわからない。食わせなければならない人間がひとり増えるというのは、あまり歓迎されそうなことではない。とはいえケイトは一五歳だから、自分の食い扶持を稼ぎ、家計にも貢献してくれる見こみがあった。両親の死というのはあまりにありふれた出来事であり、本分を尽くさない理由にはならなかっただろうから、ケイトは悲しみのただなかにあったにもかかわらず、すぐさま働きに出されたのだった。

ケイトが一〇代後半にさしかかるころ、いとこのサラは家を出て家事奉公人になったが、じきに叔母のエリザベスが末っ子となるハリエットを産んだため、家族の人数は元に戻った。ケイトは長時間働いて帰宅したあとも、家事の手伝いを求められただろう。食事を作り、掃除をし、いとこのリジーの面倒を見て、何シリングかを家に入れる。叔父が「陽気な気性」と呼ぶものを、彼女が身に着けはじめたのはおそらくこのころだろう。酒を好むようになり、叔父の言葉によれば「帰りが遅く」なったのである(3)。家からたった数軒下れば、ブリキ職人のたまり場のパブ、レッド・カウがあった。叔父の家という息苦しい場所からの逃避先となったことだろう。

部外者であるケイトが、ウルヴァーハンプトンのエドウズ家に帰属意識を感じていたかは疑わしい。一八六一年の夏には、彼女は落ち着きも思慮もなくしていた。家族によると、分岐点となったのは、ケイトがオールド・ホール・ワークスで盗みを働いたのが露見したときである。

乾燥室や包装部署をとおりしなに、ブリキ製の名刺入れや小箱、ペン皿を、ポケットのなかや衣服の下に滑りこませることはそれほど難しくなかった。質屋は持ちこまれる品を必ずしも詮索しなかったし、来る日も来る日も酸のおけの上にかがんで働くことにうんざりしている人間にとって、このリスクは冒すだけの価値があった。しかし残念ながら、オールド・ホール・ワークスには人目がありすぎた。そしてそのうちの少なくともひとりぶんの目が、ケイトの上に注がれた。

ケイトは叱責され解雇されたものの、おそらくはエドウズ家と工場主との長年の関係のおかげで、判事の前には引き出されずに済んだ。とはいえ、一家の名誉は激しく汚されたのであり、その衝撃はウルヴァーハンプトンからロンドンへと波及して、ケイトの新たな人生を設計した張本人たるエマとハリエットにも不名誉の報は伝わった。ビルストン・ストリート五〇番地での非難の言葉は轟々たるものだったろう。

ウルヴァーハンプトンの馬具職人で馬商人、ジェシー・クルートの妻となったサラ・エドウズが、その後一家に何があったかを、後年新聞記者に語っている。[4] サラによれば、この事件がケイトの運命を決めたのだった。エドウズ家はこの出来事を決して忘れることはなく、彼女を許すこともなかった。一九歳にしてケイトは再び身の回りの品をまとめて人生をやりなおすことになったが、今回行き先を決めたのは彼女自身だった。もっと親身になってくれる親族がそこにいるのではないかとの期待をもって、彼女はウルヴァーハンプトンから南へ一四マイルの地、バーミンガムへと向かう。

かつてケイトの母親がソースをかき混ぜ、プディングを作っていたウルヴァーハンプトンの有名な宿、ピーコック・インは、長年にわたり、ベアナックル・ボクシングの試合場でもあった。一八五〇年代、この宿の中庭は定期的に片づけられ、芝が敷かれ、試合のリングが設置された。リングに上がったなかには、イングランドのヘビー級チャンピオンで「ティプトン・スラッシャー」とも呼ばれた地元の英雄、ウィリアム・ペリー〔一八一九-八一〕や、のちに米国でプロボクサーとしてひと財産築くことになるジョー・ゴス〔一八三七-八五〕もいた。トム・エドウズ、別名「スノッブ」もまたこの場所で、婬の心をつかんだのだろう。

一八世紀以来、ベアナックル・ボクシングはイングランドの一大ビジネスだった。この競技に紳士的性格と愛国的性格を付与しようと、規則を成文化したのはジャック・ブロートン〔一七〇四―八九〕である。皇太子の後援を得て、ロンドンには「拳闘の技術を教える」学校も登場した。スポーツ・ジャーナリズムも芽生えはじめ、対戦相手同士の舌戦を報じて試合への期待を煽った。英国の全階層の男性が熱狂した。上半身裸で、緩衝材を巻いたこぶしで賞金を懸けて殴り合うというブロートンのルールで行なわれる試合は、全国的なイベントとなった。

選手はたいてい労働者階級であり、イングランド中部からは多くの者が輩出した。競技だけで生活している拳闘士は少数だった。多くはアマチュアで、時々仕事道具を置いて革エプロンを外してはリングに立つのである。トム・エドウズもそのひとりだった。靴屋という職業から「スノッブ」と呼ばれた〔靴屋を指すsnobという俗語が当時あった〕彼は、猛獣並みの体力で収入を補っていた。

一八一〇年生まれのトム叔父さんのボクサーとしての全盛期は、彼がこぶしをふるうのをケイトが目にしたときにはとうに過ぎ去っていただろう。けれども、一選手につき最高二五ポンドもの賞金が懸かるのだから、トマス・エドウズに引退の意思はなかった。国を代表するスポーツ紙、『ベルズ・ライフ・イン・ロンドン』には、長年にわたりお互いの拳闘の才を高め合ってきたふたりの「バーミンガム男」、「ネッド・ウィルソンとトム・エドウズ〔広告内ではつづりがEddowsになっている〕（別名ザ・スノッブ）」の試合の広告が、一八六六年になっても載っている。(5)

今日そうであるように、一九世紀前半もボクシングの試合は、スポーツ競技というよりも劇場的な娯楽だった。一八六七年にクインズベリー・ルールが導入されるまでは、殴るだけでなく取っ組み合うことも許されていた。(6) 胸板もあらわにリングの中央で向かい合い、優れた身体能力を披露するボクサーたちは舞台上の主演俳優のように見えただろうし、大試合が近いことを知らせるポスターが街じゅうに貼られると、人々はサーカスがやって来るかのようにわくわくしたことだろう。

その日、イベントはゆっくりと始まる。トップ・ハットや平たいキャップをかぶった男たちが大勢集まり、そわそわと時間を気にして、懐中時計の鎖をもてあそんだり手をチョッキのポケットに突っこんだりする。とうとう選手がひとりずつ現われる。セコンドと、ラウンドの合間に水を与えたり汗を拭いたりする役のボトル係とを従えて。ふたりの拳闘士は握手し、コイントスが行なわれ、どちらがコーナーを選ぶかが決まる。これらお決まりの手順が終わると選手たちは上衣を脱ぎ、「ズボンを検査」して「不適切な物が隠されていないか」確認される。そうしてようやく試合が正式に始まる。

こうした試合は「きちんとした」女性が見に来るものではなかったろうけれど、労働者階級の女性の観戦は、奨励もされなかったが、全面的に批判されるものでもなかった。ケイトは群衆に交じって叔父の試合を見て、スターに熱を上げたような状態になったのかもしれない。姪としての愛情に基づくものであったのか、共通の利害によるものだったのか、どんな関係をふたりが形成したのかはわからないが、ウルヴァーハンプトンで見つけられなかった思いやりや温かさを、トム叔父さんこそが与えてくれるはずだとケイトは思うようになった。

一八六一年、トム・エドウズと妻ロザンナは、バーミンガムの工業地区の中心地に住んでいた。向かいには、煙突がいくつも突き出す堂々たるレンガ造りの建物、エルドリッジ・アンド・メリットのピン工場が、小さなはがねのピンや針をガンガン音を立てて作っている。数軒隣のブルックス・アンド・ストリートは、真鍮の針金を編んでふるいや火の粉除けの金網を作っており、トマス・フェルトンの工場では、シャンデリアや馬車のランプが成形されている。バゴット・ストリート沿いでは、これら大会社の隙間隙間にさまざまな工房が立ち並んでいたが、そのほとんどは玩具か銃を製造していて、この地区の名称〔ガン・クウォーター〕の由来となっていた。機能重視で硬質なバーミンガムの景観は、近接するウルヴァーハンプトンとほとんど変わらなかった。レンガの上にレンガが重ねられ、そのすべてが黒く分厚い石炭のすすで覆われている。

モランド・ストリートから少し入ったエドウズ家の住まいのすぐそばでは、工場の蒸気や機械が絶えず音を立てていた。エンジンの轟音が途切れる静かな時間も、煙が立ちこめることのない時間もほとんどなかったろう。金属や水銀を排出する工場が近くにあるせいで、この界隈の水は飲用には適さず、住民は訪れる荷車の配達に頼っていた。一八世紀後半に建てられたレンガ造りの彼らの家は、築百年ならではの劣化はしていただろう。二階と三階に部屋がひとつずつ、一階にキッチンと貯蔵庫があるこの家は、夫婦と、下の子どもふたりが住むには充分な広さだった。同居している子どもは、地元の工場で真鍮の管を作っている一六歳のジョンと、家で母親の手伝いをしている一二歳のメアリー。トム叔父さんは、リングでパンチを打ちこんでいるとき以外は、近くの工房か、もしくは部分的にそれ用に改装した家のなかの一室で、靴に釘を打ちこんでいた。

一九世紀の労働者階級の家庭において、遠い親戚が歓迎される度合いは、その家庭に対して実際的もしくは経済的にどれだけ貢献できるかで決まっただろう。バーミンガムへの逃亡を企てたケイトの計画がどんなものだったにせよ、ここでも労働は避けられなかったし、単調な工場仕事には戻りたくないと彼女が考えていたとすれば、ひどく落胆することになっただろう。ケイトはブリキ工場の仕事をよく知っており、バーミンガムには若い女性の働き先がたっぷりあった。じきにトム叔父さんは、ウルヴァーハンプトンで彼女が捨ててきたのと似たような仕事を探してきたが、今度はスカウラーではなかった。ケイトは布を手にして長テーブルの前に座り、シェラックが塗られたばかりのトレイをこすりつづける。ピカピカに磨き上げられたトレイはどこかの客間へと召し上げられ、メイドがお茶を載せて奥様にお出しすると、このトレイの輝きに訪問客は嫉妬する。ケイトの労働時間は変わらない。夜明け、または暗いうちに起床し、帰って夕食を取るとメアリーと一緒のベッドに寝る。同じ部屋の、カーテンで仕切られた向こうでは、ジョン、または叔父か叔母がいびきをかいている。ウルヴァーハンプトンだろうがバーミンガムだろうが、拳闘士の家だろうがブリキ職人の家だろうが、どこへ逃げようと同じだった。ケイトの日課は結婚するまでこのままだ。結婚すれば母と同じ人生が待っている。出産の痛み、子育ての疲弊、不安、飢え、消耗、そして最後には病と死。

インドの湿っぽい熱気に包まれ、第一八王立アイルランド連隊の兵たちは気だるく過ごしていた。アシールガル城の破壊されたモスクの陰で、彼らはカード遊びをし、ブーツを磨き、物語に耳を傾けていた。物語には事欠かなかった。故郷アイルランドの物語。ジャングルの物語。戦いの物語。濃い肌色の顔に浮気な笑みを浮かべて、あるいは色白の顔で瞳を輝かせて誘いかけてくる女たちの物語。

指揮官たちからトマス・クインと呼ばれていた男も、こうした物語に熱心に耳を傾けていただろう。一八三六年一一月二一日に〔アイルランドの〕メイヨー県で生まれ、[7]トマス・コンウェイと名づけられたクインは、物語の収集家となり、のちには物語の行商を職業とすることとなるが、名前を変えた理由は生涯明かすことはなかった。結婚の破綻、またはもっと悪い理由から過去を逃れたいと思った男たちは、しばしば別の人間になり、「女王のシリングをもらって」入隊したものだった〔「王／女王のシリングを取る

(take the King's/Queen's shilling)」は「軍に入隊する」意を表わす言い回し」。一八五七年一〇月、トマス・コンウェイはまさにそうしたのである。

入隊名簿の名前の横に十字を書いたとき、コンウェイはおそらく、自分はインドへ行くとわかっていただろう。デリーの近くで始まった東インド会社傭兵部隊の反乱が、インド北部全体に広がろうとしていることは、英国にも九月には伝わっていた。新聞では「セポイの乱」の見出しがクリミア戦争のそれに取って代わり、英国軍は、黒海での包囲攻撃で受けたダメージもまだ回復しないうちに、大量の兵をインド亜大陸へと移すことになる。兵力増強は急務となり、トマスはたった一か月ほど訓練を受けただけで、第一八王立アイルランド連隊第二旅団の仲間たちとともに、蒸気船プリンセス・シャーロット号に乗ってボンベイへと向かった。二一歳の誕生日を間近に控え、田舎暮らしとソッド・ハウス〔芝生を積み上げて作った家〕しかほとんど知らない若者にとって、この決断は人生最大の冒険につながるものであったろう。インドは彼にとって物語の収穫場となる。

海上の旅は三か月にも及んだけれど、途中目にしたもののどれひとつとして――トビウオも、サメも、喜望峰の絶景も――インドの異質なエキゾチシズムの予行演習とはなりえなかった。ボンベイに上陸するや、アイルランドから来た新兵もイングランドから来た新兵も、色彩の入り乱れる騒然とした光景に度肝を抜かれた。明るい色のシルクのサリーを身にまとい、腕輪や鼻輪をジャラジャラ言わせる女性たちを、彼らは口をあんぐりと開けて見つめた。ショウガやニンニクのきつい匂いに、眠そうにのろのろと市場を歩く水牛に当惑した。文化も気候もひどく違っていて、そのなかには慣れるのが難しいものもあり、多くの者は「気候の厳しさ」だけでなく「ホームシックから来る憂鬱さ」でも参ってしまった。

インド冒険中のコンウェイを打ちのめしたのは、後者よりも前者だった。湿気が胸に忍びこんだのだ。

行軍中、咳と息切れがひどくなり、マドラスの軍病院へと送られる。当地の涼風による体調の改善が期待されたのだが、その前に反乱は鎮圧されてしまった。一八六一年にダブリンへ戻ると上級軍医の診察を受け、完治することはないと断言される。彼の「身体的障害と継続的入院」は以前の疾患、特にリウマチと慢性気管支炎によるものだと診断された。さらに悪いことに、二四歳のコンウェイは「心臓の病」を患っているとも告げられる。その結果除隊を勧められたけれど、ありがたいことに兵士の心身の不調は、「全面的にではないとしても部分的には、不摂生などの悪徳ではなく、軍務と気候のせいである」と好意的に考えられていた。(8)

病んだ心臓と弱った肺を抱えたコンウェイは、軍に戻ることも、入隊以前の生活を支えていた日雇い労働の生活に戻ることもできなくなった。(9) 正式な職業訓練を受けていない若者にとって、これは不安だったに違いなく、支えとなるのは年二回支払われる年金だけになってしまった。一般的に兵卒の年金は、特にコンウェイのように四年と六日という短期の従軍だった場合、ごくわずかな金額であり、労働者の収入を補うことはできても代わりにはならなかった。記録によると、彼は一日当たり六ペンスもらう資格があったが、この金額は健康状態の変化に合わせて再調整され、一ペニー単位で増額ないし減額されることになっていた。(10) ハンマーをふるったり干し草を刈ったり、重い荷を持ち上げたりせずに食いつなぐ方法を、コンウェイは見つけざるをえなくなる。

アイルランドの田舎にいた子ども時代、コンウェイにとって、メイヨー県じゅうの農場や酒場、芝で屋根を葺いた家などを訪ね歩く行商人《チャップマン》はおなじみの存在だったろう。行く先々で好奇心旺盛な子どもたちや犬に追いかけられつつ、チャップマンはリネンに包んだ便利な品々を、近くに店などない人たちのところへ運んでくる。放浪者であり、町のおふれ役であり、狡猾なセールスマンでもある彼らは、疑いと歓迎の入り混じった気持ちで迎えられた。彼は村から町へと渡り歩き、土地の情報やニュース、噂話を、集めたり伝えたりした。これこそが彼の存在意義だと思う人たちも多かった。けれども、優秀な行商人は自分の仕事をよく知っており、訪れた先を最大限に活用した。農家の妻や娘たちは、彼がキッチンのテーブルの上に広げたハサミや櫛、指ぬき、ナイフ、リボン、糸、ボタン、さらにはブローチや小さな玩具などの品々に魅了された。彼はまた印刷物も運んできた。とりわけチャップブック、すなわち小冊子を。木版画で飾られたチャップブックには、おとぎ話から伝記、詩、短い物語まで、あらゆるものが載っていた。タヴァーンやパブではブロードサイド・バラッドを引っぱり出すこともあった。大判の紙一枚〔ブロードサイド〕に歌を印刷したものだ。失恋を歌ったものもあれば、血なまぐさい犯罪を語る歌もある。よく知られたメロディに乗せて詞を歌うと、客は小銭を投げてブロードサイドをひっつかみ、エールを飲みながらこの新曲を歌いはじめる。

チャップブック売りは完全な流れ者生活だ。すきっ腹でその夜のねぐらのあてもないまま毎日が始まる。一九世紀前半のチャップブック売りの品のなかにたいてい入っていた、『チャップマン、ジョン・チープの物語』〔*The History of John Cheap the Chapman*〕を読むと、売り物を抱えて旅に出た、この人々の生活を垣間見ることができる。物語の語り手は、冒険よりも危険や不快さの要素のほうがはるかにまさっていると明言する。水路や汚物にはまったり、農家の犬や雄牛に追いかけられる危険はしょっちゅうだった。語り手はまた、小麦の袋やケールの畑を寝床にしたり、寒い冬の夜に牝牛の横で寝たりする不快さを口にする。農家の妻からは、売り物と引き換えに一杯のスープやキャベツをもらえたが、「一日じゅう歩いて家々を訪ね歩いても、肉もパンもエールももらえない」ことが多いと言う。だがこうしたことにもかかわらず、行商生活は、他の生活では味わうことのできない自由を与えてくれた。一九世紀の社会を束ねているものから逃れることには、ある種のロマンチシズムがあった。放浪し、自分の知恵を頼りに生活し、さまざまな人々と出会い、未知の場所を訪ねるチャップマンは、家族にも、共同体にも、教会にも、雇用主にも、誰に対しても借りがない。この自由さにわくわくする者たちもいた。

当然のことながらチャップマン生活に惹きつけられたのは独身男性だったが、現代の巡回セールスマンにとってそうであるのと同様、結婚は障害とは見なされなかった。この職業に最も適していると考えられたのは、長時間の歩行や苦難にすでに慣れているとされていた者たち、すなわち元兵士であった。一〇代のころから流浪生活に親しんでいたトマス・コンウェイにとって、チャップマンになるのは論理的な選択だったに違いない。一八四五年から五二年にかけ、アイルランドの農村地帯を荒廃させた大飢饉は、とりわけメイヨー県に大きな損害を与えた。一八五一年までには人口の三〇パーセント近くが、死亡するか移住するかしてしまっていた。コンウェイも例外ではない。一八五七年に入隊したとき、彼はすでにアイリッシュ海を渡って、ヨークシャーのベヴァリー近くで日雇い労働をしていたようである。六一年一〇月一四日に除隊されると、年金の申請をしてからキルケリーの親戚を訪ね、その後イングランドへ戻ったが、今度の行き先は、もっと生計が立てやすいニューカッスルだった。稼いだお金を元手に必要なものをまとめると、アイルランド人青年は南へと行商の旅に出た。コヴェントリーからロンドンへと向かい、一八六二年の夏、バーミンガムに到着する。(11)

ケイトとトマス・コンウェイの出会いについては諸説ある。ある証言によれば、二〇歳のケイトは「とても温かい心を持った、見栄えのよい娘」だった。トマスは灰色の瞳と薄茶色の髪のアイルランド人青年で、物語を語ることに優れていた。サラ・クルートとエマは、ケイトと彼はバーミンガムで出会ったと述べている。しかしトム・エドウズ叔父さんの証言は正反対だ。「ケイトはこのコンウェイという男と」彼の目の届かないところで知り合ったと言うのだ。いずれにせよ、バーミンガムに来てから九か月経ったころ、おそらくコンウェイと出会ったころに、ケイトは突然、ウルヴァーハンプトンに戻ると言い出したのである。それはコンウェイが向かおうとしていた方角だった。

虎やかぐわしいジャングルのことを語り、歌や物語をたくさん知るトマス・コンウェイは、間違いなくロマンティックな印象を与えただろう。流れるような口上は、どこのパブでも市場でも、たちまち人々を魅了しただろう。身軽な彼は風の吹くままに旅をした。陽気で外交的で開けっぴろげなケイトが、彼および彼の生活を、自分のつまらない生活とはまるで異なる魅力的なものだと感じたことは理解できる。

エドウズ一族はこの成り行きを快くは思わなかった。ビルストン・ストリートに戻ったケイトは、ここでも同じ状況に直面する。ケイトの家族の誰ひとり、トマス・コンウェイを気に入る者はいなかった。ウィリアムにもエリザベスにも、いとこのサラにも、トム叔父さんにも、ロンドンにいる姉たちにも気に入られなかった。何ら不思議ではない。健康上の理由から軍に不適格だと判断され、実質的な職もなければ家も家族もなく、安定した収入と言えば一日あたり六、七ペンスのわずかな年金だけというこのアイルランド人の流れ者は、若い女性に警告を与える、ヴィクトリア時代の教訓譚の登場人物そのものだった。この手の男と関わり合いになることは、貧困、飢え、救貧院行きの切符を手に入れるようなものだ。さらに悪いことに、コンウェイがケイトに結婚を申しこんでいたとしても、すぐそうするという意志を彼はまったく示していなかった。

それでもケイトの決意は固かった。『ブラック・カントリー・ビューグル』〔ブラック・カントリーの歴史やエピソードを掲載する、一九七二年創刊の週刊新聞〕掲載の記事によれば、彼女は「ハンサムで詩的なアイルランド人」に、完全に「のぼせ上がっていた」。叔母のエリザベスは最後通牒を突きつける。その日暮らしのバラッド売りと手を切るか、さもなくば家を出て行くか[12]。ケイトは後者を選び、コンウェイとともにロッジングハウスへと移り住んだ。この決裂のタイミングが重要だ。その年、すなわち一八六二年の七月には、彼女は妊娠していたのである。

姪の行動をエドウズ夫妻は恥じただろうが、未婚での妊娠は珍しいことではなかった。特権階級のあいだでは、貞操は若い女性の人柄の尺度とされ、「無傷」の品としての彼女の価値を示すものであったけれど、現実性第一で生活が進む労働者階級にとってはそうではなかった。中流、上流階級の娘たちがたいせつにする無垢な女性らしさは、労働者階級の娘たちには望まれなかった。居住環境の狭苦しさのせいで、労働者階級の性行動が非常な若年で始まっていることを識者は危惧していた。家が狭く、家族や親戚、ときには客までもが寝室やベッドをともにする環境に育つ彼らにとって、身体のプライバシーだの慎みだのは、手の届かない贅沢だった。その音が聞こえたりするのは普通のことだったから、試してみたくなるのも当然のことだ。性交を見たり、また、家が狭いせいで外に押しやられた少年少女には、両親の監視の目も届かなくなる。ある若い女性は、「ウォルター」というポルノ作家にこう語った。「たくさんの女の子がぶらぶらしている。（……）その子たちのお母さんも全然気にしていない。（……）一三歳か一四歳ぐらいになると、もうおとなしくなんかしていない。夜中に暗い道でうろうろしてるんだ（……）」。続けて彼女は「女の子たちは、露天商の男の子たちとつき合っていた。恋人なんだ」と言い、さらに次のように言う。「一四歳で処女なんてほとんどいないよ」。メイヒューもまた、「スロップ・ワーク」、すなわち安価な衣服の工場で働く一〇代の少女たちから、同様の事実を聞いている。うちひとりはこう語った。「スロップ・ワークで働いてる女の子に、純潔を守っている子がひとりもいなくてよかった。何千人も働いてるんだけどね」。

性交渉の多くが妊娠に至る時代、懐妊や、ときには出産まで待って結婚するカップルも多かった。一方、労働者階級のなかには同居を選ぶカップルもあった。バラッド売りや露天商など、移動性が必要とされる職業は特にそうする傾向が高かった。理論上、ある程度流動的な関係は、男女どちらにとっても利するものであるはずだ。遠くまで出かけて働く必要が男性にあれば、女性は近くにいる別のパートナー候補と新たに関係を結べばよい。このため多くのカップルは、教会で関係を正当化する必要性を感じなかった。けれども相当の数のカップルは、自分たちの関係を合法なもののように感じており、生涯にわたって、またはかなりの長期間をともに過ごしたのである。一九世紀の記者や社会改革運動家が観測したところによると、労働者階級のコミュニティは、友人や隣人のカップルの関係性について詮索を避ける傾向があり、ごくシンプルなルールに従って生きていた――もしそのカップルが結婚していると言い、そのようにふるまっているのならば、彼らは結婚しているのだ。「同居している男女に(……)結婚しているのかと尋ねたりしたら、あなたのうぶさに苦笑されるだろう」と、アンドルー・マーンズ〔都市の貧困問題を調査・評論した聖職者(一八三七―一九二五)〕は書いている。「誰も知らない。誰も気にしない」[13]。とはいえ、同居中のカップルに対する人々の態度には、しばしば温度差や矛盾も生じた。家主や雇い主は、彼らと同じ階級であることが多かったが、法的に結婚していないと気づくや追い出すこともあり、非難の矢面に立たされるのは通常女性のほうだった。とりわけ非嫡出子が生まれている場合はそうである。男性は家を出て行っても何の悪影響もこうむらないのに対し、扶養されていた女性は、稼ぐ機会も少なければ食わせなければならない子どももおり、たちまち貧窮状態に陥ってしまうこともあった。

トマス・コンウェイと運命をともにすると決めたとき、ケイトはリスクに充分気づいていただろう――けれども、自分がすでに知っている人生よりも、こちらのほうが好ましいと思えたのだ。ふたりはウルヴァーハンプトンに長くはとどまらず、じきにふたりきりの生活を始めるべくバーミンガムへと向かったと、サラ・クルートはほのめかしている。

ケイトと力を合わせることは、コンウェイにとってもメリットがあった。そばに女性がいれば料理や洗濯をしてもらえて便利だというだけではない。ケイトはビジネス・パートナーとして、優れていると は言わないまでも役に立つとわかったのである。農村地帯なら、戸別訪問してチャップブックやこまごましたものを売ることは彼ひとりでもできた。しかし大きい村や市場町、都市へ行くと、もっと目を引く商売方法が必要だった。

コンウェイとケイトは行商人のなかでも、ヘンリー・メイヒューが「放浪文具商〔flying stationers〕」または「紙物一般商〔general paper sellers〕」と呼んだ階層に属していた。この階層は、どのような方法で販売しているかによってさらに細かいカテゴリーへと分けられる。「走り売り口上師〔running patterer〕」は通りや広場を歩きながら、ブロードサイドやチャップブックのタイトルやあらましをふれて回る。「立ち売り口上師〔standing patterer〕」は通りの角やパブの前に立ち、売り物に書かれている事故やスキャンダル、戦い、恐怖、処刑の話を語って、道の向かいの人たちを購入へと誘う。立ち売り口上師にも走り売り口上師にも、多くの場合女性の「チャーンター〔chaunter〕」がついていた。バラッドの一節を歌ったり朗誦したりする役で、男性はそのバラッドをかたわらで通行人に売るのである。ふたりで合唱したり、寸劇をすることもあった。学校で音楽を教わり、歌うことも大好きだった外向的なケイトには、工場仕事よりもストリート・パフォーマンスのほうがはるかに向いていただろう。(14)

チャップブック売りとして生計を立てはじめたころ、トマス・コンウェイには自分でも書いてみたいという野心があったかもしれないが、これを自力で達成する手段が彼にはなかった。除隊書類に十字を書いていたことからわかるとおり、コンウェイは読み書きができなかったのだ。ケイトはそうではない。インドでの冒険から思いついたこと（そうした物語は一八五〇年代、六〇年代、バラッドとして非常に人気があった）は、誰かに書き取ってもらう必要があった。ケイトにこの役割を引き受けてもらうことで、すべてが効率化された。パブのテーブルに向かい、背を丸めて作業しているふたりの姿が想像できる。ケイトは詩人コンウェイの書記となり、指先をインクで汚しながら、熱心に行を削ったり、議論したり、書きなおしたりする。できた詞をふたりで歌ってみたりする。このような状況において、作品の創作過程にケイトが関与していなかったとは考えにくい[15]。

しかし、平凡な生活から脱出してはみたものの、ケイトが選択した生活は必ずしも、想像していたほど幸福だったり気ままだったりするものではなかった。町で売り口上を述べたり、農村で戸別訪問してチャップブックを売ったりしても、それほど儲かるわけではない。メイヒューによればこの種の行商人の平均収入は、週あたりおよそ一〇から一二シリングだった。一二シリング稼ぐには、バラッド、チャップブック、詩、パンフレットなど、あらゆるものを自分で書いて売らねばならない。病気や酩酊など予定外の出来事があれば、これは不可能になってしまう。びしょ濡れになったり凍えたり、不潔な衣服でおなかをぐうぐう鳴らしながら、宿のあてもなく放浪する生活のみじめさは途方もないものだ。ケイトが入浴したり衣服を洗濯したりできる機会は限られていただろう。農村なら頼みこんでベッドを確保できるかもしれないが、都会では、野宿しないためには混雑して居心地の悪いロッジングハウスか、救貧院の一時収容棟に頼るしかない。なけなしの持ち物すら盗人や詐欺師の標的になる。放浪生活のこうしたあらゆる危険に身重の身で立ち向かうのだから、みじめさはいや増したことだろう。となれば、一八六三年四月、妊娠九か月のケイトが、ノーフォークのグレイト・ヤーマスにある救貧院病院のドアを叩いたのも不思議なことではない。

救貧院病院に彼女は子どもを産むために向かったのかもしれないが、ベッドが保障されていない者にとって、ここはありがたい一時避難所と思われただろう。一八六〇年代には、困窮した妊婦をすべての救貧院が受け入れるようになっていたけれど、救貧委員は多くの場合、「救済される資格のある既婚女性」と、婚外子を産むことになった「転落した」女性とを区別しようとした。門を訪れたケイトはキャサリン・コンウェイと名乗り、「労働者」と結婚していると述べた。トマスも付き添っていたかもしれないし、あるいは、こちらのほうが可能性が高そうだが、彼女を救貧院に預けて仕事を探しに出たかもしれない。

コンウェイは「妻」が屋根のあるところにいられることに安心して休めたかもしれないが、救貧院病院は決して出産するのに安全な場ではなかった。妊産婦専用棟があるのはまれであり、分娩の苦しみのさなかにある女性は、結核や天然痘、梅毒など、伝染病を含むさまざまな病の患者と並んで一般棟にいることが多かったのである。衛生状態はどこでもひどいものだった。救貧法改良運動家のルイーザ・トウィニングは、女性専用棟の訪問中、壊れたトイレがむき出しの下水と化し、清掃に消毒剤が使われず、石鹸と水を使用せずに分娩が行なわれるのを目撃している。ケイトが一八六三年四月一八日、娘のキャサリン・〝アニー〟・コンウェイを産んだヤーマス救貧院の病院は、ドブネズミが出てこないようガス灯を点けっぱなしにしていることで有名だった。ひどく不快な場所だったと思われるけれど、ケイトにとっては、道の脇の泥にまみれて第一子を産むよりはずっとましだと思えただろう。

小さなアニー・コンウェイがやって来て、ふたりの旅はわずかにだがゆっくりになった。実際、赤ん坊がケイトの背中にくくりつけられたり、ケイトの胸に顔をうずめたりしているせいで、パンが一斤余分にもらえたり、心地よい休息場所を提供されたりということが増えたはずだ。アニーの誕生後もふたりは放浪を続けた。北はニューカッスルにまでたどり着き、晩夏にはハルに行き、それからコヴェントリーへと戻った。そして一八六四年六月には、短期間ではあったがロンドンに滞在する。おそらくケイトがロンドンに来たのは、出て行って以来初めてのことだ。放浪の途中、ケイトはアニーを馬小屋の馬房に、教会の庭に、あるいは塀にもたれさせて、時には雨が降りつける樹の下で寝かせたことだろう。このような生活が完全に満足の行くものだったはずがない。ならば彼女は、自分を支えてくれるものを見つけていたのかもしれない。それは路上でパフォーマンスする喜びであり、歌い、物語を語り、物語を作ることであったのかもしれない。そしてお金に余裕のあるときは、酒も助けになってくれただろう。

成功するまで国を端から端まで放浪しようというのが、コンウェイが主張してのことだったとしたら、皮肉にも彼はその成功を、エドウズ家の鼻先であるスタッフォードシャーで手に入れることになる。

一八六六年一月九日の早朝、スカーフやショールをぐるぐる巻いた見物人たちが、スタッフォード監獄の庭に集まりはじめた。「血なまぐさい犯罪《クリムゾン・クライム》」での絞首刑は久しぶりだったから、彼らは特別早起きをして、この殺人犯、チャールズ・クリストファー・ロビンソンが、釣り糸にかかった魚みたいにぐねぐねバタバタするのを見に、周辺の村や町から集まってきたのである。お茶やコーヒー、ホットミルクを売る屋台がすでに設営されている。群衆はぶどうパンやゆで卵、羊の脚やケーキでおなかを満たす。公開処刑に対する大衆の熱狂は一八六〇年代には下火になりつつあったものの、縛り首はなお、お祭りや市の日に匹敵するほどの人出を集める催し物だった。工場へ向かう労働者は足を止め、ご近所同士はばったり会っておしゃべりを始め、行商人も商売にやって来る。いちばんよく見える場所を取ろうと人々が押し合いへし合いするなかで、ケイトとトマス・コンウェイは売りこみを始めた。

縛り首の日はバラッド売りとチャップブック売りにとって書き入れどきだ。彼らはそこで、殺人犯の悲嘆を韻を踏みながら歌うのである。犯罪の話ほど売れるものはなかったから、処刑の告知があると国じゅうのすべての三文詩人と印刷屋は、すぐさま自作の詩を刷りはじめたものだ。絞首台で語ったとされる最後の「真実の」告白が、まだ口にされるより前から監獄の庭で売られはじめることも多かった。ケイトとトムにとって死刑は生活の糧であったろう。彼らがあちこち行き来したのは、多くの場合、このイベントの開催地を目指してのことだったろう。けれども今回の処刑は、ふたりにとって特別の意味があった。チャールズ・クリストファー・ロビンソンは、ケイトの遠縁にあたる人物だったのだから。

ケイト同様、チャールズは孤児となり、ウルヴァーハンプトンで家屋斡旋業を営む親戚、ジョサイア・フィッシャーのもとで育った。それなりに地位も富もあったフィッシャーは、息子の妻の妹で、困窮していたハリエット・シーガーという娘に対しても保護者の役割をしていた。シーガーはチャールズ・ロビンソンと歳が近く、恋愛感情が芽生えたふたりはやがて婚約したが、フィアンセの嫉妬深く短気な性格に、ハリエットは不安を抱えたままだった。一八六五年八月二六日、汚れ放題でひげも剃らず、シャツ一枚の姿で、怒り狂って庭をうろつくロビンソンが目撃される。恋人を見つけると口論が始まった。ロビンソンはハリエットを捕まえてキスしようとするが、彼女に身をかわされ、平手打ちを食らわせる。ふたりは怒ったまま別れた。ロビンソンは彼女を許すつもりはなかった。その少しあと、剃刀を持って食器洗い場へと降りていく彼を使用人が目撃する。暴れているような大きな物音と銃声が聞こえ、何かが起きていると家じゅうの者が気づいた。駆けつけるとロビンソンは怒鳴り、わめき立てていた。銃で自殺しようとしたものの失敗し、剃刀で自分の喉をかき切ろうとしているところだった。彼の足元では、ハリエット・シーガーが「骨がむき出しになるほど深く喉を切り裂かれて」血だまりのなかに横たわっていた。[16]

この親戚をケイトが実際にどこまで知っていたかはわからないが、彼女とコンウェイはこの関係を利用しようと決めた。ウルヴァーハンプトン古文書館には、トマス・コンウェイとケイト・エドウズの作と考えられている、いまのところ唯一の印刷物が所蔵されている。一八六六年の絞首刑の場で販売すべく書かれた、『八月二六日、ウルヴァーハンプトンのアブロウ・ストリートで、恋人ハリエット・シーガーを殺したことによる、チャールズ・クリストファー・ロビンソンの恐ろしい処刑についての詩歌』〔*A Copy of Verses on the Awful Execution of Charles Christopher Robinson, For the Murder of his Sweetheart, Harriet Segar, of Ablow Street, Wolverhampton, August 26th*〕〔ハリエット・シーガーの姓のつづりはSeagarだが、このブロードサイドにはSegarと印刷されていた〕である。[17] このバラッドの視点は興味深い。殺害をドラマチックに描いたり、殺しへと至る恋の物語に仕立てたりするものが多いなか、この詞はロビンソンを、悔恨の念にさいなまれる憐れむべき人物として描いているのだ。

慈悲深きクリスチャンよ集え、
俺の話に耳を貸せ、
残酷な殺しをしたせいで
俺はスタッフォード監獄で縛り首になった。
俺の犯した恐ろしい罪は
聞けば衝撃だ、
かつて愛した女を俺は殺した、

愛しきハリエット・シーガーを。

俺の名前はチャールズ・ロビンソン、
悲しみを押し隠し、
しでかしたことを考えるだけで
眠りは奪われる。
スタッフォード監獄の塀のなか、
苦い悲しみに泣き、
一秒ごとに呼びかけられる、
「哀れな魂よ、死に備えよ!」

みじめな運命も当然だ、
血も涙もなく
あの娘の命を奪ったのだから
同情されるはずもない、
あの娘は何もしなかったのに
どうして俺はあんなことができたろう?
誰にもわかりはしない、
俺がいまどんなに悲嘆に暮れているかを。

おお、この真っ暗な迷路のなかへと
悲しみはどっと押し寄せ、
俺の冷酷な行ないが
俺の目の前に立ちはだかる、
独房に横になっているときも
あの恐ろしい光景が立ち上がり、
俺が殺したあの娘の優しい姿が
俺の目の前に現われる。

おお悪魔よ、汝たくましき鬼神よ、
何ゆえに俺を縛りつけたもうか？
おお、なぜ俺は汝の鎖に
俺のもろい精神を縛らせたのか？
俺の目にあの娘は
ほかの誰よりも秀でて見えた、
そして俺は嫉妬のあまり
哀れなハリエット・シーガーを殺したのだ。

どうか俺の最期が
すべての人々への警告になるように、
俺の不幸な運命を思い
心に留めておいてくれ。
あんたが金持ちでも貧乏でも
友だちと恋人は愛してくれる、
そして神はつかの間の日々に冠を授け
天から祝福してくれるだろう。

悪人どもの首に首縄が巻かれるのをケイトは何度も見てきただろうが、血縁者の処刑を見るのはまったく異なる経験であったに違いない。親族が悲しみに暮れるさまにケイトの心が動かされたかはわからない。親族のほうがケイトに、つまり、冷えた空気のなかで怒鳴るように歌うぶしつけなチャーンターに、気づいたかどうかもわからない。

『ブラック・カントリー・ビューグル』の記事を信じるならば、ケイトとトムのバラッドは、この日並外れた収益を上げたという。とても売れ行きがよかったので、ふたりは「その売り上げで馬車の車内席を予約し、悠々とスタッフォードから帰る」ことができた。この収入をコンウェイはロバと荷車につぎこんだほか、ビルストンの印刷所に四百部の増刷を発注し、これを「次の月曜日、いつもの場所で」売った。さらにケイトに「花のついた帽子」も贈ったと言う。記事は以下のように続く。「彼らの生活様式」は、ウェンズベリー〔イングランド中部の都市〕郊外の村である「モクスリーのロッジングハウスにしばらく滞在する」というものだった。今回の幸運は、コンウェイが長年求めていたものだった。この成功に満足することなく、ロンドンへ移ることを彼は決心したらしい。ロンドンでなら、自分の「詩歌の才能が（……）もっと充分に認められるだろう」から。[18]

ふたりの生活に関する『ブラック・カントリー・ビューグル』の記述はどれも疑わしいのだが、コンウェイの年金記録によれば、この時期からふたりが以前より長くロンドンで過ごすようになったのは事実である。首都に腰を落ち着けるという決断は、コンウェイの野心によるところもあったかもしれないが、別の要因もあったろう。両親の死ののちケイトが学んだことがあるとすれば、それは間違いなく、彼女のほんとうの家族はウルヴァーハンプトンにいる人々ではないということだった。ロンドンこそが彼女の少女時代の故郷であり、彼女の姉妹の住む場所だった。長年の放浪を経て、放蕩娘の帰還のときが来たのである。

15　妹の番人

〔章題は原文では Her Sister's Keeper。新約聖書で「アベルはどこにいるか」と神に問われたカインが「わたしは弟の番人でしょうか（Am I my brother's keeper?）」と答えたエピソードから取られている〕

エマはいつも正しいことをしようとする人だった。大家族の次女である彼女には、大泣きする赤ん坊が次から次へと託された。スープをかき混ぜ、赤ん坊の汚れたおむつを取り替え、熱い石炭や馬車の車輪からよちよち歩きの弟妹を遠ざけることを教えられてきた。兄のアルフレッドから目を離さず、発作が起きたら助け、恩返しをしてくれるわけでもない彼をずっと守ってきた。死期の迫った母の看病をしたのも、病気の父を慰めようとしたのもエマである。読み書きを学んだのも、弟妹を支えるために奉公に出たのも、家をなくしてこの先あの子たちはどう生きていくのかと苦悩したのもエマである。これが最善だと信じてケイトをウルヴァーハンプトンへやったあと、エマは自分の持ち場にとどまって、中流階級家庭の奉公人として床磨きや洗濯に励み、稼ぎを黙々と貯金していた。彼女は二五歳だった一八六〇年ごろ、姉のハリエットの隣人で、クラーケンウェルに住むジェイムズ・ジョーンズに出会う。ジェイムズの一家は樹脂ロウソク商人――ロウソクを製造し、売っていた――だった。ガスランプや家庭用ガス灯の登場で斜陽化する以前は、ギルドを形成し、高い地位にあった職業だ。エマは、当時の女性が期待されていたとおりのことをした。交際を申しこんできた男と、一一月一一日に結婚したのである。そのあとになって子どもが生まれはじめた。子どもは合計六人になった。

ケイトのいないあいだ、姉四人の人生は樹の根のように伸び、からまりつづけた。ケイトを守り、世話した女たちは、一八六〇年代のあいだに全員テムズ南岸のバーモンジーから、スミスフィールド肉市場周辺の労働者地区、クラーケンウェルへと引っ越した。全員同じセント・バーナバス教会で結婚し、通り数本しか離れていない距離で暮らしていた。イライザは地元の肉屋、ジェイムズ・ゴールドと一八五九年に結婚し、ハリエットはロバート・ギャレットと子どもを持たないまましばらく同居したのち、一八六七年に挙式した。エリザベスだけはテムズの反対側のグリニッジに、夫、トマス・フィッシャーとともに居を定めた。順調に子どもが増え、それにともなって家事の負担も増えつづけたにもかかわらず、四人は常に連絡を取り合い、噂話やニュースを共有した。そんなある日、ケイトがロンドンに戻っているというニュースが届く。

見知らぬ受取人に向けてエマが荷物のように発送した、母を亡くした一五歳の少女が、彼女自身の子どもと、彼女が夫と呼ぶ男性を連れて、一人前の女性として帰ってきたのだ。けれどもケイトは、自分の人生の詳細を姉たちに明かすことには慎重だった。最初エマには、コンウェイとはバーミンガムで一緒に暮らしていたと語り、放浪生活のことはなかったことにしていた。婚姻状況にも、結婚指輪をしていないことについても質問攻めにされただろう。トマス・コンウェイのイニシャルが、前腕にタトゥーで刻まれていることについても。

一九世紀後半に短期間流行したことはあるものの、ヴィクトリア時代のまっただなかにあって、タトゥーほど下劣とされたものはない。従来ボディ・アートは船乗りの領分だった。アジアやオセアニアの、身体を染料で装飾する習慣のある地方へ旅した船乗りが、たびたびこれにならったのである。彼らとともにタトゥーは英国に入ってきたが、それと同時に、船乗りは貧しく、素行が悪くて犯罪率も高いという評判も定着した。兵士もまた、自分のイニシャルや連隊の徽章などのデザインを、手足や胴に刻むことで知られていた。戦友たちの二の腕に、ヘビの図柄やハート、十字架、恋人の名前などが彫られているのを、トマス・コンウェイは見慣れていただろう。けれども、男らしさや冒険精神のしるしとして男たちが身体を傷つけるのは大目に見られたかもしれないが、女たちのタトゥーはそのような寛大な扱いを受けなかった。女の身体のタトゥーは、女性の純潔と美という伝統に逆らうばかりでなく、その女に男性性を付与するものでもあった。タトゥーを入れることには汚れと苦痛がともなう。一九世紀、タトゥーは針と墨を使い、何度も何度も針を刺して彫られた。こんなことをしようとする女は、自分の「生まれ持っている繊細さ」をくつがえし、神から与えられた外見を永久に変えようとするようなものだった。ケイトが下した他の多くの決断――結婚しないこと、婚外子を産むこと、放浪生活を送ること――と同様、タトゥーを入れるというのは価値観を根本からひっくり返す行為だったのだ。タトゥーを入れるよう誘ったのはトマス・コンウェイだったかもしれない。彼もまた腕にケイトのイニシャルを彫っていた。おそらくふたりは、結婚指輪や教会での式ではなく、この方法でお互いの結びつきを誓ったのだろう。

ハリエットとエマ、イライザ、エリザベスが妹のことで何をぼやき合っていたにせよ、ロンドンにやって来たケイトの外見は、自分の人生を変えたいという強い意志を表わしていた。一八六八年になるまでに、彼女とコンウェイは、コテージ・プレイス一三番地の「清潔で快適」と称される小さな家に居を構えた。そこはウェストミンスター・ブリッジ通りから少し入った場所で、ケンウェル[?]からはかなりの距離がある。親密になったり敵対したりを繰り返していた姉たちとの不安定な関係が、この住居選択には反映されているのかもしれない。同年、第二子のトマス・ローレンス・コンウェイが生まれたとき、ケイトの姉妹が手伝いに来てくれていたかはわからないけれど、一八六九年三月には、生まれた娘に姉の名を取ってハリエットと名づけるくらいには関係は安定していた。

コンウェイは、野心を追求するために妻と子どもを連れてロンドンへ出てきたのかもしれないが、三年経って希望は失速してしまっていた。首都はバラッドやチャップブックの一大マーケットではあったものの、トマスが頭角を表わせるような場所ではなかったのだ。一九世紀後半のロンドンには、路上で歌いながら歌を売りさばく者たちが、何千とは言わないまでも何百人もいた。さらに悪いことに、ウェストミンスターはそうした行商人のたまり場であり、彼らは歌うだけでは足りずに物乞いもしていると評判になっていた(1)。以前なら、その程度のつまずきなどコンウェイとケイトの妨げとはならなかったろう。さっさと腰を上げて北でも南でも、商売の見こみのありそうな方角へ向かうだけだ。けれどもいまでは小さな子どもたちが錨となって、ふたりをとどめていた。トマスは心臓が悪いにもかかわらず、生計を立てるべく肉体労働へ戻った。レンガ積みの助手をして、しばらくのあいだは家賃を払ったり、贅沢ではないものの食事をできるようになったりはしたが、安心はつかの間だった。お金も食べ物もじきに乏しくなり、母親の空っぽの乳房を吸っていた赤ん坊のハリエット・コンウェイは衰弱しはじめた。三週間後、栄養不良による子どもの死をケイトは届け出る。赤ん坊の最期のけいれんを、彼女は自分の腕のなかで感じたのだった。

この年の終わり、ロンドンを出て仕事を探そうとコンウェイが考えたのは、この出来事のせいだったのかもしれない。その冬彼は北のヨークシャーへ向かい、職を探した。彼の留守中、ケイトは七歳のアニーと二歳のトマスを連れて、グリニッジ近くのアビー・ウッドを訪れた。エリザベスの家族と同居するためだったろう。フィッシャー家は一八七〇年には八人家族になっていたから、この同居は一時的にならざるをえず、一月二〇日、ケイトとアニーと小さなトマスは必然的に、グリニッジ連合教区救貧院の門の前に立つこととなる。

急場しのぎとして始めたことが、あっという間にケイトの生活手段となった。続く一〇年間、彼女は不運に出会うたび、自分を救貧委員の保護にゆだねた。一八七三年八月一五日、次男のジョージ・アルフレッド・コンウェイが、サザク救貧院の妊産婦棟で生まれる。記録に記された彼女の入所期間はまちまちで、数週間のこともあれば何か月にも及ぶこともあった。毎回ケイトは、全員とは言わないまでも、子どもを最低ひとりは連れていた。

困窮女性が子ども連れで救貧院に入るには、厄介な問題が数多くともなった。救貧法によると、非嫡出子のいるシングルマザーには「院外救済」、すなわち、自宅にいながら教区からの援助を受ける資格がなかった。家持ちの不道徳な女性に対する支援は、売春を継続的に助成するも同然だと考えられたのである。ケイトのような貧困女性は一夫一婦制度にのっとった事実婚状態にあることが多いと認識されていたにもかかわらず、こうした「転落した女性」と、売春婦だと認識されている女性とが明確に区別されることはなかった。「まともな社会」においては、母親が子どもを産むのは法的結婚の結果か、罪深い性交の結果かのどちらかであった。いったん救貧院に入ってしまえば、真面目な女性と非難されるべき女性とが、救貧委員の独断で仕分けされる。感受性豊かな若い娘たちから転落した女性が引き離され、非嫡出子を産んだ母親には、罰として薄められたスキリーが与えられる。

「涙のアーチ道」と呼ばれたものをくぐり抜けて院内に入れば、母親の婚姻状況の如何によらず、家族の収容手続きは同一である。性別ごと、年齢ごとに分けられ、衣服と所持品を取り上げられ、入浴を命じられ、制服が手渡される。救貧法の規定では、七歳未満の子どもは母親といることが許され、汚れた硬いベッドで一緒に寝たり、オーカムほぐしをしている横で遊んだりできた。七歳以上一四歳未満の子どもは親から引き離され、別のところにある教育施設で暮らした。子どもたちが施設にとどまっているあいだ、親は週に一回食堂での「面会」が許可された。一八七六年一一月、第四子誕生間近のケイトがグリニッジ教区救貧院に入ったときは、三歳のジョージ・アルフレッドは彼女のそばにいられたが、当時一三歳だったアニーと八歳だったトマスは、サットンの実業学校へと送られた(2)。

恐ろしい評判にもかかわらず、救貧院はよい影響を与えることもあった。困窮している子どもの生活に対してはとりわけそうである。男子女子ともに毎日最低三時間、読み書きと算術を教えることで、少なくとも教育に近いものを与えられるというのが救貧区連合の主張だった。これにより、両親や祖父母がはまっていた貧困の罠から、子どもたちは脱け出す機会を得られると考えられた。この目的をさらに推し進めるため、政府は一八五七年、実業学校を拡張する規定を定める。実業学校は、貧しい少年少女を救貧院の悪影響から引き離すだけでなく、都市の不健全な環境からも引き離し、実学を教えようとするものだった。つまり正規の教育だけでなく職業訓練も施して、それなりの収入を稼ぐ手段を与えるわけである。男子には靴作りや仕立て、大工の技術が教えられ、女子には家事奉公で生活できるよう、針仕事や編み物などが教えられた。

アニーとトマスが入学したサットンの学校は、ロンドン南東部の教区の救貧院の子どもたちのほとんどが在籍し、最高で一千人の生徒を受け入れられるとのことだった。一八七〇年代、ここの施設は最先端と見なされていて、広々としたキッチンと洗濯室、洗面所、ボイラー室、清潔な水を学校のタンクへと汲み上げる蒸気エンジンを備えていた。開放的な吹き抜け、共同寝室と教室のほかに、訓練を受けるための工房や、農業が学べる農場もあった。救貧区連合が提供するこの施設は、ケイトがかよった小さな慈善学校のダウゲイトよりも、子どもたちの視野をはるかに広くし、将来の可能性を広げるものだった。かつてサットンに在籍した、「W・H・R」という名でしか知られていない人物の回顧録によると、彼の学校生活は、一部の教師の親身な励ましだけでなく、他の教師による激しい暴力にも彩られていた。けれども全体的に言えば、サットンにはグリニッジ連合教区救貧院よりも清潔なベッドとたっぷりの食事、および明るい雰囲気があった。ハルモニウムの伴奏で歌うこともあった。この体制は彼に圧倒的に前向きな影響を与えたという。「サットンでわたしは完全に貧困を脱した。何が起こりそうであろうとも、二度と貧民として救貧院には入るまいと決意した」と彼は結論している。(3)

ケイトの弟妹であるトマスとジョージ、メアリーの人生に及ぼした影響にも、この学校の成果を見ることができる。彼らは父親の死後、バーモンジー救貧院からここへ送られたのだ。数年後ジョージ・エドウズは靴職人になり、音楽を学んだトマス・エドウズは、プレストンの第四五ノッティンガムシャー歩兵連隊の楽団に加わった。メアリーも「家事奉公学」をよく学んで奉公人の職を得た。(4) 一八五七年にケイトがあと一年かそこら若かったなら、彼女もまたサットンの教育方針の恩恵を受け、その後の人生がまったく変わっていたかもしれない。

一八七〇年代後半に、ケイトの問題は倍にふくれ上がったと思われる。労働者階級の多くの女性と同様、彼女もまた残酷なサイクルにはまったのだ。仕事を見つけるためにロンドンを離れざるをえなかったコンウェイは、そのまま事実婚のパートナーと子どもたちを見捨て、何の支援も送らなくなったのである。どれほど工場や洗濯屋で働こうと、路上でどれほど物売りをしようと、家でどれほど出来高払いの内職をしようと、女の働きでは、一家の生活費を捻出して救貧院行きを回避することなどできなかった。さらに悪いことに、帰ってきたコンウェイは暴力をふるった。

コンウェイの不在と、そのあいだに家族が経験した非常な苦労のせいで、ふたりはお互いに対して手を出すようになった。ケイトの姉たち、およびケイトの娘は、最悪のパターンが始まったと全員気づいていた。エマは「全体的には幸せに暮らしていた」と主張しつつも、「ふたりの喧嘩」は無視できないものになっていたと言う。アニーによれば、コンウェイが酒を飲まないのに対し、ケイトが「習慣的に暴飲」していたことで、ふたりの不和はさらに悪化した。この論点において両者は「絶対に合意できない」ように思われ、この件に関するケイトの不幸はケイト自身が招いたものだと、アニーも伯母たちも考えるに至った。

こうした姿勢は、ドメスティック・ヴァイオレンスに対するヴィクトリア時代の労働者階級の見方と一致していた。彼らはしばしば、暴力の責任は殴られている女性たちの側にあると考えたのである。家庭内のある程度の暴力は、しつけの役割を果たすと見なされていた。平手打ちの罰をくらわしても夫は何ら良心の呵責を感じることがなく、妻のほうは多くの場合、自分が「それを求めた」のだと思いこまされた。[5] 下品な言葉をまじえて長々と罵られたり、性交を拒まれたり、反抗的な態度や生意気な態度を取られたり、あるいは家庭内での自分の優位をおびやかされただけでも、夫は不機嫌になった。けれども、これらにもまして不機嫌の要因となったのは酒である。酒飲みの男に劣らず酒を飲まない男も、妻の飲酒をよしとしない場合、妻を殴ることがあった。暴行で訴えられた夫が、妻の常習的飲酒を持ち出して裁判に勝利することもたびたびだった。[6] 同様の状況下でケイトとトマス・コンウェイの関係が壊れはじめた、まさにその年である一八七七年、法学の教科書である『刑罰原理』〔*Principles of Punishment*〕には、妻に対する暴力が持つ「犯罪性の程度の幅は著しく広い」と書かれている。なかには収監に相当する事例もあるだろうが、妻に対する暴力事件のほとんどは、非常に「些細なものであるため、ほぼ正当化できる」と著者は結論づける。

とはいえこの姿勢には限界があった。また、共同体や家族の全員がいつも黙認していたわけでもない。家庭内での争いに直接乗りこんでいって介入することは、隣人たちも友人たちも巧妙に避けていたけれど、共同体は不仲のカップルを注意深く監視し、女性側の様子を調べたり、何が起きているかは全部聞こえているぞと男性側に忠告したりしていた。対処はほとんど間接的に行なわれた。たとえば、夫の怒りを避ける必要があるときに、妻が逃げこめるシェルターを提供するなどである。ケイトの家庭の崩壊に対し、エドウズ姉妹が採った策もこれだった。

一八七六年一一月から一八七七年一二月までの一年間で、ケイトは少なくとも七回、救貧院や一時収容棟を出入りしている。一八七七年八月六日には、飲酒と治安紊乱行為により、ワンズワース監獄に一四日間送られた。(7) 投獄されたときも含めてどの場合も、彼女は子どもたちのうちの何人か、または全員を連れて行った。ケイトの生活が崩壊していくかたわらで、エマはこれを何とか立てなおそうと手を貸していた。『ロンドン・デイリー・ニューズ』のインタビューによると、最悪の時期のケイトは、姉の家へ常習的にやって来て金をせびったという。妹の顔はコンウェイに殴られて「恐ろしいくらい形が変わっていた」とエマは回想する。酒のせいで感情の抑制が効かなくなっていたケイトは、はばかることなくすすり泣き、「姉さんみたいになりたかったのに」と言った。(8) ブリッジウォーター・ガーデンズの古ぼけた数室で暮らすエマの生活は、人からうらやましがられるようなものではなかったのだが、妹のケイトの目には、手に入らなかったもののすべてのように見えたのだろう。

状況は悪化するばかりだった。その年の一二月、彼女はコンウェイとまたしても激しい争いになった。クリスマスを目前にして、彼女は生後九か月のフレデリックを連れて家を出て、その夜は一時収容棟に泊まった。[9] その後、少なくとも何らかの一時的和解に至り、クリスマスを彼女は姉たちおよびその家族と過ごす。残念ながらあまり楽しいクリスマスとはならなかった。殴られつづけたケイトの顔に、エドウズ家の女性たちはショックを受けた。「両目とも周りが黒くなって」いて「ひどい顔」だったとエマは言う。トマスのふるまいもショッキングだった。「あの男、コンウェイは、ケイトに執着しているようでした」と、エマは軽蔑もあらわに言う。妹がこうもあからさまに「彼の残酷さに苦しめられている」のに、ふたりのあいだに愛情が残っているとはエマには考えづらかった。エマがさらにぞっとしたことに、コンウェイは妻に対する行為をまったく恥じておらず、激昂しながらこう言い放った。「ケイト、おまえのせいで俺はそのうち縛り首だ」。[10] この集まりで何があったかはわからないが、結局ケイトもトマス・コンウェイとどっこいどっこいだという結論に姉たちは至った。酒が過ぎたせいだろうか、それともほかの原因からか、ともかくエマによるとこの日亀裂が広がってしまい、とうとう彼女もハリエットも、ケイトたちとの縁を切ってしまう。残念なことに、このパターンの仲たがいはその後も続く。

ドメスティック・ヴァイオレンスのサイクルにはまった多くの女性たちがそうであるように、ケイトもまた必ずコンウェイのもとへと戻った。ふたりは安定の時期と不和の時期を、調和の時期とカオスの時期を繰り返し、そのたびに子どもたちの生活は浮き沈みした。いつも経済的に困窮していたため、ウェストミンスターからサザク、デトフォードへと住所を転々とせざるをえず、一家でひと部屋に住まい、必要なときはロッジングハウスに頼った。とはいえ、アニーが弟妹の面倒を見て家のことをできる年齢になると、ケイトは働き口を見つけ次第どんどん働くようになる。洗濯屋で働くこともあれば、暮らし向きのよい隣人の家で雑用をすることもあった。しかし一八七〇年代が終わりに近づくころ、どうやら彼女とトマス・コンウェイは、バラッド売りに戻ったようである。

一八七九年、ふたりが持ち場にしていたのはミル・レインだった。ウリッジの兵舎に近く、住民や兵士たちへの配達で行商人や露天商が頻繁に訪れる商店街である。一〇月四日、一一歳のトマスと、その弟で六歳のジョージは両親についてきて、歌ったり口上を述べたりして商品を売りこんでいた。やがて両親は、子どもたちにここで、つまりミル・レイン八番地のところで待つようにと言って、どこかへ行ってしまう。暗くなっても彼らは戻らず、子どもたちは事情を聞かれ、グリニッジ救貧院へと連れて行かれた。彼らにとっては長年なじみの場所である。一週間近く経ってからケイトが見つかり、子どもたちを引き渡された。[11] 一一月一一日にも同様の出来事が起こる。このとき子どもたちを救貧院へ連れて行った警官は、彼らが「母親に捨てられて」路上にいるところを見つけたという。[12] 今回はケイトは見つからなかった。その代わり、一か月近くのちに一六歳の姉が呼び出され、弟たちを引き取った。このときケイトがどこへ消えてしまっていたかは誰にもわからない。確かに彼女の行動は、精神状態や飲酒状況についての疑問を抱かせる。この年の早くにケイトは赤ん坊のフレデリックを亡くしていた。抱えていた問題はさらに悪化するばかりだったろう。

虐待をともなう破滅的な関係がずるずると続くうちに、一八八一年になった。その年の国勢調査の記録には、ケイトとコンウェイは息子ふたりとともにロウアー・ジョージ・ストリート七一番地の一室で同居しているとあるが、実際は秋になる前に別れてしまっていた。のちに記者たちから質問されたとき、コンウェイと娘はふたりとも、別離が正確にはいつだったのか覚えていなかった。一方でコンウェイはこのとき、自分をさっさと被害者に仕立て上げている。コンウェイの話によれば、飲酒癖のひどいケイトとは別れる必要があると思った彼は、子どもたちを連れて出る手はずを取ったという。エドウズ家の姉たちはこの話に反論する。「コンウェイにひどい扱いをされるから」妹は彼のもとを去ったのだとエリザベスは主張しており、そこにアニーは「実際に別れる前から、彼女［ケイト］は彼と一二か月続けて一緒にいることはなかった」とつけ加える。[13] 別離は長期間かけて準備されたものだった。とうとう実現されて、双方ともひと息ついたわけである。

コンウェイとの関係が終わりを告げたあと、しばらくのあいだケイトはエリザベスに頼ったようだが、これも長くは続かなかった。エマとハリエットがそうだったように、エリザベスもまたじきに、妹の行動にはつき合いきれないと思ったのである。その年の九月、ケイトはまたしても酒に酔っての不品行で告訴された。引きずられていくあいだ、彼女は通行人に向かって卑猥な言葉を投げつけていたという。今回判事は懲役刑を科すことはなかった。けれども、法は許しても家族はそうではない。その年の終わりまでに、エリザベスもまた妹と絶縁してしまった。

エリザベスも、コンウェイも、息子ふたりも、エマとハリエットも失ってしまったケイトは、いまだつき合いを維持している唯一の姉、イライザのもとへと向かう。

一八八一年よりも前のどこかの時点で、イライザ・ゴールドは夫を亡くしていた。尊敬される熟練職である肉屋だった家長を亡くし、一家は経済的に苦しくなっていた。寡婦となったイライザには何の支援もなかったようであり、結果として彼女の状況は、人生のこの段階にさしかかった女性の多くがそうだったように、配偶者の死によって著しく悪化していたのである。貯金も年金もなく、ひとり息子もまだ充分な賃金を稼げる年齢ではなかったから、イライザはできるだけ早く別のパートナーを見つける必要があった。[14] 彼女がふたり目の夫と呼ぶことになるチャールズ・フロストについてはほとんど知られていない。両者とも配偶者を亡くしていた。配偶者との死別後に関係を築いた労働者階級の男女のならわしどおり、ふたりは公式には結婚しないことにした。「夫」は「港で果物の荷下ろしをして」おり、時々リヴァプール・ストリート駅で廉価本を売っていると、のちにイライザはインタビューで語っている。[15]ジェイムズ・ゴールドが亡くなるまでずっと、姉妹が近所にいるクラーケンウェルかホクストンに住んでいたイライザは、夫を亡くしたこととチャールズ・フロストに出会ったことにより、ホワイトチャペルへとやって来た。フロストは少なくとも一八八一年以来、スロール・ストリート六番地の屋根裏部屋で、前妻とのあいだにもうけた息子と娘とともに暮らしていた。イライザの新住所は望ましいとは言えないものだった。彼女の住んでいたホクストンが、裕福な者と貧しい者が入り交じる地域だったのに対し、スロール・ストリートはスピタルフィールズの悪名高い貧民の掃きだめだったのである。[16]ケイトが姉を訪ねてやって来たのはここだった。狭いベッドの一角を使わせてくれとか、食事をくれとまでは言わないまでも、コインを一、二枚恵んでくれとはおそらく言ったであろう。

その年ケイトは、四ペンス手元にあるときは必ず、姉の家からすぐ角を曲がったところにある、フラワー・アンド・ディーン・ストリート五五番地のロッジングハウスに泊まっていた。のちに「クーニーズ」と呼ばれることになるここは、トマス・コンウェイが去ったあとの空白をやがて埋めることになる男、ジョン・ケリーがねぐらに選んだ場所であった。新聞記者による装飾がほどこされた文章の典型ではあるが、ケリーの言葉によると、彼がケイトに「目をつけた」のは、彼女がフラワー・アンド・ディーン・ストリート五五番地に滞在しているときだった。「かなり意気投合」したふたりはお互いに好意を持ち、「決まった相手になろう」ということになった。[17]

エドウズ家の女性たちはトマス・コンウェイを嫌っていたが、ジョン・ケリーに対する嫌悪はさらに大きかったようである。エマに言わせれば、コンウェイのもとを去ったケイトの人生は「もともと悪かったのがもっと悪くなった」。虐待男といたときのほうが、少なくとも「ケイトの家は清潔で快適」だった。[18]

ケリーといるようになってからの彼女は家無しで、ただ安宿のひどいベッドを借りているだけになってしまった。ケリーは「静かで害のない」男だと言われており、これはトマス・コンウェイよりもよっぽどよい評価ではあったが、ケイトの家族から見ると彼には、コンウェイにはなかった大きな欠点がひとつあった――大酒飲みだったのである。家族を引き裂いた原因は母親にあると明言していたアニーは、ケリーに対する気持ちも劣らずはっきりと述べている。「口を利いたこともない。あの人のことは嫌いです」[19]。

家族の気持ちとは関係なく、虐待男から自由になったケイトの生活は、不安定であることは変わらなかったものの、もっと幸せなものへと落ち着いた。彼女とケリーはふたりとも酒好きであり、その陽気さでクーニーズの常連客の人気者になった[20]。フラワー・アンド・ディーン・ストリート五五番地の客たちに対する新聞のインタビューによると、ケイトは求められればいつでも歌う人であり、宿代のない者になけなしの四ペンスをあげることもいとわなかった。彼女とジョンのふたりともが働いている時期もあった。ケイトはエリザベス・ストライドと同様、この地域のユダヤ人家庭で雑用を引き受け、ジョンのほうは市場で働いていたのだが、収入はいつもがっかりするような少なさであるうえ、まったく安定しなかった。

フラワー・アンド・ディーン・ストリート五五番地が自分たちの家だと感じるようになっていたものの、ホワイトチャペルのロッジングハウスに暮らす者たちの大部分がそうであるように、毎晩そこに泊まるだけの経済力はふたりにはなかった。ケリーは検死審問で、ケイトと自分はクーニーズに泊まることもあれば、フラワー・アンド・ディーン・ストリート五二番地や一時収容棟、路上で過ごすこともあったと証言している。人生の多くの夜を、夜空を毛布にして眠ってきたケイトは、スピタルフィールズの野宿者たちのあいだでよく知られた存在だった。彼女が殺害されたあと、身元確認のために真っ先に出頭してきた人々のなかには、複数の女性野宿者がいた。ケイトは「ベッド代を払うことができずに」ドーセット・ストリート脇の小屋でしょっちゅう丸まって寝ている「一〇人か二〇人の無宿者たち」のひとりだったと記述されている。[21]

ケイトとケリーはその日暮らしだったため、ひとつところに長くとどまることができなかった。一時収容棟の記録によると、ふたりは一八八三年以降、仕事を探して定期的にケントに出かけたほか、ロンドン、ダートフォード、セヴェノークス、チャタムを転々としていた。ケイトは行商を続けることを決してあきらめなかった。稼ぎの手段というだけでなく、生き方そのものとなっていたに違いない。二〇年以上放浪してきた彼女には、この生活のほうが定住生活よりも快適に思えていたのだろう。コンウェイも彼女に教えたであろうとおり、行商人は誰に対しても借りがない――家族に対してさえも。

ケイトがジョン・ケリーと親しくなって以後、姉のイライザも、娘のアニーすらも、彼女から距離を取ろうとした。アニーは一〇代で家を出て、ルイス・フィリップスというインク包装業者と同居を始め、のちに結婚する。母親の検死審問でのアニーの証言によると、ケイトはアニーとフィリップスを追いまわし、酔っぱらった状態で頻繁に家を訪ねては金をせびった。耐えがたくなったフィリップス夫妻は、ケイトから逃れるために引っ越しを余儀なくされる。酒をやめてくれないかぎり、母と正常な関係を維持するのは不可能だとアニーは周囲に言っていた。一八八六年八月、関係は最悪の局面を迎える。第三子の出産を控え、アニーは母親に手伝いを頼んだ。ケイトは出産への立ち会いを承諾したものの、これに対する報酬を要求したのである。アニーはしぶしぶ受け入れたが、母はお金を受け取ると出て行って「泥酔するまで飲んだ」のだった。「不愉快になりました。（……）あまりよい別れ方ではありませんでした」とアニーは言う。[22] 出産から一週間ほどのち、アニーはケイトを追い出して、もう二度と関わるまいと決意した。フィリップス夫妻は転居先も伝えないまま、バーモンジーのキング・ストリート二二番地の家を出て行った。

ジョン・ケリーとの関係のなかで、おそらくケイトにとって最も好都合だったのは、他の人たちとは違い、ケリーが彼女にほとんど何も要求する様子がなかったことだろう。ケイトの姉たちからクーニーズの宿泊客仲間まで、ふたりを知る者全員が口をそろえて言うことには、ふたりは「互いに対して誠実」であり、ケイトは「他の男と出かけたりは決してせず」、ふたりの関係は、親密な気持ちというよりも実際性に基づくものに見えたという。[23] ケリーはケイトを自分の妻だと言っていたが、ケイトはコンウェイの姓を好んで名乗った。法的にはコンウェイと結婚しているからというのが彼女の主張であり、そうしたほうが都合がよいときだけケリーの姓を名乗った。ジョンはケイトの身の上について、あまり聞かないようにしているようだった。ケイトの家族からは距離を取り、アニーとの関係も詮索せず、トマス・コンウェイについて聞くこともなく、ケイトの内面に立ち入ることも控えているように見えた。七年間パートナーとして過ごしたというのに、彼はケイトについて驚くほど何も知らず、ウルヴァーハンプトン生まれであることすら知らなかった。検死審問で、彼や他の証人が証言したことによると、ふたりが争うことはほとんどなかった。「口論になった」とケリーが記憶している機会は一度だけであり、そのときも数時間後には、ケイトは彼のもとに戻ってきたのである。[24] 何よりもまず、ケイトとケリーは、毎日相手が生きのびられるよう必死だったようだ。ジョン・ケリーと出会うまでのあいだに、ケイトは家族とのつながりをほとんど失い、ドメスティック・ヴァイオレンスと死別に苦しみ、救貧院生活へと落ちぶれ、餓死寸前の状態、病をも経験していた。[25] このような状況下で大事なのは「いま、ここ」だ。痛みを和らげる酒と、飢えを止める食べ物を手に入れること。そばにケリーがいて、路上泊中に守ってくれたり、時々稼いでくれれば、生きのびることはもう少し簡単になる。持つものがあまりに少なすぎる女にとっては、これだけでも充分安心につながったことだろう。

16 「名前なし」

ロンドンの貧民地区に住む者たちにとって、夏の終わりはあるひとつのことを意味していた。ケントの田園地帯でホップ摘みに参加し、楽しくお金を稼ぐチャンスが来たということだ。多くの人々にとってホップ摘みは、限りなく休暇に似ていた。綺麗な空気を味わい、みんなでかがり火を囲んで、農家から提供されるビールやシードルをただで楽しむ。毎年九月になると、都会から何千何万もの人々がこの地方へ押し寄せた。ちょっとだけ余裕のある者は汽車で向かったが、ロンドンから歩いていく人々のほうがはるかに多かった。たとえば豊作だった一八九〇年には、合わせて五、六万もの成人男女と子どもがやって来て、ホップ畑近くの小屋や納屋に住まいつつ、収穫一ブッシェル〔三六リットル強〕につき二ペンスを支払われた。

宿代も酒代もただなのだから、懐とお腹を満たすことのできるこの機会を、ケイトとジョン・ケリーが逃すはずはなかった。数年来ホップ摘みの常連だったふたりは、一八八八年の夏も、南のケントへと向かうロンドンっ子たちの列に加わった。残念ながら、待っていたのは記録的な不作だった。『ジ・エコー』紙は次のように報じている。「収穫に値するホップが実っていない」と、ケント州の多くの地域で労働者たちは思った。「あちこち回ってみた」挙句、彼らは「何も得られないままロンドンへ歩いて帰る」ことを余儀なくされた。[1]

ケイトとケリーは八月の終わり近くに出発した。果樹園やベリー畑が収穫の手を求める時期だ。こうしたものの収穫は、ふたりのケントめぐりの一部になっていた。行商しながら臨時雇いの仕事をし、ホップ収穫の時期を待つのである。そうこうするうちにメイドストンに到着した。ここでふたりは、このあたりのホップの出来はよそよりもましだと聞いたのだろう。メイドストンは地方都市だから、先の仕事のために必要なものを入手することもできた。新しいブーツとジャケットが必要だったケリーは、質屋でこれらを購入した。それからふたりは、五マイルほど先にあるハントンという村へ向かったが、他のホップ摘み志願者たちと同様、不作すぎて「よそ者にできることは何もない」と知る。[2] がっかりしながらふたりはロンドンへと「きびすを返す」ことにした。[3]

九月二七日の木曜日にロンドンへ到着した。ケントでの稼ぎは全部飲み食いに使ってしまっていたから、その夜はシュー・レインにあるセイヴィーズ・インの一時収容棟に泊まらざるをえなかった。長年放浪者として過ごしたケイトとジョンは、スパイク選びのエキスパートになっていて、セイヴィーズ・インはとりわけ放浪者たちのお気に入りだった。入所者は最低二泊し、オーカムほぐしや石割りなどの労働に一日をあてねばならないと、一八八二年の一時収容貧民法〔Casual Poor Act〕が定めていたにもかかわらず、もっと自由な運営をしていたシュー・レインの救貧院は、「滞在期間や労働が強制されない」ため「貧民が集まる」場だと言われていた。[4] このことはケリーの証言とも矛盾なく一致する。ケイトとともに金曜日の朝早く出所した彼は、スピタルフィールズ市場で仕事を見つけた。午後には六ペンスの賃金が手に入り、その夜ひとりが宿泊する代金はこれでまかなえたが、ふたりぶんは無理だった。パートナーが殺害された直後に、思いやりのない夫だったと思われたくなかった彼は、自分はマイル・エンドの一時収容棟まで歩いていくことにして、ケイトには四ペンス渡してクーニーズに泊まらせたと、公式証言のなかで述べている。ケイトは抵抗したそうだ。けれども、どんな合意に至ったのか、実際には何があったのかはどうも「ごちゃごちゃに」なっていると、ジョン・ケリー自身、検死官に対して認めている。

ケイトとケリーの九月の動きについて現在知られていることは、ほとんどがジョンの混乱した証言によるものである。新聞に掲載された彼の話は何とおりもある。[5] 最初ケリーは、ケイトは金曜の午後三時か四時ごろにマイル・エンドへ向かい、ベッドを求める列に並んだと言ったが、質問されるうちに、これは事実ではないと白状した。検死官は、ケリーが質に入れたというブーツの、二八日金曜日付の質札を提示した。ジョンは面食らった。質に入れたのは翌日、つまり土曜日の午前のことで、これで得た二シリング六ペンスで食べ物を買ったと前に証言していたからだ。ほころびが出はじめ、彼は言った。「金曜の夜か土曜の午前でした。全部ごっちゃになってまして」。さらに彼は、金曜夜にブーツを質に入れたのはケイトであり、そのあいだ自分は質屋の前で、裸足で立っていたのだと明かした。[6]「質入れが行なわれていたとき、あなたは酔っていましたか？」と検死官に聞かれたケリーは、おどおどしながら「はい」と答えた。この告白から陪審は、ことのいきさつについての彼の記憶が曖昧である理由を悟った。[7]

それどころか、その朝セイヴィーズ・インを出てから、ケイトもケリーも何も食べていなかったかもしれない。食べ物を買って腹の虫を黙らせたというのは、もっぱらふたりの空想上でのことだったかもしれないのだ。ジョンが稼いだ六ペンスは酒を買うのに使われてしまっていた。それなら、ブーツをケイトが質に入れていたときの、彼の状態も説明がつく。ジョンの証言によると、質で手に入れた二シリング六ペンスの「大半」は、翌朝までもちこたえるための食糧を買うのに費やされた。[8] 買った茶葉と砂糖をケイトは袋《ポケット》〔女性が衣服の上または下に紐で結わえて身に着ける布製の袋。服の下に身に着ける場合、スカートにはスリットが入っていた〕に詰めこんだ。おそらく酒も少しばかり買っただろう。日が暮れるころには質で手に入れたお金もおおかた尽きてしまい、ジョンが四ペンス払ってロッジングハウスに泊まることになった。その夜彼が宿泊したのはフラワー・アンド・ディーン・ストリートの五五番地ではなく五二番地だったが、ケイトが泊まったのがマイル・エンドの一時収容棟ではなかったことはほぼ間違いない。入所記録がないからというだけではない。運営がゆるいというセイヴィーズ・インの評判を、マイル・エンドは共有していなかった。ケイトがここに泊まったら、オーカムほぐしのために二泊しなければならない。けれども翌朝彼女は、午前八時にケリーと会ったらしいのである。ケイトがその夜野宿したとは、ジョンはどうしても思われたくなかったのであろう。完全な野宿ではなく、ドーセット・ストリート脇の小屋のなかで寝たのだとしてもである。[9] 最近ホワイトチャペルで連続殺人事件が起きているというのに、この事実を認めたりしたら、自分の印象が悪くなるだろうと彼はわかっていたのだ。

ケリーの話を、検死官も陪審も明らかにいぶかしく思っていた。つじつまが合わなかったからというだけではない。警察と新聞がそうであったように、彼らもまた、犯人の標的は売春婦だと思いこんでいたのだ。ジョン・ケリーの証言も、ケイトの姉のイライザ・ゴールドの証言も、娘の証言も、クーニーズの代行管理人であるフレデリック・ウィリアム・ウィルキンソンの証言さえも、彼女が売春婦であることの裏付けにはまったくならなかった。ケイトとケリーの七年来の知り合いだというウィルキンソンは、「ケリー以外の男と［ケイトが］親密にしていたことはないし、聞いたこともない」と断言した。[10] 検死官はジョンに対しても自分の見解を押しつけた。けれどもジョンは、連れ添っていた期間を通じてずっと、ケイトが「不道徳な目的で夜中に外出した」ことはなかったし、「外出した翌朝［ケリーのところへ］お金を持ち帰った」こともないと答え、そういう状況になったこともないと全面的に否定した。[11]
だが残念なことに、ケイトの名誉を擁護する過程で、ケリーは誤解を招く言葉をうっかり使ってしまった。宿代の心配について語るなかで、「彼女が夜の通りを歩かざるをえない」のは自分の望みではなかった、と言ったのだ。検死官はすぐさまこの発言に飛びついた。
「「通りを歩く」とはどういう意味ですか」と検死官は尋ねた〔walking the streets には「街娼をする」という意味がある〕。
「ええと、俺たちは宿代を払う金がないことが何度もあって、そういうときはふらふら放浪していたんです」とジョンは説明した。[12]
ウィリアム・ブースが著書『最暗黒の英国とその出路』で説明しているところによれば、「通りを歩く」ことは野宿者の生活の一部だった。静かに休める場所を見つけても、見回りに来た警官に追い立てられてしまうため、寝床を夜どおし探しまわることになるのだ。ハワード・ゴールズミッドによると、スロール・ストリートやドーセット・ストリート、フラワー・アンド・ディーン・ストリートのロッジングハウスの常連たちの生活において、これは当たり前のことだった。「舗道の縁石の上や溝のなか、ごみ山の上など」に寝ていないとき、彼らは「ポケットに手を突っこみ、眠たげな目がほとんど閉じそうになっている状態で、道を行ったり来たり」しているのだった。[13] 残念なことに、このように語義を明らかにしたところで、ケイトは売春婦だったという多くの記者たちの思いこみをくつがえすことはできなかった。記事をできるだけみだらにしたいと望む『デイリー・テレグラフ』紙は、この時代の偏見を反映し、無宿者の女性と性を売る女性とはまったく同一だと書いている。ケイトはいつも路上で、あるいは小屋のなかで、「彼女と同じ宿無したち、文無しの売春婦たち（……）」と並んで寝ていたと同紙は言

う。(14)

金曜の夜をケイトがどこで過ごしたかはわからないけれど、土曜の朝には彼女とケリーはクーニーズに戻り、共同キッチンに腰を落ち着けて、どうやって宿代を捻出するかを再び考えはじめていた。考えた挙句、結局ふたりは宿から通りへ出ざるをえなくなる。南のビショップスゲイトのほうへ向かったが、とりたてて目的地があったわけではないだろう。

昼過ぎにはハウンズディッチの近くにいた。ハウンズディッチはユダヤ人が経営する古生地屋が集まる地区で、立ち並ぶ店の正面窓は、染みのついたキャリコのペティコートや、ほつれたウールのズボンで覆われている。前日の夜はジョンのブーツを質に入れたから、今度は自分が、チンツのスカートと黒い布地の上着の下に重ね着している衣服の、どれか一着を売ろうとケイトは考えたのかもしれない。けれどもその日は土曜日、すなわちユダヤ教の安息日だったので、ふたりが目にしたのは下ろされたシャッターだけだったろう。

ケリーによれば、そこでケイトは、バーモンジーへ行って娘からお金をもらうと言った。本気で言ったわけではあるまい。ケイトが最後にアニーと話したのは二年も前で、彼女の住所すら知らなかった。ジョンの話の例にもれず、ここで起こったことの詳細もまた「ごっちゃに」なっている。

そこまでの午後をふたりがどこで過ごしたかははっきりしない。ハウンズディッチはフラワー・アンド・ディーン・ストリートからすぐのところだったが、途中には酒を飲める場所がたくさんあった。ホワイトチャペルに住んで七年になるケイトとケリーは、以前「おごって」もらったお礼にと、一杯かそれ以上「おごって」くれる知り合いや仲間に事欠かなかっただろう。ロンドン南部のどこかの通りでばったりアニーに出くわすこともあるだろうと、一杯か二杯やったところでケイトは思ったのかもしれない。

ケイトはジョンと別れるとき、四時までに戻ると約束した。ケリーによれば、ハウンズディッチを彼女がオールゲイトのほうへ向かってひょこひょこ下っていったとき、彼もケイトも一文無しだった。ケイトはそれほど遠くへは行かなかった。実際、角をひとつかふたつ曲がって、オールゲイト・ハイ・ストリートまで行っただけだった。途中彼女は、一杯かそこら貸しのある誰かに会った。飲みの誘いを断わるタイプではなかったので、例によって彼女の決心は、一杯飲むと同時に消え失せたのだった。

八時三〇分、オールゲイト・ハイ・ストリート二九番地で、泥酔して動けなくなった女が塀にもたれ、ごみのなかでうずくまっていた。とりとめなくしゃべり、歌い、悪態をついていたから、当然人が集まってきた。こんな女がいるのはホワイトチャペルでは珍しいことではなかったけれど、それでも見物人は、ある者たちは面白がって、別の者たちはこの不幸な人間を純粋に心配して、じっと見つめていた。とおりがかった警官のルイス・フレデリック・ロビンソンは、人が集まっている理由を知ろうと近づいた。人だかりの中心を見下ろすと哀れな女性がひとり、黒いヴェルヴェットと麦わらのボンネットに包まれた頭をぐらぐらさせている。酒の匂いがぷんぷんした。この女が誰か、どこに住んでいるかを知っている者がいるかとロビンソンは野次馬たちに尋ねた。答えはなかったが、彼女が誰であるかを知っている者たちは確かにいて、その者たちはジョン・ケリーのところへ走って行き、お前の「女房」が酔っぱらってしょっぴかれたぞと伝えたのだった。

ロビンソンはケイトを移動させようとしたが、紳士物の編み上げブーツを履いた彼女の脚はマリオネットのようによたよたし、たちまちロビンソンの腕から彼女はずり落ちてしまう。同僚のジョージ・シモンズ巡査の助けを借りて、ようやくこの酔っぱらいをビショップスゲイト警察署へと連れて行くことができた。留置所に入れる前に、決まりとして氏名を帳面に記録する必要がある。

「名前は?」とロビンソンは尋ねた。

ろれつの回っていないしゃべりでケイトは答える。「名前なんかない」。

じきに酔いがさめてくれればと思いながら、彼らは「名前なし」を留置所に入れた。酔っぱらいらしく彼女はうとうとしはじめた。

午後九時五五分ごろ、ビショップスゲイト署の留置所担当者、ジョージ・ヘンリー・ハットが彼女の様子を見に来た。その後も何度か立ち寄った。一二時を一五分ほど過ぎたころ、目を覚ましたケイトは歌いはじめた。歌が一五分くらい続き、ハットはケイトのところへやって来た。

「いつ出してくれるの?」と彼女は、疲れてかすれた声で言った。

「自分の面倒を見られるようになったらな」。

「もうできるわよ」。

事実ではなかった。午後八時三〇分に自力で動けなかった人間が、ハットが釈放を決めた午前一時に、酔いがさめていたはずがない。留置所から連れ出されたとき、彼女の足取りは前よりしっかりして見えたかもしれないが、この囚人はまだ酔っていた。

「何時?」ケイトはとろんとした様子で尋ねる。

「酒を飲むにはもう遅すぎる時間だよ」とハットが答えた。

「そう。何時?」

「ちょうど一時だ」。

「帰ったらお仕置きされちまう」と彼女はつぶやいた。気を引こうとしてのことだった。[15] トマス・コンウェイと暮らしていたころであれば、これは事実であったろうけれど。

「そりゃそうだ。きみに酔っぱらう権利なんかない」とハットはからかった。彼もケイトの姉たちや娘と同様、こうした事柄に対する時代の考え方を共有していた。道から外れた妻はぶたれて当然だ、と。

事務仕事を担当していたジェイムズ・バイフィールドは、釈放前にもう一度彼女に名前と住所を尋ねた。名前と住所をでっち上げたりとっかえひっかえしたりして、一時収容棟や救貧院の職員をだまして人生の大半を過ごしてきたケイトは、ゲームの遊び方をよく知っていた。この年齢に至り、権威を侮蔑する態度もすっかり染みついていた。

「メアリー・アン・ケリー」と嘘をついた。住所は「ファッション・ストリート六番地」。ホップ摘みから戻ったばかりだと言ったが、これはあながち嘘でもなかった。[16]

それから警官たちは、ケイトの袋《ポケット》に入っていたものを返した。彼女がいつも持ち歩いていたのだろう必需品の取り合わせだ。石鹸の欠片が六つ、歯の細かい櫛、持ち手の白いテーブルナイフ、金属製のティースプーン、ブリキ箱入りの茶葉と砂糖、ブリキ製の空《から》のマッチ箱、赤いフランネル地に包んだピンと針、指ぬき、生理用のぼろ布。ケイトはスカートの下の袋にそれらと、売り物にできる品いくつかとを突っこんだ。赤い革製の空の煙草ケース、粘土製の短い黒のパイプ二本、麻糸の球。

身支度ができたケイトを、ハットは出口まで送った。

「こちらです」と彼は、廊下に通じるスイングドアを押し開けた。ケイトは廊下を歩いて出口まで行った。「出口のドアは閉めていってくださいね」と、ハットは礼儀正しい口調で念を押した。

「わかったよ。おやすみ、旦那」とケイトは答えた。

ケイトはドアを半分しか閉めていかなかった。ハットはいらいらしながら、署を出た彼女が左折し、ハ

ウンズディッチのほうへ歩いていくのを見送った。(17)

午前一時、ケイトが最初に思ったのは、ジョンを見つけなきゃということだったろう。別れたとき一文無しだったのだから、クーニーズに泊まっているはずはない。いずれにせよこの時間では、宿代を工面できなかった者たちを代行管理人が追い出してしまっているはずだ。最後にジョンを見たのはハウンズディッチのあたりだった。そこへ戻って、まだ酒場にいる連中に彼の居場所を聞いてみようと、ぼんやりした頭で彼女は考えたのだろう。(18)

シューシューと燃えるガス灯が片手で数えられるほどしかともっていない通りは、九月三〇日の未明、松やにのように黒かったことだろう。ケイトは夜中に外にいることに慣れていたし、ホワイトチャペルの裏道も小道も、酒瓶の底と同じくらい知り尽くしていた。そこかしこで灯りはまだ燃えていて、ハウンズディッチをめぐり、デューク・ストリートをのろのろと歩きながら、見慣れた顔を探す彼女を導いてくれていた。遅い時間であるにもかかわらず、ホワイトチャペルの道は静かになることも、人影が消えることもなかった。いつも誰かがいた。彼女のような酔っぱらいが、持たざる者が、家のない者が、犯罪者が。暗い隅を探している者もいれば、ベッドを求めてさまよう者もいる。二〇分ほどしたところで、これ以上続けても求めている答えは得られまいとケイトは結論する。疲れていた彼女は、もうひと晩野宿することで手を打ったのだろう。

いまやこの四六歳の女性にとって、これはおなじみの日常だった。星空の下で眠る方法も、硬い壁に頭をもたれさせてもあまり痛くならないようにする方法も、スカートのなかに入ってくる汚いものや、足の上を流れていく汚水のくすぐったさを、気にしないでいる方法も知っていた。

彼女はマイター・スクエアの、光を降り注いでいるランプからずっと離れた角に場所を取った。地面に腰を下ろすと、背中がもたれた壁が、まるで自分を支えてくれる椅子のようになった。腰を下ろすとき、小物がいっぱい入った袋がぶつかり合ったことだろう。そのなかには、砂糖と茶葉の入ったブリキの箱がいくつかと、質札があった。これらの品々がぶつかり合う音は、この女性を、家族の思い出の品をひとつも持たず、すべての絆を断ち切って痛ましい過去から逃れる決心をしたように思われるこの女性を、あざけるように響いただろうか？　ブリキの香りが思いがけずウルヴァーハンプトンを、オールド・ホール・ワークスを、あるいは父親を思い出させただろうか？　いつも上機嫌で、朗らかに歌っていたけれど、ケイトの心は傷だらけだったに違いない。

ケイトは夜の闇のなかで目を閉じ、いま可能なかぎりのささやかな休息を求めた。よりどころを持たずに放浪し、「通りを歩く」者たちならばみなわかっている。じきに誰かがやって来て退去させられてしまうだろうと。彼女もそう思っていた。

＊＊＊

九月三〇日朝、ひとりの小さな女の子が、スロール・ストリート七番地の最上階へと駆け上がっていった。ドアを叩き、「フロストさん」と、ご近所さんの名前を呼ぶ。下でひとりの男性が彼女を待っていた。警部も一緒だった。以前はイライザ・ゴールド、その前はイライザ・エドウズと呼ばれていたフロストさんは、ベッドのなかで「うーん」とうめいた。ひどく具合が悪くて起きられなかったのだ。彼女は女の子を追い返した。

女の子は下にいる男の人ふたりのところへ行き、伝言を伝えた。緊急の要件だからどうしてもすぐ来てほしいと、フロスト夫人に伝えるよう警部は言う。しかし今回はもっと重大なメッセージを託した――妹さんが亡くなった。身元を確認してほしいと伝えてくれ。

イライザはひどく動揺しながら正装した。けれども病気で弱りきっており、隣人と息子のジョージに支えられて降りていった。警部とジョン・ケリーとともに、ゴールデン・レインの遺体安置所へと向かう。棺の蓋がずらされると、イライザは悲痛な声を上げた。悲嘆はあまりに激しく、部屋から連れ出さねばならなかった。

いくらかの時間が過ぎ、ようやく自分を取り戻してしゃべれるようになった。ケイトの顔は傷めつけられてしまっていたけれど、容貌は見て取れたとイライザは言った。エドウズ一族を特徴づけるものを、殺人鬼は剥ぎ取ってしまってはいなかったのだ。それから彼女は再び激しく泣きじゃくりながら、遺体安置所にいた記者に言った。「可哀想な娘《こ》、こんな最期を迎えなきゃならないなんて！」[19]

経済的に余裕があったわけではないにもかかわらず、エドウズ家の人々は彼女を、貧民用墓地に放りこんで済ませたりはしなかった。ホワイトチャペルの住人たちも、盛大な見送りなしにケイトが葬られることを許さなかった。一〇月八日、何百という人々が通りを埋め尽くした。あまりに人が集まったため、棺を載せた馬車が速度を落とさねばならない場所もあったほどだ。埋葬の地であるイルフォード墓地には、五百人近くの人々が集まって故人を悼んだ。参列したエドウズ一族のなかには、お互い長年顔を合わせることもなかった者たちもいた。一族のひとりがいなくなったせいで、姉妹が、娘たちが、いとこやおばたちが、もっと緊密に結びついたのである。中心にぽっかりと空いてしまった穴を、再会が埋めようとしていた。

第Ⅴ部

メアリー・ジェイン

1863年ごろ－1888年11月9日

17 マリー・ジャネット

一八八〇年代前半、ロンドンのウェスト・エンドで肉体的悦びを求める紳士たちは、以前よりもこれが手に入りにくくなったと思っていたかもしれない。かつてロンドンの悪徳渦巻くサーカスだったヘイマーケットは、この一〇年のあいだに静かになってしまった。金箔と深紅で装飾されたアーガイル・ルームズ〔リージェント・ストリートにあった娯楽場、一八〇六年オープン〕、すなわち、裕福な「伊達者《スウェル》」たちがシャンパンを浴びるように飲み、シルクをまとった娼婦たちと深夜まで踊った、あのデカダンな場所への扉も閉じてしまった。「放埒者《ファスト・セット》」とその「か弱き連れ《フレイル・コンパニオン》」が、他の一般的な店が閉まったあとに葉巻や飲食を求めて足繁くかよった、ピカデリーの「ナイト・ハウス」の灯もみな消えた。そのあとしけこんだ宿ももはやない。ダマスク織りのかかった、鏡張りの娼館すらなくなってしまった。その結果、悪徳は目につかないよう行なうことが当世風になったのである。

裕福な紳士たち、なかでも特にセント・ジョンズ・ウッドやブロンプトン、ピムリコに暮らす身なりのよい娼婦たちに気に入られた者は、プライベートな舞踏会に招待される幸運があったかもしれない。オックスフォード・ストリートからマーリバンあたりのどこかで宴会用の部屋を借りて、男四〇人、女四〇人の、合計八〇人が出席したりしただろう。男性客は女性客の参加料を支払い、このお金で会場の料金や楽団への報酬、食事代がまかなわれる。トップ・ハットと夜会服をまとった紳士たちと、舞踏会用のドレスと宝石を身に着けた美しい女性たちとのこの会合は、ちょっと居合わせただけの人間には、何ら変わったところは感じられないだろう。「ウォルター」という名だけが知られている、ある性の冒険者が回想録に記録しているところによれば、「紹介がまったく必要とされず、男性はどの女性にもダンスを申しこむことができ、女性もためらわずにダンスを申しこむ」こと以外、「不謹慎」だの異常だのと言われるような要素はここにはほぼなかった。けれども夕食後、雰囲気が変わる。「ダンスは跳ねまわるような動きになり、色欲が前面に出る。（……）いまや性を示唆するような会話が当たり前となり、みだらな言葉がもれ、男性はワルツを踊りながら女性の肩にキスをする。性交をしているかのように腹をぶつけ合いながらポルカを踊るカップルも一、二組いた」[1]。やがて夜会はお開きになる。カップルは馬車へ向かい、人目につかない場でお楽しみを続ける。女性が住む、木々の生い茂る郊外の下宿で。

一八八三年から八四年までのどこかの時点で、メアリー・ジェイン・ケリーと名乗る女性がこのような場に登場した。彼女が身の上について語った話は虚実入り交じっていたが、どの部分が事実でどの部分がそうでないのかは、いまだ誰も断言できずにいる。彼女は自分のアイデンティティを、誰か知っている人から借用したのかもしれないし、全部自分で作り上げたのかもしれない。この職業の女性にはかなりよくあることだった。

身の上話のうちの一バージョンによると、メアリー・ジェインは一八六三年ごろ、リムリック〔アイルランド島南西部の都市〕に生まれた。父親はジョン・ケリーという名だったと考えられている。彼はメアリー・ジェインが幼いころに、家族を連れてアイリッシュ海を渡り、ウェールズのカーナーヴォンシャーまたはカーマーゼンにしばらく落ち着いて、製鉄所の監督の職を得た。九人きょうだいのひとりだったとメアリー・ジェインは述べている。六人いる弟たちは一八八八年時点でまだ実家暮らし、うちひとりであるヘンリーは、奇妙なことにジョン、または「ジョント」と呼ばれており、スコッツガーズ〔近衛連隊のひとつ〕の第二大隊にいたという。メアリー・ジェインには彼女を「大好き」だという女きょうだいもいて、その女性はおばとともに、市場を渡り歩くまともな生活を送っていた。メアリー・ジェインによれば、自分は一六のときにデイヴィスまたはデイヴィーズという名の炭鉱夫と結婚したが、彼はその一、二年後に爆発事故で亡くなった。その後彼女はカーディフへ行って家庭を持つ。そこで「八、九か月入院し」、それから「よくない生活をしている」いとこの女性とのつき合いができた。直接言明はしていないが、自分を売春へと引きこんだのはこのつき合いだったと彼女はほのめかしている。一八八四年ごろ、あるいはもう少し早いかもしれないが、彼女はロンドンへやって来て「ウェスト・エンドの娼館《ゲイ・ハウス》に住んだ」(2)。

かつての恋人、ジョゼフ・バーネットに語ったメアリー・ジェインの身の上話は、ぶつ切りのスナップショットの集積でしかない。他の知人にはそれぞれ少しずつ違うバージョンを語っている。ある人物に対しては「自分はウェールズ人で、自分を捨てた両親もそうだ。彼らはいまもカーディフに住んでいる」と述べた。カーディフから直接ロンドンへ来たのだという。「ウェールズ出身だということも、両親や親戚がカーディフに住んでいることも、充分信憑性が感じられた」と、また別の知人は言っている。興味深いことに、この証人がさらに言うことには、メアリー・ジェインはカーディフの裕福な家の出身で、ロンドンには一八八二年か八三年に来たという。彼女は「学業優秀で、かなりの腕前の画家」だったとのことだ(3)。また別のふたり、すなわちシティ・ミッション〔一九世紀に欧米に広まった、困窮者支援などの慈善活動を含む宗教運動〕の宣教師と大家には、自分はアイルランド人であり、いまもアイルランドに住んでいる母親から手紙が届くと言っていた。[4] さらに厄介なことに、隣人のひとりに対してメアリー・ジェインは家族や友人のことを頻繁に話し、「ロンドンにいる親戚の女性が舞台に立っている」と言う一方で、また別の人々に対しては、二歳の子どもがいると述べていた。ならばその子は一八八三年ごろに生まれたことになる。[5]

ロンドンに来る前はどうしていたか、メアリー・ジェインが語ったことのうち、ひとつとしていまのところ事実だとは立証されていない。一八八八年、リムリックとウェールズで捜査が行なわれたが徒労に終わった。スコッツガーズで弟を探しても実りはなかった。殺害されたというニュースが全国を、および世界じゅうを駆けめぐっても、メアリー・ジェイン・ケリーの名前を、あるいはその人生の一部を知っていると、自信を持って名乗り出てくる過去の友人や親戚はひとりたりともいなかったらしい。その後何十年にもわたり彼女の人生は調査されているが、やはり成果はない。国勢調査や教区記録を調べても、ウェールズとアイルランドのどちらでも、それらしいケリーも、デイヴィーズも、メアリー・ジェインも出てこないのだ。ここから引き出されうる結論はただひとつ、メアリー・ジェイン・ケリーの身の上も、さらにはその名前さえも、全部作り物だったということである。

一九世紀、新しいアイデンティティを自分で作り出すことは比較的おおっぴらに行なわれていた。別の町、さらには別の地方へと移動し、名前を変えることは簡単だった。でっち上げた過去に基づいて新しいペルソナを作り、服装と立ち居ふるまいを変えれば、多くの者は別の社会層——実際より上層でも下層でも——の人間として充分とおった。けれども、高い教育およびそのぬぐいがたい痕跡は、偽るのも隠すのもずっと難しい。その人がどの程度の教育を受けたかは、読み書き能力だけでなく、話し方や物腰、興味関心からもわかる。美術や音楽の能力として表われることも多い。貧困者は最も基本的な教育しか受けないのに対し、新興中流階級は、子どもたちの体面を整えるべく教育を受けさせ、社会的に際立った存在になろうとしたものだった。

　メアリー・ジェインを知る者たちの証言によると、「裕福な家」の出身だと言われていた彼女には、この優秀さが備わっていたようなのだ。大家のひとりは、彼女には高いレベルの「教育」があり、優れた画家だったと言っている。この証言が行なわれた当時、女子に対する絵画教育は上流向けの女子校だけのものであり、平均的な学校のカリキュラムには含まれていなかった(6)。農村の貧しい大家族出身の娘には、そのようなスキルを習う機会も、道具を買うお金もなかったろうし、画家になるよう周囲から勧められることもなかったろう。さらに興味深いことに、メアリー・ジェインを知る者の誰ひとり、彼女にどこかの地方のなまりがあるとは思わなかったのに、出身地を尋ねると、ウェールズまたはアイルランドだと彼女は答えたのである。ウェールズやアイルランドのなまりがわずかに話しぶりに入っていたとしても、その痕跡はまったくと言っていいほど目立たなかったわけだ。発声法のレッスンの成果だろうか。ホワイトチャペルでの彼女を知る宣教師は言っている。「みなさんが街で彼女に出会っても、あのような悲惨な階級に属する人だとは思えなかったでしょう。いつも小綺麗で上品な身なりで、とてもきちんとした人に見えました」(7)。ケリーはジョー・バーネットに対し、父親は「親方《ガファー》」、すなわち製鉄所で権威のある立場にあったと言っていたが、これは事実だったかもしれない。バーネットが意味を取り違えていて、実際はメアリー・ジェインの父親はその会社のオーナー、もしくは経営で何らかの役割を果たしていたという可能性もある。ならば彼女は、まったく異なる社会層の人だったことになるだろう。

　ケリーは一六のときにデイヴィスまたはデイヴィーズという炭鉱夫と法的に結婚したと言っていたけれど、これを証明する記録はいまだ見つかっていない。彼女がもしほんとうに男性と関係していたとすれば、その愛人、または内縁の妻としてだった可能性のほうが高い。一八八三年、すなわち彼女がカーディフの「病院」で八、九か月を過ごしたという時期に、子どもを産んだという話ともつじつまが合うだろう。しかし、メアリー・ジェインの身の上話に登場するすべてがそうなのだが、子どもの誕生についても痕跡は見つかっておらず、その子のその後の運命を示唆するものもない。一八八〇年代にあって、公的資金で運営されている総合病院に、それほど長期間入院していたというのも考えにくい。私営の機関、たとえば転落した女性の矯正施設や保護施設にいたと考えるほうが妥当だろう。これらふたつの施設は、娘が社会規範を踏み越えて婚外性交をした際に、中流階級家庭が頼る場でもあった。当時カーディフには、転落した女性を保護する場が少なくともふたつあった。プロテスタントの「慈悲の家」と、カトリックの「善き羊飼いの修道院」である。両者とも、下層階級の一〇代、二〇代の女性を受け入れていた。更生プログラムの主体は宗教教育および家事や針仕事の訓練で、中流階級の娘たちが参加することもあった。けれどもこの階級のなかには、婚姻関係外での性欲の発露は精神不安定の表われであり、専門の医師の治療を受けるべきだと考える家庭もあった。当時カーディフに精神病院はなかったため、患者はカーマーゼンの州連合精神病院へ送られていたのだが、メアリー・ジェインはまさに、カーマーゼンでも過ごしたことがあると主張していた。

この時期の出来事の時系列は曖昧ではあるものの、ケリーがジョゼフ・バーネットに語ったことによれば、素行の悪いいとことのつき合いが始まったのは「病院」を出たあとだった。精神病院でも保護施設でも更生は失敗に終わることが多かったから、出来事がこの順番だったことに不思議はない。残念なことにジョー・バーネットは、メアリー・ジェインの言ういとこの「よくない生活」というのがどういうものか、まったく追究しなかった。いとこは「放埓者」として派手な生活をしていたのか？　売春婦、または誰かの愛人だったのか？　売春宿のおかみ《マダム》だったのか？　彼女のコネでメアリー・ジェインはロンドンへ出てきたのか？

メアリー・ジェインの穴だらけの身の上話のなかでも最も大きな穴は、なぜ、どのようにして彼女が、カーディフを出てロンドンへ、ウェスト・エンドの「娼館」へとやって来たかという点だ。旅行したり別の町へ引っ越したりは、一九世紀に女ひとりで行きあたりばったりにできることではなかった。カーディフから鉄道でつながっていたとはいえ、ロンドンはなお物理的にも文化的にも、ウェールズからかなり遠い距離にあった。一般的に言って、当時の独身女性がひとりでロンドンへ来る理由はふたつある。仕事がすでに用意されているか、社会的つながりのある人物、または親族がロンドンに住んでいるかだ。このどちらか、もしくは両方が、メアリー・ジェインを首都へと導いたのだろう。でなければ、新参者が性産業の中位や上位にいきなり入りこむのは難しかったはずだ。初めて訪れた複雑な町に個人的なコネがあることは、「まともな」世界で適切な人脈に紹介されたいと望む者たちと同様、高級性産業に身を置く女性にとっても重要だった。ケリーは誰か知り合いから、女性を紳士に紹介する「大家」の名前を聞いたのだろう。そうでないとすれば、カーディフから恋人とふたりでロンドンへ来たか、ロンドンで恋人と合流するつもりだったかのどちらかだろう。

一八八〇年代になったころには、売春婦が営業場所を住まいとすることは珍しくなっていた。ピカデリーやヘイマーケット、リージェント・ストリートの歩道を歩く〔街娼をする〕女たちは、都心から離れた場所に住むようになっていた。貧しい者にとってこれは通常イースト・エンドだったが、中流階級以上を相手にする女たちはチェルシーやピムリコ、セント・ジョンズ・ウッド、またはナイツブリッジやブロンプトンの特定の通りに住む傾向があり、メアリー・ジェインもここに居を構えたのである。

一九世紀半ば以来、ナイツブリッジ兵舎からブロンプトン・ロードへ、さらには西のブロンプトン・スクエアまでのびる複数の小道には、士官の愛人や女優、芸術家たちが暮らし、彼らは鎧戸や暗い色のヴェルヴェットのカーテンの向こうで、罪深い行為にひっそりとふけるのだと評判になっていた。一八八一年、中心に緑地のある長円形のブロンプトン・スクエアには、「下宿の主人」を自称する多くの女世帯主が好んで住んでいたようである。(8) ふたりの「女優」が住む一五番地の家は、メアリー・ジェフリーズが所有していた。貴族や政治家、富裕な資本家、および少なくともひとりの王族を顧客に抱える、ヴィクトリア時代に権勢をふるったマダムである。ここは、この売春仲介者がブロンプトンとチェルシーに所有していた多くの物件のひとつに過ぎない。物件についても女たちについても、彼女のネットワークはロンドン北部と西部の一帯に広がっていた。ジェフリーズは人形遣いのごとく安全な距離から事業を行なった。「女の子」たちは予約制でさまざまな場所で顧客と落ち合う。これにより、彼女の手はできるだけクリーンに保たれるのだ。メアリー・ジェインが同居することになった「フランス人女性」にはそんな帝国はなかったろうが、同じ要領で営業し、「下宿人」たちが紳士と知り合いになる機会を作っていた。

中・上流階級向けに営業している売春仲介業者が紳士たちに女性を引き合わせていた一方で、一九世紀後半になるころには、女性を求める顧客は必ずしもそうした場へ行く必要はなくなっていた。密会は手紙のやり取りや会話を通じてお膳立てされることもあれば、偶然の出会いによることもあった。「ウォルター」は、あるとき汽車のなかでマダムと目が合ったことにより、一般店舗に偽装しているマーリバンの秘密の娼館を知ることができたそうだ。会話してみると彼女は、自分は婦人服の仕立屋を経営していて、美しい娘たちだけを雇っていると言った。降り際に彼女は名刺を渡し、「手袋を試着しに来る」よう誘った。汽車などの公共交通機関内で男に接近し、顧客を獲得しているのだろうとウォルターは思ったという。[9] ジェフリーズ夫人の勧誘方法のなかでもとりわけ興味をそそるのは、所有するランドー馬車でガーズ・クラブ〔Guards Club　近衛兵のみが利用できる紳士クラブ〕へ行き、店の娘たちに会いに来るよう直接招待状を配っていたというものだ。爵位持ちの裕福な家の出身であるエリート連隊の士官たちは、使える金も、兵舎でもてあましている時間もあったので、とりわけよいお客だった。メアリー・ジェインの住処はナイツブリッジ兵舎に近いうえ、ここは連隊の兵の愛人たちと縁の深い地域だったから、彼女の顧客にはそのような男がたくさんいただろう。もしかするとそのなかに、スコッツガーズの第二大隊にいると彼女が言った、ヘンリーもしくは「ジョント」がいたのかもしれない。「ジョント」は弟などではなく、彼女の昔の恋人だった士官であり、彼が任務で海外に行ったあとも、彼女は連絡を取り合っていたのかもしれない。[10]

メアリー・ジェインのような女と仲介者を通じて知り合おうとする男たちは、性を買う以外に、夜の娯楽もともにすることになっていただろう。ウォルターが出会った仕立屋のマダムは、店で働くソフィという名の若い女性を紹介した。店に隣接する家で、彼はソフィと正式に会った。ここでソフィと性交はできないとマダムは言う。まず前金五ポンドを払い、次の晩にディナーへ連れて行きなさい。五、六年前であればウォルターのような男は、ソフィやメアリー・ジェインのような女とアーガイル・ルームズで会ってから宿へ連れて行ったものだが、いまでは夜は多くの場合、「ジミーズ」、すなわちリージェント・ストリート六九番地のセント・ジェイムジーズ・レストランや、ヘイマーケットのカフェ・ド・リュー・ロップのような場で始まるのだった。女たちとその同伴の男たちは、鏡張りでヤシの葉の飾られた紫煙たちこめる部屋で食事をし、口の堅さで知られるフランス人やイタリア人のウェイターに接客される。牡蠣やデビルド・キドニー〔子羊の腎臓を焼いてスパイシーなソースで味つけした料理〕、ローストビーフをたらふく食べ、シャンパンやモーゼルなどのドイツ製白ワインを無限に飲んでそれらを流しこむと、辻馬車または紳士が所有する馬車に乗り、同じくらい口の堅いホテルへ行くか、女の下宿へと戻っていく。この密会は必ずしも朝で終わりというわけではなく、レストランで始まらねばならないわけでもない。劇場やミュージック・ホール、競馬場といった他の娯楽施設へ行くこともあり、紳士が性的に疲れはてたときか、女と一緒にいることに飽きたときか、ほかの用事ができたときに密会は終わる。請求金額は場合次第だ。「代金」には現金だけでなく、通常「装身具」の購入も含まれる。仕立屋マダムが要求した「前金五ポンド」に加え、ソフィは一夜の接客の代金として、「ソヴリン金貨三枚と新しいドレス一着」をもウォルターから勝ちとった。

紹介されて会うことは、性産業の女性の仕事方法のひとつに過ぎない。上流向けの商売をしている者も含め、どのランクの女性たちも、自分の姿を広く見せびらかすことで顧客を獲得していた。特定のミュージック・ホールや劇場の、プロムナード〔一階席を取り囲む回廊〕や客席に姿を見せることがその活動にあたるが、もちろん通りを歩くことも含まれる。アーガイル・ルームズの営業終了後数年のうちに、ウェスト・エンドの身なりのいい娼婦たちとそのいかがわしい同伴者たちは、レスター・スクエアのアルハンブラ劇場へと拠点を移した。社会調査者のダニエル・ジョゼフ・カーワンは、一八七八年のある夜、「煙草を吸う若いレディ」の一団をかき分けて、プロムナードへ入ったときのことを書き残している。そこでは「男女がすれ違いひしめき合い、舞台を眺め、バーで酒を飲み、互いに荒っぽくぶつかり、大声で笑い合って」いた[11]。男たちが「高い階級」の者たちらしいこと、女たちが「快活で感じのよい娘たちであり、しつけもよく、塗装された手すりの内側という貞節の場に座っている工員や店員の誠実な妻や恋人たちよりも、はるかに服装の趣味がよい」ことに彼は驚く[12]。けれども、実際はアルハンブラ劇場はあらゆる層の売春婦に開かれていて、ある巡査部長の見積もりによると、その夜そこには「街の女性が少なくとも一二〇〇名」いた。階上席へ上がると雰囲気ががらりと変わることにカーワンは気づく。「煙草の煙と騒々しさが耐えがたく」なり、「婦人たちは品行を行儀よくとりつくろおうという気配すらなかった」。もっとひどいのが「下層民が集まる」さらに上階の席であり、その光景は彼にこう言わしめた。「アルハンブラで女性が六ペンスの天井桟敷席へ行こうものなら、救済の望みは尽きはてる」(13)。

アルハンブラやそれに類した場所で夜を過ごさない場合、ウェスト・エンドの中級売春婦は通りで客引きもした。ヘイマーケットやリージェント・ストリート、ピカデリー、およびそれらからソーホーへと通じる細い道を、女たちはそれぞれのルートで巡回した。そのゆっくりとした歩みはたとえばピカデリー・サーカスから始まり、リージェント・ストリートを上っていく。そこで彼女は立ち止まっては、ウィンドウに飾られた帽子や陶磁器、玩具を眺めるふりをしつつ、道の両側に注意深く視線を走らせ、歩く速度をゆるめて自分に近づいてくる男性が、ただの買い物客なのか顧客候補なのか、それとも警官なのかを見きわめる。ついてないときは道を渡って南へ向かい、カフェ・ド・リューロップに入って、紳士およびそのお友だち連中と目が合うのを待つだろう。これにも失敗した場合、コヴェントリー・ストリートを東へ下ってレスター・スクエアに行き、アルハンブラに立ち寄るだろう。この道中、その夜少なくとも一回は、男が隣へ来て帽子を取る。彼女が道を渡って歩道のへりに足をかけるとき、スカートのすそを一インチ、もしくはもっと高く持ち上げたことに、その男性は気がついたのだろう。とはいえ、人通りの多いウェスト・エンドには帰宅途中の普通の女店員や、奥様の使いで外出中のメイドもおおぜいいるから、失礼なことを言わないよう注意が必要だ。手練れの女たらしであるウォルターですら、売春婦と「貞淑な娘」とを見分けるのはしばしば難しいと述べている。声をかけていいのかわからず、ボンド・ストリートからピカデリーまでずっと、ひとりの女性をつけていったことがあると彼は言う。なぜなら「位の高い家事奉公人のようにきちんとした服装だったため、娼婦だと結論できなかったからだ。(……)立ち止まって店を見ているときも、誰にも視線をやらなかった。ついに視線が向いたとき、わたしも立ち止まって彼女を見つめ、その横に立ったのだった」。ロンドンのこの地区では、顧客候補のほうがアプローチし、女性のほうは恐怖または承諾の表情を、媚態含みで表わして応じるのが決まりだった。とうとうウォルターはその若い女性のほうへ身をかがめて言う。

お宅へうかがってもよろしいでしょうか。

彼女はなかば驚いた顔でわたしを見ると、ためらってから言った。

ええ、でも三マイルも先ですの——

では馬車に乗りましょう——

いけません、わたしがお連れしますわ。

この状況は結局、ウォルターが辻馬車を呼び止め、一〇マイル先の「快適な宿」へ行くことで決着した。(14)ピカデリーおよびレスター・スクエアの界隈は、ロンドンにおいて、上品な感じのある高級性産業の中心地であったが、売春はこの大都市のほとんどの地区で行なわれており、ウェスト・エンドの別の場所でもそうだった。一八八〇年代前半、ストランド大通りからチャリング・クロス駅までの地域が、一世紀以上前と変わらず人々が好んで歩く場所だったのに対し、ウェスト・エンドの他の通り、たとえばレスター・スクエアのすぐ北にあるブルーアー・ストリートやライル・ストリートは、より年長で代金の安い女性がいることで知られていた。[15] また、売春業は鉄道駅の近くへ移動しはじめていた。ユーストンやヴィクトリアなどの駅がある、人々が通過する街、ホテルやロッジングハウスの立ち並ぶ地域へと移りはじめていたのである。とはいえ、まだ二〇代初めでキャリアの絶頂期にあるメアリー・ジェインは最高級の商品だったから、都心で何の問題もなくよい暮らしをしていただろう。流行のぽっちゃり体形で身長は五フィート七インチ〔約一七〇センチ〕、青い瞳と豊かな長い髪という魅力的な外見のおかげで、彼女は「馬車を乗りまわ」し、「レディの生活を送る」ことができた。マリー・ジャネットと名乗り、「高価なたぐいのドレスを多数」集めていた。アルハンブラやカフェ・ド・リューロップ、ジミーズにいた人々は、間違いなく彼女をよく知っていただろう。

メアリー・ジェインはまた、身なりのよい紳士たちから、申しこみや約束をされることにも慣れていただろう。申しこみというのは競馬に連れて行ったり、手袋や宝飾品を買ってあげたりしたいというものであり、約束というのは、美味しい食事とお酒をたっぷりおごってあげるというものだ。性産業にいる賢明な女性は、若き日の魅力はあっという間に飛び去るものだと知っており、自分の価値を充分利用するには、目の前のチャンスをすべてつかむのが肝心だとわかっていた。だから、パリに連れて行きたいと「紳士」から申しこまれたとき、メアリー・ジェインは承諾したのである。

ケリーがジョゼフ・バーネットに語った過去の例にもれず、この申しこみを取りまく状況も、その紳士の名前も、旅に関するその他の仔細も明らかではない。その男とどのようにして知り合ったのか――顧客だったのか、真剣な恋人候補だったのか、知人だったのか、仕事上で知り合ったのか――もわかっていない。けれども確かなことは、このパリ訪問が、想像されるようなものではなかったことだ。ことの成り行きにはメアリー・ジェインの、フランス人大家兼売春仲介者が関わっていたのかもしれない。当時海外旅行者は、荷物を持参するのではなく、自分とは別の船で目的地へ送ることになっていたため、パリの住所宛てにマダムに送ってもらうつもりで、ケリーは高価な衣裳のほとんど全部をトランクに詰めた。トランクが届くことはなかった。だまされたのではないかとメアリー・ジェインが思いはじめたのは、おそらくこのときだったろう。

一九世紀最後の二、三〇年間、英国・ヨーロッパ大陸間での女性の人身売買は、うまみのある事業だった。鉄道網と輸送ネットワークの拡大により、人々や商品の行き来はより安価でたやすくなっていて、またこのおかげで、「商品」はいっそう幅広い市場に届くようになり、特定の趣味に応じることも可能になっていた。ロンドンがフランスやベルギー、ドイツから若い女性を受け入れるハブになっていたのと同様、イングランドの娘たちも、これらの国々をはじめとする諸外国の娼館へ、斡旋され送られていたのである。ある元人身売買業者はW・T・ステッドのインタビューに応え、一八八四年にはベルギーとフランスだけで、少なくとも二五〇名の英国人女性が送りこまれたと述べている。うち三分の二は海外での家事奉公職、または偽りの求婚を受諾したのちに拉致された者たちだという。[16] たいてい彼女たちは、酒をしつこく勧められるか薬を盛られるかして、偽造渡航文書とともに列車に押しこめられたのだった。

一八七九年、家事奉公職を最近失ったアドリーン・タナーという女性は、この恐ろしい状況に陥った。発端は、悪事には発展しそうもない状況だった。ジョン・サルカルトという名の、外国なまりのある「身なりのきちんとした男性」から、駅の待合室で話しかけられたのである。[17] アドリーンはその後「サリー」〔サルカルトのこと〕と偶然再会し、ソーホーのホテルで一杯やることに同意した。若い女性でももっと世慣れていれば——たとえばメアリー・ジェインのように性産業を知っている女性であれば——どんな方向性の旅なのかすぐさま察しがついただろうが、一九歳のアドリーンは箱入りの処女だった。サリーはこの娘のワイングラスが常にいっぱいであるように保ち、じきに「彼女は自分の言っていることがほとんどわからない」状態になった。この機会をとらえて彼は自分のビジネスパートナー、フレドリック・シュルツというハンサムなベルギー人を紹介する。シュルツはサルカルト同様プラスール〔*placeur*〕、すなわち、大陸の娼館への斡旋業者だった。それからアドリーンは、部屋がくるくる回って見えるなか、自分の家主となる男に紹介される。それはエドゥアール・ロジェというフランス人で、ロジェは少し会話してから、次のような内容のことを彼女に言った。「とても気に入ったから〔きみを〕パリへ連れて行きたい。ぼくの邸宅や馬車などを見たあと、妻になってもいいと思ってもらえたら結婚したい」[18]。へべれけに酔っぱらった家事奉公人は大喜びで承諾する。言うまでもなく問題は、アドリーンも、サリーとシュルツにだまされた他の若い女性ふたりも、行き先がパリではなくブリュッセルのメゾン・クロズ〔*maison close*〕、すなわち国に認可された売春宿の、鍵つきの部屋だったことだ。イングランドを離れる前に、三人全員の偽造身分証明書が作られた。彼女たちはベルギーに到着するやいなや、この証明書は非合法であり、ロジェの家から逃げようとすればすぐさま逮捕されるぞと脅されたのである。

だまされて海外で売春することになった者もいたが、この三人のうち少なくともひとりはすでに性産業で働いていた女性であり、「変化を求めていた」らしい。女性や未成年の少女の人身売買という闇世界を探究した一八八五年の連載記事「現代のバビロンにおける少女の生贄」〔The Maiden Tribute of Modern Babylon〕で、W・T・ステッドは、ロンドンからボルドーの売春宿へと送られた「アミリア・パウエル」の物語を語っている。明確に認めることはなかったものの、夫のもとを去って「極貧寸前」になってからは、売春をしていたとアミリアはほのめかす。アミリアによれば、「まともな地位にある友人」が、リージェント・ストリートで葉巻屋を経営している「あるギリシア人」を、ぜひにと彼女に紹介したのだという。アミリアを含む四人の女性を、ボルドーの「恵まれた環境」に入れることができるとその男は確約した。アミリアを同意させるのに、それほど説得の言葉を費やす必要はなかった。「わたしはその提案をのみました。（……）ロンドンで嫌というほどなじみになっていた、しがらみや苦しみから逃れる手段を与えてくれるからです」[19]。けれども、ボルドーに着いてからいくらも経たないうちに、「恵まれた環境」の真実が明らかになる。アミリアによると、メゾン・クロズに入るやいなや、「服を剥ぎ取られ、シルクのドレスや華美な装飾品で飾り立てられました」。出て行けば窃盗で訴えられるという状態に彼女たちを追いこんだのである。マダムへの負債は一八〇〇フランだとアミリアは言われた。それには、無理矢理着せられた衣服だけでなく、「ここへ連れてくるための手数料」も含まれていた。殿方を楽しませてこの途方もない額を返済すればここを出て行ってもいいと言われたが、これもまた不可能だと彼女はじきに悟る。「残り四、五〇〇フランというところになると、マダムがおだてたり、丸めこんだり、完全にだましたりして、さらに衣服を受け取るよう仕向けるのです。こうしてひと月、またひと月と、期間が延びていきました」[20]。

このような計略は売春宿で何百年も普通に行なわれてきたことだが、新人だけでなくベテランの性労働者でさえも、油断してその罠にかかることがあった。国際的な人身売買に関わる者たちはこっそりと活動し、海外へ送られる女性に感づかれることのないよう、あらかじめ入念に策略を練っていた。メアリー・ジェインのフランス人の大家が、彼女のパリ行きに加担し、彼女を現地の売春宿へ送りこむ「紳士」と結託していたというのはありうることだ。実際の筋書きがどんなものであったにせよ、マリー・

ジャネットのトランクに入った美しいドレスは、メゾン・クロズでは必要あるまいと大家は確信していたらしい。

こうした娼館に入ってしまうと、生活は極端に制限される。街路から売春の気配を一掃するため、女性がメゾン・クロズを出入りすることを法は規制していた。特定の時間帯しか表には出られず、しかもそのときでさえ、集まったり、戸口でうろついたりはできなかった。窓の向こうに姿が見えることも許されなかったので、鎧戸はいつも閉められていた。さらに、新人は全員風紀取締警察《ポリス・ド・ムール》（規制担当当局）に登録され、週二回性病検査を受けることになっている。売りとばされた女性の意志が、仮に売春宿への負債でくじかれなかったとしても、個人の自由を厳しく縛る法の規定がくじいてしまっただろう。海外のメゾン・クロズという檻にいったん囚われてしまったら、友人もなくフランス語も話せない女性には、もう脱出の望みはない。

メアリー・ジェインは気がついたのだろう。パリには行ったが「パートが気に入らなかった」のでとどまらなかったと、ジョー・バーネットに説明している。「パート」という言葉は旅の「目的」を意味していたのだろうとバーネットは言う。たった二週間で彼女は帰国した。待ちかまえていた罠からどうやって逃げ出したかは、これまたまったくの謎である。サルカルトがステッドに語ったことによれば、海外に到着した娘たちが「疑いの念をかきたてられ」て「おびえる」のはよくあることだった。ケリーがもし、多くの知人たちが指摘したような教養の持ち主だったなら、少なくともフランス語の基礎知識は持っていただろうから、それが助けになったのかもしれない。「人間小荷物」と呼ばれていた彼女たちが警察と話すことができるなら、人身売買業者にとっては真の脅威だ。さらに、囚われの者たちが無事目的地に届いたあとも、売買業者と売春宿経営者にはまだ危険が残る。人身売買が行なわれているのではとの疑いを持った者（メゾン・クロズの顧客のなかの、順法精神を持つ者たちがしばしば含まれた）から報告があった場合、風紀取締警察は、「意思に反して売春宿に留め置かれている英国人女性を、仮に負債を支払っていないとしても解放する」と、法が定めているからだ。(21) 損失につながるこうした打撃を、売買業者も売春宿経営者も軽く見てはいなかった。彼らにとってさらに厄介なのは、逃亡者の存在だ。彼女は彼らの犯罪を証言するかもしれない。

ステッドが強い調子で指摘しているとおり、国際奴隷売買業者は、簡単に対処できる相手ではなかった。その世界を動かしているのは、ほとんどが「刑務所《メゾン・コレクシオネル》の不快さをよく知る前科者」から成る危険極まりない男たちであり、彼らは、再度罪に問われることを逃れるためなら、何のためらいもなく「不都合な証人を消す」のである。(22) 意図したことではなかったが、メアリー・ジェインは逃亡したことにより、恐ろしい敵を作ってしまっていた。パリではどうにか逃げおおせたものの、ロンドンでの生活が安全になることは二度となかった。

18 ゲイ・ライフ

夏のあいだ、パリからの旅行者を北フランスのブーローニュの港から運ぶ船は、ロンドン塔横のセント・キャサリンズ・ドックに到着した。タラップを降りてきた乗客は、たいてい都心のある西へと向かい、道を渡って東へ向かう者はあまりいない。荷が山積みになり、船の蒸気が鋭く音を立て、タールの匂いが充満する埠頭のすぐ向こうに走る、ラトクリフ街道と呼ばれる幹線道路からは、馬車の音が途切れることなく響いてくる。一見しただけだとこの道路の入り口は、何ということのない商業路だとの印象を与える。航海用品の市場やランプの倉庫、船員の衣服を扱う店が立ちならび、ジン・パレス〔宮殿風の外装がほどこされたジンの酒場〕もちらほら見られる、海の男たちのための市《いち》。けれども街道を進んでいくと、この地域のほんとうの顔が見えてくる。船具店に代わって安いロッジングハウスが現われ、ビアホールはパブとミュージック・ホールに埋もれ、罪の足音がはっきりと聞こえはじめる。

ラトクリフ街道は道であるだけでなく、独自の特色を持つ地域でもあった。絶え間なく船が運んでくる船乗りたちが、酒と性を求めて闊歩し、経済を動かしていた。一九世紀の終わりになってもこの街道には、一八一一年の事件のせいで暴力のイメージがつきまとっていた。その事件というのはイングランド最初の連続殺人のひとつで、七人の人々が就寝中に殺害された事件である〔日本語では「ラトクリフ街道殺人事件」と呼ばれている」。ガス灯が煌々と輝き、ポルカの陽気なメロディが流れていても、ラトクリフ街道は暗く陰惨な場所だった。ミュージック・ホールや酒場に詰めかける、さまざまな言語を話す客たちのあいだで、グラスや顎を砕いたり、酒や血を飛び散らせたりは日常茶飯事だった。夜遅く、無認可のパブやアヘン窟を求めてお祭り好きの連中がふらふらやって来ると、どんちゃん騒ぎはそこらへんの路上にまであふれ出し、金切り声や口論、歌声や性交が始まるのだった。

自分の人生がラトクリフ街道へたどり着こうとは、メアリー・ジェイン・ケリーには思いもよらなかったことだろうけれど、ほかに選択の余地のない状況に彼女は置かれていた。ウェスト・エンドに戻っても安全だったなら、以前の生活を続けていただろう。中流・上流の娼婦たちは単独で営業しているわけではない。友人のネットワークを持っており、勤め口を変えたくなったら訪ねるべき大家＝売春仲介人が誰かも知っていた。危機に陥った際に、よい顧客や昔の恋人に助けを求めることも珍しくなかった。メアリー・ジェインには、頼めば簡単にアルハンブラのプロムナードや、カフェ・ド・リューロップのホールでの地位を取り戻してくれる人がおおぜいいただろう。だがそれは、見つかる危険がないと彼女が思っていればの話だ。そうは思えなかった彼女はセント・キャサリンズ・ドックから東へ向かい、ラトクリフ街道を下ったのである。

ブリーザーズ・ヒルの角にあるペニントン・ストリート七九番地までは、埠頭から歩いて一〇分ほどしかかからなかった。倉庫に面した、すすで覆われたレンガ造りの建物は、一八七四年まではレッド・ライオンというパブだった。住宅に改築されたのは最近のことで、一八八五年時点で住んでいたのはミラー一家——ドイツ人の仕立屋とその家族——と、オランダ人カップルのエリーサベト・ブーキュとヨハネス・モルゲンステルン、およびそのまだ赤ん坊である双子の娘たちだった。ブーキュ夫人と名乗っていたエリーサベトは、エリーサベト・ブルマという名で製糖業者の家に生まれ、ごく若いころに移民し、ペニントン・ストリートに落ち着いたらしい。やがて彼女は、同じオランダ人コミュニティに属する、ガス工事人だというルイス・ブーキュと結婚する。けれども、労働者の賃金だけを稼いでいたにしては不思議なことに、ブーキュ氏は不動産を獲得しはじめた。一八八〇年、またはそれ以前に、彼はペニントン・ストリート七九番地の物件を手に入れる。

ブーキュはかつてレッド・ライオンだった建物をミラー家に貸し、ミラー家は彼の許可を得て、部屋を売春婦にまた貸ししたらしい。間借り人の行動に目をつぶりさえすれば手軽に家賃を稼げる地域において、これは普通のことだった。ミラー家が汚れ仕事に手を染めている一方で、ルイス・ブーキュは妻と家族とともに、どこか別の場所で穏やかに暮らしていた。けれども一八八二年に彼が亡くなると、エリーサベトは夫の投資対象を自分で管理しようと決意する。事実婚のパートナー、ヨハネス・モルゲンステルンとともに、ペニントン・ストリート七九番地、ミラー家の上階へと移り住んだ彼女は、性産業で身を立てるつもりでいた。

ペニントン・ストリート七九番地は、ルイス・ブーキュの資産のなかにある、いくつもの似たような物件のひとつに過ぎなかったようだ。興味深いことに、エリーサベトとヨハネスがペニントン・ストリートへ転居したのと同時期に、ヨハネスのきょうだいであるアドリアヌス・モルゲンステルンも、エリザベス・フェリックスという女性とともにポプラーの物件へと移り住んでいる。アドリアヌスの子どもがのちに証言したところによると、こちらの家もまた売春宿として使われていた。[1] ブーキュ夫人は強い意志をもって事業に邁進したと思われるけれど、この努力が真に家族の事業として結実しえたのは、モルゲンステルン兄弟の助力があってこそだった。

七九番地の上階の部屋のうち、少なくともひとつをブーキュ＝モルゲンステルン家が借りていたわけだが、ここは以前はパブだったのだから、貸すことのできる部屋はもっとあった。一八八一年には、三人の若い女性――二〇歳のメアリー・ビーマーとエイダ・キング、および二一歳のエミリー・チャリス――がここに住んでいた。国勢調査の調査員が訪れたとき、彼女たちはふたりの船員をもてなしている最中だったという。二二歳の「蠱惑的な娘《ゲイ・ガール》」、メアリー・ジェインが戸口に現われたとき、ブーキュ夫人は、まさに探し求めていたタイプの下宿人だと思ったろう。新しいマダムに対して彼女がどれだけ過去を明かしたかはわからないが、ケリーというのが本名でないとしたら、このとき初めてそう名乗ったのかもしれない。フランスから帰ってのちメアリー・ジェインは、見つからないよう心がけていた。追手がウェールズ人女性を捜しているのだとしたら、アイルランドでいちばんよくある苗字を名乗ってアイルランド人になりすまし、匿名性へと逃げこもうとするのは理にかなっている。

　仮にメアリー・ジェインがペニントン・ストリート七九番地に一文無しでやって来たとしても、ブーキュ夫人は、すぐに家賃ぶんは稼げるようになると請け合っただろう。とはいえこの宿も、顧客も商売のやり方も、ピカデリーでなじんでいたものとラトクリフ街道とでは、どうも違うらしいとメアリー・ジェインは知ることになる。社会改革運動家のエドワード・W・トマスは次のように書く。「ラトクリフとワッピング〔ラトクリフに近いテムズ北岸の地区〕には独自のやり方があり、船乗りと女性たちのふるまい以上にこれを明確に示すものはない。（……）」[2]この地域を訪れたトマスは、売春婦が客を獲得する際に特定のしきたりがあることに気づいた。女性たちと斡旋業者とマダムは船の到着時間に遅れないよう港へ行き、「船が埠頭に着くと、非常に多くの女性たちがわっと埠頭入口へと押し寄せ、その場で船乗りへの客引きが始まる。（……）」。この出会いは、船員が陸《おか》にいるあいだに結びつきへと変わる。トマスによると、船員には「特定の娘」を選ぶ習慣があり、これをラトクリフの性産業はフル活用していた。選ばれた「娘」はその後「彼がこの地域のどこへ行くにも同伴し、夜にはバカ騒ぎをし、（……）昼は」彼とともに自分のベッドで「眠る」。このあいだに船員の関心が薄れることがあったとしても、「彼の金が尽きていないかぎり、愛人〔売春婦のこと〕は懸命に彼をつなぎとめる」[3]。船員の金が尽きるか、または上陸期間が終わったとしても、また次の船が別の船員たちを運んでくる。いつもやっている商売方法に頼ったっていい。通りを歩いたり、パブやジン・パレス、ミュージック・ホールに定期的に顔を出せばよいのだ。

道徳主義者たちが書き残しているとおり、ラトクリフ街道の女たちは、ウェスト・エンドなど他の地区の女たちよりも、もっと厚かましく客引きをしていたようである。文字どおり潮が満ちるとともに性商品への需要もふくらむのだから、売春を取り締まり、売春宿の増加を抑えることに、警察ですら手こずっていた。「ゲイ・ウーマン」〔当時この言葉は性的に奔放な女性、特に売春婦を意味した〕は、当局をほとんど恐れることなく堂々と通りを歩いていた。ひどく冷える夜でさえ、そぞろ歩きをする女たちは「ボンネットも、どんな種類のかぶり物もかぶらず、（……）それどころか充分衣服を着こむことすらも」していなかったとトマスは書いている[4]。さらに「彼女たちの多くは驚くほどよい身なりだった」。襟ぐりが深く「丈の短い」ドレスと「きらきらした安手の宝飾品」のせいで、彼女たちは「非常に人目を引いた」という。

上玉の「ゲイ・ウーマン」、つまり若い売春婦、または少なくとも若く見える売春婦は、「シンギングルーム〔singing-rooms〕」にいただろう。紫煙たちこめるこの飲酒の場は、船乗りの習慣を取り入るべくたいてい海をテーマに装飾されていて、海景や錨、人魚などが、壁に武骨に描かれていた。薄物をまとい、顔に紅を塗った踊り子たちが木製の波のはざまで踊るあいだ、歌い手は、陸《おか》に残された美しい娘のことをメロドラマチックに歌い上げる。女たちと少数の地元客を除き、客のほとんどはスウェーデン語やデンマーク語、ドイツ語、ポルトガル語、スペイン語、フランス語などを話していたから、歌の内容は一片たりともわかってはいない。それでも彼らはご機嫌で、木製のベンチに寄りかかり、酒をぐいぐい飲み干しながら女の子たちをなでまわしていたものだった。いったん喧嘩が始まれば、状況は一変したわけだが。

もっと高級なウェスト・エンドでもそうだったが、ラトクリフ街道沿いの夜の娯楽は酒を中心に回っていた。けれども、性産業にいる有能な女たちの飲み方は慎重だった。船乗りだろうと伊達者だろうと、見知らぬ男は危険な客かもしれない。ボトル一本のシャンパン、またはグラス数杯のジンを誰かに飲ませることは、銃弾を薬室に入れて回転させるようなものだ。その男が酔ったら（あるいはしらふのままであっても）どうなるのか、女には決して予想できない。運がよければ、男は前後不覚になるだけだろう。そこまでの運がなければ、彼女はめちゃくちゃに殴られるかもしれない。最大の防御は頭を冴えた状態に保つことだが、客がこちらのグラスに絶えず酒を注いできた場合、これは難しくなってしまう。この時代のある娼婦は、客といるとき「酒を飲む必要はほとんどない」と書いている。グラスを唇にあててから、中身をこっそり捨ててしまえばよいのだと。(5) 一方、酒はみじめな状況から都合よく逃避させてくれるものでもあった。性器挿入がなされるたびにリアルな可能性として浮上する、望まない妊娠や性病への恐れを、酒は鈍らせてくれる。嫌悪感を感じる相手と親密になることへの恐怖をぬぐい去り、自己嫌悪や罪悪感、苦痛、暴力のトラウマ的記憶を、わずかな時間だけだとしても鎮めてくれる。メアリー・ジェイン・ケリーは性産業に就いて以来ずっと飲酒していたようだが、フランスからの帰国後、この習慣はたちの悪いものへと変わったらしい。ブーキュ夫人の「義理の姉妹」、エリザベス・フェリックス（新聞に誤って記載された名にならえば、フェニックス夫人）は、ケリーの行動を直接目撃している。ケリーは「しらふのときは［あなたが出会いうるなかでも］最も優しくて素敵な娘」だが、「酔っぱらうとひどく喧嘩っぱやくて口汚くなった」とフェリックスは言う。(6) 人生に絶望しきった下宿人のそうしたふるまいに慣れていたはずのブーキュ＝モルゲンステルン家の人たちにとってさえ、「酒に耽溺」するメアリー・ジェインは「歓迎されざる友人」になりはじめた。(7) やがて家主たちかケリー自身かのどちらかが、ケリーは出て行くべきだと決定を下した。とはいえ、実際に出て行った先はそれほど遠くはなかった。

元レッド・ライオンの隣にあったのはブリーザーズ・ヒル一番地、ローズ・メアリー（またはメアリー・ローズ）・マッカーシー夫人とその夫ジョンが所有する下宿屋である。メアリー・ジェインのような女たちとその客たちのためのベッドを提供しているという意味で、マッカーシー夫妻の物件は、ペニントン・ストリート七九番地とほとんど変わらなかった。(8) 夫妻はこの建物で無認可のパブも経営していた。そこでは非合法で酒が売られていただけでなく、売春婦を使って「船乗りや油断している人々」を誘いこみ、有り金をまきあげてさえいた。(9) メアリー・ジェインがこうした活動に関わっていたかは不明だが、マッカーシー夫妻は家賃を払ってもらえさえすれば、酔った彼女が暴れてもそれほど気にしなかったようだ。

メアリー・ジェインが家主への負債を返済できたかは疑問である。ブーキュ＝モルゲンステルン家に対しては特にそうだ。彼女がペニントン・ストリート七九番地にやって来てまもなく起きたというある事件のことを、フェリックス夫人が語っている。メアリー・ジェインがものすごく金を必要としていたせいか、あるいは、恐れることなどないとブーキュ夫人が説得したからか、このふたりの女性は、ケリーが紛失した高価な衣裳入りのトランクを、ナイツブリッジの元大家から取り戻すことにした。しかしメアリー・ジェインは、持ち物を取り返す気持ちは間違いなく強かったはずだが、自分のことを知られている地区へ戻ることは躊躇した。ブーキュ夫人はメアリー・ジェインに付き添っていった。それは下宿人〔メアリー・ジェインのこと〕を安心させるためだったが、同時におそらく、彼女はいまやモルゲンステルン家の保護下にあるのだと、以前メアリー・ジェインのマダムだったフランス人に見せつけるためでもあったろう。ケリーがこのなじみの界隈へやって来たのは、パリからの帰国後これが初めてだったと思われる。イースト・エンドのマダムの隣に座っているあいだずっと、彼女はひどく動揺していただろう。

結局、ふたりの目的が果たされたと示すものは何もない。もしその「フランス人レディ」が、ブーキュ夫人をはじめとする同様の立場の女たちと同じくらい鋭かったなら、かつて雇っていた娘がナイツブリッジに顔を見せるよりもずっと前に、その高価な所持品を売り払ってしまっていただろう。さらに悪いことに、ロンドン西部へと乗りこんだことは、メアリー・ジェインが恐れていたとおり、たぶん賢いとは言えない行動だったのだ。

メアリー・ジェインが以前の大家を訪ねたあと、どこかの時点で、ひとりの男が彼女を捜してラトクリフ街道へやって来た。彼女からその話を聞いたジョゼフ・バーネットによれば、メアリー・ジェインの父親を名乗る中年の男性が、「彼女を見つけようとしていた」という。その決意はかなり固く、男はパブなどのさまざまな飲酒施設で聞きこみをし、道を行きかう若い女性たちにも尋ね歩いた。やがて彼女も「男が捜していると同僚から聞いた」。この男は厄介だと感じたメアリー・ジェインは、見つからないよう隠れることにする。[10] 正体が何であれ、彼がメアリー・ジェイン・ケリーの父親でないことだけは間違いなかった。ケリーは「自分を見捨てた」家族と断絶していたとフェリックス夫人は主張しており、バーネットもまた「彼女は親族の誰とも会っていなかった」と言っている。メアリー・ジェインは確かに自分の身の安全を不安視していたと、一八八八年の検死審問でバーネットは証言したが、その不安の原因が誰、または何であるかを、彼女は決して明言しなかったという。見つかることへの彼女の不安は、しかしその秋、殺人鬼が野放しになっているというもっと差し迫った恐怖によって、間違いなく取って代わられたことだろう。

ラトクリフ街道での生活と、家主たちとの不和とに疲弊しはじめていたところへ、この不吉な男の訪問があったことで、メアリー・ジェインは将来を考えなおさざるをえなくなっていたかもしれない。そして、一八八六年後半から八七年前半のどこかの時点で、問題の解決策と思われるものが現われる。ある人物と恋に落ちたのだ。

若く美しく、性的魅力にあふれたケリーは、崇拝者に事欠かなかっただろうし、人の出入りの激しい地域であるにもかかわらず、常連客を多数抱えていた。そのひとりが、近くのベスナル・グリーン出身の二七歳の左官職人、ジョゼフ・フレミング（Fleming または Flemming というつづりで記録されている）だった。建築業界の労働者であるフレミングは、経済的に安定してはいなかったし、彼女がウェスト・エンドでその心をとらえた男たちとはまったく違い、不自由のない暮らしをしているとは決して言えなかった。けれども、マッカーシー夫人――メアリー・ジェインは彼女の家を出て、フレミングと暮らすことになる――によれば、彼は彼女にぞっこんで「結婚するつもりでいた」。メアリー・ジェインもその気持ちに応えたらしく、知り合いの女性たちに彼への好意を打ち明けている。[11] 長くて半年ほどのあいだ、ふたりはベスナル・グリーン・ロード、またはオールド・ベスナル・グリーン・ロードにある、たったひと間の家具つきの部屋で暮らしたけれど、結局別れてしまった。[12] その理由は明らかではないが、メアリー・ジェインの友人だったジュリア・ヴェンターニーは、フレミングがケリーに対して暴力をふるい「冷遇していた」可能性を示唆している。[13] メアリー・ジェインの状況の変化をマッカーシー夫人が初めて知ったのは、かつての下宿人である彼女が、一八八七年前半のある日の午前二時、夫人の家を訪れたときだった。メアリー・ジェインは、自分と同伴男性のぶんのベッドを求めていた。大家はいささか不思議に思い、「あなたをこの界隈から連れ出した男性と、もう一緒に住んではいないのか」と尋ねた。関係は終わり、自分は客引きに戻ったのだとケリーは答えた。メアリー・マッカーシーはそれ以上何も言わず、彼女から部屋代として二シリングを受け取った。[14]

ジョー・フレミングと別れたメアリー・ジェインは、ベスナル・グリーンにとどまることも、ラトクリフ街道へ戻ることも望まなかった。代わりに彼女はまったく新しい場所へ、スピタルフィールズへと移ったのである。ここで彼女はスロール・ストリートにあるクーリーズ・ロッジングハウスに居を構え、オールゲイト周辺を持ち場にしたと言われている。ロンドン警視庁在職期間の思い出を恥知らずなくらい美化した回顧録のなかで、ウォルター・デュー警部は、メアリー・ジェインが「コマーシャル・ロードを、フラワー・アンド・ディーン・ストリートとオールゲイトのあいだを、あるいはホワイトチャペル・ロードを歩いている」のをしばしば見かけたと書いている。彼はさらに、彼女はいつも「かなり小綺麗な身なりで、必ず真っ白なエプロンを身に着け、帽子は決してかぶらず」に、「同業の女性二、三人とともに」闊歩していたと言う。[15] 彼女の外見とふるまいについてのデューの証言は、彼女を知る多くの人たちのそれとも一致しているように思われる。ある宣教師は『イヴニング・ニューズ』紙のインタビューのなかで、「彼女はこの界隈で最も賢く、最も器量のよい女性のひとりでした」と述べている。「いつも小綺麗で上品な身なり」をしていて、「とてもきちんとした人に見えました」と。彼女のユーモアと優しさに魅了されていた隣人たちは、「善良で物静かで、感じのよい娘」であり「とても好かれていた」と言う。そのなかの複数の人々によれば、メアリー・ジェインは歌うことと話をすることが好きで、特によく語っていたのはウェスト・エンドでの思い出話だった。現在自分が置かれている、粗野で不潔な状況とは対照的なこの場所に、きっと焦がれつづけていたのだろう。彼女は昔の恋と冒険を「まったく隠さず」、馬車を乗りまわしたさまや「レディの（……）生活を送った」様子を語って周りの者を楽しませ、パリに行ったことがあると自慢さえした。彼女のこうした話は多くの人たちを惹きつけた。アイルランドについての話も、「いつかアイルランドの人々のところへ帰りたい」という夢もそうだった。けれども、こうした優美なメアリー・ジェイン像が語っていることは何かといえば、彼女が自分の感情をいかに巧みに隠していたかということだ。それはいわゆる「ゲイ・ウーマン」にとって、最も重要な技能だった。本音をさらした稀な瞬間がある。近所に住む二一歳のリジー・オルブルックは、ケリーの世知に夢中だったらしいのだが、あるときメアリー・ジェインは彼女に対し、率直な忠告を行なった。自分と同じ道を歩まないよう警告し、実際のところ「自分の人生に心からうんざりしている」と言ったのだ。[16]

興味深いことに、これらの人々のコメントとはかなり異なる、別のメアリー・ジェイン・ケリー像も存在している。一九六五年、トム・カレンは自著のための調査で、ケリーを覚えているという人物、デニス・バレットから話を聞いた。一八八八年当時子どもだったバレットは、「ブラック・メアリー」という名で知っていた彼女のことを、「ちょっとした恐怖」だったと言っている。テン・ベルズというパブの外で客引きをしているときのケリーは、ブルドッグのように獰猛だった。「彼女の縄張りをほかの女性が奪おうとしたらただでは済まない。（……）髪の毛をぎゅっとつかんで引っこ抜かれるんだ」。[17] もちろん子ども時代のバレットがメアリー・ジェインだと思っていた人物は別人かもしれないが、仮にこの証言を信じるならば、彼女のまったく異なるふたつの顔が表われてくる。混乱と苦悩が渦巻く内面をメアリー・ジェインは巧みに覆い隠し、人好きのする側面だけを見せていたのかもしれない。

イースト・エンドの通りを歩く生活が、メアリー・ジェインに安心感をもたらしたはずはない。ジョゼフ・フレミングとの短い家庭生活は、不完全だったにせよ、先の見とおしが立たないうえに常に危険がつきまとう、客引き生活からの解放のように感じられただろう。フレミングと別れていくらも経たないうちに、同様の、しかしもっと安定した関係を、彼女が求めはじめたのは当然だった。それは一八八七年三月ごろ、コマーシャル・ストリートで客引きをしていたときに実現する。

メアリー・ジェインの過去についての主な語り手であるジョゼフ・バーネットは、彼女の人生に彗星のように登場した。もしくは、少なくとも彼が一方的に語る出会いからはそのように見える。それはイースターが近づく木曜日の夜だった。バーネットは「知り合った」ケリーにたちまち惚れこみ、パブで一杯やろうと誘った。金を払って性交したかどうかについては注意深く言及を避け、「翌日も会う約束をした」と彼は言う。関わって二日も経たないうちにバーネットは恋に落ちていた。一緒に住もうと土曜日までに提案し、メアリー・ジェインもこれに応じた。バーネットはジョージ・ストリート近くの一室をただちに確保する。「それ以来一緒に暮らしていました。（……）先日まで」と、一八か月後に彼は検死官に語ることになる。(18)

一八八八年一一月、検死陪審の前に立ったジョゼフ・バーネットは、最良の印象を残したとは言えない。警察に四時間も取り調べを受けていた彼は、証人席に立ったとき完全に震えあがっていた。証言は誠実だが緊張しており、口ごもったり同じことを繰り返したりしている。これはメアリー・ジェインの知っていた男ではない。彼は、強い決意と自信をもって、望むものを手に入れた男だったのだから。

メアリー・ジェインがコマーシャル・ストリートで出会ったバーネットは、青い瞳と明るい色の髪、二九歳のホワイトチャペル住民で、アイルランド人家庭に生まれ、お洒落な口ひげをたくわえていた。この時代のこの階級の子どもたちの多くがそうであったように、ジョゼフは一三歳になる前に両親を亡くし、年長のきょうだいに育てられた。彼をビリングスゲイト魚市場に紹介し、荷運び人の職を世話したのは兄である。この職は、小売人に商品を輸送するための免許が必要な専門職だ。羨望される職であり、体力と機敏さがあればかなりよい生活も可能である。身長五フィート七インチ〔約一七〇センチ〕で中くらいの体格だと記されているジョゼフは、間違いなくこの仕事向きの身体の持ち主だったと思われる。にもかかわらず、ふたりはまだ金に苦労していた。どちらも酒飲みだったから、それが問題の原因だったかもしれない。一緒に暮らしたおよそ一八か月のあいだに、バーネットとケリーは四度転居した。ジョージ・ストリートのおんぼろ部屋から、リトル・パタノスター・ロウのおんぼろ部屋へと移り、飲酒と家賃滞納を理由にそこから追い出された[19]。それからブリック・レインに住んだあと、一八八八年三月ごろ、ミラーズ・コートのひと間の部屋へと再び引っ越す。

一九世紀前半、ミラーズ・コートは、ドーセット・ストリート二六番地と二七番地にあたる、隣り合うふたつの庭園だった。のちに開発されて労働者向けの狭小集合住宅が建った。そこでは三〇名の人々がひしめき合って暮らし、中庭の一辺にある三つのトイレを共用していた。二六番地の一階裏側の居間は、このありがたくない不潔な眺めに面していたため、ここだけが切り離されてミラーズ・コート一三号室として貸し出された。週四シリング六ペンスの家賃を払い、メアリー・ジェインとジョー・バーネットは、暗い小路の突きあたりにある、この一〇×一二フィート〔約三メートル五センチ×三メートル六六センチ〕

の部屋を住まいとしたのである。ひどい場所だが、ドーセット・ストリート沿いに並ぶあばら家も似たり寄ったりだ。備えつけられていた家具は最小限で、ベッドがひとつ、テーブルがひとつ、使われていないが水差しや洗面器を置くための台がひとつ、椅子がひとつ、戸棚がひとつ。汚く味気ない部屋を少しでも明るくしようと、以前の住人の誰かが貼った、『漁師の未亡人』〔*The Fisherman's Widow*〕という絵が壁にあった。

残念ながらここまでのすべてがそうであったように、ミラーズ・コートの陰鬱さも、そこに暮らす者たちの悲惨さも、絵を貼ろうが何をしようが解消はできなかったろう。ここの所有者であるスラム街物件の家主、ジョン・マッカーシー（ブリーザーズ・ヒルのマッカーシー家とは無関係）は、「弱い者いじめをする人間〔bully〕」として知られ、「貧しい人たちからなけなしの金を」だまし取る人間であった。彼は入居者として、弱みを持つ単身女性を好んだらしい[20]。一三号室の上階に住んでいたエリザベス・プレイターは夫に捨てられていた。一号室のジュリア・ヴェンターニーは、四〇代後半の未亡人で雑役婦として働いており、五号室には「未亡人であり不運な者〔不運な者（the unfortunate）という言葉はしばしば売春婦を指した〕」だと自称する、メアリー・アン・コックスが住んでいた。自分のもとにいるかぎり決して「通りを歩かせ」たりはしないと、バーネットは約束してくれたとメアリー・ジェインは主張していたけれど、一三号室の家賃の支払いは彼女の名でなされていたようである[21]。女性たち、とりわけ有名な売春婦たちは、法外な額でも必ず何とかするものだとマッカーシーは知っていたに違いない。これが試される機会が晩夏、ジョゼフがビリングスゲイトでの職を失ったときに到来する。失業の理由は不明だが、ふたりが以前家から追い出されるほどひどい飲み方をしていたのだとすれば、酒のせいだった可能性もあるだろう。マッカーシーは隣接する雑貨店も経営していて、店子たちはそこで食料品やロウソク、生活必需品などをツケで購入していたから、バーネットが失業したいま、マッカーシーへの負債はあっという間にふくれ上がった。一八八八年一一月初め、ふたりは家賃を六週間滞納し、家主への負債を二九シリング抱えていた。

客引きに戻ってはどうかとメアリー・ジェインに話したのはマッカーシーだったのかもしれない。一年以上にわたり、たったひとりの親しいパートナーとしかベッドをともにしなかった彼女が、この提案を前向きに受け止めたはずはないだろう。梅毒の兆候がないかと見知らぬ男のからだを調べる必要は、もう一年半近くなかった。妊娠したらどうしようかと悩むこともなかった。雨のなかで帽子もショールもかぶらず、腹もすいているのに、微笑んで街角に立つこともなかった。たったいま相手をした貧しい男が、金を払うのを拒否したらどうしようかと考える必要もなかった。一緒に暮らしているかぎり客引きをする必要はない、俺が食わせてやると言ったのはバーネットだったから、彼が自分を落胆させたことに、彼女が怒りと恨みを感じたとしても当然だろう。運の悪いことに、どんなにジョゼフががんばっても、見つかる仕事は、家賃を払うには足りない臨時雇いの肉体労働ばかりだった。ふたりは頻繁に激しく口論するようになった。そんな喧嘩のさなか、酒が入っていたメアリー・ジェインは、ドア脇の窓のガラスを割ってしまったことがある。隙間風が入らないよう彼女は割れたところをぼろ布でふさいだが、窓ガラスが修繕されることはなかった。

ミラーズ・コートに住んでいたころ、メアリー・ジェインはアイルランドから手紙を受け取っていたらしい。彼女はそれらを母親から、あるいは「弟」からの手紙だと言っていた。興味深いことに、一八八八年の八月以来スコッツガーズの第二連隊はダブリンにいたので、連隊にいるかつての愛人から手紙を、およびもしかするといくらかの金を受け取っていたというのはありうることだ。(22) また彼女は、ジョゼフ・

フレミングともまだ連絡を取っており、ジュリア・ヴェンターニーによれば、フレミングは折りにふれ訪ねてきて「お金を渡していたものだった」[23]。ジョー・バーネットはこれに気づいていなかったけれど、知ったら快くは思わなかっただろう。以前バーネットと同じ立場にあり、メアリー・ジェイン自身「大好きだった」というこの男のことを、彼女はしばしば話題に出してはバーネットをからかっていたらしい。けれどもバーネットが言うには、彼が最も腹立たしく思っていたのは、ケリーと売春婦仲間とのつき合いだった。彼女は仲間たちをしょっちゅう家へ連れてきた。メアリー・ジェインと出会えたのは彼女が売春をしていたからだったのだけれど、同居を始めてからのバーネットは、彼女の過去を思い出したくなかったのだろう。あるいは彼の怒りは、大嫌いなたぐいの女たちに自分の空間へ侵入されるのが嫌だったからというよりは、メアリー・ジェインの売春復帰宣言に対する行き場のないいらだちが、かたちを変えて表われたものだったのかもしれない。不和はどんどんと拡大し、とうとうメアリー・ジェインは、ジョゼフとの関係よりも「ゲイ・ウーマン」たちとの関係のほうが大事だという、はっきりとしたメッセージを彼に突きつけることとなる。

一〇月になるころには、ホワイトチャペルの誰もが切り裂きジャックの連続殺人について語り、おびえていた。狙われる可能性が高いとされた女性が数多く住む、ドーセット・ストリートとミラーズ・コートの住民は、とりわけ不安を抱えていた。この緊張の数か月、メアリー・ジェインと自分は、犯人逮捕の記事が出ていることを祈りながら、新聞を毎日読んだとバーネットは言う。けれども、彼がおおかた何もしなかったのに対し、ケリーは、道で客引きをしたり野宿をしたりせねばならない知り合いたちを、家に泊める決意をしたのだった。その最初の客は、「ジュリア」という名前だけが知られている売春婦である[24]。そのすぐあとに泊めたのは、マリア・ハーヴィーという未婚の洗濯女だった。彼女の部屋には洗濯物が山積みで、宿代も持っていないということだった。こうした毎夜の客は、ジョー・バーネットにとってはとどめの一撃であった。メアリー・ジェインは思いやりの気持ちからそうしているのだと彼にはわかっていたけれど、その行動には、彼を追い出そうとする意志もにじみ出ていたのである。バーネットは一〇月三〇日に家を出たが、悲しみは深かった。

ケリーとのあいだに問題を抱えながらも、バーネットはまだ明らかに彼女を愛し、和解を望んでいた。ビショップスゲイト・ストリートの角にあるブラーズ・ボーディング・ハウスに落ち着いた彼は、ひきつづき職を探しながら、たびたび彼女のところを訪ねるようにした。一一月八日木曜日の夕暮れどき、彼はケリーの部屋のドアをノックする。割れた窓ガラスにはまだぼろ布が突っこまれ、マリア・ハーヴィーが置いていったコートが、間に合わせのカーテンとしてそこにかかっていた。その日バーネットは、鍵をなくしてからメアリー・ジェインと自分がそうしていたように、窓のぼろ布を引っこ抜いて手を突っこみ、施錠されていたドアを内側から開けた。けれどもこれはやりすぎだったようだ。ロウソクの灯がともる室内にいたのは、ケリーひとりではなかった。彼女はリジー・オルブルックとおしゃべりをしており、ジョーが来たのを見たリジーは遠慮して帰ってしまった。ケリーは少し前まで友人のエリザベス・フォスターとテン・ベルズで飲んでいて、ちょうど帰宅したばかりだったのだが、このとき彼女は完全にしらふだったとバーネットは主張している。

ふたりは一時間ほど一緒にいた。穏やかに会話したのか、喧嘩になったのか、互いの欲望に身をまかせたのかはわからないけれど、何があったにせよ状況を打開することはできなかった。とうとう退出しようと立ち上がったバーネットは、メアリー・ジェインにわびた。「俺には仕事がない、きみにあげられるものもない、そのことをとてもすまないと思うと彼女に言いました」と、検死審問で彼は悲痛な様子で語っている。[25] 上質の素材だったのがすっかり着古されてしまった、黒のヴェルヴェットのボディスとスカートに身を包んだメアリー・ジェインは、彼が出て行くのをじっと見ていた。関係の終わりを彼女がどう感じていたかは、もはや知るすべもない。

ジョゼフ・バーネットに別れを告げたあとメアリー・ジェインがどこへ行ったのか、はっきりと知っている者は誰もいない。五号室に住むメアリー・アン・コックスは、午後一一時四五分ごろ、ケリーが男と一緒にドーセット・ストリートを曲がり、ミラーズ・コートに入ってくるのを見たという。メアリー・ジェインはひどく酔っていたと彼女は言うが、この地域のパブの主人のなかで、その夜彼女を見た、もしくは彼女に酒を出したという者はない。コックスによると、メアリー・ジェインはその男性客と部屋に入っていったのだが、その前にコックスに「歌うからね」と断わりを入れた。それからドアがバンと閉まり、無造作に覆われた窓の向こうに、ちらちらとした灯りがともった。少しの静寂のあと、「子どものころ母さんの墓で摘んだスミレ」〔A Violet Plucked From My Mother's Grave When A Boy〕の一番を歌う、メアリー・ジェインの声が聞こえてきた。

子どものころの風景が目の前に浮かび、
いつも歩いた牧場《まきば》での
過ぎ去った幸せな日々の思い出を連れてくる。
父さんも母さんも亡くなって
あの懐かしい家で励ましてくれる人は誰もない。
きょうだいもみな土の下。

でも人生が続くかぎり、励ましとして持っていよう、
母さんの墓で摘んだこの小さなスミレの花を。

ほんの子どものころに摘んだスミレだけが、
この花が、心から悲しかったときに何度も喜びをくれた。
だから人生が続くかぎり、形見として持っていよう、
母さんの墓で摘んだこの小さなスミレの花を。

仕事から帰ると
いつも肘掛け椅子で編み物をしながら迎えてくれた
愛しい母さんの笑顔をよく覚えている。
父さんは椅子に掛けて、子どもたちに読み聞かせをしてくれた。
でもあの懐かしい家はいま静まりかえっている。
みんな去ってしまって、ぼくは悲しみのなかでさまよう。
でも人生が続くかぎり、形見として持っていよう、
母さんの墓で摘んだこの小さなスミレの花を。

ケリーが歌っているのが午前一時ごろまで聞こえたと、コックスはかなり自信を持っているようである。しかし五つの事件においての多くの証言がそうであるように、この証言にも欠落や疑問、矛盾があ

る。[26] この一時間一五分にわたるコンサートのあいだ、メアリー・ジェインの男性客がどうしていたのかは誰にもわからない。

メアリー・ジェインの上の部屋に住むエリザベス・プレイターは、薄い壁と床をとおし、ほとんどの音ははっきり聞こえると述べている。午前一時三〇分ごろ、ケリーの部屋からは何の気配もしなかった。

一一月九日未明のどこかの時点で、メアリー・ジェインは一日を終わらせて眠ることにした。ぼろぼろの衣服を一枚ずつ脱いでいく。どれもかつてはまばゆく輝いていたけれど、いまでは色あせてしまった衣裳だ——裾はドーセット・ストリートのでこぼこの舗道に引きずられてすり切れ、布地にはビールやジンがこぼれて染みついている。色あせてしまっていても、彼女はそれらの衣服をきちんとたたみ、椅子の上に置いた。割れたワイングラスに立てた一本しかないロウソクの火は、やがて弱まっていき、大きく揺れてから消えた。闇に包まれた彼女はシーツの下にもぐりこむと、夜から自分を守るかのように、ぎゅっとくるまったのだった。

＊＊＊

ジョゼフ・バーネットは、メアリー・ジェインの家族と呼べる存在に最も近づいた男だが、その彼ですら、棺のなかにいる女性の真の正体を知ることはなかった。ケリーと名乗り、アイルランド生まれだと言っていたため、彼女はカトリックの墓地——レイトンストーンのセント・パトリック・カトリック墓地——に埋葬されたのだけれど、もしほかの者たちみなが証言したとおりウェールズ人だったとしたら、メソジストの教義にのっとって葬られるべきだったろう。

メアリー・ジェインは、自分の望むがままにアイデンティティを乗り換えていたわけだが、死後彼女は、このような人として追悼したいとジョゼフ・バーネットが望む女になった。棺の蓋の真鍮板に「マリー・ジャネット・ケリー」と刻むよう主張したのは彼だった。土曜の夜のウェスト・エンドの、大胆華麗さをまとった呼び名。

スピタルフィールズの名もない住人だったメアリー・ジェインは、その死後また、そうあってほしいとホワイトチャペルが想像する女にもなった。いまだ野放しの怪物の手にかかった、地域のヒロイン。覆いのない霊柩馬車とそれにつき従う二台の馬車、磨き上げられたオークとエルムの棺、棺を飾る花輪ふたつとフウセンカズラを編んだ十字架は、殺人鬼に屈しない精神の象徴となった。それはまた、飲んだり叫んだりぼんやりしたりする、追悼のカーニヴァルの口実にもなった。通りを行く棺の後ろには、パブの店主と常連客、さらには新聞が「不運な者」と呼ぶたぐいの女性たちがぞろぞろと歩いていた。赤ん坊を背負った女たちは戸口から見送り、男たちは棺に対して帽子を取った。

人々は泣きじゃくりながらこう叫んだという。「神よ、彼女をお赦しください！　彼女のことは忘れません！」

結び――「ただの売春婦」

これら五名の（……）死は明らかに悲劇です。（……）彼女たちの生き方に嫌悪感を持つ人もいらっしゃるかもしれませんが、（……）彼女たちがどんな薬物を摂取し、どんな仕事をしていたとしても、害をなす資格のある者などいません。ましてや殺す資格など。

――『女王対スティーヴン・ジェラルド・ジェイムズ・ライト（「サフォークの絞殺魔」）』裁判（二〇〇八）にて、グロス判事の言葉

アニー・チャップマンの殺害後まもなく、ロンドンのベルグレイヴィアの高級住宅地、サウス・イートン・プレイスの住民である植民地省の上級公務員、エドワード・フェアフィールド氏はペンを取り、『ザ・タイムズ』紙に手紙を書いた。彼はホワイトチャペルの連続殺人をことのほか懸念していた。氏を悩ませたのは「ドーセット・ストリートとフラワー・アンド・ディーン・ストリートの堕落した住民たち」の死ではない。この騒ぎをきっかけに、アニー・チャップマンのような女性たちがスピタルフィールズのひどいあばら家を脱け出して、フェアフィールドらの住む地域へと入りこみ、「これまで汚されていなかった街に汚れを持ちこむ」ことのほうがずっと心配だったのだ。「ホワイトチャペルの四人の浮浪

者が殺害されたことで広がった恐怖と動揺は、彼女たちにも生きる権利があるという考えの遍在を意味している」というこの政府代表者は、さらに続けて次のように書く。

もしそのような権利があるとすれば、彼女たちには、英国の夜の厳しさから守ってくれる場所を借りる権利もあることになる。そんな権利はないとすれば、全体的に見て、この正体不明の天才解剖者が彼女たちに対して行なったのはよいことだということになる。事情はどうあれ、「堕落した住民をイースト・エンドから一掃するには」という問題を、彼は彼なりの方法で解決しているのだ。[1]

今日のわれわれはこのようなコメントに戦慄してしまうが、エドワード・フェアフィールドは、広く共有されていた感情ではないとしても、一八八八年当時、おおっぴらに論じても不適切ではないと思われていた意見を表明したに過ぎない。フェアフィールドは独身で、会員制紳士クラブでかなりの時間を過ごしており、「少しばかり不真面目で、少しばかりふしだらな性格」で知られていた。[2] クラブにいないときはコックとメイドに指図して、男友だちを招いた内輪のパーティーを開いていた。文字の読める人々のほとんどがそうであったように、フェアフィールドは、「イースト・エンドの堕落した住民たち」についての必要な知識をすべて新聞から得ていた。ぶつ切りの情報を読むことで、飲んだくれで貧乏でぞっとするような彼らの生活を学んだのだった。スラムに住む女性たちについての知識の隙間は、「常識」で埋められただろう――彼女たちはみな口汚く、不潔で、救いようのない売春婦だ。けれども残念ながら、彼およびその他の『ザ・タイムズ』読者の知らないことがあった。「アニー・チャップマン類型の者たち」と彼が名づけた、アニーと同類の女たちの物語は、新聞に書かれているよりもはるかに豊かなものだったのである。アニー・チャップマンが彼の住む街へ、すでに「汚れを持ちこ」んでいたことを、エドワード・フェアフィールドは知らなかった。アニーは人生のかなりの年月をここで過ごしていたのだ。アニー・チャップマンの一家はフェアフィールド家の玄関から徒歩一五分のところに住んでいた。病んでみすぼらしく、意気消沈し、「堕落」した晩年、アニーは妹を訪ねてこの地へ来ていた。エドワード・フェアフィールドはハロッズへ向かう途中、ブロンプトン・ロードで彼女とすれ違っていたかもしれない。

これらの女性たちの人生は、実際のところ単純なものではなかったが、煽情的な一九世紀の新聞は、エドワード・フェアフィールドのような読者たちに、彼女たちのすべてを語るつもりなどなかった。報道している記者や編集者の誰ひとりとして、被害者の人生を少しでも掘り下げることを、価値があるとも必要なことだとも考えてはいなかった。つまるところ彼女たちが誰だったのか、どのようにしてホワイトチャペルにたどり着いたのかに、ほんとうに関心を持っている者などいなかったのである。

ポリー、アニー、エリザベス、ケイト、メアリー・ジェインの置かれていた状況は、生まれ落ちて以来ずっと不利だった。彼女たちは逆境のなかで人生を開始した。五人のうちのほとんどが労働者階級の生まれだったというだけではない。彼女たちは女性に生まれついた。言葉を話すよりも前から、彼女たちは重要性において男のきょうだいよりも劣るとされ、富裕な女性たちとは違って世の中のお荷物だとされた。彼女たちの価値は、彼女たちが証明しようとするよりも前に、あらかじめ差し引かれていた。男と同じだけ稼ぐことはできないから、教育を施しても意味がないとされた。確保できる仕事といえば家族を助ける性格のものだけであり、やりがいをもたらすものでも、生きがいや個人的充足感を生み出すものでもなかった。労働者階級の娘にとってのプラチナチケットは、家事奉公人としての人生だ。骨の折れる仕事を長年続けることで地位と評価が上がり、調理人や家政婦長、レディつきのメイドになることができる。ケイト・エドウズとポリー・ニコルズはどちらも読み書きができたが、彼女たちのような貧困女性に事務仕事はない。しかし、低賃金工場で一二時間ズボンを縫ったり、宿代と生活費がぎりぎりまかなえる程度の賃金で、マッチ箱を貼り合わせたりといった仕事ならたくさんある。貧困女性の労働は安い。なぜなら彼女たちは使い捨てだから。なぜなら社会は彼女たちを一家の稼ぎ手だとは見なさないから。しかし不幸なことに、彼女たちの多くは稼ぎ手にならざるをえなかった。夫や父、あるいはパートナーが、出て行ったり亡くなったりしたら、扶養家族を抱えた労働者階級の女性が生きのびることはほとんど不可能だ。男のいない女に価値はない、というように社会はできていたのである。

女の役目は男を支えることだった。そしてもし、彼女の家族である男性の役割が、彼らよりも裕福な男の役割や義務を支えることだったとしたら、その下にいる女は、ほかの全員の重さに耐えられるよう、地面に打ちこまれる支柱のごとく、さらに深く、さらに激しく打ちつけられた。女は子どもを産み、育てることも役割だったが、避妊法がまだ原始的なものだったことと、産児制限についての情報が実質貧困者には入手不可能だったことから、彼女たちは——エドウズ家の女性たちが、アニー・チャップマンの母が、ポリー・ニコルズがそうだったように——家族の規模を抑える手段を持つことができず、必然的に生活苦へと逆戻りせざるをえなかった。

女性の肩の上にあるこの重荷の山のてっぺんに、最も厄介な重しが乗っかっていた。道徳的・性的無謬だ。女性は家庭生活の中心にある要石なのだから、非の打ちどころのない人格の持ち主でなければならない。もしそうでないとしたら、他の者たちの破滅は彼女の責任だ。彼女の自制と自己犠牲が、子どもたちの道徳の指針となる。彼女の献身が夫を罪から守る——すなわち、パブや他の女たちから夫を遠ざける。当時のダブルスタンダードによれば、男が複数の女たちとの性的関係を求めることは、全面的に認められるものではないとしても、完璧に理解可能で普通のこととされた。他方女は、法的に結婚しているひとりの男としか関係を持てない。この考えはあまねく広まっていたから、性に比較的寛容である――婚外性交が頻繁に行なわれ、結婚していないカップルもいて、別れたりよりを戻したりを繰り返す――労働者階級のコミュニティにおいてさえも、なお女性は道徳的断罪の矢面に立たされたのであり、その裁きを先頭に立って行なったのは、ヴィクトリア時代の社会のメインストリームである中流階級であった。この人々の狭量で批判的な目をとおせば、ポリーとアニーは夫と別れた途端、転落した女となって他の男たちと関係しはじめたことになる。結婚しないままパートナーふたりと暮らしたケイトは、メアリー・ジェインと同じくふしだらな女と見なされる。エリザベスは二度破滅する。一度目はヨーテボリで、公共の女として登録されたときに。二度目は結婚が破綻し、客引きで自活しはじめたときに。ダブルスタンダードは人生をモノクロに変えた。道を誤った者たちに宣教師が憐れみと贖罪の約束を与えてくれるとしても、その慰めが与えられるのは、恥辱と非難に何年も耐えたあとのことだ。ポリーがカウドリー家を出て行ったことも、アニーが妹たちに自分の住んでいるところを言えなかったことも、エリザベスが自分の真の姿を誰にも教えなかったことも、ケイトが子どもたちと決裂したことも、メアリー・ジェインが二五歳にして酒乱になっていたことも、何の不思議があるだろう？

「切り裂きジャックは売春婦殺し」という事件当時の思いこみは、善悪に関するこうした道徳規範をさらに強化した。けれども、何度も繰り返されたこの言葉は、一八八八年の問題に対しては充分だったかもしれないが、今日では何ら直接的に役に立つことはない。にもかかわらず、それはいまなおこの連続殺人に関して全員が合意している「事実」である。しかし精査に耐えるものではない。

一八六〇年代の伝染病法制定から、ホワイトチャペル殺人事件のあいだもずっと、「売春婦」とは何か、どのようにそれは特定されるのかを、ロンドン警視庁も含めてどの権威筋も決定することはできなかった。[3] 売春婦というのはメアリー・ジェイン・ケリーのように、性産業のみで収入を得て、この職業に属していると自認している者だけを言うのか、それとももっと広く定義されうるのか？ 売春婦というのは、男に一杯おごってもらったあと一緒にロッジングハウスへ行き、宿代を払ってセックスし、一夜をともにする女のことか？ パブの裏で男の性器を愛撫して金をもらうが、性交はしない女のことか？ スカートのなかに手を入れさせて三ペンスもらう女のことか？ 週に二回金目的のセックスをしたあと洗濯屋の仕事を見つけ、出会った男と結婚せずに同居する女のことか？ 以前売春宿で働いていたが、そこを出て顧客の妾として囲われた女のことか？ 浮浪者生活をしていて、危険と孤立を防ぐために男とのセックスに合意する女のことか？ 贈り物をしてくれる交際中の男とセックスする、若い女工のことか？ 「自由でおおらか」という評判で、夜遅くまでパブで騒いでいる女のことか？ それぞれ父親の違う子どもを三人抱え、家を提供してくれるからというだけの理由で男と住んでいる女のことか？

以上のなかには、職業的もしくは「一般的売春婦」〔common prostitute〕に分類される者も、「臨時売春婦」〔casual prostitute〕と呼ばれうる者も、あるいは属する共同体の社会規範に応じ、婚外性交をしているだけだとされる者もいるだろう。だが、ロンドン警視庁もやがて認識したとおり、これらの集団の境界線はしばしば曖昧であるため、互いを区別することは不可能だった。

法的に売春婦と呼ばれうる者と、そうでない者はそれぞれ誰かという問題が喫緊となったのは一八八七年七月、エリザベス・カスという婦人服仕立職人が、ある夜ひとりで手袋を買いに出て、ついでに女王即位五〇周年を祝うリージェント・ストリートのイルミネーションを見物に行ったところ、街娼と間違われて逮捕されたときのことである。裁判でカスに無罪判決が出たことで、警察は、単独行動をしている女性の道徳性についての、自身の思いこみの修正を余儀なくされた。そうした女性全員に「売春婦」のレッテルを貼る前に、よく考えろということになったわけだ。サー・チャールズ・ウォーレンの一八八七年七月一九日の命令は、警察による売春婦の正式な定義を、公的に明確化するため出されたものだった。そこには「警官は、誰であれ特定の女性を一般的売春婦だと決めつけてはならない」とあり、「その女性が売春婦だと自称していたり、売春婦として有罪判決を受けているのでないかぎり、いかなる女性に対しても」警察が「一般的売春婦だと呼ぶことは正当ではない」とされている。さらに、売春婦だと告発するには「迷惑をこうむった、または客引きをされた」人物による正式な証言が必要だとされた。[4] 一年後のウォーレンは、ホワイトチャペルのロッジングハウスの宿泊者のなかから「売春婦」を特定することにも慎重で、「どの女性が売春婦でどの女性がそうでないかを、突き止める方法はない」と認めた。[5] 一八八七年に痛い目に遭っていた警察上層部は、労働者階級の女性のなかで、性産業に従事する者たちとそうでない者たちとはあまりにシームレスに重なり合っているため、別々の集団に分けることは不可能だと考えざるをえなくなっていた。とはいえ、警官のなかにはこれらの命令を無視し、自身の偏見の命じるままに行動する者も相変わらずいたのである。

ポリーとアニー、ケイトが一般的売春に従事していた証拠は皆無であるなか、彼女たちは「臨時売春」をしていたのだと多くの者たちが主張してきた。怪しげな生活を送っている女性なら誰に対してでも使える、道徳的裁きの言葉だ。その女は貧しくてアルコール依存だったから。子どもを捨てたから。姦婦だったから。結婚せずに子どもを産んだから。ロッジングハウスに住んでいたから。夜遅くまで外出していたから。もう魅力的ではなくなっていたから。決まった家に住んでいなかったから。物乞いをしていたから。野宿をしていたから。女らしくあるための規則をすべて破っていたから。こうした理由から連想的に罪がなすりつけられる。この論理はまた、ポリーとアニー、ケイトは三人ともホームレスであり、これこそが三つの事件の共通点だったというのに、なぜこの事実が完全に見落とされていたのかも説明してくれる。「家のない者」と「売春婦」は、その道徳的欠陥においてまったく同一のものだったのだ。労働者階級の貧しい女性が真っ暗な時間に外出していることには多くの理由があったのだが、それらは必ずしも、客引きのようにわかりやすい理由ではなかった。家や家族を持たない者、大酒飲みの者、持たざる者たちは、伝統的ルールに沿った生活を送ってはいなかった。彼女たちが何をするかもどこへ行くかも、誰も知らなかったし、誰も気にかけなかった。そして、彼女たちが殺人鬼を引き寄せてしまったのはまさにそれゆえであって、性的な動機によるものではなかったのだろう。

「売春婦」の定義に関する警視総監の公式基準を、ポリーとアニー、ケイトに適用すれば、彼女たちがそれにあたらないことは明白だ。検死審問に基づいて考えたとしても、そうした仮定を支える証拠は何もない。同様に、エリザベス・ストライドが殺害前に売春婦に戻っていたと確実に証明するものもない。ごく単純に言って、この四人のうち誰ひとりについても、売春婦だと自認していた、もしくは共同体から性産業従事者と見なされていた証拠は存在しないのだ。さらに言えば、殺害された夜のポリーもしくはアニー、ケイト、エリザベスから客引きをされたと証言する者も、ひとりとして現われなかったのである。目撃者の証言をすべて聴き終えた検死官は、被害者たちの身元を最終確定した。それは彼女たちの死亡証明書に「職業」として記録されている。メアリー・アン・ニコルズは「印刷工ウィリアム・ニコルズの妻」。アニー・チャップマンは「御者ジョン・チャップマンの未亡人」。エリザベス・ストライドは「大工ジョン・トマス・ストライドの未亡人」。キャサリン・エドウズは「独身と思われる」。性産業で働いていると公に認めていたメアリー・ジェイン・ケリーだけが「売春婦」と記された。[6] これらの公式声明を、われわれは、「切り裂きジャックは売春婦殺し」という主張に対する最終回答と見なさねばならない。なおもそのように主張することは、ヴィクトリア時代の偏見が染みついた恣意的な憶測に基づくものだ。

今日、切り裂きジャックを売春婦殺しだと信じつづける理由はひとつしかない。この神話から生み出された産業を支えてくれるからだ。切り裂きジャックの物語は確かに面白い話だろう。霧の立ちこめるロンドンの暗い街路を、怪物が野放しで闊歩するゴシック物語なのだから。そこにはサスペンスと恐怖があり、性的関心をくすぐる要素もある。しかし残念なことにこれは一方的な物語であって、中心にあるのは犯人捜しだった。世紀が移りゆくうちに、悪党は主人公となった。その非常な利口さゆえに今日もなお捜査の手を逃れている、邪悪でサイコパスの、謎めいた人物。この悪意の奇跡を呆然と見つめたり検証したりするうちに、われわれは殺された人々の遺体をいわばまたぎ越してきたのであり、場合によっては、わざわざ立ち止まって蹴とばしさえしてきたのだ。犯人はますます注目され、それにつれて被害者の姿はかすんでいくかのようだった。時が経つとともに、殺した者も殺された者たちも現実から離れていった。被害者たちの人生も名前も、伝承や陰謀論と混ざり合った。一部の業者にとっては、彼女たちはもはや人間ではなく、漫画の登場人物のようなものとなった。その血まみれの姿はTシャツにプリントされ、その死はポストカードになって笑いものにされ、その臓物はステッカーの柄になった。カノニカル・ファイブはリアルな存在と思われたことも、重要性があると思われたこともなかったのだから、人々がその人生を検証したいとこれまで思わなかったことに、何の不思議があろう？

切り裂きジャックが売春婦殺しだと主張することは、残忍な連続殺人を少しばかり口当たりよくしてしまうものでもある。一九世紀もそうだったように、犠牲者は「ただの売春婦」だったというとらえ方は、女性はよい女性と悪い女性、すなわち聖女と淫売とに分けられるという考え方を延命させる。それはすなわち、受け入れ可能な行動基準が女性には存在し、これを逸脱した者は罰されても当然だということである。これはまた、そのような女性に対して男性が悪事を働いても、罪には問われないというダブルスタンダードをも補強する。こうした姿勢は、現在では一八八八年当時ほど一般的ではないと思われているかもしれないが、実際はなお存在している――エドワード・フェアフィールドの時代のようにおおっぴらに語られることはもうないとしても、われわれの文化規範の構造のなかに巧みに組みこまれているのだ。その理念は判例や政治のなかに現われる。力のある者の発言のなかにそれらは編みこまれている。たとえば『人民対ターナー』裁判（二〇一五）において。スタンフォード大学の学生ブロック・ターナーが、泥酔した女性をレイプし、懲役六か月の減刑判決を受けた裁判だが、彼の父親はこの判決に対して「二〇分の行為に対して支払うには法外な代償」だと述べたという。[7] あるいはサフォークの連続殺人鬼、スティーヴ・ライトの裁判において。評決を下す前に被害者に対する偏見を脇に置くよう、陪審にうながす必要があると判事は考えた。五人の被害者のうち四人がセックス・ワーカーだったのである。判事の発言は、一八八八年の言説とぞっとするほど重なり合う。彼は陪審員に次のように言ったのだ。「（……）彼女たちの生き方に嫌悪感を持つ人もいらっしゃるかもしれませんが、（……）彼女たちがどんな薬物を摂取し、どんな仕事をしていたとしても、害をなす資格のある者などいません。ましてや殺す資格など」。

ソーシャルメディア上であろうとヴィクトリア時代の路上であろうと、列を離れて女性の規範に反した女は、誰かが然るべき場所へと戻してやらねばならないという暗黙の了解が存在している。被害者に

「ただの売春婦」というレッテルが貼られたため、ポリー、アニー、エリザベス、ケイト、メアリー・ジェインについて書く者たちは、今日でさえなお彼女たちを見下し、性的存在としてのみ扱い、人間ではない扱いをすることが許されている。これにより聖女／淫売の二分法は強化されつづける。かくしてそうした本の書き手たちは、遺体の画像に基づいてこの女性たちの魅力をランクづけし、「身体の美しさに、ホワイトチャペルの殺人鬼は無関心だったようだ」と宣言し、「メアリー・ジェイン・ケリーは美しかった。ストライドは活発で（……）少なくとも魅力的であった。（……）それらの点を除けば、彼に殺された者たちはジン浸りの淫売だった」と結論する。[8] この見解から出発し、書き手たちは彼女たちが殺害前にどれほどの頻度で性交していたかを、好き放題に推測する。この娘たち、妻たち、母たちを「絶滅寸前の酔いどれ売春婦」だと言って見下し、この者たちを「［ジャックは］処刑し、はらわたを取り出したに過ぎない」と述べることすらよしとされる。[9] 殺人鬼はセレブへと押し上げられ、その被害者たちが讃えられるとすれば、「史上最も有名な男のひとりと親しくなれた」という理由からである。[10] 切り裂きジャックの物語の核にあるのは、犯人の深く執拗な女性憎悪であり、彼の神話に惹かれるわれわれの文化は、このミソジニーのブランドをひたすら規範化しつづけているのだ。

「切り裂きジャック」という底知れぬ無敵の男性殺人者像になじみすぎているわれわれは、いまもなお彼が周囲にいることを気に留めさえしない。トップ・ハットをかぶってケープをまとい、血まみれのナイフをふるう彼の姿は、ロンドンのポスターに、広告に、バスの車体に頻繁に見ることができる。バーテンダーはカクテルに彼の名前をつけ、店の看板には彼の名が躍り、世界じゅうからやって来た観光客はホワイトチャペル詣でをして彼の足跡をたどり、彼の蛮行を記念した博物館を訪れる。人々はハロウィーンには彼の仮装をし、彼の天才を讃え、女たちを殺した男を笑う。彼を受け入れることでわれわれは、一八八八年に彼を取りまいていた価値観を受け入れる。それは女たちに、あなたたちは価値が低く、凌辱され虐待されるかもしれない存在だと教える価値観だ。「悪い女」は罰されて当然であり、「売春婦」は女性の亜種であるという考え方をわれわれは強化する。

彼を生かしておくために、われわれは被害者のことを忘れねばならなかった。彼女たちの消滅にわれわれは手を貸したのだ。新聞やドキュメンタリー番組やインターネットで、既存の切り裂きジャック伝説を繰り返すとき、あるいは、起源や典拠を疑うこともなく、証拠の信憑性や伝説成立の前提について深く考えることもなく、学校の子どもたちにこの伝説を教えるとき、われわれはポリー、アニー、エリザベス、ケイト、メアリー・ジェインに対する不公正を延命させているだけでなく、極悪非道な暴力行為を軽視してさえいるのだ。

切り裂きジャックと、それが象徴しているものとを沈黙させるには、これらの女性たちをよみがえらせるしかない。彼女たちに語らせ、彼女たちの人生を理解し、その人間性を見つめようとすることで、彼女たちが得て然るべきだった尊重と同情を回復することができる。切り裂きジャックの被害者は決して「ただの売春婦」ではない。彼女たちは娘であり、妻であり、母であり、姉妹であり、恋人であった。彼女たちは女性だった。彼女たちは人間だったのであり、そして確かに、それだけでもう充分なのだ。

物が語る人生

ポリー、アニー、エリザベス、ケイト、メアリー・ジェインの遺体は、発見後、現場から警察によって運び出された。その後衣服を剥ぎ取られ、所持品はごく小さなものに至るまですべて保管された。最初の四人は屋外で発見されたため、所持品リストが作成されている。自身のベッドで、シュミーズ姿で発見されたメアリー・ジェイン・ケリーについては、リストは作成されていない。

これらの物品は人生の最後の痕跡であり、この女性たち一人ひとりが何に価値を置き、何が不確かな日々を生き抜く助けになると感じていたかを示す、ささやかなスナップショットである。

ポリー

黒の麦わらのボンネット、黒のヴェルヴェットの縁取りつき
茶色のアルスター外套、馬の脇に立つ男の図柄が刻まれた大きなボタンが七つ
リンゼイ・ウールゼイ生地のフロック
白のフランネルの下着

青のリブ織りのウール・ストッキング
ペティコート二着。一着はグレイのウール地、もう一着はフランネル。どちらも帯に「ランベス救貧院」
とのステンシル印刷あり
茶色のショート・ステイ〔コルセットの一種〕
フランネルのズロース
紳士物のブーツ、側面は伸縮性、足首丈、ヒール底は金属
櫛
白のポケットハンカチーフ
鏡の一片

アニー

小さな模様つきの黒のロングコート、丈は被害者の膝まで
黒のスカート
茶色のボディス
ボディスもう一着
ペティコート二着
スカートの下で、ウエストに紐でくくりつけられていた大きな袋（遺体発見時は空）
編み上げブーツ

赤と白のストライプ模様のウール・ストッキング
赤い幅広の縞が一本入った、白のネッカチーフ
綿モスリン地の切れ端
歯の細かい櫛
紙製のケース入りの櫛
サセックス連隊の紋章が入った封筒の切れ端、「ロンドン、一八八八年八月二八日」の消印あり、中身は
　錠剤ふたつ

エリーサベト／エリザベス

丈の長い黒の布製ジャケット、裾に毛皮の縁取り、赤のバラと白のアジアンタムがピン留め
黒のスカート
クレープ織りの黒のボンネット（後頭部に新聞紙が詰められていた）
左側で結ばれていたチェック柄のネック・スカーフ
こげ茶色のベッチン製ボディス
薄いサージ織りのペティコート二着
白のシュミーズ一枚
白のストッキング
側面が伸縮性のブーツ

ハンカチーフ二枚
指ぬき
カードに巻きつけられた毛糸
南京錠の鍵
短い鉛筆
ボタン、小さいものがひとつと大きなものが六つ
櫛
櫛の欠片
金属製のスプーン
留め金（衣服についていたものと見られる）
綿モスリン地の切れ端
小さな紙、一、二枚

ケイト

黒のストロー・ボンネット、黒のビーズのついた緑と黒のヴェルヴェットの縁取りつき。ボンネットを結わえる黒の紐
黒の布製ジャケット、襟とカフにフェイクファーの縁取り、ポケットに黒いシルクの組み紐と毛皮の縁取り。大きな金属製ボタン

深緑のチンツ地のスカート、ひだ飾り三本、ウエストバンドに茶色のボタン。友禅菊とゴールデンリリーの模様
紳士物の白のベスト、前面下部にボタン
茶色のリンゼイ・ウールゼイ生地のボディス、黒のヴェルヴェットの襟、前面下部に茶色のボタン
グレーのウーステッド生地のペティコート、白のウエストバンドつき
非常に古い緑のアルパカのスカート（下着として着用）
非常に古くほつれた青いスカート、赤いひだ飾り、薄いあや織りの裏地つき（下着として着用）
白のキャリコのシュミーズ
ズロース、ステイはなし
紳士用編み上げブーツ一足、靴紐はモヘア織り。右足は赤い糸で修理されている
赤い絹の薄織物、ネッカチーフとして着用
大きな白いハンカチーフ
大きな白い綿のハンカチーフ、縁取りは赤と白のバーズアイ生地
無漂白のキャリコの袋ふたつ、テープ紐
青いストライプのベッド布地で作られた袋
茶色のリブ編みの膝丈のストッキング、足の部分は白の木綿でつくろわれている
青いベッド布地で作られた小さな袋ふたつ
黒い粘土製の短いパイプふたつ
茶葉の入ったブリキの箱

砂糖の入ったブリキの箱
ブリキのマッチ箱、中身は空
白いぼろ布一二枚、うっすらと血の染みのついたものもあり（月経手当て用）
白いごわごわしたリネン
青と白の三角形のシャツ生地
ピンと針の刺さった赤いフランネル地
石鹸六つ
歯の細かい櫛
持ち手が白のテーブルナイフ
金属製のティースプーン
赤い革製の煙草ケース、白い金具つき
麻糸の球
古い白のエプロン、つくろいあとあり
ボタン数個と指ぬき
質札が二枚入ったマスタード缶
眼鏡の一部
赤いミトン

注

イントロダクション——二都物語

1 Howard Goldsmid, *A Midnight Prowl Through Victorian London* (London, 1887).
2 *Sheffield Daily Telegraph*, 20 July 1887.
3 PRO: Metropolitan Police Files: file 3/141, ff. 158-9.
4 Ibid.
5 Joseph O'Neil, *The Secret World of the Victorian Lodging House* (Barnsley, 2014), p.117. ロンドンのロッジングハウス全居住者のうち、女性は半数に満たないと考えられていた。

1 鍛冶屋の娘

1 Max Schlesinger, *Saunterings In and About London* (London, 1853) p.89.
2 印刷業は機械と字体に関して非常に多くを鍛冶屋に負っていた。この理由からウォーカー家がこの地域へ引っ越したというのはおおいにありうる。
3 一八六一年、ウォーカーは自分の職業を鍛冶屋兼技師と述べている。つまり大きな機械の製造にたずさわっているということだ。居住地から考えるに、おそらく印刷機械だろう。
4 John Hollingshead, *Ragged London* (London, 1861), p.39, p.282.
5 *First Report of the Commissioners for Inquiring into the State of Large Towns and Populous Districts*, vol.1 (London, 1844), pp.111-13.
6 George R. Sims, *How the Poor Live* (London, 1883), p.12.
7 *First Report*, vol.1, pp.111-13.
8 キャロラインの死後、メアリーという人物が、フレデリックの洗礼記録にエドワードと並んで「親」と記されている。寡夫となったエドワードが、この名前の別の女性と一時的に関係を持ったこともありうるだろう。とはいえ、彼にこれ以上子どもが生まれたことや、別の女性と暮らしたことを示す記録はない。
9 *Coventry Standard*, 27 June 1845.
10 LMA: London Parish Register: P69/BRI/A/01/MS6541/5. この発見はニール・シェルデンとジェニ・シェルデンのおかげである。

2　ピーボディにふさわしき者

1 Franklin Parker, *George Peabody: A Biography* (Nashville, 1995), p.126.
2 *Daily News*, 29 January 1876.
3 'New Peabody Buildings in Lambeth', *The Circle*, 11 April 1874.
4 Ibid.
5 Phebe Ann Hanaford, *The Life of George Peabody* (Boston, 1870), p.133.
6 *London Daily News*, 29 January 1876.
7 Hanaford, *Life*, p.137.
8 *Daily Telegraph*, 24 December 1878.
9 LMA: Stamford Street Registers Acc/3445/PT/07/066.
10 Ibid.
11 Ancestry.com: *Glasgow, Scotland, Crew Lists, 1863-1901*.
12 ヘンリー・アルフレッドは、生き残った子どものうちの第五子である。
13 イライザ・サラは3Jブロックで生まれたとされていたが、これは出生証明書のかすれた手書き文字の読み違いによるもので、そこには実際には3Dブロックと書かれている。

3　普通ではない生活

1 LMA: Board of Guardian Records, 1834-1906; Church of England Parish Registers, 1754-1906, P 73/MRK2/001.
2 ポリーの証言は福祉調査の一環でなされた。LMA: Holborn Union Workhouse records: HOBG 510/18 (Examinations). 注意：ランベスの救貧院に入ったとポリーが主張する時期の Records for Renfrew Road は失われている。しかしながら、連合教区の他のプリンシズ・ロード沿いの救貧院の一八八〇年の記録に、彼女の名は記載されていない。
3 G. Haw, *From Workhouse to Westminster: The Life Story of Will Crooks M.P.* (London, 1907), p.109.
4 Report HMSO *Royal Commission on Divorce and Matrimonial Causes*, 1912 (b and c), p.291 and p.318.
5 John Ruskin, 'Of Queens' Gardens', *Sesame and Lilies* (London, 1865).〔日本語訳＝ジョン・ラスキン（著）、飯塚一郎・木村正身（訳）『この最後の者にも　ごまとゆり』（中公クラシックス、二〇〇八）〕。
6 George C. T. Bartley, *A Handy Book for Guardians of the Poor* (London, 1876), pp.152-3.
7 Ibid., p.59.
8 LMA: Holborn Union Workhouse records: HOBG 510/18 (Examinations).

9 Charles Booth, *Life and Labour of the People in London: The Trades of East London* (London, 1893), p.295.
10 C. Black, *Married Women's Work* (London, 1983), p.35.
11 Ancestry.com: New South Wales, Australia, Unassisted Immigrant Passenger Lists, 1826-1922. ウールズはP&O社〔ペニンシュラ・アンド・オリエンタル・スチーム・ナヴィゲーション・カンパニー〕の蒸気船バラブール〔*Barrabool*〕号でオーストラリアへ渡った。
12 彼女の年齢は実年齢より四歳上になっている（こうした食い違いは国勢調査報告書ではよくあることだ）けれども、出生地がロンドンのフィンズベリー・ウォードだとあるのは、彼らがシュー・レインの近くの生まれだったとの証言と一致していると思われる。
13 *East London Observer*, 8 September 1888.
14 妻の死が捜査される過程でニコルズの私生活が公になったのち、削除されたのかもしれない。
15 *Daily Telegraph*, 3 September 1888.
16 Ibid.
17 Charles Booth, *Life and Labour of the People in London: Religious Influences*, series 3, vol.1 (London, 1902), pp.55-6.

4 「家のない者」

1 *Pall Mall Gazette*, 5 August 1887.
2 *Evening Standard*, 26 October 1887.
3 Ibid.
4 *Daily News*, 26 October 1887.
5 Ibid.
6 *Evening Standard*, 26 October 1887.
7 LMA: Lambeth Board of Guardians Creed Registers, X113/011.
8 一時収容棟を指す「スパイク」の語源は諸説ある。ピーター・ヒギンボタムは、オーカムほぐしに使われるとがった〔spiked〕器具、救貧院への入所時に入所券を突き刺す釘〔spike〕、浮浪者による救貧院の呼び名のひとつである「spiniken」など、語源として複数の可能性を挙げている。See Peter Higginbotham, *The Workhouse Encyclopedia* (London, 2012), p.254.
9 Peter Higginbotham, http://www.workhouses.org.uk/Stallard (retrieved 16 January 2018).
10 George Augustus Sala, *Gaslight and Daylight* (London, 1859), p.2.
11 William Booth, *In Darkest England and the Way Out* (London, 1890), p.30.〔日本語訳＝ウィリアム・ブース（著）、山室武甫（訳）『最

暗黒の英国とその出路』（相川書房、一九八七）」。

12 数値は以下のものを参照した。Margaret Harkness, *Out of Work* (London, 1888), p.17; Rodney Mace, *Trafalgar Square, Emblem of Empire* (London, 2005), p.171; Booth, *Darkest England*, p.30.

13 Booth, *Darkest England*, pp.26-7.

14 Peter Higginbotham, http://www.workhouses.org.uk/Higgs/TrampAmongTramps.shtml, from Mary Higgs, *Five Days and Nights as a Tramp* (London, 1904).

15 Higginbotham, http://www.workhouses.org.uk/Stallard from J. H. Stallard, *The Female Casual and Her Lodging* (London, 1866).

16 J. Thomson and Adolphe Smith, 'The Crawlers', *Street Life in London* (London, 1877), pp.116-8.

17 George R. Sims, *Horrible London* (London, 1889), pp.145-8.

18 *Evening Standard*, 26 October 1887.

19 アーチウェイ病院〔Archway Infirmary〕は現在統合されて、ロンドンのウィッティントン病院〔Whittington Hospital〕になっている。

20 LMA: Holborn Union Workhouse records: HOBG 510/18 (Settlement Examinations).

21 Neal Stubbings Shelden, *The Victims of Jack the Ripper* (Knoxville, TN, 2007), p.8.

22 浮浪者のあいだでよく知られていた裏技で、一時収容棟に入る前に所持品や現金を秘密の場所に埋めたり隠したりし、退所後にそれらを取りに行くというものがあった。こうすることで、大事なものをなくしたり没収されたりをまぬがれたのである。

23 *East London Observer*, 8 September 1888; *Morning Advertiser*, 4 September 1888, *Exmouth Journal*, 8 September 1888. ホランドはポリーと知り合いだった期間を、六週間とも三週間とも言っている。これは報道内容の不一致のせいかもしれないが、ポリーがカウドリー家を出てすぐウィルモッツに滞在したからという可能性もある。

24 *East London Observer*, 8 September 1888.

25 *Western Daily Press*, 4 September 1888.

26 *The Star*, 1 September 1888.

27 *East London Observer*, 8 September 1888.

28 Ibid.

29 *Evening Standard*, 4 September 1888. さらに時代が下ると、切り裂きジャックに関する多くの本は、この引用部分を「男女が一緒に寝ることのできる家」と読めるよう故意に書き換えている。

30 *East London Observer*, 8 September 1888.

31 Ibid.

32 *Manchester Guardian*, 8 September 1888.

33 *Morning Advertiser*, 3 September, 1888; *Evening Standard*, 3 September, 1888; *Illustrated Police News*, 8 September, 1888.

34 *Daily News*, 3 September 1888.

35 *East London Observer*, 8 September 1888.

36 *London Times, Daily Telegraph, St James's Gazette*, 1 September 1888.

37 Ibid.

38 エレン・ホランド〔Ellen Holland〕の名は、エミリー・ホランド〔Emily Holland〕、ジェイン・オラム〔Jane Oram〕、ジェイン・オラン〔Jane Oran〕、ジェイン・ホッデン〔Jane Hodden〕などさまざまに書き記された。

39 *The Times*, 3 September 1888.

5　兵士と奉公人

1 *Morning Chronicle*, 11 February 1840.

2 Henry Mayhew, 'Prostitution in London: "Soldiers' Women"', *London Labour and The London Poor*, (London, 1862).〔日本語抄訳＝ヘンリー・メイヒュー（著）、植松靖夫（訳）『ヴィクトリア時代　ロンドン路地裏の生活誌（上・下）』（原書房、一九九二、二〇一一）、ヘンリー・メイヒュー（著）、植松靖夫（訳）『ロンドン貧乏物語　ヴィクトリア時代呼び売り商人の生活誌』（悠書館、二〇一三）〕。

3 Ibid.

4 騎兵や普通の歩兵よりもわずかに給料が高く、一九世紀半ばには一日当たり一シリング三ペンス稼いでいた。(Peter Burroughs, 'An Unreformed Army? 1815-1868', in David Chandler and Ian Beckett (eds.), *The Oxford History of the British Army* (Oxford, 1994), p.173.)

5 第二子が生まれ、結婚も執り行なわれた一八四二年、ルースとジョージはアニーに洗礼を受けさせることも決意し、四月二三日、セント・パンクラスのクライスト・チャーチで洗礼を施してもらった。

6 Myrna Trustram, *Women of the Regiment and the Victorian Army* (Cambridge, 1984), p.106.

7 *Windsor and Eaton Express*, 24 April 1830.

8 Henry George Davis, *The Memorials of the Hamlet of Knightsbridge* (London, 1859), pp.103, 144.

9 ロンドンの水は健康を害する可能性があると考えられていたため、奉公人や労働者は水ではなく、アルコール度数の低いビールを飲む傾向にあった。都市の家事奉公人のなかには、自分の飲み物は自分で、地元のパブや商店に行って買うことになっている者たちもいた。

10 'A Member of the Aristocracy', *The Duties of Servants: A Practical Guide to the Routine of Domestic Service* (London, 1894), pp.49-50.

11 Isabella Beeton, *Mrs Beeton's Book of Household Management* (London, 1861), pp.416-7.

12 *Chester Chronicle*, 20 June 1863.

13 Ibid.

14 Ibid.

15 GRO: Death certificate for George Smith, 13 June 1863, Wrexham.

16 トマス・スミスと妻が住むモンピリア・ロウ三六番地から角を曲がってすぐのところだというのも、モンピリア・プレイス二九番地の利点だった。(一八五一年の国勢調査にジョージとルースの名はないが、同年のミリアムの出生証明書には、モンピリア・プレイス二九番地が住所だと記されている)。

6 チャップマン夫人

1 Neal Stubbings Shelden, *Victims*, p.15.

2 William Lee, *Classes of the Capital: A Sketch Book of London Life* (Oxford, 1841), p.43.

3 チャップマン家は、ベルグレイヴィアのオンスロー・スクエアの裏にあたるオンスロー・ミューズ六九番地と、ジャーミン・ストリートから少し入ったウェルズ・ストリート四番地のほか、少なくとも三年間、バークリー・ストリートからちょっと入った(ボンド・ストリートの近くでもある)サウス・ブルトン・ミューズ一七番地に住んでいた。チャップマン家もサウス・ブルトン・ミューズ一七番地も、彼らがそこに住んでいたころの徴税名簿には載っていないから、この物件は別の人物の所有物の一部であり、その人物が税を払っていたと思われる。このことは、ジョンがある貴族に雇われていたという説――いまのところ裏付けられてはいない――を、補強するものであるだろう。

4 Berkshire Record Office: St Leonard's Hill Estate Sale Catalogue, D/EX 888/1, Illustrated Sales Catalogue with plan of the St Leonard's Hill Estate, D/EX 1915/5/11/1-2.

5 *Evening Standard*, 11 September 1888.

6 *The Court*, 18 June 1881.

7 *Penny Illustrated Paper*, 18 June 1881.

7 悪魔の飲み物

1 *Pall Mall Gazette*, 1 May 1889.

2 この情報はニール・シェルデンとジェニ・シェルデンのおかげである。

3 ミリアム・スミスの手紙にはアニーが八回出産したとあるが、現在のところ七回しか確認できていない。早産または死産だったのかもしれない。その場合は記録には残らない。
4 'Inebriety and Infant Mortality', *Journal of Inebriety*, vol.2 (March 1878), p.124.
5 エミリーを看取った人物として、キャロライン・エルズベリーの名が死亡証明書に記されている。
6 一八八四年、「ミス・アントロバス」の死後、スペルソーンはウォンティジにある英国国教会の修道会、聖母マリア修道会に引き継がれた。興味深いことにこの修道会は、転落した女性の更生に取り組んでいるクルーワーの団体、慈悲の英国国教修道女会〔Anglican Sisters of Mercy〕とつながりがあった。この修道女会は、アニーがセント・レナーズ・ヒルに住んでいたころ、クルーワーで非常に重要な地位にあったので、アニーの行動にどう対処するかについて、いくらかの援助や助言をした可能性がある。
7 'Visitor's Day at Spelthorne', *Woman's Gazette*, December 1879.
8 *Windsor and Eton Gazette*, 15 September 1888.

8 ダーク・アニー

1 https://booth.lse.ac.uk: Charles H. Duckworth's Notebook, Police District 23, Booth/B/359, p.143.
2 'The Female Criminal', *Female's Friend*, 1846.
3 *Daily News*, 11 September 1888.
4 https://booth.lse.ac.uk: Interview with Sub-division Inspector W. Miller. . . Booth/B/355, pp.166-85.
5 'The Worst Street in London', *Daily Mail*, 16 July 1901.
6 アニーの家族の詳細について、アミリア・パーマーの記憶は必ずしも信用できるわけではない。義理のきょうだいが住んでいたのはホワイトチャペルのオックスフォード・ストリート近辺ではなく、ホウバンのニュー・オックスフォード・ストリート沿い、またはその近辺だったろう。ジョン・チャップマンの家族でロンドンに住んでいたのはきょうだいのアルフレッドとその妻ハンナだけで、一八七一年と八一年の国勢調査によれば、彼らはホウバンに住んでいたようである。ホワイトチャペルのオックスフォード・ストリート沿い、およびその近辺で捜索した警察は、ジョン・チャップマンを知る者も、親戚関係にある者も見つけられなかった。
7 一時収容棟のなかには二泊ルールをゆるやかに適用しているところもあり、コーンブルックもそのひとつだと考えられていた。
8 現在のニュー・ウィンザー、セント・レナーズ・ロードである。
9 *Evening Standard*, 11 September 1888.

10 Neal Stubbings Shelden, *Victims*, p.18.

11 ジョンは確かに飲酒していたが、この症状が飲酒習慣によるものか、他の原因、たとえば肝炎や遺伝的要因によるものかは定かではない。仮に酒量が過剰だったとしても、彼の仕事に支障をきたした様子はなく、また、極度に注意深い義理の妹たちも、彼が依存症かもしれないと疑うことはまったくなかった。

12 *Daily News*, 11 September 1888.

13 Ibid.

14 この病はアニーの死因と無関係であるため、フィリップスの記述はごく簡潔である。全文を（言い換えて）紹介すると、彼女には「長期にわたる肺の病があり、脳膜にも疾患があった」とのことだ。脳に損傷があったことから、近年多くの書き手たちが、アニーは梅毒にかかっていたと確たる証拠もなく書いている。フィリップスが報告しているタイプの損傷は、体内での結核菌の広がりによって引き起こされるものだと知られている。仮にアニーが梅毒に感染していたとしても、第三期梅毒の症状にあたる脳の障害や神経梅毒が出るのは、感染後少なくとも一〇年から三〇年経ってのことである。一〇代のころや結婚生活を送っていたころにアニーが売春に従事していたこと、あるいは梅毒の感染経験があることを、示唆する証拠はいっさい存在しない。

15 チェルシーのブロンプトン病院は呼吸器疾患のための病院で、特に結核患者を対象としていた。富裕層から極貧層まで、あらゆる階級の患者に開かれていた。アニーがここへかよって治療していたため、アミリアのなかで病院と彼女の家族とが結びついた可能性がある。

16 *Penny Illustrated Paper*, 22 September 1888.

17 *The Star*, 10 September 1888; *The Times*, 20 September 1888. このインタビューの別バージョンでは、婚約指輪は「楕円」だったとされている。

18 PRO: Home Office Papers: HO 45/9964/x15663 (Police Correspondence: Charles Warren).

19 PRO: Home Office Papers: HO 144/221/A49301C, f 136, ff.137-45 (Police investigation: Elizabeth Stride).

20 新聞によるアミリアの証言の要約が矛盾点に事欠かなかったにもかかわらず、これまでアニー・チャップマン殺人事件について書いた人々は、被害者は全員売春婦だったという前提を支持する種類の証言ばかりを選んで用いていた。決定的な審問記録が存在しない以上、ジャーナリスティックな資料だけを根拠に真実を導き出すことは不可能である。

21 *The Times*, 20 September 1888. またしても事態をややこしくすることに、この発言にも複数のバージョンがある。『ザ・ピープル』によるとクーパーは「ロッジングハウスへ連れこんだ」と言ったことになっている。一方、『フリーマンズ・ジャーナル』など同日付の多くの新聞では、「パブへ連れて行ったものです」と言ったとされていて、意味がまったく異なってくる。

22 *Daily Telegraph*, 11 September 1888.

23 *The Star*, 27 September 1888.

24 'Worst Street', *Daily Mail*.

25 *Manchester Courier*, 11 September 1888. この会話を報じたさまざまな新聞記事によれば、アニーはこのあと病院に行ったか、一時収容棟へ行ったかである。

26 M.A.Crowther, *The Workhouse System, 1834-1929: The History of an English Social Institution* (Athens, GA, 1982).

27 Howard Goldsmid, *Dottings of a Dosser* (London, 1886), ch.7.

28 PRO: Metropolitan Police Files 3/140, ff.9-11. アニーの死に手を貸したとしてドノヴァンを非難する新聞もあった。ベッドをツケ貸しせず、彼女を路上へ追いやったからである。

29 アニーの死から何日も経たないうちに、彼女の殺害場所にはもう野宿者がいた。

9 トーシュランダから来た娘

1 Orvar Lofgren, 'Family and Household: Images and Realities: Cultural Change in Swedish Society', *Households: Comparative and Historical Studies of the Domestic Group*, ed. Robert McC. Netting et al. (1984), p.456.

2 Göteborg Lansarkivet: SE/GLA/13186/E I/1, Picture 7; SE/GLA/13566/B/2 (1835-1860).

3 Göteborg Lansarkivet: SE/GLA/13566/B/2 (1835-1860); SE/GLA/13186/A I/30 (1858-1864), p.141.

4 古語である *månadskarl* には異なるふたつの意味がある。文字どおりには「一か月単位で雇われている男」の意だが、スウェーデン西部では管理人の意味でも用いられていた。

5 Therese Nordlund Edvinsson and Johan Söderberg, 'Servants and Bourgeois Life in Urban Sweden in the Early 20th Century', *Scandinavian Journal of History*, 35, no.4 (2010), pp.428-9.

6 Christer Lundh, 'Life-Cycle Servants in Nineteenth-Century Sweden: Norms and Practice', *Domestic Service and the Formation of European Identity* (Bern, 2004), p.73.

7 Göteborg Lansarkivet: SE/GLA/13186/B I/3.

10 アルメン・クヴィンナ九七番

1 Françoise Barret-Ducrocq, *Love in the Time of Victoria* (London, 1991), p.60.

2 Yvonne Svanström, *Policing Public Women: The Regulation of Prostitution in Stockholm, 1812-1880* (Stockholm, 2000), pp.146-7.

3 Göteborg Lansarkivet: SE/GLA/12703 D XIV a.

4 記録者が、ヨーテボリへ出てきたときの年齢と混同した可能性がある。

5 Göteborg Lansarkivet: SE/GLA/12703 D XIV a.
6 Göteborg Lansarkivet: SE/GLA/13566/F/H0004.
7 Göteborg Lansarkivet: SE/GLA/12703 D XIV a.
8 *Göteborg-Posten*, 25 September 1888; also: SE/0258G/GSA 1384-1/D1. エリザベスの流産は治療が原因かもしれないし、病気そのもののせいかもしれない。
9 Göteborg Lansarkivet: SE/GLA/12703 D XIV a.
10 Ibid.
11 このころスウェーデンでは、「娘」を意味する接尾辞「ドッテル」〔-dotter〕を父親の名につけた苗字を女性が名乗ることはだんだんとすたれ、接尾辞「ソン」〔-son〕をつけた苗字に統一するようになっていた。グスタフスドッテルがグスタフソンに替わったのはそのためである。SE/GLA/13187/P/10.
12 Göteborg Lansarkivet: SE/GLA — Holtermanska（キュルヒューセットの記録、未分類書類 —オリジナルの書類記録は失われている)。
13 この情報はステファン・ランツァウのおかげである。
14 Göteborg Domkyrkoförsamling (O) — B:7 (1861-1879) and Emigranten Populär 2006/Gustafsdotter/Elisabet (Emibas).

11 移民

1 *Maidstone Telegraph*, 2 March 1861. ダニエル・イライシャ・ストライドはその後結婚し、薬剤師になったが、一九〇〇年に精神病院で生涯を終えた。
2 George Dodds, *The Food of London* (London, 1856), pp.514-5.
3 Elisabeth だった彼女の名は、ロンドン移住とともに英国風に Elizabeth と改名された。以後英国国内の記録にはこのつづりで記載されることになる。
4 Ulrika Elenora Församling (UT) HII: 1 Picture 2110. ヨーテボリ文書館でこの書類を発見できたのは、ダニエル・オルソンのおかげである。
5 Walter Dew, *I Caught Crippen* (London, 1938).
6 *The Times*, 4 October 1888; *Daily Telegraph*, 4 October 1888.
7 ガワー・ストリート六七番地でのゴフリーのレッスンは、*Daily Telegraph*, 19 January 1869 に広告が出ている。
8 Jerome K. Jerome, *My Life and Times* (London, 1927), p.38.
9 Charles Dickens, 'London Coffee Houses', *Household Words* (London, 1852).

10 Alfred Fournier, *Syphilis and Marriage* (London, 1881), p.157.

11 *Sheerness Times and General Advertiser*, 13 September 1873.

12 Probate Wills: William Stride the Elder of Stride's Row, Mile Town, Sheerness, proven 30 September 1873.

12 ロング・リズ

1 LMA: Stepney Union; Bromley and Hackney Union Workhouse records: Admissions and Discharge Registers: SH BG/139/003, STBG/L/133/01.

2 *Evening Standard*, 31 December 1878.

3 *Reynold's Newspaper*, 29 September 1878.

4 Goldsmid, *Dottings* (Kindle loc. 1250).

5 *Birmingham Daily Post*, 2 October 1888.

6 'Nooks and Corners of Character, The Charwoman', *Punch Magazine*, Jan–Jun 1850.

7 Daniel Olsson, 'Elizabeth Stride: The Jewish Connection', *Ripperologist*, no.96 (October 2008).

8 エリザベス・ワッツはバースのワイン商人と結婚したが、夫の家族はこの結婚に反対だったらしく、彼女を追い出そうとした。彼女は精神病院に送られ、子どもたちも取り上げられた。夫はやがて米国に移住するが、彼女は夫が死んだものと思っていたようである。

9 *Evening Standard*, 3 October 1888.

10 LMA: Thames Police Court Ledgers PS/TH/A/01/005.

11 G. P. Merrick, *Work Among the Fallen as Seen in the Prison Cell* (London, 1890), p.29.

12 LMA: PS/TH/A01/008.

13 *The Times*, 4 October 1888.

14 *Daily Telegraph*, 2 October 1888.

15 *Bath Chronicle and Weekly Gazette*, 4 October 1888.

16 *Evening Standard*, 3 October 1888.

17 Ibid.

18 *Lloyd's Weekly Newspaper*, 7 October 1888.

19 一九世紀に「ベイビーファーミング〔baby-farming〕」と呼ばれていたこの事業は、母親が働いているあいだ乳児を預かるというものである。親は少額の代金を払ったあと、そのまま取りに来ないことも多かった。必要のない子どもを処分する手段として便利に使われていたわけだ。すると預かっている期間は、受け取った代金ぶんを最終的に超過してしまうため、ネグレクトしてその子を死なせるか、別の誰かに売ってしまうことになった。ベイビーファーミングは二〇世紀になっても続いていた。

20 メアリー・マルコムの証言後、離れ離れになっていた妹、本物のエリザベス・ワッツが現われた。新しい夫（三人目の夫）、レンガ積み職人のストークス氏と一緒に、ロンドン北部のトッテナムに住んでいるとわかった。マルコム夫人とは長年会っておらず、エリザベス・ストライドはその期間を利用して自分になりすましていたということで間違いないと彼女は言った。審問のあいだに、死んだと思われていた最初の夫が米国で元気に生きていること、したがってエリザベス・ワッツは重婚状態にあることも判明した。

21 *Londonderry Sentinel*, 2 October 1888.

22 *Evening Standard*, 6 October 1888.

23 *The Times*, 9 October 1888.

24 *Illustrated Police News*, 13 October 1888.

25 *North London News*, 6 October 1888.

26 一八九六年、アルフレッド・ベックは、彼を悪名高い詐欺師ジョン・スミスだとする複数の誤った証言により有罪にされた。このことは、当時警察が用いていた証言確認手続きが、いかに欠陥だらけのものであったかを物語っている。

27 エリザベス・ストライドを殺害したのが切り裂きジャックだったのか、それとも別の人物だったのかは、専門家のあいだで長年論争の対象となっている。

13 セブン・シスターズ

1 *Wolverhampton Chronicle and Staffordshire Advertiser*, 4 March 1840.

2 Ibid., 15 February 1843.

3 W. H. Jones, *The Story of Japan, Tin-Plate Working, and Bicycle and Galvanising Trades in Wolverhampton* (London, 1900), p.15.

4 *W. C. & S. A.*, 25 January 1843.

5 Ibid.. 29 March 1843.

6 Ibid.

7 一八二〇年代の貨幣価値に換算すると、およそ一ポンド七シリング五ペンスから二ポンド二シリングほどである。いま述べた数値は、エドワード・ペリーが一八四二年にフルタイムの労働者に払っていた賃金と同じだ。

8 ジョージ・エドウズは一二人きょうだいの第三子だった。

9 Margaret Llewelyn Davies (ed.), *Maternity: Letters from Working Women* (London, 1915), p.5.

10 ジョンとウィリアムは誕生後数か月で亡くなった。一九世紀の死亡証明書で、乳児の死因は「ひきつけ」と書かれていることが多い。これはおそらく、子どもの死の瞬間に親が見た症状を記したものであろう。けれどもジョンの証明書には別の症状が書かれている。心臓または肺、血液の異常によって引き起こされる「チアノーゼ」だ。幼い子どもの場合、チアノーゼは先天的要因によることもあれば、外的条件によってもたらされることもある。工業地帯に広がる硫黄を含む石炭の煙と、じめじめした密住環境は、年齢を問わず多くの者たちから体力を奪い、弱った肺にはしばしば呼吸器疾患がとりついた。

11 出生記録、救貧院の調査、および一八五一年の国勢調査によると、一家は一八四九年から少なくとも五一年まではウェスト・ストリート三五番地に、五四年七月にはウィンターズ・スクエア七番地に、五七年の四月ごろから一二月二日まではキングズ・プレイス二二番地に住んでいた。

12 この年の国勢調査の形式では、「六歳以上で毎日学校に通学している、または家庭で教師から教育を受けている」子どもたちは「学生〔scholars〕」とされた。

13 National Illiteracy Rates, circa 1841; see Pamela Horn, *The Victorian Town Child* (Stroud, Gloucestershire, 1997), p.73.

14 LMA: Bridge, Candlewick and Dowgate Schools, Minutes: CLC/215/MS31.165.

15 *Manchester Weekly Times*, 6 October 1888.

16 *Gloucestershire Echo*, 5 October 1888.

17 LMA: Bridge, Candlewick and Dowgate Schools, Minutes: CLC/215/MS31.165.

18 Clement King Shorter (ed.), *The Brontës Life and Letters*, vol.2 (Cambridge, 2014).

19 *Morning Advertiser*, 27 June 1851.

20 ジョージ・エドウズに妻から結核が感染した可能性は、Niel Shelden, *The Victims of Jack the Ripper* (2007) で示唆されている。

21 *Manchester Weekly Times*, 6 October 1888.

22 LMA: Bermondsey Board of Guardians, Settlement Examinations: Indexed, 1857-1859; Reference Number: BBG/523: Workhouse Examination for the Eddowes children, Alfred, George, Thomas, Sarah Ann and Mary, on 16 December 1857.

14 ケイトとトムのバラッド

1 イングランド中部の工業地帯では、二〇歳未満の女性のおよそ四分の三が、工場労働者ではなく家事奉公人の職に就いていたから、ケイト自身、自分がたどり着いた境遇に驚いたかもしれない。See George J. Barnsby, *Social Conditions in the Black Country, 1800-1900* (Wolverhampton, 1980), pp.14-5.

2 Charles Dickens, *The Old Curiosity Shop* (London, 1840-1), p.73.〔日本語訳＝チャールズ・ディケンズ（著）、北川悌二（訳）『骨董

屋（上・下）』（ちくま文庫、一九八九）など」。

3 *Shields Daily Gazette and Shipping Telegraph*, 4 October 1888.

4 クルート夫人の証言は、*Shields Daily Gazette and Shipping Telegraph*, 4 October 1888 に掲載された。

5 *Bell's Life in London, and Sporting Chronicle*, 18 September 1866.

6 Pierce Egan, *Boxiana: Or, Sketches of Ancient and Modern Pugilism* (London, 1824), p.285, p.293.

7 コンウェイ／クインの正確な生年月日および出生地については諸説ある。ここでは Anthony J. Randall, *Jack the Ripper, Blood Lines* (Gloucester, 2013) にある情報を用いた。軍の医療記録には、コンウェイは一八六一年時点で二四歳、出生地はメイヨー県ルイスバーグ近郊のキルギーヴァーだとある。

8 PRO: WO97/1450/058 (Discharge papers for Thomas Quinn); WO118/33 (Royal Hospital Kilmahain: Pensioner Register).

9 コンウェイは喘息だった可能性もある。この病状は、一九六〇年代になるまで正確には認識されていなかった。また、軍医の記述が示唆しているように、インド滞在中にリウマチ熱に感染したせいで心臓が弱った可能性もある。

10 PRO: WO22/180, Monthly ledger for Kilkerry District, Ireland, 1861; WO23/57 Yearly ledger 1855-64 for Royal Chelsea Hospital; WO23/57 Yearly ledger 1864-74 for Royal Chelsea Hospital.

11 トマス・クインの年金記録は PRO: WO22/23 を参照のこと。

12 ウルヴァーハンプトンへ戻ったケイトをエリザベスとウィリアムは家から閉め出し、近所に住む最近妻を亡くしたばかりの祖父と、しばらく同居させたとも考えられている。

13 https://www.attackingthedevil.co.uk/; Andrew Mearns, *The Bitter Cry of Outcast London: An Inquiry into the Condition of the Abject Poor* (London, 1883).

14 *The Times*, 5 October 1888 によれば、ケイトは歌の上手さでも有名だった。ダウゲイト・スクールは歌と音楽も全生徒に教えていた。

15 残念ながらバラッドやチャップブックのほとんどは匿名で書かれているため、ごく少数の例外を除き、作者を特定するのは実質上不可能である。

16 *Sheffield Independent*, 10 January 1866.

17 'May My End a Warning Be: Catherine Eddowes and Gallows Literature in the Black Country' (https://www.casebook.org/dissertations/dst-kobek.html) で Jarett Kobek は、このバラッドがケイト・エドウズとトマス・コンウェイの作であるとの論を展開している。

18 *Black Country Bugle*, January 1995.

15 妹の番人

1 Montague Williams, *Round London: Down East and Up West* (London, 1894) ch.5; 'Down East: Griddlers or Street Singers'.

2 フレデリック・ウィリアム・エドウズは一八七七年二月三日、グリニッジ教区救貧院の病院で誕生した。グリニッジ教区の救済を受けるようになったころから、扶養してくれる夫や男性パートナーはいないと主張していたケイトは、このごまかしを続けるため、フレデリックの父親が誰かを隠さねばならなかった。もし父親の名を明かしたら、教区はトマス・コンウェイ（扶養能力はない）に扶養するよう迫り、必然的にケイトの嘘も露見するだろうからだ。

3 http://www.workhouses.org.uk/WHR/

4 サラ・アンはそこまで幸運ではなかった。精神疾患を発症し、精神病院へ送られたと見られる。

5 Nancy Tomes, 'A Torrent of Abuse', *Journal of Social History*, vol.2, issue 3 (March 1978), pp.328-45.

6 Ibid.

7 一八七八年八月にも、同じく飲酒と治安紊乱による収監記録が残されている。一八七七年のときは赤ん坊のフレデリックとともに入所した。PRO: Wandsworth Prison, Surrey: Register of Prisoners Series PCOM2 Piece number 284; Wandsworth Prison, Surrey: Register of Prisoners Series PCOM2 Piece number 288. この情報が得られたのはデブラ・アリフのおかげである。

8 *Daily News*, 4 October 1888.

9 救貧院の記録によると、一八七七年の夏から秋に、ケイトは六度目の妊娠をしていたらしい。無事出産に至ったことを示す記録はない。

10 *Daily News*, 4 October 1888.

11 注意すべき点として、実は比較的近い場所にふたつのミル・レインが走っていた。兵舎に沿っているウリッジのミル・レインと、この地区最悪のスラムとして知られたデトフォードのオールド・ミル・レインである。一八七七年一〇月一七日にケイトがこの地区の救貧院に入ったとき、入所記録の彼女の項目の横には例外的なメモが添えられていた。「ミル・レインのねだり屋」というものだ。これはおそらく、兵舎に近い、軍の産院があるミル・レインを指しているのだろう。ケイトはフレデリックを産んだばかりであり、一七日に救貧院入りしたとき、この子も一緒だったと記録されている。ケイトはこの道沿いで物売りや物乞いをしていただけでなく、産院の前で施しを求めて迷惑をかけていたのかもしれない。

12 LMA: GBG/250/12 Greenwich Workhouse Admissions and Discharge Registers.

13 *Manchester Courier and Lancaster General Advertiser*, 6 October 1888.

14 *Hull Daily Mail*, 4 October 1888.

15 イライザは子どもを三人産んだが、うちふたりは幼くして亡くなっていた。

16 Goldsmid, *Dottings*, ch.3.

17 ケリーとケイトが出会ったのは、チャールズ・フロストを通じてのことだった可能性もある。どちらの男も運送業に関わり、ある程度果物の販売も行なっていた。*Worcestershire Chronicle*, 6 October 1888.

18 *Manchester Weekly Times*, 6 October 1888; *MC & LGA*, 6 October 1888.

19 *MC & LGA*, 6 Oct.

20 ジョン・ケリー自身は大酒飲みではないと主張しており、ロッジングハウスの代行管理人のフレデリック・ウィルキンソンも同様のことを述べているものの、ケイトの検死審問の場でのケリーは、金のあるときは飲みすぎるほど飲んだと答えている。

21 *Lloyd's Weekly Newspaper*, 7 October 1888. この女性野宿者たちはケイトの身元確認をしたが、検死審問での証言も、警察への証言も求められなかった。警察は売春婦殺しの犯人を捜索していたため、売春婦の証言が重要だと考えたのであろう。

22 *MC & LGA*, 6 October 1888.

23 LMA: CLA/041/IQ/3/65/135: John Kelly statement (Catherine Eddowes Inquest Records); *The Times*, 5 October 1888; *Evening News*, 5 October 1888.

24 Ibid.

25 検死解剖の結果、ケイトはブライト病をわずらっていたとわかった。今日では重度の腎炎とされている病気で、三つの形態に分けられているが、どれも腎臓に深刻なダメージをもたらすものである。原因は完全には解明されておらず、遺伝的要因によるものとも、狼瘡《ろうそう》などの他の疾患、あるいは連鎖球菌や細菌の感染によるものとも言われる。症状は極度の疲労、血尿、蛋白尿、むくみなど。一九世紀、この病気は誤ってアルコール依存症と結びつけられていた。

16 「名前なし」

1 *The Echo*, 5 September 1888.

2 Ibid.

3 *W.C.*, 6 October 1888.

4 Sidney and Beatrice Webb (eds.), *The Break-Up of the Poor Law* (London, 1999).

5 ポリー・ニコルズとアニー・チャップマン、エリザベス・ストライドの場合とは違い、キャサリン・エドウズの検死審問については、公式記録が部分的に残っている。

6 ケント放浪中、ケイトはエミリー・ブレルと名乗る女性に出会い、紳士物のフランネルシャツの質札をもらった。ブーツの質札もシャツの質札も、チャーチ・ストリート三一番地のジョゼフ・ジョーンズの店に預けられていた。

7 *Daily Telegraph*, 5 October 1888.

8 *The Times*, 5 October 1888.

9 ケイトがマイル・エンドから異例の早さで退所したことについて問われたケリーの答えは、新聞によりまちまちである。一〇月五日付の『ザ・タイムズ』紙では、マイル・エンドの規則がどんなものであるかも、ケイトが望んだときに出てこられたのかどうかも、自分は知らないと答えたとされている。さらに、「一時収容棟で何か問題が起きた」せいで早く出てこられたのかもしれないと言っている。ロンドンの一時収容棟の常連だったケリーは、実際は、マイル・エンドの退所手続きがどんなものかよく知っていたはずだ。ケイトに野宿させることをいとわなかった自分の怠慢を、彼が隠そうとしていたのはほぼ明らかであろう。

10 LMA: CLA/041/IQ/3/65/135: Frederick William Wilkinson statement.

11 Ibid.; *Daily Telegraph*, 5 October 1888.

12 *Morning Post*, 5 October 1888; *The Times*, 5 October 1888. 検死審問での発言の多くがそうであるように、これもさまざまに書き換えられた。ジョンのこの発言は、「宿泊費を払う金がないときは、俺たちはひと晩じゅう歩きまわらなきゃならなかったんです」とも書かれている。

13 Goldsmid, *Dottings*, ch.7.

14 *Daily Telegraph*, 3 October 1888.

15 LMA: CLA/041/IQ/3/65/135: George Henry Hutt.

16 LMA: CLA/041/IQ/3/65/135: James Byfield.

17 LMA: CLA/041/IQ/3/65/135: Hutt.

18 実際は、ジョン・ケリーはクーニーズにいた。ケイトと別れたあと、ベッド代の四ペンスを工面できたのである。ケイトが逮捕されたと誰かから知らされると、彼はウィルキンソンにシングルベッドを所望した。

19 *Hull Daily Mail*, 4 October 1888.

17 マリー・ジャネット

1 'Walter', *My Secret Life*, vol.10 (London, 1888).

2 LMA: MJ/SPC NE 1888 Box 3, case proper 19, Inquest statement of Joseph Barnett, 12 November 1888.

3 *The Echo*, 12 November 1888.

4 *Evening News*, 12 November 1888; *The Star*, 10 November 1888.

5 *Morning Advertiser*, 12 November 1888; *Eddowes Joournal and General Advertiser for Shropshire and the Principality of Wales*, 14 November 1888.

6 これらの証言とは対照的に、メアリー・ジェインにそもそも識字能力があったのかを疑問視する者たちもいた。「彼女に新聞を読んでやっていた」という検死審問でのジョゼフ・バーネットの証言を、数多くの新聞が言い換え、誤ったかたちで引用している。この証言の正確なバージョンは、検死審問の公式記録にある次のようなものだ。「彼女は幾度かわたしに、殺人事件について読んでくれるよう頼んだ」。

7 *Evening News*, 12 November 1888.

8 チャールズ・ブースの調査者のひとりで、一八九〇年代の富裕地区、貧困地区、犯罪地区をマッピングしたアーサー・バクスターは、広場からブロンプトン・ロードを挟んで向かいにあるビーチャム・プレイスは「立派な売春宿」で知られていると書いている。建物の多くは、ピカデリーから客を連れ帰る売春婦たちの住まいとなっていた。その近くにあるペラム・プレイスもまた「外国人売春婦街」として有名だった。全体としてこの地区の売春婦は水準が高く、ウェスト・エンドで客引きをしているとバクスターは述べている。See http://booth.lse.ac.uk, Booth/B/362, Arthur L. Baxter's notebook: Police District 27 (Brompton).

9 'Walter', *My Secret Life*, vol.2.

10 スコッツガーズの記録は徹底的に調査されてきたが、兵卒のなかにヘンリー・ケリーやジョン・ケリー、ジョント・ケリーという名前はまだ発見されていない。捜索にもかかわらず、一八八八年のメアリー・ジェイン・ケリーの報道に接し、スコッツガーズから名乗り出た者もいなかった。ジョゼフ・バーネットにメアリー・ケリーが語った話を信じるとしても、ウェールズの農村出身の貧しい労働者階級の少年が、ロンドンを拠点とするスコットランドの連隊に入隊する可能性は低い。一八八〇年代後半、スコッツガーズ第二大隊はウェストミンスター兵舎にいて、しばしばエジプトやスーダン、ダブリンにも行っていた。弟が入隊した可能性よりも、メアリー・ジェインが職業上のつながりからこの連隊の士官と出会い、彼からの好意を得た可能性のほうが高いだろう。まだ連絡を取りあっている昔の恋人を「兄弟」や「いとこ」と偽って、新しい恋人に過去を隠すのは、性産業に従事する女性によくあることだった。

11 Daniel Joseph Kirwan, *Palace and Hovel: Phases of London Life* (London, 1878), p.466.〔明治一二年（一八七九年）に『西洋穴探』の題で翻訳出版されたものが、二〇〇八年に「リプリント日本近代文学」のシリーズ（発行：国文学研究資料館、発売：平凡社）で復刊されている〕。

12 Ibid., pp.467-8.

13 Ibid.. p.474.

14 'Walter', *My Secret Life*, vol.10.

15 Julia Laite, *Common Prostitutes and Ordinary Citizens: Commercial Sex in London, 1885-1960* (London, 2012), Kindle loc. 1656.

16 W. T. Stead, 'The Maiden Tribute of Modern Babylon IV: the Report of our Secret Commission', *Pall Mall Gazette*, 10 July 1885.

17 サルカルトはステッドのインタビューを受け、'Maiden Tribure' part IV の情報源となっている。

18 Bridget O'Donnell, *Inspector Minahan Makes a Stand* (London, 2012), p.71.
19 Stead, 'Maiden Tribute'.
20 Ibid.
21 Ibid.
22 Ibid.

18 ゲイ・ライフ

1 Neal Shelden, *The Victims of Jack the Ripper: The 125th Anniversary* (n.p., 2013). アドリアヌスの娘、ヴィルヘルミナは、一八八四年から一八九一年までポプラーの売春宿で育ったと述べている。
2 Edward W. Thomas, *Twenty-Five Years' Labour Among the Friendless and Fallen* (London, 1879), p.36.
3 Ibid.
4 Ibid., p.37.
5 Madeleine Blair, *Madeleine: An Autobiography* (London, 1919), Kindle loc. 912.
6 *The Morning Advertiser*, 12 November 1888.
7 *The Echo*, 12 November 1888.
8 一八九一年、国勢調査員はブリーザーズ・ヒル一番地の下宿人である二〇代の女性三人を、うっかり「不運な者〔unfortunates〕」、すなわち売春婦だと書いてから、線を引いてこの不適切な言葉を消している。
9 *Evening Standard*, 10 May 1891; see also Neal Shelden, *The Victims of Jack the Ripper: The 125th Anniversary* (n.p., 2013).
10 *Daily Telegraph*, 12 November 1888.
11 LMA: MJ/SPC NE 1888 Box 3, case paper 19, Inquest Witness statement of Julia Venturney, 9 November 1888.
12 メアリー・ジェインはモルゲンステルンという男（ブーキュ夫人の夫であるヨハネスを指す）と暮らし、それからジョー・フレミングという男とも暮らしたと、ジョー・バーネットは証言した。彼の証言は非常に混乱している。ケリーはステップニー・ガス工務店、すなわち、このふたりの男のどちらかが務めていた会社の近くに住んでいたと彼は述べているが、ペニントン・ストリートの近くにガス工務店はなく、彼女がアドリアヌス・モルゲンステルンと暮らしていた証拠もないので、彼が言っていたのはフレミングのことだろう。オールド・ベスナル・グリーン・ロードの東部は、ベスナル・グリーン・ガス工務店だった場所に面している。
13 LMA: MJ/SPC NE 1888 Box 3, case paper 19, Julia Venturney.
14 *Evening Star*, 12 November 1888; *The Echo*, 12 November 1888.

15 Walter Dew, *I Caught Crippen* (Blackie & Son, London, 1938).
16 *Pall Mall Gazette*, 12 November 1888.
17 Paul Begg, *Jack the Ripper: Just the Facts* (London, 2004), Kindle loc. 5156.
18 LMA: MJ/SPC NE 1888 Box 3, case paper 19, Inquest statement of Joseph Barnett, 12 November 1888.
19 Begg, *Jack the Ripper*, Kindli loc. 5188.
20 Ibid. ここでは「bully」という言葉はふたつの意味で取ることができるだろう。ひとつは通常の意味〔弱い者いじめをする人〕、もうひとつは性産業と関係のある意味である。Bully は「ポン引き、女衒」の別称でもあった。
21 LMA: MJ/SPC NE 1888 Box 3, case paper 19, Julia Venturney.
22 Begg, *Jack the Ripper*, Kindli loc. 5156.
23 LMA: MJ/SPC NE 1888 Box 3, case paper 19, Julia Venturney.
24 この女性の正体はわかっていない。ジュリアの名前が登場するのは一一月一一日付けの『ロイズ・ウィークリー・ニューズペイパー』〔*Lloyd's Weekly Newspaper*〕だが、検死審問でマリア・ハーヴィーの前に証言したジュリア・ヴェンターニーの名前を、記者が誤ってここに書きこんでしまった可能性もある。
25 LMA: MJ/SPC NE 1888 Box 3, case paper 19, Inquest statement of Joseph Barnett, 12 November 1888.
26 LMA: MJ/SPC NE 1888 Box 3, case paper 19, Inquest statement of Mary Ann Cox, 9 November 1888.

結び――「ただの売春婦」

1 *The Times*, 1 October 1888.
2 John Holland Rose (ed.), *The Cambridge History of the British Empire*, vol.1 (Cambridge, 1940), p.745.
3 Nina Attwood, *The Prostitute's Body: Rewriting Prostitution in Victorian Britain* (London, 2010), pp.51-4.
4 PRO: Home Office Papers: HO 45/9964/x15663.
5 PRO: Metropolitan Police Files: file 3/141, ff.158-9.
6 GRO: Death Certificates for Mary Ann Nichols: 1888, J-S Whitechapel 1C/219; Annie Chapman: 1888, J-S Whitechapel 1C/175; Elizabeth Stride: 1888 O-D St George in the East, 1C/268; Catherine Eddowes: 1888 O-D London City 1C/37; Mary Jane 'Marie Janette' Kelly: 1888 O-D Whitechapel 1C/211.
7 *Washington Post*, 6 June 2016; *Huffington Post*, 7 June 2016.
8 Maxim Jakubowski and Nathan Braund (eds), *The Mammoth Book of Jack the Ripper* (London, 2008), p.470.
9 Mickey Mayhew, 'Not So Pretty Polly', *Journal of the Whitechapel Society* (April 2009); Mark Daniel, 'How Jack the Ripper Saved Whitechapel'

in Jakubowski and Braund, *Mammoth Book*, p.140.

10　Mayhew, 'Not So Pretty Polly'.

謝辞

本書の執筆により、わたしは知的にも情動的にも驚くべき旅をすることになった。道中さまざまな段階で、多くの人たちにお世話になっている。まず最初に、クレア・マッカードルとジュリア・レイトが二枚のかけがえのない反響板となり、わたしの知識を増強してくれただけでなく、考えを固める助けにもなってくれた。同じことはダニエル・オルソンとステファン・ランツァアウにも言える。ふたりはエリザベス・ストライドの世界について貴重な洞察を提供してくれたうえ、スウェーデンでの資料収集とその読解を助けてくれた。ヨーテボリのヘレナ・ベルリン、およびアルネ・ヤコブソンとオラフ・ヤコブソンにも感謝する。

ニール・シェルデンとジェニファー・シェルデンに会い、考えや調査結果を分かち合えたのは大きな喜びだった。何年も前に最初に文書館を訪れ、五人の女性の人生に関する基本情報をつなぎ合わせはじめたのはこのふたりだった。ポリーとアニー、エリザベス、ケイト、メアリー・ジェインに関心を持った人々はみな、今後彼らの努力の世話になりつづけることだろう。ふたりとわたしをつないでくれたメラニー・クレッグ、および、切り裂きジャックマニアコミュニティの人たちと引き合わせてくれたアダム・ウッドとフロッグ・ムーディにも感謝する。

調査のスケジュールは非常にタイトで、本書の準備にあたって渉猟すべき資料も膨大だった。ルーシー・サントス、フィービー・カズンズ、ウェンディ・トゥールによるサポート、および、サラ・マーデンとジョアン・メイジャーの鋭い洞察は、このプロジェクトに大きく貢献している。ハンナ・グリーグとヨーク大学は、勤勉で有能な歴史学研究者、サラ・マーフィーをインターンとして送りこんでくれた。専門知識を提供してくれたアンソニー・リースとリンジー・フィッツハリス、アンソニー・マーティン、ドルー・グレイにも感謝する。ピーボディ・トラストのクリスティン・ワッグ、ロンドン市公文書館のマークとウェンディ、聖母マリア教会のシスター・エリザベス・ジェインはとりわけ寛大に時間を割いてくれた。信頼できる資料と完璧な仕事場所を提供してくれた、ロンドン図書館にも感謝せねばならない。

最後に、本書の構想が浮かんだときからずっと応援してくれていた人たち、そのサポートにぜひとも言及したい人たちがいる。エージェントのサラ・バラードと、そのアシスタントのイーライ・ケレン、ユナイテッド・エージェンツのヤスミン・マクドナルド、ドゥナウ・カールソン・アンド・ラーナーのエリナー・ジャクソン。この人たちはドリーム・チームだった。同様に、英国および米国の編集チームの洞察力と、倦むことのない情熱がなかったら、本書が実を結ぶこともなかったろう。トランスワールドの担当編集者、ジェイン・ローソンは（いつもどおり）絶対的スターだ。ホートン・ミフリン・ハーコート社〔HMH〕のニコール・アンジェロロもそうである。トランスワールドおよびHMHでは、ソフィ・クリストファー、エマ・バートン、ケイト・サマノ、ジョシュ・ベン、リチェンダ・トッドをはじめとして、多くの人たちが本書の誕生に手を貸してくれた。心から感謝する。

著述家は人生の大半を頭のなかで生きるため、現実へと無理矢理引き戻してくれる人々がいなければ無の存在である。わたしが突然切り裂きジャックマニアへと変貌し、とり憑かれたような状態になったことに夫は耐えてくれた。最新の調査結果を長々と語るわたしに、家族も友人も退屈したに違いない。最も愛し、最もたいせつに思うみなさんに、心の底からの感謝だけでなく、偽りなき謝罪の念もささげたい。

図版提供

権利者の特定には全力を尽くしたが、見落とされている方がおられれば、出版社までご一報いただきたい。

Page 1:（上）Alamy Image Library（下）Peabody Trust.
Page 2: Andy and Sue Parlour.
Page 3:（上）著者撮影（下）個人所蔵.
Page 4:（上左）個人所蔵（上右）個人所蔵（下）パブリック・ドメイン, black and white parliamentary album, 1895.
Page 5:（上）著者所蔵（下）Alamy Image Library.
Page 6:（上）Stefan Rantzow（下）Alamy Image Library.
Page 7:（上）Wolverhampton Archives and Local Studies（下）Getty Picture Library.
Page 8:（上）Bridgeman Art Library（下）Mary Evans Picture Library.

参考文献

一次史料

略称
HO: Home Office
MEPO: Metropolitan Police
PCOM: Home Office and Prison Commission
WO: War Office

Public Records Office (PRO), Kew

HO45/9964/x15663 (Police correspondence: Charles Warren)
HO144/221/A49301C (Police investigation: Elizabeth Stride)
MEPO3/140 (Police investigation: Polly Nichols, Annie Chapman, Mary Jane Kelly)
MEPO3/141 (MacNaghten Report into the murders)
PCOM2/284, 288 (Wandsworth Prison, Surrey: Register of Prisoners)
WO22/23 (Thomas Quinn pension records)
WO22/180 (Monthly ledger for Kilkerry District, Ireland, 1861)
WO23/57 (Yearly ledgers 1855–64,1864–74 for Royal Chelsea Hospital)
WO97/1274/160, 166 (Discharge papers for Thomas Smith and George Smith)
WO97/1450/058 (Discharge papers for Thomas Quinn)
WO118/33 (Royal Hospital Kilmahain: Pensioner Register)
WO400/81/523 (Soldiers' documents, Household Cavalry, 2nd Life Guards: George Smith)

London Metropolitan Archives (LMA)

ACC/3445/PT/07/066 (Peabody Trust: Stamford Street)
BBG/523 (St Mary Magdalen Bermondsey Settlement Records)
CLC/ 215–11, CLC/215/MS31.165 (Sir John Cass Foundation: Bridge, Candlewick and Dowgate Schools, meetings and minutes)
GBG/250/ 008–013 (Greenwich Woolwich Road Workhouse Admissions and Discharge)
HABG/308/001 (Hackney Workhouse Admissions and Discharge)
HOBG/510/18, HOBG/535/21 (Holborn Union Workhouse Settlement Examinations)
HOBG/535/ 020–023 (Holborn Union Workhouse Admissions and Discharge)
LABG/044, 047; LABG/056/001 (Lambeth Board of Guardians, minutes)
LABG/162/ 008–014 (Lambeth Princes Road Workhouse Admissions and Discharge)
POBG/169/ 05–12 (Poplar Workhouse Creed Registers and Admissions and Discharge)
PS/TH/A/01/005, 008, 007, 011, 003 (Thames Magistrate Court Registers)
SOBG/100/ 013–019 (Southwark Workhouse Admissions and Discharge)
STBG/SG/118/ 025–043 (Stepney Workhouses Admissions and Discharge)
WEBG/ST/135/001 (Edmonton Workhouse/Strand Union/Westminster Admissions and Discharge)
X020/413; X100/072, 073, 070 (Brighton Road School and South Metropolitan District School, microfilm)

LONDON METROPOLITAN ARCHIVES INQUEST DOCUMENTS

CLA/041/IQ/3/65/135 (Catherine Eddowes Inquest Records)
MJ/SPC/NE/376/ 1–11 (Mary Jane Kelly Inquest Records)

LONDON METROPOLITAN ARCHIVES, ACCESSED VIA ANCESTRY.COM

London Church of England Parish Registers, 1754–1906
London Church of England Marriages and Banns, 1754–1921
London Church of England Deaths and Burials, 1813–1980
London Church of England Births and Baptisms, 1813–1917
London Poor Law and Board of Guardian Records, 1834–1906
London Workhouse Admissions and Discharge Records, 1659–1930
United Kingdom Census Records, 1841–1911

Glasgow, Scotland, Crew Lists, 1863–1901
New South Wales, Australia, Unassisted Immigrant Passenger Lists, 1826–1922

Berkshire Record Office
D/P39/28/9, 11 (National School Admission Registers and Log Books, 1870–1914)
D/EX 888/1 (St Leonard's Hill Estate Sale Catalogue, 1869)
D/EX 1915/5/11/ 1–2 (Illustrated Sales Catalogue with plan of the St Leonard's Hill Estate, 1923)

Göteborg Lansarkivet, Gothenburg, Sweden
SE/GLA/12703 D XIV (Police Registers of 'Public Women')
SE/GLA/13186/A I/30 (1835– 60 Employment Records)
SE/GLA/13186/E I/1 (Marriage Records)
SE/GLA/13187/P/10 (Uncatalogued Parish Records)
SE/GLA/13566/B/2 (1835– 60 Gothenburg Censuses)
SE/GLA/13566/F/H0004 (Kurhuset Records)

(*Available as Digitized Records Through Göteborg Lansarkivet*)
Emigration Records: Emigranten Populär 2006; Göteborgs Domkyrkoförsamling (O) – B:7 (1861– 79)
Swedish Church in London Records: Ulrika Eleonora församling (UT) H II

Library and Archive of the Convent of St Mary the Virgin, Wantage
Spelthorne Sanatorium, Log Books

City of Westminster Archive Centre
St Margaret and St John, Westminster, Rate Books (Knightsbridge)

London Guildhall Library and Archive
Kelly's Directories, 1861–78

General Register Office (GRO)
Birth records
Death certificates

Wills and Probate (www.gov.uk)
Probate Wills: William Stride the Elder of Stride's Row, Mile Town, Sheerness, proven 30 September 1873

二次史料

書籍

Ackroyd, Peter, *London: The Biography* (London, 2000)
Acton, William, *Prostitution Considered in Its Moral, Social, and Sanitary Aspects, in London and Other Large Cities and Garrison Towns: With Proposals for the Control and Prevention of Its Attendant Evils* (London, 1870)
Alford, Stephen, *Habitual Drunkards' Act of 1879* (London, 1880)
Arthur, Sir George, *The Story of the Household Cavalry*, vol. 2 (London, 1909)
Ashton, John R., *A Short History of the English Church in Gothenburg, 1747–1997* (Gothenburg, 1997)
Ashton, John R., *Lives and Livelihoods in Little London: The Story of the British in Gothenburg, 1621–2001* (Gothenburg, 2003)
Atkinson, David and Roud, Steve (eds.), *Street Ballads in Nineteenth-Century Britain, Ireland, and North America* (Farnham, 2014)
Attwood, Nina, *The Prostitute's Body: Rewriting Prostitution in Victorian Britain* (London, 2010)
Bakker, Nienke and Pludermacher, Isolde (eds.), *Splendeurs & Misères: Images de la Prostitution, 1850–1910* (Paris, 2015)
Barnsby, George J., *Social Conditions in the Black Country, 1800–1900* (Wolverhampton, 1980)
Barret-Ducrocq, Françoise, *Love in the Time of Victoria* (London, 1991)
Bartley, George C. T., *A Handy Book for Guardians of the Poor* (London,876)
Bartley, George C. T., *The Parish Net: How It's Dragged, and what it Catches* (London, 1875)
Bartley, Paula, *Prostitution: Prevention and Reform in England, 1860–1914* (London, 1999)
Bateman, John, *The Great Landowners of Great Britain and Ireland* (Cambridge, 2014)

Bates, Barbara, *Bargaining for Life: A Social History of Tuberculosis, 1876–1938* (Philadephia, 1992)
Beaumont, Matthew, *Nightwalking: A Nocturnal History of London* (London, 2015)
Beeton, *Isabella, Mrs Beeton's Book of Household Management* (London, 1861)
Begg, Paul, *Jack the Ripper: Just the Facts* (London, 2004)
Begg, Paul and Bennett, John, *The Complete and Essential Jack the Ripper* (London, 2013)
Begg, Paul, Fido, Martin and Skinner, Keith (eds.), *The Complete Jack the Ripper A to Z* (London, 2015)
Benjamin, Walter, *A Short History of Photography* (London, 1972)
Berg, William, *Contributions to the History of Music in Gothenburg, 1754–1892* (Gothenburg, 1914)
Black, C., *Married Women's Work* (London, 1983)
Blaine, Delabere Pritchett, *An Encyclopaedia of Rural Sports; Or, A Complete Account, Historical, Practical, and Descriptive, of Hunting, Shooting, Fishing, Racing, and Other Field Sports and Athletic Amusements of the Present Day*, vol. 1 (London, 1840)
Blair, Madeleine, *Madeleine: An Autobiography* (New York, 1919)
Booth, Charles, *Life and Labour of the People in London: Religious Influences* (London, 1902)
Booth, Charles, *Life and Labour of the People in London: The Trades of East London* (London, 1893)
Booth, William, *In Darkest England and the Way Out* (London, 1890)
Bowley, A. L., *Wages in the United Kingdom in the Nineteenth Century* (Cambridge, 1900)
Bumstead, Freeman J., *The Pathology and Treatment of Venereal Diseases* (Philadelphia, 1861)
Burnett, John, *Plenty and Want: A Social History of Food in England from 1815 to the Present Day* (Abingdon, 2013)
Butler, Josephine Elizabeth, *Rebecca Jarrett* (London, 1886)
Bynam, Helen, *Spitting Blood: The History of Tuberculosis* (Oxford, 1999)
Carlsson, A., *Göteborgs Orkesters Repertoar* (Gothenburg, 1996)
Chandler, David and Beckett, Ian (eds.), *The Oxford History of the British Army* (Oxford, 1994)
Chisholm, Alexander, DiGrazia, Christopher-Michael and Yost, Dave (eds.), *The News From Whitechapel: Jack the Ripper in the Daily Telegraph* (Jefferson, NC, 2002)
Clark, Anna, *The Struggle for the Breeches: Gender and the Making of the British Working Class* (Berkeley, CA, 1997)
Clarke, Edward T., *Bermondsey: Its Historic Memories and Associations* (London, 1901)
Clayton, Antony, *London's Coffee Houses* (Whitstable, 2003)
Clowes, W. B., *Family Business 1803–1953* (London, 1969)

Cohen, Deborah, *Family Secrets: Living with Shame from the Victorians to the Present Day* (London, 2013)
Covell, Mike, *Annie Chapman: Wife, Mother, Victim* (2014)
Crompton, Frank, *Workhouse Children* (Stroud, 1997)
Crowther, M. A., *The Workhouse System, 1834–1929: The History of an English Social Institution* (Athens, GA, 1982)
Cunnington, Phillis and Lucas, Catherine, *Charity Costumes* (London, 1978)
Curtis, L. Perry, Jr, *Jack the Ripper and the London Press* (New Haven, CT, 2002)
Curtis & Henson, *Royal Windsor: Illustrated Particulars of the St. Leonards Hill Estate Originally Part of Windsor Forest . . . For Sale by Private Treaty* (London, 1915)
Davidson, Roger and Hall, Lesley A. (eds.), *Sex, Sin and Suffering: Venereal Disease and European Society Since 1870* (London, 2003)
Davies, Margaret Llewelyn (ed.), *Maternity: Letters from Working Women* (London, 1915)
Davin, Anna, *Growing Up Poor: Home, School and the Street, 1870–1914* (London, 1996)
Davis, George Henry (ed.), *The Memorials of the Hamlet of Knightsbridge* (London, 1859)
Dew, Walter, *I Caught Crippen* (London, 1938)
Dickens, Charles, *Dombey and Son* (London, 1846–8)
Dickens, Charles, *The Old Curiosity Shop* (London, 1840–1)
Dickens, Charles, Jr, *Dickens's Dictionary of London* (London, 1879)
Dodds, George, *The Food of London* (London, 1856)
Egan, Pierce, *Boxiana; Or, Sketches of Ancient and Modern Pugilism* (London, 1824)
English Heritage, *Kent Historic Towns' Survey: Sheerness–Kent Archaeological Assessment Document* (London, 2004)
Evans, Stewart P. and Skinner, Keith, *The Ultimate Jack the Ripper Sourcebook* (London, 2001)
Fauve-Chamoux, Antoinette (ed.), *Domestic Service and the Formation of European Identity* (Bern, 2004)
First Report of the Commissioners for Inquiring into the State of Large Towns and Populous Districts, vol. 1 (London, 1844)
Fournier, Alfred, *Syphilis and Marriage* (London, 1881)
Frost, Ginger, *Living in Sin : Cohabiting as Husband and Wife in Nineteenth-Century England* (Manchester, 2008)
Frost, Ginger, *Promises Broken: Courtship, Class, and Gender in Victorian England* (Charlottesville, VA, 1995)
Frost, Rebecca, *The Ripper's Victims in Print: The Rhetoric of Portrayals Since 1929* (Jefferson, MO, 2018)
Fryer, Peter (ed.), *The Man of Pleasure's Companion: A Nineteenth Century Anthology of Amorous Entertainment* (London, 1968)
Gavin, Hector, *Unhealthiness of London: The Habitations of Industrial Classes* (London, 1847)

Gay, Peter, T*he Cultivation of Hatred: The Bourgeois Experience: Victoria to Freud* (London, 1993)
Gibson, Clare, *Army Childhood: British Army Children's Lives and Times* (London, 2012)
Gibson, Colin S., *Dissolving Wedlock* (Abingdon, 1994)
Goldsmid, Howard, *Dottings of a Dosser* (London, 1886)
Goldsmid, Howard, *A Midnight Prowl Through Victorian London*, edited by Peter Stubley (London, 2012)
Gordon, Mary Louisa, *Penal Discipline* (London, 1922)
Gorham, Deborah, *The Victorian Girl and the Feminine Ideal* (Abingdon, 2012)
Gray, Drew D., *London's Shadows: The Dark Side of the Victorian City* (London, 2010)
Greenwood, James, *The Seven Curses of London* (London, 1869)
Gretton, George Le Mesurier, *The Campaigns and History of the Royal Irish Regiment from 1684 to 1902* (Edinburgh, 1911)
Hadfield, Charles, *Canals of the West Midlands* (London, 1966)
Hanaford, Phebe Ann, *The Life of George Peabody* (Boston, 1870)
Harkness, Margaret, *A City Girl* (London, 1887)
Harkness, Margaret, *Out of Work* (London, 1888)
Harkness, Margaret, *Toilers in London; Or, Inquiries Concerning Female Labour in the Metropolis* (London, 1889)
Hart, H. G., *Hart's Annual Army List, Special Reserve List, and Territorial Force List* (1857)
Hartley, Jenny, *Charles Dickens and the House of Fallen Women* (2012)
Haw, G., *From Workhouse to Westminster: The Life Story of Will Crooks, M.P.* (London, 1907)
Heise, Ulla, *Coffee and Coffee House*s (West Chester, 1999)
Higginbotham, Peter, *The Workhouse Encyclopedia* (London, 2012)
Higgs, Mary, *Five Days and Nights as a Tramp* (London, 1904)
Hiley, Michael, *Victorian Working Women: Portraits from Life* (London, 1979)
HMSO, Report HMSO *Royal Commission on Divorce and Matrimonial Causes* (London, 1912)
Hollingshead, John, *Ragged London* (London, 1861)
Horn, Pamela, *The Rise and Fall of the Victorian Servant* (Stroud, 1975)
Horn, Pamela, *The Victorian Town Child* (Stroud, 1997)
Howarth-Loomes, B. E. C., *Victorian Photography: A Collector's Guide* (London, 1974)
Hughes, Kathryn, *The Victorian Governess* (London, 2001)

Jakubowski, Maxim and Braund, Nathan (eds.), *The Mammoth Book of Jack the Ripper* (London, 2008)

Jerome, Jerome K., *My Life and Times* (London, 1927)

Jesse, John Heneage, *London: Its Celebrated Characters and Remarkable Places* (London, 1871)

Jones, W. H., *The Story of Japan, Tin-Plate Working and Bicycle and Galvanising Trades in Wolverhampton* (Wolverhampton, 1900)

Kelly's Directory of Berkshire (London, 1883)

Kirwan, Daniel Joseph, *Palace and Hovel: Phases of London Life* (London, 1878)

Knight, Charles, *London* (1841)

Knowlton, Charles, *Fruits of Philosophy*, edited by Charles Bradlaugh and Annie Besant (London, 1891)

Koven, Seth, *Slumming: Sexual and Social Politics in Victorian London* (Oxford, 2004)

Laite, Julia, *Common Prostitutes and Ordinary Citizens: Commercial Sex in London, 1885–1960* (Basingstoke, 2012)

Larkin, Tom, *Black Country Chronicles* (Eastbourne, 2009)

Lee, William, *Classes of the Capital: A Sketch Book of London Life* (London, 1841)

Lindahl, Carl Fredrik, *Svenska Millionärer, Minnenoch Anteckningar* (Stockholm, 1897–1905)

Lindmark, Daniel, *Reading, Writing and Schooling: Swedish Practices of Education and Literacy 1650–1880* (Umeå, 2004)

Lloyd's Insurance, *Lloyd's Register of British and Foreign Shipping* (London, 1874)

Lock, Joan, *The Princess Alice Disaster* (London, 2014)

London, Jack, *People of the Abyss* (New York, 1903)

Longmate, Norman, *The Workhouse: A Social History* (London, 2003)

Lundberg, Anna, *Care and Coercion: Medical Knowledge, Social Policy and Patients with Venereal Disease in Sweden 1785–1903* (Umeå, 1999)

Mace, Rodney, *Trafalgar Square: Emblem of Empire* (London, 2005)

Macnaghten, Melville L., *Days of My Years* (New York, 1914)

Mason, Frank, *The Book of Wolverhampton: The Story of an Industrial Town* (Buckingham, 1979)

Mason, Michael, *The Making of Victorian Sexuality* (Oxford, 1995)

Mayhew, Henry, *London Labour and the London Poor* (London, 1862)

McNetting, Robert, Wilk, Richard R. and Arnold, Eric J. (eds.), *Households: Comparative and Historical Studies of the Domestic Groups* (Berkeley, 1984)

Mearns, Rev. Andrew, *The Bitter Cry of Outcast London: An Inquiry into the Condition of the Abject Poor* (London, 1883)

'A Member of the Aristocracy', *The Duties of Servants: A Practical Guide to the Routine of Domestic Service* (London, 1894)

Merrick, G. P., *Work Among the Fallen as Seen in the Prison Cell* (London, 1890)
Metropolitan Board of Works, *Minutes of Proceedings of the Metropolitan Board of Works* (London, 1880)
Miles, Henry Downes, *Pugilistica: The History of English Boxing* (Edinburgh, 1966)
Miltoun, Francis, *Dickens' London* (London, 1908)
Mirbeau, Octave, *A Chambermaid's Diary*, translated by B. R. Tucker (New York, 1900)
Morrison, Arthur, *Tales of Mean Streets* (London, 1895)
Nicholls, James, *The Politics of Alcohol: A History of the Drink Question in England* (Manchester, 2013)
Nokes, Harriet, *Twenty-Three Years in a House of Mercy* (London, 1886)
O'Donnell, Bridget, *Inspector Minahan Makes a Stand* (London, 2012)
O'Neill, Joseph, *The Secret World of the Victorian Lodging House* (Barnsley, 2014)
Parker, Franklin, *George Peabody: A Biography* (Nashville, 1995)
Parochial Council, Parish of St Paul, Knightsbridge, *Report Upon the Poor of the Parish of St. Paul's Knightsbridge, Receiving Legal and Charitable Relief, by a Sub-Committee Appointed by the Parochial Council* (London, 1872)
Pearsall, Ronald, *The Worm in the Bud: The World of Victorian Sexuality* (Stroud, 2003)
Pickard, Sarah (ed.), *Anti-Social Behaviour in Britain* (Basingstoke, 2014)
Prynne, G. R. *Thirty-Five Years of Mission Work in a Garrison and Seaport Town* (Plymouth, 1883)
Randall, Anthony J., *Jack the Ripper Blood Lines* (Gloucester, 2013)
Reynardson Birch, C. T. S., *Down the Road; Or, Reminiscences of a Gentleman Coachman* (London, 1875)
Ribton-Turner, C. J., *A History of Vagrants and Vagrancy* (London, 1887)
Richter, Donald C., *Riotous Victorians* (Athens, 1981)
Roberts, Henry, *The Dwellings of the Labouring Classes, Their Arrangement and Construction, with the Essentials of a Healthy Dwelling* (London, 1867)
Robinson, Bruce, *They All Love Jack: Busting the Ripper* (London, 2015)
Robinson, Sydney W., *Muckraker: The Scandalous Life and Times of W. T. Stead, Britain's First Investigative Journalist* (London, 2012)
Rodríguez García, Magaly, Heerma van Voss, Lex and van Nederveen Meerkerk, Elise (eds.), *Selling Sex in the City: A Global History of Prostitution, 1600s–2000* (2017)
Rose, John Holland (ed.), *The Cambridge History of the British Empire* (Cambridge, 1940)
Rose, Lionel, *Rogues and Vagabonds: Vagrant Underworld in Britain, 1815–1985* (Abingdon, 1988)

Royal Commission on the Ancient and Historical Monuments of Scotland, *The Sir Francis Tress Barry Collection* (Edinburgh, 1998)
The Royal Windsor Guide, with a brief account of Eton and Virginia Water (1838)
Rule, Fiona, *Streets of Sin: A Dark Biography of Notting Hill* (Stroud,2015)
Rule, Fiona, *The Worst Street in London* (Stroud, 2010)
Rumbelow, Donald, *The Complete Jack the Ripper* (London, 2004)
Ruskin, John, 'Of Queens' Gardens', *Sesame and Lilies* (London, 1865)
Russell, William Howard, *My Diary in India, in the Year 1858–9* (London, 1960)
Rutherford, Adam, *A Brief History of Everyone Who Ever Lived* (New York, 2016)
St Leonard's Hill Estate Sales Catalogue (London, 1907)
Sala, George Augustus, *Gaslight and Daylight* (London, 1859)
Schlesinger, Max, *Saunterings In and About London* (London, 1853)
Schlör, Joachim, *Nights in the Big City: Paris, Berlin, London 1840–1930* (London, 1998)
Scott, Christopher, *Jack the Ripper: A Cast of Thousands* (n.p., 2004)
Scott, Franklin D., *Sweden: The Nation's History* (Carbondale, 1978)
Shelden, Neal, *Annie Chapman, Jack the Ripper Victim: A Short Biography* (n.p., 2001)
Shelden, Neal, *Catherine Eddowes; Jack the Ripper Victim* (n.p., 2003)
Shelden, Neal Stubbings, *Kate Eddowes: 2007 Conference Tribute* (n.p., 2007)
Shelden, Neal, *Mary Jane Kelly and the Victims of Jack the Ripper: The 125th Anniversary* (n.p., 2013)
Shelden, Neal, *The Victims of Jack the Ripper: The 125th Anniversary* (n.p., 2013)
Shelden, Neal Stubbings, *The Victims of Jack the Ripper* (Knoxville, TN, 2007)
Sherwood, M., *The Endowed Charities of the City of London* (London, 1829)
A Short History of the Royal Irish Regiment (London, 1921)
Simonton, Deborah, *A History of European Women's Work: 1700 to the Present* (London, 1998)
Sims, George R., *How the Poor Live* (London, 1883)
Sims, George R., *Horrible London* (London, 1889)
Smith, Charles Manby, *The Working Man's Way in the World: Being an Autobiography of a Journey Man Printer* (London, 1854)
Souter, John, *The Book of English Trades and Library of the Useful Arts* (London, 1825)
Stallard, J. H., *The Female Casual and Her Lodging* (London, 1866)

Stanley, Peter, *White Mutiny: British Military Culture in India* (London, 1998)
Stead, W. T., *The Maiden Tribute of Modern Babylon* (London, 1885)
Sugden, Philip, *The Complete History of Jack the Ripper* (New York, 2006)
Svanström, Yvonne, *Policing Public Women: The Regulation of Prostitution in Stockholm, 1812–1880* (Stockholm, 2000)
Swift, Roger, *Crime and Society in Wolverhampton: 1815–1860* (Wolverhampton, 1987)
Thomas, Edward W., *Twenty-Five Years' Labour Among the Friendless and Fallen* (London, 1879)
Thompson, F. M. L., *The Rise of Respectable Society: A Social History of Victorian Britain, 1830–1900* (London, 1988)
Thomson, J. and Smith, Adolphe, *Street Life in London* (London, 1877)
Townsend, S. and Adams, H. J., *History of the English Congregation and its Association with the British Factory in Gothenburg* (Gothenburg, 1946)
Tristan, Flora, *Flora Tristan's London Journal 1840: A Survey of London Life in the 1830s*, translated by Dennis Palmer and Giselle Pincetl (London, 1980)
Trustram, Myrna, *Women of the Regiment and the Victorian Army* (Cambridge, 1984)
Tweedie, William, *The Temperance Movement: Its Rise, Progress and Results* (London, 1853)
Valverde, Mariana, *Diseases of the Will: Alcoholism and the Dilemmas of Freedom* (Cambridge, 1998)
Vicinus, Martha (ed.), *Suffer and Be Still: Women in the Victorian Age* (London, 1973)
Victoria County History, *A History of the County of Berkshire*, vol. 3 (London, 1923)
Victoria County History, *A History of the County of Warwick*, vol. 7 (London, 1964)
Vincent, Davia, *Literacy and Popular Culture: England, 1750–1914* (Cambridge, 1993)
Walkowitz, Judith R., *City of Dreadful Delight: Narratives of Sexual Danger in Late-Victorian London* (Chicago, 2013)
Walkowitz, Judith R., *Prostitution and Victorian Society: Women, Class, and the State* (Cambridge, 1983)
Walsh, J. H., *A Manual of Domestic Economy: Suited to Families Spending from £150 to £1500* (n.p., 1874)
'Walter', *My Secret Life* (London, 1888)
Warne, Frederick, *Warne's Model Housekeeper* (London, 1879)
Warne, Frederick, *The Servant's Practical Guide* (London, 1880)
Warwick, Alexandra and Willis, Martin (eds.), *Jack the Ripper: Media, Culture, History* (Manchester, 2013)
Watson, J. N. P., *Through the Reigns: A Complete History of the Household Cavalry* (Staplehurst, 1997)
Webb, Sidney and Beatrice (eds.), *The Break-Up of the Poor Law* (London, 1909)
Werner, Alex, *Jack the Ripper and the East End* (London, 2012)

Westcott, Tom, *Ripper Confidential: New Research on the Whitechapel Murders*, vols 1–2 (n.p., 2017)
Weston-Davies, Wynne, *Jack the Ripper: A True Love Story* (London, 2015)
White, Jerry, *London in the Nineteenth Century* (London, 2007)
Whitechapel Society (eds.), *The Little Book of Jack the Ripper* (Stroud, 2014)
White-Spunner, Barney, *Horse Guards* (London, 2006)
Whittington-Egan, Richard, *Jack the Ripper: The Definitive Casebook* (Stroud, 2013)
Wikeley, N., *Child Support: Law and Policy* (Oxford, 2006)
Williams, Lucy, *Wayward Women: Female Offending in Victorian England* (Barnsley, 2016)
Williams, Montagu, *Round London: Down East and Up West* (London, 1894)
Wise, Sarah, *The Blackest Streets: The Life and Death of a Victorian Slum* (London, 2008)
Wohl, Anthony S., *The Eternal Slum: Housing and Social Policy in Victorian London* (London, 2001)
Wyndham, Horace, *The Queen's Service* (London, 1899)
Yates, Edmund, *His Recollections and Experiences* (London, 1885)
Yost, Dave, *Elizabeth Stride and Jack the Ripper: The Life and Death of the Reputed Third Victim* (Jefferson, 2008)

雑誌記事・論文

'Inebriety and Infant Mortality', *Journal of Inebriety*, vol. 2 (March 1878), p. 124
'Nooks and Corners of Character, The Charwoman', *Punch Magazine* (Jan–Jun 1850)
'Spelthorne Sanatorium', *Medical Temperance Journal*, vols 12–13 (1881), p. 7
Arif, Debra, 'Goodnight, Old Dear', *Ripperologist*, no. 148 (February 2016), pp. 2–8
Blom, Ida, 'Fighting Venereal Diseases: Scandinavian Legislation c. 1800 to c. 1950', *Medical History* 50 (2006), pp. 209–34
Edvinsson, Therese Nordlund and Söderberg, Johan, 'Servants and Bourgeois Life in Urban Sweden in the Early 20th Century', *Scandinavian Journal of History*, 35, no. 4 (2010), pp. 427–50
Edwards, C., 'Tottenham Court Road: the changing fortunes of London's furniture street 1850–1950', *The London Journal*, 36(2) (2011), pp. 140–60
Lofgren, Orvar, 'Family and Household: Images and Realities: Cultural Change in Swedish Society', *Households: Comparative and Historical Studies of the Domestic Group*, ed. Robert McC. Netting, et al. (1984), pp. 446-69
Lundberg, Anna, 'The Return to Society, Marriage and Family Formation after Hospital Treatment for Venereal Disease in Sundsvall 1844–1892',

Annales de Demographie Historique, 2 (1998), pp. 55–75
Lundh, Christopher, 'The Social Mobility of Servants in Rural Sweden, 1740–1894', *Continuity and Change*, 14, no. 1 (1999), pp. 57–89
McLaughlin, Robert, 'Mary Kelly's Rent', *Ripperana*, no. 41 (July 2002), pp. 19–22
Mayhew, Mickey, 'Not So Pretty Polly', *Journal of the Whitechapel Society* (April 2009)
Mumm, Susan, 'Not Worse Than Other Girls: The Convent-Based Rehabilitation of Fallen Women in Victorian Britain', *Journal of Social History*, vol. 29, issue 3 (Spring 1996), pp. 527–47
Oddy, Derek J., 'Gone for a Soldier: The Anatomy of a Nineteenth-Century Army Family', *Journal of Family History*, 25, no. 1 (January 2000), pp. 39–62
Olsson, Daniel, 'Elizabeth's Story: A Documentary Narrative of Long Liz Stride's Early Life in Sweden', *Ripperologist*, no. 52 (March 2004)
Olsson, Daniel, 'Elizabeth Stride: The Jewish Connection', *Ripperologist*, no. 96 (October 2008)
Olsson, Daniel, 'The Ultimate Ripperologist's Tour of Gothenburg', *The Casebook Examiner*, issue 11 (April 2011)
Parlour, Andy, 'The Life and Death of William Nichols', *Journal of the Whitechapel Society* (April 2009), pp. 10–12
Pollock, Ernest M. and Latter, A. M., 'Women and Habitual Drunkenness', *Journal of the Society of Comparative Legislation*, new ser., vol. 2, no. 2. (1900), pp. 289–93
Rantzow, Stefan, 'In Memory of Elizabeth Stride', *East London History Society Newsletter*, vol. 3, issue 17 (winter 2013/14), pp. 7–12
Skelly, Julia, 'When Seeing is Believing: Women, Alcohol and Photography in Victorian Britain', *Queen's Journal of Visual & Material Culture*, vol. 1 (2008), pp. 1–17
Tarn, John Nelson, 'The Peabody Donation Fund: The Role of a Housing Society in the Nineteenth Century', *Victorian Studies* (September 1966), pp. 7–38
Tomes, Nancy, 'A Torrent of Abuse', *Journal of Social History*, vol. 11, issue 3 (March 1978), pp. 328–45
Weld, C. R., 'On the Condition of the Working Classes in the Inner Ward of St. George's Parish, Hanover Square', *Journal of the Statistical Society of London*, vol. 6, no. 1 (April 1843), pp. 17–23
Wilcox, Penelope, 'Marriage, mobility and domestic service', *Annales de Démographie Historique* (1981), pp. 195–206

オンライン資料

BRITISH-HISTORY. AC.UK (BRITISH HISTORY ONLINE)
Ditchfield, P. H. and Page, William (eds.), 'Parishes: Clewer', in *A History of the County of Berkshire: Volume 3* (1923)
Greenacombe, John (ed.), 'Knightsbridge Barracks: The First Barracks, 1792–1877', in *Survey of London: Volume 45, Knightsbridge* (2000)

Greenacombe, John (ed.), 'Knightsbridge Green Area: Raphael Street', in *Survey of London: Volume 45, Knightsbridge* (2000)
Greenacombe, John (ed.), 'Montpelier Square Area: Other Streets', in *Survey of London: Volume 45, Knightsbridge* (2000)
Malden, H. E. (ed.), 'Parishes: Bermondsey', in *A History of the County of Surrey: Volume 4* (1912)
Sheppard, F. H. W. (ed.), 'Brompton Road: Introduction', in *Survey of London: Volume 41, Brompton* (1983)

CASEBOOK.ORG/DISSERTATIONS
DiGrazia, Christopher-Michael, 'Another Look at the Lusk Kidney'
Kobek, Jarett, 'May My End a Warning Be: Catherine Eddowes and Gallows Literature in the Black Country'
Marsh, James, 'The Funeral of Mary Jane Kelly'
Rantzow, Stefan, 'Elisabeth Gustafsdotter's last Stride: In the memory of Elizabeth Stride– Jack the Ripper's third victim'
Sironi, Antonio and Coram, Jane, 'Anything But Your Prayers: Victims and Witnesses on the Night of the Double Event'
Wescott, Tom, 'Exonerating Michael Kidney: A Fresh Look At Some Old Myths'

CHARLES BOOTH'S LONDON
https://booth.lse.ac.uk/
Maps Descriptive of London Poverty
Inquiry into Life and Labour in London (Notebooks)

VICTORIANWEB.ORG
Diniejko, Dr Andrzej, 'Arthur Morrison's Slum Fiction: The Voice of New Realism'
McDonald, Deborah, 'Clara Collet and Jack the Ripper'
Skipper, James and Landow, George P., 'Wages and Cost of Living in the Victorian Era'
Zieger, Dr Susan, 'The Medical "Discovery" of Addiction in the Nineteenth Century'

W. T. STEAD RESOURCE SITE
https://attackingthedevil.co.uk
'Rebecca Jarrett's Narrative' (c. 1928), Salvation Army Heritage Centre

WOLVERHAMPTON HISTORY AND HERITAGE WEBSITE
http://www.wolverhamptonhistory.org.uk/work/industry/
http://www.historywebsite.co.uk/Museum/OtherTrades/TinPlate
http://www.historywebsite.co.uk/articles/OldHall/Excavation.htm
http://www.historywebsite.co.uk/Museum/metalware/general/perry.htm

同時代の新聞・雑誌
Bath Chronicle and Weekly Gazette
Bell's Life in London and Sporting Chronicle
Bilston Herald
Birmingham Daily Post
Black Country Bugle
Chester Chronicle
The Circle
Coventry Standard
Daily Mail
Daily News
Daily Telegraph
East London Observer
The Echo
Eddowes Journal and General Advertiser for Shropshire and the Principality of Wales
Evening News
Evening Standard
Evening Star
Exmouth Journal
Female's Friend
Freeman's Journal
Göteborgs-Posten

Hull Daily Mail
Illustrated Police News
Lloyd's Weekly Newspaper
Londonderry Sentinel
Maidstone Journal and Kentish Advertiser
Maidstone Telegraph
Manchester Courier and Lancashire General Advertiser
Manchester Guardian
Manchester Weekly Times
Manitoba Daily Free Press
Morning Advertiser
North London News
Pall Mall Gazette
Penny Illustrated Paper
The People
Reading Mercury
Reynolds' Newspaper
St James's Gazette
Sheerness Guardian and East Kent Advertiser
Sheerness Times and General Advertiser
Sheffield Independent
Shields Daily Gazette and Shipping Telegraph
The Star
The Sun
The Times
Woman's Gazette
Western Daily Press
Windsor and Eton Express

Windsor and Eton Gazette
Wolverhampton Chronicle and Staffordshire Advertiser
Wolverhampton Evening Express and Star

訳者あとがき

本書は、Hallie Rubenhold, *The Five: The Untold Lives of the Women Killed by Jack the Ripper* (Doubleday & HMH, 2019)の全訳である。

著者ハリー・ルーベンホールドは英国人の父、米国人の母のもと米国で生まれ、マサチューセッツ大学アマースト校で歴史学の学士号を取得。リーズ大学では英国史と美術史の修士号を取得した。二〇〇五年、一八世紀に刊行されたロンドンの売春ガイド本とその著者についての書、*The Covent Garden Ladies: Pimp General Jack and the Extraordinary Story of Harris's List* で著述家デビュー。この本は、Hulu と Amazon で配信されたサマンサ・モートン主演の連続ドラマ、*Harlots* の原案にもなっている。その後も一八世紀・一九世紀の英国に題材を採った著書を、二冊の小説も含めて発表しつづけているほか、テレビ・ラジオの歴史番組のコメンテーター、歴史ドラマの考証担当者としても活躍している。

彼女の六冊目の著書にあたる本書は、発表されるや英米の各メディアの書評で絶賛され、一般向け歴史書を対象とするウルフソン歴史賞の候補作になり、優れたノンフィクション本に贈られるベイリー・ギフォード賞を受賞した。すでに欧州のみならずアジアも含め、一ダース以上の言語に翻訳されており、二〇二二年夏現在、連続ドラマ化も検討中だと聞こえている。

読まれるとおり本書の内容は、一九世紀末のロンドン、および全世界を震撼させた連続猟奇殺人、いわゆる切り裂きジャック《ジャック・ザ・リッパー》事件の被害者について、わたしたちが当然のこととして共有していた前提を、根底からひっくり返すものである。読みすすめるうちに、そもそもどうしてこれまで誰もこの前提を疑おうとしなかったのかという疑問もわいてくる。それは著者が繰り返し強い口調で告発する、構造的で根深い差別的な先入観と関わっているわけだが、ともあれ今後、切り裂きジャックについて語ろうとする者、書こうとする者は、本書を必ず参照することになるだろう。

切り裂きジャックの事件は全部で一一件とも言われるけれど、なかには無関係、ないし模倣犯によると疑われるものも多い。本書で扱われるのはそのなかでも、彼本人に殺害されたと多くの人たちから認定されている女性たち、すなわち、「公式認定被害者の五人《カノニカル・ファイブ》」の人生である。一次史料に徹底的にあたり、検証、吟味したうえで、彼女たち一人ひとりの人生が、誕生からその死まで語られる。これを読んでいるわたしたちを含め、どんな人間の人生もみな独特で特異なのであり、どの人間も取り換えの利かない尊重されるべき存在なのだという当たり前の事実に気づかされる。彼女たちの声を復活させ、彼女たちの尊厳を取り戻すことが著者の目的だった。これは、不合理で抑圧的な——まさに殺人的な——社会構造と、それにともなう制度的悪意を告発する書であり、鎮魂の書であるのだ。

またわたしたちは、被害者五人の人生をたどるうちに、この時代の英国の労働者階級が置かれていた状況を、さまざまな角度から知ることになる。あまり愉快ではない事実も多く聞かされることになるものの、一九世紀末英国をめぐり歩くような体験ができるというこの側面も、本書の大きな魅力だろう。

一方、それと同時に、読みすすめるうちに嫌というほど痛感させられたことがある。五人の主人公たちが見舞われる不条理が、決して遠い時代、遠い国での話だと言って済まされるものではないことだ。公衆衛生の面などはもちろん比べ物にならないほど改善されているけれど、いったいわたしたちの生きている社会は、切り裂きジャックの時代の英国よりも、どれだけよくなっていると言えるだろうか。優れた歴史書がみなそうであるように、本書は現代をも照射するものである。

最後に、この翻訳について触れておきたい。本文中、〔 〕で示している部分は訳者による補足、または訳注であり、それ以外のカッコはすべて原文にあるものである。

ヴィクトリア時代の英国文化について、ならびに固有名詞の訳語、カナ表記などについては、宮丸裕二先生が、続いて田中裕介先生が、ぎりぎりのタイミングになってのお声がけだったにもかかわらず、校閲を快くお引き受けしてくださった。貴重なご助言と重要なご指摘をたくさんいただいた。心よりお礼申し上げます。なお、仮に誤りなどが残っていた場合、その責任はもちろん、最終判断を行なった訳者にあります。

さまざまな理由から非常な難産となった翻訳の進捗を、辛抱強く待ちつづけてくださった担当編集者の菱沼達也さんに対しては、どれほどの感謝と謝罪の言葉をささげたら足りるものでしょうか。本書が世に出るまでに力を貸してくださったみなさま、そしてこの本を待っていてくださったみなさま、手に取ってくださったみなさまにも、心より感謝いたします。

二〇二二年八月

訳者

索引

か行

さ行

た行

ま行

ら行

わ行

著者　ハリー・ルーベンホールド Hallie Rubenhold

社会史家、著述家、ブロードキャスター、時代考証家。特に 18 世紀・19 世紀英国の女性の生活を専門とし、これまで歴史の影に埋もれていた女性たちに光を当ててきた。著書のうち、*Lady Worsley's Whim* は BBC でドラマ化され、*The Covent Garden Ladies* は連続ドラマの原案となっている。ロンドン在住。

訳者　篠儀直子（しのぎ・なおこ）

翻訳者。訳書に F・アステア『フレッド・アステア自伝』、G・ワイゼンフェルド『関東大震災の想像力』（いずれも青土社）など多数。

切り裂きジャックに殺されたのは誰か
5人の女性たちの語られざる人生

2022年9月20日　第1刷印刷
2022年9月30日　第1刷発行

著者——ハリー・ルーベンホールド
訳者——篠儀直子

発行人——清水一人
発行所——青土社
〒101-0051　東京都千代田区神田神保町1-29　市瀬ビル
［電話］03-3291-9831（編集）　03-3294-7829（営業）
［振替］00190-7-192955

印刷・製本——双文社印刷

装幀——國枝達也

Printed in Japan
ISBN978-4-7917-7499-9